GRÁFICOS CANDLESTICK DESVENDADOS

Técnicas Atemporais para Negociações de Ações e Futuros

GREGORY L. MORRIS

GRÁFICOS CANDLESTICK DESVENDADOS

Técnicas Atemporais para
Negociações de Ações e Futuros

Terceira Edição

Com uma seção inteiramente nova de
"Candlestick para Traders",
por Ryan Litchfield

ALTA BOOKS
GRUPO EDITORIAL
Rio de Janeiro, 2023

Gráficos Candlestick Desvendados

Copyright © 2023 ALTA BOOKS

ALTA BOOKS é uma empresa do Grupo Editorial Alta Books (STARLIN ALTA EDITORA E CONSULTORIA LTDA.)

Copyright © 1992, 1995, 2006 Gregory L. Morris.

ISBN: 978-85-508-1828-3

Translated from original Candlestick Charting Explained: Timeless Techniques for Trading Stocks and Futures 3rd Edition. Copyright © 2006 by McGraw Hill LLC. ISBN 978-0071461542. This translation is published and sold by permission of McGraw Hill LLC, the owner of all rights to publish and sell the same. PORTUGUESE language edition published by Alta Books, Copyright © 2023 by STARLIN ALTA EDITORA E CONSULTORIA LTDA.

Impresso no Brasil — 1a Edição, 2023 — Edição revisada conforme o Acordo Ortográfico da Língua Portuguesa de 2009.

Dados Internacionais de Catalogação na Publicação (CIP) de acordo com ISBD

M875g Morris, Gregory L.
     Gráficos Candlestick Desvendados: técnicas atemporais para
 negociações de ações e futuros / Gregory L. Morris ; traduzido por Ana
 Carolina Freitas. - Rio de Janeiro : Alta Books, 2023.
     512 p. ; 15,7cm x 23cm.

     Tradução de: Candlestick Charting Explained 3rd Edition
     Inclui bibliografia, índice e apêndice.
     ISBN: 978-85-508-1828-3

     1. Economia. 2. Mercado de ações. 3. Investimentos. 4. Análise de
 gráficos. 5. Gráficos Candlestick. I. Freitas, Ana Carolina. II.
 Título.

2023-2613   CDD 332.024
                                                    CDU 330.567.2

Elaborado por Odilio Hilario Moreira Junior - CRB-8/9949

Índice para catálogo sistemático:
1. Economia : Investimentos 332.024
2. Economia : Investimentos 330.567.2

Todos os direitos estão reservados e protegidos por Lei. Nenhuma parte deste livro, sem autorização prévia por escrito da editora, poderá ser reproduzida ou transmitida.

A violação dos Direitos Autorais é crime estabelecido na Lei nº 9.610/98 e com punição de acordo com o artigo 184 do Código Penal.

O conteúdo desta obra fora formulado exclusivamente pelo(s) autor(es).

Marcas Registradas: Todos os termos mencionados e reconhecidos como Marca Registrada e/ou Comercial são de responsabilidade de seus proprietários. A editora informa não estar associada a nenhum produto e/ou fornecedor apresentado no livro.

Material de apoio e erratas: Se parte integrante da obra e/ou por real necessidade, no site da editora o leitor encontrará os materiais de apoio (download), errata e/ou quaisquer outros conteúdos aplicáveis à obra. Acesse o site www.altabooks.com.br e procure pelo título do livro desejado para ter acesso ao conteúdo.

Suporte Técnico: A obra é comercializada na forma em que está, sem direito a suporte técnico ou orientação pessoal/exclusiva ao leitor.

A editora não se responsabiliza pela manutenção, atualização e idioma dos sites, programas, materiais complementares ou similares referidos pelos autores nesta obra.

Produção Editorial: Grupo Editorial Alta Books
Diretor Editorial: Anderson Vieira
Editor da Obra: José Ruggeri
Vendas Governamentais: Cristiane Mutüs
Gerência Comercial: Claudio Lima
Gerência Marketing: Andréa Guatiello

Assistente Editorial: Patricia Silvestre
Tradução: Ana Carolina Freitas
Copidesque: Alessandro Thomé
Revisão: Carlos Bacci; Rafael de Oliveira
Revisão Técnica: Johnatan Brito
(Professor Adjunto de Economia da UFCG)
Diagramação: Cristiane Saavedra
Capa: Aurélio Corrêa

Rua Viúva Cláudio, 291 — Bairro Industrial do Jacaré
CEP: 20.970-031 — Rio de Janeiro (RJ)
Tels.: (21) 3278-8069 / 3278-8419
www.altabooks.com.br — altabooks@altabooks.com.br
Ouvidoria: ouvidoria@altabooks.com.br

Editora afiliada à:

Para Dusti, Grant, Derek e Kane

SUMÁRIO

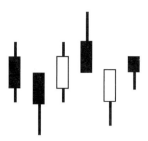

Prefácio da Segunda Edição   IX

Prefácio para a Terceira Edição, por Tim Chapman   XIII

Prólogo da Segunda Edição   XVII

Prólogo para a Terceira Edição   XXI

Agradecimentos   XXIII

1. Introdução   1
2. Linhas Candlestick   9
3. Padrões Candle de Reversão   19
4. Padrões de Continuação   203
5. Método Sakata e Formações Candle   265
6. A Filosofia por trás da Identificação de Padrões Candle   283
7. Confiabilidade de Reconhecimento do Padrão   299
8. Performance do Padrão Candle   341
9. Filtragem de Padrão Candle   351
10. Candlesticks para Traders   381
11. Conclusões   459

Apêndice A **461**

Apêndice B **469**

Bibliografia **477**

Sobre o Autor **479**

Sobre Ryan Litchfield **481**

Índice **483**

PREFÁCIO DA SEGUNDA EDIÇÃO

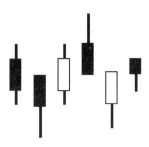

Sou um colecionador de primeiras edições de livros. Minha especialidade inclui textos de astronomia escritos antes de 1900, tais como o clássico de Percival Lowell, *Mars* [sem publicação no Brasil], as primeiras especulações publicadas sobre a possibilidade de vida no planeta vermelho (as quais inspiraram H.G. Wells a escrever *A Guerra dos Mundos*), e um estranho volume pequeno de 1952 que alega que o astrônomo William Hershel localizou ovelhas na lua com seu telescópio.

Minha coleção também inclui cerca de 200 livros de negócios escritos por autores que entrevistei com o passar dos anos. Minha cópia autografada de *Merger Mania*, de Ivan Boesky, foi leiloada há alguns anos por US$200, por exemplo.

Mas meu favorito, de coração, é um livro de gráficos velho e surrado da Dow Jones Industrials e Transportation Averages, datado de 18 de dezembro de 1896, o dia em que o Dow Jones moderno nasceu. (Curiosidade: em quanto fechou o Dow Industrials em seu primeiro dia de negociações? Resposta: 38,59.) Naquela época, o Industrials tinha apenas 12 componentes, e o Transports, com 20 edições, era conhecido como Rails.

Um inspetor de Virgínia em seus 90 anos de idade o ofereceu a mim no outono de 1985.

"Estive interessado, mas não muito ativo, no mercado desde o início dos anos 1920", ele escreveu, "e vivi a 'quebra' de 1929 e a Grande Depressão, que eram uma influência de 'esfriamento' contra o entusiasmo excessivo".

"Aos 90, minhas atividades estão confinadas a ações de 'crescimento' e investimentos seguros. Não estou mais interessado em 'especulação'." Então ele quis saber se eu estaria interessado em seu livro de gráficos.

De fato, estava, e alegremente aceitei em troca de uma cópia autografada de um dos livros de Joe Granville.

O livro foi publicado em 1931 por Robert Rhea, o famoso discípulo de Charles Dow e de uma das formas mais antigas de análise técnica, a Teoria de Dow. Cobria os anos de 1896 a 1948, com cada página devotada a um ano de negociações de ambas as médias.

Era um retângulo verde grande, desbotado, medindo 28cm de altura e 46cm de largura. As pesadas capas eram de papelão, presas umas às outras por dois parafusos enferrujados.

Folheio de vez em quando, maravilhado com sua simplicidade. O valor de fechamento de cada dia é designado por uma única cerquilha horizontal, meticulosamente entalhada no papel milimetrado.

Nada elaborado. Sem as altas e baixas *intraday*, sem linhas de tendência, sem pontos ou figuras, apenas um simples registro diário dos débitos e créditos da civilização.

Há nele o pânico do mercado em dezembro de 1899, quando o Industrials afundou, passando de 76 para 58 em 13 dias de negociações.

Há o período de julho a dezembro de 1914, quando, incrivelmente, o mercado fechou por conta da Primeira Guerra Mundial. Assustadoramente, metade da página dedicada àquele ano está vazia.

E, é claro, lá estava o ano de 1929, quando o Industrials chegou ao pico em 3 de setembro aos 381,17 e atingiu o fundo do poço, três páginas mais tarde, em julho de 1932, a 41,22.

O livro significa muito para mim. Entre suas capas há uma parte da história, um pouco de matemática, uma dose de economia e um toque de psicologia. Ensinou-me muito sobre uma disciplina que eu certa vez considerei como vodu.

Supõe-se que bons jornalistas devem manter a mente aberta sobre as histórias que abordam. Repórteres políticos, por exemplo, não deveriam ser Republicanos nem Democratas. E repórteres financeiros que se prezem devem evitar ser tanto otimistas quanto pessimistas. E devem estar familiarizados com as análises fundamentalistas e técnicas.

Lembro-me da primeira vez que entrevistei um analista técnico de mercado, no outono de 1981, quando eu ainda estava dando meus primeiros

PREFÁCIO DA SEGUNDA EDIÇÃO

passos na área de notícias de negócios. O analista falou de ciclos de mercado de 34 dias e 54 semanas e formações Ombro-Cabeça-Ombro [OCO] e cunhas. Pensei que era bastante jargão até o verão de 1982, quando o "bull market" [mercado altista, em tradução livre] se iniciava e os analistas fundamentalistas ainda estavam remoendo a profundidade da recessão que engessava a economia naquela época. Foi quando percebi que os peritos poderiam estar certos em seu julgamento.

Ele não sabe disso, mas Greg Morris me ensinou muito sobre análise técnica. Ou, mais precisamente, o software N-Squared me ensinou. Por alguns anos, em meados de 1980, fiz as leituras diárias de linha de avanço/declínio da NYSE [New York Stock Exchange] e as figuras de fechamento de alguns índices de mercado em meu computador. Eu usava o N-Squared para criar gráficos e delimitar linhas de tendência. (Eu ainda não tinha aprendido sobre modems e download de banco de dados.)

O processo vagaroso e meticuloso me deu uma compreensão prática, quase orgânica, dos mercados. E assistir vários padrões repetitivos de gráficos se desenvolverem na tela do computador foi uma grande lição sobre oferta e procura e sobre a psicologia do mercado.

Acho que entendo como funciona a análise técnica. Esse é o porquê de ela continuar me intrigando. Entendo as implicações da oferta e procura de níveis de suporte e resistência, por exemplo, e aprecio as teorias por trás das formações flâmula e rising bottom.

Mas ainda me maravilho com o que basicamente faz a análise técnica funcionar: aquele algo intangível capaz de fazer com que técnicos antropomorfizem os mercados sem nem ao menos perceberem. O mercado está cansado, eles dizem. Ou o mercado está tentando nos dizer isso ou aquilo. Ou o mercado sempre sabe das notícias antes dos jornais.

Esse algo, em minha mente, é simplesmente o lado humano do mercado, o qual sugiro que os técnicos norte-americanos tendem a ignorar. Análise técnica é, no fim das contas, tanto arte como ciência. Mas uma grande quantidade de analistas tem um ponto cego matemático e colocam a culpa em computadores. Sim, gráficos representam relações numéricas, mas também descrevem as percepções e os comportamentos humanos.

Entram os Candlesticks de Sakata, que combinam o raciocínio altamente quantitativo das análises técnicas norte-americanas com a elegância intuitiva da filosofia japonesa. Greg Morris mais do que habilmente voltou sua atenção para esse estilo de mapeamento com este livro.

Ocorreu-me que os Candlesticks japoneses são a forma perfeita de análise técnica para os anos 1990. Eu, por sinal, concordo com os autores John Naisbett e Patricia Aburdene. Não será necessariamente um período abertamente religioso, veja bem, mas precisamente um poder sutil, intuitivo que poderemos desenvolver e que nos permite sentir as coisas antes de elas acontecerem de fato. Será um período que abraça um tipo de híbrido da filosofia oriental com a praticidade ocidental sem todo o misticismo da Nova Era.

Isso é ideal para a análise Candlestick. O sistema é preciso e minucioso, mas encanta com seus nomes estilo haiku para padrões de gráfico: "paper umbrella" ["guarda-chuva de papel", em tradução livre], ou "spinning tops" ["peão", em tradução livre], por exemplo.

Mas deixarei Greg Morris contar a história a partir daqui. Só espero que meu amigo de 90 anos ainda esteja vivo para ler isso. Acho que ele iria gostar.

BILL GRIFFETH, Âncora
Strictly Business, CNBC
Park Ridge, NJ

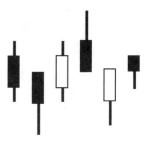

PREFÁCIO PARA A TERCEIRA EDIÇÃO, POR TIM CHAPMAN

Entrei para o ramo dos negócios quando tinha 21 anos de idade, e meu timing foi impecável. Abri meu primeiro escritório em junho de 1982, apenas dois meses antes de o mercado de ações embarcar em um bull market secular de 18 anos. (Pensei que era o catalisador para a melhora do mercado!) Eu era jovem e sabia tudo, ou pelo menos pensava que sabia. Não levei muito tempo para perceber que não só *não* sabia tudo; na verdade, eu sabia muito pouco. O mundo do investimento é um lugar grande, e a verdade confusa é a de que não havia um único jeito "certo" de fazer. Existem muitas ideias boas e estratégias, mas nenhuma é perfeita.

Considerava-me bastante maduro no auge dos 21 anos, mas felizmente estava sozinho nessa avaliação. Não havia quase nenhuma pessoa fazendo fila para conseguir conselhos de investimento de um jovem, o que era uma coisa boa, porque, como resultado, havia poucas oportunidades de causar qualquer dano.

Um benefício da juventude é uma abertura a ideias, e, por começar pelos meus próprios esforços, tive a sorte de ter escapado do treinamento tradicional das grandes corretoras. Ninguém me doutrinou a acreditar que o jeito deles era o único, então fui capaz de escutar e aprender sem acrescentar muitas noções preconcebidas. Utilizando uma boa frase sulista, "eu não estava acomodado" ainda.

Enquanto estávamos no meio do que se tornaria o mercado de alta mais sem precedentes na história, minha primeira experiência com uma oscilação de mercado foi na quebra de 1987. Ainda que os efeitos no curto prazo do

Black Monday fossem sentimentais e angustiantes, não passou muito tempo antes que o cíclico mercado de baixa se tornasse munição adicional para a multidão tradicional "buy and hold" ["comprar e segurar", em tradução livre] endossar o quão "certa" estava: qualquer correção era simplesmente uma oportunidade de compra, mercados de baixa não duram muito, e perdas poderiam ser rapidamente superadas. Eu fui na onda.

O mercado cíclico de baixa em 1990 foi semelhante à baixa de 1987 (não durou muito, e o tempo de recuperação foi de menos de um ano), mas *foi* diferente para mim porque naquela época eu tinha clientes reais, com dinheiro real! Estavam me perguntando coisas importantes sobre maneiras de administrar o risco em um portfólio, e eu não tinha nenhuma resposta. Foi então que a análise técnica de mercado finalmente surgiu em meu radar.

Em 1991, Don Beasley e eu formamos o que se tornaria a PMFM, Inc., uma consultoria de investimento registrado que administrava dinheiro ao usar análise técnica de mercado. Nosso objetivo era entregar respostas adequadas sem a montanha-russa e os riscos que vinham do buy and hold.

Análise técnica ainda não é "mainstream" porque a abordagem buy and hold é muito mais fácil para os brokers e conselheiros financeiros, mas em vista dos mercados de baixa recentes, os investidores estão finalmente começando a percebê-la. Entre 2000 e 2002, um urso feroz chutou a porta e começou a destruir todas as "verdades" do mercado, que estavam entranhadas desde 1982. Esse mercado de baixa não foi breve; 20% de queda não era uma boa oportunidade de compra; e o dano em geral era severo. Agora, mais de cinco anos após o declínio começar, ainda estamos distantes de um ponto de equilíbrio na maioria dos índices. Infelizmente foi necessário o pior mercado de baixa desde a Grande Depressão para chamar a atenção merecida para a análise técnica de mercado, mas sou grato por nossa abordagem nos permitir preservar o dinheiro de nossos clientes e, de fato, retornar daquele terrível período de três anos.

Durante a última década, pude apreciar o quão vasto realmente é o estudo de análises técnicas. Existem muitos modelos e medidas viáveis (alguns básicos, alguns complexos), mas, no fim, são apenas ferramentas de trade para um bom técnico. Todos encontramos conforto na familiaridade, e talvez essa seja a razão para os Gráficos Candlestick Japoneses serem, com frequência, preteridos e deixados na caixa de ferramentas. À primeira vista, parecem obscuros, misteriosos e quase impenetráveis — até agora!

Greg Morris, um talentoso técnico de mercado e maravilhoso escritor, trouxe os Gráficos Candlestick Japoneses à vida de uma maneira que apenas ele consegue. Somos agraciados por ter Greg em nosso time na PMFM, Inc. A informação fornecida neste livro é direta, fácil de entender e, mais importante, fácil de aplicar. Não importa se você é um profissional de investimento procurando por maneiras de servir seus clientes melhor ou um indivíduo procurando por conhecimento para administrar seus próprios ativos, *Gráficos Candlestick Desvendados* é um importante e essencial manual que fará de você um investidor/trader melhor.

TIM CHAPMAN
PMFM.com

PRÓLOGO DA SEGUNDA EDIÇÃO

Os Gráficos Candlestick Japoneses e as análises definitivamente são uma ferramenta viável e efetiva para sincronização e análise do mercado de ações e de commodities. Essa é uma declaração ousada, especialmente quando se considera o universo das técnicas de análises que estão sendo promovidas, oferecidas, vendidas, usadas, abusadas e fomentadas. Exceto o trabalho de Nison, o único problema tem sido a falta de informações detalhadas sobre como identificá-las e usá-las. Este livro não apenas resolverá esse problema, mas também provocará uma curiosidade intelectual pelo candlestick que não desaparecerá facilmente.

Os candlesticks japoneses oferecem uma compreensão visual sobre a psicologia do mercado atual. Não existe um mistério ancestral por trás deles, como alguns patrocinadores gostariam que se acreditasse. São, no entanto, um método poderoso para analisar e cronometrar ação e mercados futuros. Que tenham sido utilizados por centenas de anos apenas reforça o fato. Quando os candlesticks são combinados com outros indicadores técnicos, o timing do mercado e os resultados de negociações podem ser aumentados consideravelmente.

É quase uma pena que essa técnica de análise segura tenha sido apresentada para o Ocidente usando a palavra "candlesticks", em vez de alguma terminologia mais atraente ou apropriada, tal como Métodos Sakata ou Os Cinco Métodos Sakata. Se a estreia ocidental tivesse focado o destrinchar de uma antiga técnica de análise japonesa chamada Métodos Sakata, creio que sua aceitação teria sido mais rápida e mais disseminada. Nada disso, no entanto, muda a contribuição que os candlesticks tiveram para a análise técnica; apenas teriam sido feitas menos declarações enganosas.

Em janeiro de 1992, completei uma semana de estudos no Japão com o Sr. Takehiro Hikita, um trader de futuros independente e ativo. Enquanto estive em sua casa, discutimos minuciosamente o campo completo da cultura japonesa relativa à análise candlestick. Seu extenso conhecimento e sua dedicação ao assunto tornaram minha experiência de aprendizado não apenas agradável, mas bastante aprofundada. Sua insistência para que eu tentasse entender a psicologia ao mesmo tempo era essencial para aprender muitos dos conceitos dos padrões. Espero ter transferido essa informação inestimável neste livro.

Este é um livro que não apenas abrange o básico, mas oferece mais detalhes sobre como exatamente identificar e usar os padrões. Uma análise ampla e metodologia de reconhecimento serão apresentadas de forma que se tenha uma compreensão completa da análise do padrão candle japonês e sua utilidade na sincronização e estratégias de mercado. Os Padrões Candle precisam ser definidos dentro de parâmetros que as pessoas possam entender e usar em sua análise diária. Isso pode, ainda, envolver flexibilidade, enquanto os limites de tal flexibilidade são definidos, ou ao menos explicados.

Uma tentativa de remover a subjetividade da análise dos candlesticks será o principal impulso deste livro. A maior parte das fontes que lidam com candlesticks admite que os padrões deveriam ser considerados no contexto do mercado. Isso é verdade, mas com frequência é uma desculpa para evitar as metodologias complicadas de reconhecimento de padrões.

Os capítulos sobre teste e avaliação estatística revelarão totalmente todas as suposições usadas e todos os detalhes do resultado do teste. Testes rigorosos foram feitos em ações, futuros e índices. Alguns dos resultados foram surpreendentes, e outros, muito previsíveis. Todos os resultados são mostrados para seu uso e sua análise.

Não há nada mais cansativo, sem propósito e ineficiente do que ler páginas de análise detalhadas de padrões de gráficos sobre como o mercado era e o que você deveria ter feito. A verborragia aparentemente sem fim sobre como você deveria ter feito se tivesse apenas reconhecido isso ou aquilo quando isso ou aquilo aconteceu é totalmente sem sentido. Exemplos de gráficos serão mostrados neste livro apenas como exemplos de aprendizado dos padrões candle sendo discutidos. Definitivamente, ajuda a ver os padrões candle atuais usando dados reais.

PRÓLOGO DA SEGUNDA EDIÇÃO

Eu não poderia ter me permitido começar um projeto tão envolvente quanto este se tivesse qualquer ínfima dúvida sobre a viabilidade e credibilidade de usar os candlesticks japoneses como uma ferramenta adicional para o mercado de análises e sincronização. Nos últimos quinze anos, li praticamente todo livro sobre análise técnica, usei todo tipo de indicador, segui diversos analistas e desenvolvi um software de análise técnica e econômica, em parceria com N-Squared Computing. Acredite em mim, se candlesticks fossem apenas um capricho passageiro, este livro não seria considerado — com certeza, não por mim.

Senti que uma abordagem franca ao escrever o livro seria a mais aceita, e certamente com mais credibilidade. Quando compro um livro para aprender sobre novas técnicas, aprecio uma abordagem didática. Portanto, esse estilo constitui a parte vital da estrutura e organização deste livro.

Este livro não apenas introduzirá e explicará todo o funcionamento interno dos candlesticks japoneses, mas também servirá de referência para o manual de uso posterior. Cada padrão candle foi definido e explicado em um formato padrão, para possibilitar a referência rápida e fácil. Introduzirei um novo método de análise chamado "filtragem candlestick", o qual, baseado em minha pesquisa, é essencial para melhor reconhecimento. Você o verá ganhar popularidade, porque pode fornecer uma tremenda base estável para análise e pesquisa futuras.

A análise dos candlesticks japoneses usada com outros indicadores técnicos/de mercado melhorará sua performance e entendimento dos mercados. Mesmo se usar candlesticks meramente como um método de exibir dados, você irá percebê-los como indispensáveis. Gráficos candlestick, análise de padrão candlestick e filtragem candlestick lhe darão uma lupa, uma ferramenta, se preferir, que aumentará seu entendimento sobre mercados e desempenho das negociações. Aprenda gráficos e análise candlestick, use-os e aproveite seus benefícios.

GREG MORRIS
Dallas, Texas
1992

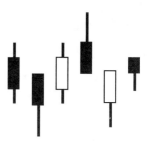

PRÓLOGO PARA A TERCEIRA EDIÇÃO

O prefácio para a segunda edição ainda diz mais dos fatos que precisam estar aqui, com apenas algumas mudanças e acréscimos dados adiante.

Uma quantidade de novos padrões candle têm sido desenvolvidos desde que a primeira edição foi publicada em 1992. Muitos deles foram criados para preencher as lacunas da versão original dos padrões japoneses. Um grande número de padrões do original japonês não tinha complemento ou equivalente; havia, de um lado, a versão bullish [de alta], e de outro, a versão bearish [de baixa], mas não ambos.

Essas lacunas foram preenchidas, junto com um punhado de novos padrões. Quando se estuda os padrões por todos esses anos, pode-se facilmente ver como novas coisas podem se desenvolver. Steve North, da North Systems, foi o criador de muitos desses padrões complementares e novos. Se você vir esses padrões em outros livros ou artigos sobre candlesticks, tenha a certeza de perguntar ao autor onde ele/ela obteve a informação.

Então, após 14 anos, o que mudou? Computadores estão facilmente disponíveis; certamente o crescimento do poder da computação excedeu mesmo a Lei de Moore. Quase todos os servidores de dados oferecem dados de ações que têm o preço de abertura disponível. Em 1992, o caso definitivamente não era esse, como abordo no Capítulo 6. A internet ofereceu serviços de gráficos tais como StockCharts.com, que tornam o termo software quase obsoleto; tudo que é necessário é um navegador. Dados intraday certamente se tornam disponíveis o mais rápido possível. Ainda tenho problemas em usar análise de padrões candle ou qualquer outra coisa que não os dados diários. Os japoneses acreditavam com convicção que o tempo entre o fechamento de um dia e a abertura do próximo era importante para o psicológico do investidor. O tempo entre o fim (encerramento) de um candlestick de dez minutos e o começo (abertura) do próximo é simplesmente o próximo tique do relógio. Não é muito tempo para desenvolver uma mentalidade psicológica sobre o mercado, não é?

Então, o que não mudou? Eu ainda testemunho pessoas usando a análise de padrões candle que parecem se esquecer de uma das premissas primárias e mais básicas: primeiro, é imprescindível identificar a tendência do mercado antes de sequer começar a encontrar o padrão candle. Como é possível ter um padrão candle de reversão de alta se não se está em uma tendência de baixa? Não é possível. Lembre-se, essas visões de curto prazo da psicologia do investidor são baseadas nas tendências do mercado.

Ainda ouço e presencio analistas fazendo muito mais análise de padrão candle do que deveriam. Não é mágica; não é uma chave para o lucro instantâneo; é simplesmente outra boa ferramenta de curto prazo para análise de mercado e negociações. Análises de padrões candle deveriam ser sempre complementadas com outras técnicas de análise.

Nesta edição, adicionei consideravelmente mais informações nas medidas de sucesso para os padrões candle relativos aos muitos outros indicativos técnicos. Melhorei também as estatísticas que apoiam o conceito de filtragem do padrão candle que introduzi na primeira edição.

Também sintetizei minha visão sobre a viabilidade de usar padrões candle. Na primeira edição, mencionei que eles eram consideravelmente confiáveis em até cerca de nove dias de mercado. Hoje, acredito veementemente que qualquer coisa acima de cinco dias é coincidência e algo aleatório. Se o padrão candle anuncia o começo de um dos maiores movimentos da história, não é este que o causa; o padrão candle apenas auxilia na identificação de seu começo.

Finalmente, Ryan Litchfield contribuiu em uma imprescindível sessão sobre Candlesticks para Traders. Se você for um trader, irá amar o Capítulo 10. Se não for um trader, irá amar o Capítulo 10.

GREGORY L. MORRIS
Big Canoe, GA
2006

AGRADECIMENTOS

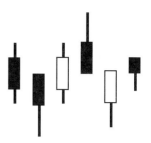

Existem pessoas sem as quais este livro não seria possível. Por onde começo? Quem menciono primeiro? Isso, muito possivelmente, é mais difícil que o próprio livro.

Não se deve esquecer as próprias raízes. Não há dúvidas em minha mente de que meus pais, Dwight e Mary Morris, são os maiores responsáveis por tudo que já conquistei. Qualquer dificuldade certamente tinha que vir de ser um piloto de avião militar na marinha dos Estados Unidos por seis anos.

Sou abençoado com uma esposa maravilhosa, Laura. O apoio dela durante esse esforço foi inabalável e totalmente apreciado.

Norman North (Sr. N-Squared Computing) transitou de um sócio de negócios para um amigo estimado. As letras miúdas são: sem Norm, este livro não poderia ter sido escrito. Steve North (filho do Norm) foi inestimável com todo o material novo que foi usado nesta edição.

Serei eternamente grato a Takehiro Hikita por sua oferta cortês para visitar o Japão, ficar em sua casa e ajudar em muitas interpretações japonesas. Minha viagem para o Japão em janeiro de 1992 para estudar a análise candlestick japonesa foi inestimável. Seu conhecimento sobre a análise de padrões candle perpassa todo o livro.

Ron Salter, da Salter Asset Management, sempre ofereceu opiniões inesperadas, mas perspicazes, sobre a economia e os mercados, uma que parecia com frequência mais certa que errada. Sou grato pela permissão de citar alguns de seus comentários das cartas de clientes.

Steve Nison deve receber crédito completo e reconhecimento por ser pioneiro em "candlesticks" dentro da análise ocidental. Seu livro *Japanese Candlestick Charting Techniques* [sem publicação no Brasil] publicado pelo New York Institute of Finance/Simon & Schuster, é um clássico e proporciona ao leitor uma história rica de candlesticks e análise de candlestick. Nison cunhou muitos dos nomes em inglês para os vários padrões usados no ocidente hoje. Muitos dos conceitos usados no ocidente hoje se originaram com o trabalho de Nison e têm sido amplamente aceitos como lugar-comum entre os entusiastas de candlestick. Este livro não tenta mudar isso.

O primeiro livro traduzido para o inglês sobre os candlesticks japoneses foi *The Japanese Chart of Charts* [sem publicação no Brasil] por Seike Shimizu. Esse livro proporciona uma imensa riqueza de informação sobre todos os padrões candle populares, junto a suas muitas interpretações. Foi traduzido por Greg Nicholson. Outro valioso recurso de informação em candlesticks foi publicado pela Nippon Technical Analysis Association, chamado *Analysis of Stock Price* [sem publicação no Brasil] no Japão, em 1988.

Meu agradecimento é também para Chip Anderson e todo o pessoal da StockCharts.com, por seu auxílio ao criar a maioria dos gráficos nesta edição. Um reconhecimento especial vai para Kellie Erlandson, por convertê-los em um formato usável e nunca reclamar quando eu queria mudar algo. Também agradeço a Edgar Isidro por digitar o livro original no Microsoft Word. Creio que devo ter usado o processador de palavras de um sistema operacional de disco, DOS-based, ou algo há muito perdido, quando fiz a primeira edição em 1991.

Obrigado a Jason Holcombe por revisar todos os meus livros de língua japonesa em busca de quaisquer novos padrões e disponibilizar algumas das traduções para os novos padrões.

Obrigado a Raymond Fowkes por sua proficiência em gerar os quadros de Microsoft Excel, que foram convertidos nas Caixas de Informação de Padrões Detalhados nos Capítulos 3 e 4.

Preciso dar uma menção especial a Ryan Litchfield, que fez algumas contribuições significativas para esta nova edição. Ryan tem um jeito único de ver mercados e negociações, e sua colaboração nesta edição melhorou o livro significantemente. Vocês vão gostar do Capítulo 10.

Como é o padrão aceito, e certamente, neste caso, o fato, qualquer erro factual ou omissões serão tristemente, porém com certeza, meus.

CAPÍTULO 1
INTRODUÇÃO

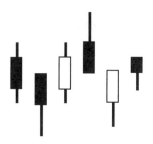

A análise de candlestick japonesa é uma forma válida de análise técnica e deveria ser tratada como tal. Promotores da riqueza instantânea sempre direcionarão mal e abusarão de seus direitos, mas não estarão por perto tempo o suficiente para causar qualquer dano considerável. Deve-se sempre olhar para qualquer nova técnica com uma dose saudável de ceticismo. Com sorte, este livro manterá esse ceticismo sob controle e não será necessário dispor dele.

ANÁLISE TÉCNICA

Quando se considera a análise técnica, deve-se lembrar de que as coisas, com frequência, não são o que parecem à primeira vista. Muito do que aprendemos não é verdade de fato, e o que parece ser óbvio algumas vezes não é. Muitas pessoas acreditam que a água escoa da banheira mais rápido conforme vai chegando ao final, mas não é assim. Algumas pessoas podem beber como uma esponja, mas esponjas não bebem. George Washington não cortou uma cerejeira, nem jogou uma moeda de um dólar no Potomac. Cães não suam pela língua, automóveis Audi nunca aceleraram misteriosamente e a Batalha de Bunker Hill não aconteceu em Bunker Hill (Breed's Hill).

Um bom detetive lhe dirá que algumas das informações menos confiáveis vêm de testemunhas oculares. Quando as pessoas observam um evento, parece que sua criação, educação e outras influências matizam sua percepção do que aconteceu. A coisa mais importante que os detetives tentam fazer em uma cena de crime é impedir que os observadores falem uns com os outros, porque a maioria seria influenciada pelo que os outros disserem ter visto.

Outra curiosa falha humana se torna um fator quando observamos os eventos. A mente humana não lida muito bem com números extensos ou ideias macro. O fato de que milhares de pessoas morrem em acidentes de carro a cada ano faz apenas com que algumas sobrancelhas se ergam, mas uma queda de avião, matando apenas poucas pessoas, arrebata a nação. Ficamos moderadamente preocupados que dezenas de milhares de pessoas estejam infectadas com AIDS, mas nos sensibilizamos profundamente quando se mostra uma criança inocente que foi indiretamente infectada. Se uma situação é personalizada, tendemos a nos centrar nela. Nós nos deixamos iludir pelas emoções, e elas podem afetar nossas percepções. Quando nossos portfólios estão despencando, todos os medos que podemos imaginar emergem: recessão, dívidas, guerra, orçamento, quebras bancárias etc. Precisamos de algo que nos afaste de ser vítimas das emoções e fantasias diárias, e esse algo é a análise técnica.

Praticamente todos os métodos de análise técnica geram informação útil, a qual, se usada para nada mais que revelar e organizar fatos sobre o comportamento do mercado, aumentará a compreensão do investidor sobre os mercados. O investidor se torna dolorosamente consciente de que competência técnica não garante negociações competentes. Especuladores que perdem dinheiro não o fazem apenas por conta de uma análise ruim, mas por causa de sua inabilidade em transformar sua análise em prática segura. Fazer a ponte entre a lacuna vital que separa análise e ação requer que se superem as ameaças de medo, cobiça e esperança. Significa controlar a impaciência e o desejo de se desvencilhar de um método seguro por algo novo durante tempos de adversidade temporária. Significa ter disciplina para acreditar no que se vê e seguir as indicações desses métodos seguros, mesmo que eles contrariem o que todos os outros estejam dizendo ou o que parece ser o rumo correto.

ANÁLISE CANDLESTICK JAPONESA

Como uma nova e empolgante dimensão de análise técnica, os gráficos candlestick japoneses ajudarão pessoas que desejam ter outra ferramenta a sua disposição. Essa ferramenta ajudará a classificar e controlar as constantes interferências e influências externas sobre análises seguras de mercado de ações e futuros.

O que os gráficos candlestick oferecem que o típico gráfico de barras ocidental não oferece? Até onde os dados demonstram atualmente, nada. No entanto, quando o assunto é o apelo visual e a habilidade de ver as relações de dados com facilidade, os candlestick são excepcionais. Uma rápida percepção da recente psicologia de negociações já existia antes de você. Após uma quantidade mínima de prática e familiarização, os candlesticks se tornarão parte de seu arsenal de análise. Você nunca mais voltará aos gráficos de barra padrões.

Os candlesticks japoneses oferecem uma imagem rápida da psicologia de negociações de curto prazo, estudando o efeito, não a causa. Isso põe os candlesticks diretamente na categoria de análise técnica. Não se pode ignorar o fato de que preços são influenciados pela psicologia dos investidores, motivadas por emoções de medo, ganância e esperança. A psicologia geral do mercado não pode ser medida por estatísticas; algumas das formas de análise tecnológica devem ser usadas para analisar as mudanças nesses fatores psicológicos. Os candlesticks japoneses leem as mudanças na composição das interpretações de valor dos investidores. Isso é então refletido nos movimentos de preço. Mais do que apenas um método de reconhecimento de padrões, os candlesticks mostram a interação entre compradores e vendedores. Eles geram uma percepção dos mercados financeiros que não está prontamente disponível em outros métodos de gráficos. Técnicas de análises relacionadas, como a filtragem candlestick e gráficos CandlePower (volume candle), complementarão sua análise e capacidade de timing.

Este livro não apenas servirá como um guia completo para os gráficos candlestick japoneses como também fornecerá evidência conclusiva da utilidade dos padrões candlestick como uma ferramenta de análise. Todos os métodos de análises e todas as suposições serão claras e desobstruídas. Após ler este livro, você tanto começará a usar candlesticks para apoiar sua análise e timing de mercado, como terá confiança suficiente neles para aprofundar sua própria pesquisa sobre análise candlestick.

OS CANDLESTICK JAPONESES E VOCÊ

Uma vez que você comece a se acostumar a usar os gráficos candlestick, achará desconcertante estar limitado aos gráficos de barra padrão. Sem os candlesticks, você sentirá que não está vendo a situação como um todo, que algo está faltando. Além de providenciar um padrão de reconhecimento rápido e fácil, os candlesticks têm grande apelo visual. A relação dos dados quase pula para fora da página (ou tela de computador), o que dificilmente acontece com os gráficos de barra.

GRÁFICOS CANDLESTICK VERSUS GRÁFICOS DE BARRA

Ao longo deste livro, assume-se como período de tempo um único dia de negociações. Deve-se compreender que uma barra ou linha candle representa qualquer período de negociação, não só um dia. Mas a análise diária é provavelmente a mais comum e, portanto, representará o período de negociações para este livro. Além disso, a menção de inventores, especuladores e traders será usada de modo completo, sem tentativa de classificá-los ou defini-los.

Gráficos de barra padrões

Os dados necessários para produzir um gráfico de barra padrão consistem na abertura máxima, mínima e no preço de fechamento do período de tempo estudado. Um gráfico de barra consiste em linhas verticais representando os altos e baixos dos preços daquele dia. O pico máximo se refere ao maior preço das negociações no pregão de um determinado dia. Da mesma forma, o preço mínimo se refere ao menor preço das negociações daquele dia.

Por anos, os únicos outros elementos de preço usados no gráfico de barras eram o preço de fechamento. Esse era representado no gráfico de barras como uma pequena marcação se estendendo para fora da barra, à direita. Recentemente, os gráficos de barra incorporaram o preço de abertura com outra pequena marcação ao lado esquerdo do gráfico de barras. Na maioria dos futuros e gráficos de commodities sempre foi usado o preço de abertura porque ficava disponível mais rapidamente.

A maioria dos gráficos de barra é exibida com um histograma de volume na parte inferior. Serviços de gráficos também oferecem um número de indicadores populares junto ao gráfico de barra. Os fornecedores de software de análise técnica deram ao usuário grande flexibilidade em exibir os gráficos de barra. O gráfico de barra padrão pode ser exibido com indicadores, volume, "open interest" [total de contratos de futuros pendentes no fim do dia] e uma variedade de outras ferramentas técnicas apropriadas para aquele software.

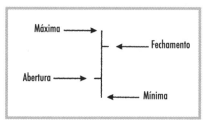

Imagem 1-1

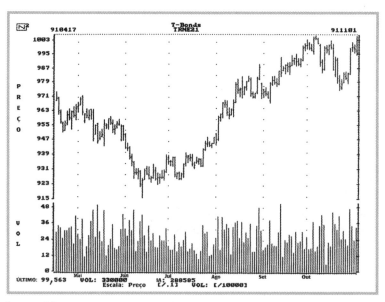

Imagem 1-2

Gráficos candlestick

Os gráficos candlestick japoneses não exigem nada novo ou diferente no que se refere a dados. Abertura, máximo, mínimo e fechamento são todo o necessário para fazer gráficos candle. Quando este livro foi escrito, muitos fornecedores de dados não tinham preços de abertura em ações. Esse problema pode ser solucionado utilizando o fechamento do dia anterior para o preço de abertura de hoje. Isso, no entanto, apresenta uma situação de certa forma controversa e é discutido minuciosamente no Capítulo 6.

O CORPO (*JITTAI*)

A caixa que constitui a diferença entre abertura e fechamento é chamada de corpo real do candlestick. A altura do corpo é o intervalo entre o preço de abertura do dia e o preço de fechamento do dia. Quando esse corpo é preto, significa que o preço de fechamento foi mais baixo que o preço de abertura. Quando o preço de fechamento é mais alto do que o de abertura, o corpo é branco.

AS SOMBRAS (*KAGE*)

A linha candlestick pode ter pequenas linhas sobre ou sob o corpo. Essas linhas são chamadas de sombras e representam o preço máximo e mínimo alcançado durante o dia de negociações. A sombra superior (*uwakage*) representa o preço máximo, e a sombra inferior (*shitakage*) representa o preço mínimo. Alguns traders japoneses se referem à sombra superior como o cabelo, e à sombra inferior como a cauda. São essas sombras que dão a aparência de uma candle [vela] e seu(s) pavio(s).

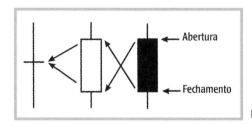

Imagem 1-3

Quando se desenha os gráficos candlestick à mão, os japoneses usam vermelho, em vez de branco, para representar o dia em alta (fechamento mais alto que a abertura). Com o uso do computador, isso não é tão viável, porque o vermelho seria impresso como preto na maioria das impressoras e não se poderia diferir os dias em alta dos dias em baixa. Isso também se aplica à fotocópia.

Se você comparar as Figuras 1-4 e 1-5, é possível ver que os gráficos candlestick japoneses realmente não mostram nenhuma diferença dos gráficos de barra. Contudo, uma vez que se acostume a ver os gráficos candlestick japoneses, esses serão preferidos, porque a claridade é superior e permite uma interpretação rápida e precisa dos dados. Essa questão de interpretação é também o assunto deste livro. Os gráficos e análises candlestick japoneses continuarão a crescer e ganhar em popularidade, pois enquanto forem usados devidamente, apenas um profeta do apocalipse poderia sugerir descartá-los.

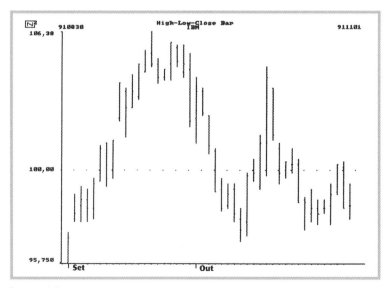

Imagem 1-4

GRÁFICOS CANDLESTICK DESVENDADOS

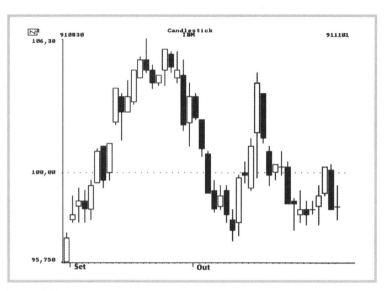

Imagem 1-5

CAPÍTULO DOIS
LINHAS CANDLESTICK

Um dia de negociações no mercado de qualquer ação ou futuros é representado em gráficos tradicionais como uma única linha ou barra de preço. Os gráficos candlestick japoneses não são diferentes, exceto que a informação é de maior facilidade de interpretação.

Há muita informação proporcionada por uma única linha candle. Isso ajudará a entender a psicologia por trás da variedade de padrões descritos nos próximos capítulos. Poucos são os padrões candle ["padrões de velas"] que consistam em apenas uma candlestick e que também se qualifiquem como padrões de reversão. Esses serão abordados minuciosamente nos capítulos sobre padrões de reversão.

Cada tipo de linha candle tem nome único e representa um possível cenário de negociações para aquele dia. Algumas linhas candle têm nomes em japonês, e outras, em inglês. Sempre que possível, se o nome está em inglês, o nome japonês também será dado. Esses serão escritos em um formato chamado *Romanji*; é um método de escrita japonesa utilizado para que seja pronunciado adequadamente por pessoas que não falam japonês. As linhas candle únicas são referidas como linhas yin e yang. Os termos yin e yang são chineses, mas têm sido usados pela análise ocidental para representação de termos dicotômicos, tais como dentro/fora, ligado/desligado, acima/abaixo e sobre/sob (os equivalentes japoneses são *inn* e *yoh*). Yin se relaciona à alta, e yang, à baixa. Há nove linhas yin e yang básicas na análise candlestick. Elas podem ser ampliadas para quinze linhas candle diferentes, com o intuito de ter uma explicação mais clara sobre as múltiplas possibilidades. Nos próximos capítulos será explicado como a maioria dos padrões candle pode ser reduzida a uma única linha candle, mantendo as mesmas conotações de alta ou de baixa.

DIAS LONGOS

As referências para os dias longos permeiam a maioria das bibliografias que estudam candlesticks japonesas. Longo descreve o comprimento do corpo da candlestick, a diferença entre o preço de abertura e de fechamento, como exemplificado na Figura 2-1. Um dia longo representa um movimento de preço grande. Em outras palavras, o preço de abertura e o de fechamento foram consideravelmente diferentes.

Em quanto devem diferir os preços de abertura e fechamento para se qualificarem como dia longo? Semelhante à maioria das formas de análise, o contexto deve ser considerado. Longo comparado ao quê? É melhor considerar apenas os preços mais recentes das ações para determinar o que é longo e o que não é. A análise candlestick japonesa é baseada somente na movimentação de preço em curto prazo, então a determinação de dias longos também deve ser. Um período de cinco a dez dias é adequado para produzir resultados. Outros métodos aceitáveis para determinar dias longos também podem ser usados. Esses serão destrinchados no capítulo sobre identificação e reconhecimento de padrão.

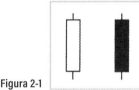

Figura 2-1

DIAS CURTOS

Dias curtos, mostrados na Figura 2-2, podem também ser baseados na mesma metodologia de dias longos, com resultados comparáveis. Há também numerosos dias que não cabem em nenhuma dessas duas categorias.

Figura 2-2

MARUBOZU

Marubozu significa "curtíssimo" ou "raspado" em japonês. Outras interpretações se referem a isso como Careca ou Cabeça Raspada. Em ambos os casos, o significado reflete o fato de que não há sombras estendidas vindas do corpo tanto na abertura quanto no fechamento, ou em ambos.

Marubozu Preto

Um Marubozu Preto é um corpo longo sem sombras em ambas as extremidades (Figura 2-3). É considerado uma linha extremamente fraca. Com frequência se torna parte de uma continuação de baixa ou padrão candle de reversão de alta, especialmente se ocorre durante uma tendência de baixa. Essa linha, sendo preta, mostra a fraqueza do declínio contínuo. Uma longa linha preta pode ser uma liquidação final. É por isso que é geralmente o primeiro dia de muitos padrões de reversão de alta. Também é chamado de Grande Yin ou Marubozu de Yin.

Figura 2-3   Figura 2-4

Marubozu Branco

Um Marubozu Branco (Figura 2-4) é um corpo longo e branco sem sombras em ambas as pontas. É uma linha extremamente forte quando consideradas suas características. Contrastando com o Marubozu Preto, com frequência é a primeira parte de uma continuação de alta ou padrão candle de reversão de alta. Às vezes é chamado Grande Yang ou Marubozu de Yang.

Marubozu de Fechamento

Um Marubozu de Fechamento não tem sombra estendida do fechamento final do corpo, seja ele branco ou preto (Figura 2-5). Se o corpo é branco, não tem sombra superior, porque o fechamento está no topo do corpo. Da mesma maneira, quando o corpo é preto, não há sombra inferior porque o fechamento está no fundo do corpo. O Marubozu Preto de Fechamento (*yasunebike*) é considerado uma linha fraca, e o Marubozu Branco de Fechamento é uma linha forte.

Marubozu de Abertura

O Marubozu de Abertura não tem sombra se estendendo da parte do corpo onde fica o preço de abertura (Figura 2-6). Se o corpo é branco, não haveria nenhuma sombra inferior, fazendo dele uma forte linha de alta. O Marubozu de Abertura não é tão forte quanto o Marubozu de Fechamento.

Figura 2-5

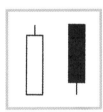

Figura 2-6

SPINNING TOPS (*KOMA*)

Spinning Tops são linhas candlestick cujos corpos reais são pequenos e têm sombras superiores e inferiores de extensão maiores do que o tamanho do corpo (Figura 2-7). Isso representa indecisão entre os bullish e bearish [que indicam, respectivamente, um mercado em tendência de alta e um mercado em tendência de baixa]. A cor do corpo de um spinning top, bem como o tamanho verdadeiro das sombras, não é importante. O corpo pequeno em relação às sombras é o que faz o spinning top.

LINHAS CANDLESTICK

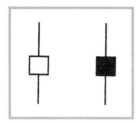

Figura 2-7

DOJI

Quando o corpo de uma linha candle é pequeno a ponto de os preços de abertura e fechamento serem iguais, eles são chamados de linhas (simultâneas ou coexistentes) Doji. Um Doji acontece quando a abertura e o fechamento para aquele dia são, ou certamente estão próximos de serem, os mesmos. O comprimento das sombras pode variar. Embora o Doji perfeito tenha o mesmo preço de abertura e fechamento, há certas interpretações a se levar em consideração. Requerer que a abertura e fechamento sejam exatamente iguais restringiria muito os dados, e, por conta disso, não existiriam muitos Doji. Se a diferença entre preços de abertura e fechamento está dentro de alguns ticks (acréscimo mínimo de uma negociação), isso é mais do que satisfatório.

O método usado para determinar um dia de Doji se assemelha ao de identificação de um dia longo; não existem regras rígidas, apenas diretrizes. Assim como um dia longo, depende de preços anteriores. Se os dias anteriores forem majoritariamente Doji, então o dia de Doji não é importante. Se o Doji ocorre sozinho, é um sinal de que há uma indecisão, e esta não deve ser ignorada. Em quase todos os casos, um Doji em si não seria significativo o suficiente para prever uma mudança na tendência dos preços, apenas um alerta de mudança de tendência iminente. Um Doji precedido de um longo dia branco em tendência de alta seria significativo. Refere-se a essa combinação de dias como um Estrela Doji de baixa (Capítulo 3). Uma tendência de alta que repentinamente é descontinuada poderia ser um motivo de preocupação. Um Doji significa que existe incerteza e indecisão.

De acordo com Nison, o Doji tende a ser melhor para indicar uma mudança de tendência, quando acontece no topo, ao invés de no fundo. Isso está relacionado ao fato de que, para uma tendência de alta continuar, novas compras devem ser registradas. Uma tendência de baixa pode continuar constantemente. É interessante notar que Doji também significa "gafe" ou "bagunça".

Long-Legged Doji (*juji*)

O Long-Legged Doji ["Doji Pernalta", em tradução livre], tem uma longa sombra superior e inferior no meio da série de negociações do dia, claramente refletindo a indecisão de vendedores e compradores (Figura 2-8). Durante todo o dia, o mercado cresceu e, depois, diminuiu abruptamente, ou vice-versa. Então fechou no, ou muito próximo ao, preço de abertura. Se a abertura e o fechamento estão no centro do intervalo do dia, refere-se à linha como Long-Legged Doji. *Juji* significa "cruz".

Figura 2-8

Gravestone Doji (*tohba*)

O Gravestone Doji (*hakaishi*), ilustrado na Figura 2-9, é outra forma de um dia Doji. Desenvolve-se quando o Doji está na, ou muito próximo à, baixa do dia.

Assim como muitos dos termos japoneses, é baseado em várias analogias. Nesse caso, o Gravestone Doji ["Doji Lápide", em tradução livre] representa as lápides daqueles que morreram em batalha.

Se a sombra superior for bastante longa, significa que o Gravestone Doji é muito mais de baixa. Preços abertos e trade mais alta todo o dia, apenas para fechar onde abriram, o que é também o preço baixo para o dia. Possivelmente não pode ser interpretado como nada além de uma falha no rally. O Gravestone Doji no topo do mercado é uma versão específica de um Shooting Star (Capítulo 3). A única diferença é que o Shooting Star tem um corpo pequeno, e o Gravestone Doji, sendo um Doji, não tem corpo. Algumas fontes japonesas alegam que o Gravestone Doji só pode ocorrer no chão, não no ar. Isso significa que pode ser um indicador de alta no chão ou em um baixo mercado, não tão bom quanto um de baixa. Certamente retrata um senso de indecisão e uma possível mudança em sua tendência.

Figura 2-9

Dragonfly Doji (*tonbo*)

O Dragonfly Doji ["Doji Libélula", em tradução livre], ou Tonbo (pronuncia-se *Tombo*), ocorre quando a abertura e o fechamento estão na alta do dia (Figura 2-10). Como outros dias de Doji, esse normalmente aparece em pontos de inflexão do mercado. Você verá, nos capítulos a seguir, que esse Doji é um caso especial de Hanging Man [Enforcado] e linhas Hammer [Martelo]. Uma linha Tonbo com uma sombra inferior muito longa (cauda) (*shitahigi*) é também chamada de linha Takuri. Essa, ao final de uma tendência de baixa, é extremamente altista.

Four Price Doji

Esta rara linha Doji ["Doji Quatro Preços", em tradução livre], ocorre quando todos os quatro componentes de preços são iguais. Isto é, abertura, máxima, mínima e fechamento são os mesmos (Figura 2-11). Essa linha pode ocorrer quando uma ação é muito ilíquida ou a fonte de dados não tem nenhum preço além do fechamento. Traders de futuros deveriam suspeitar que tenha acontecido erro de dados. No entanto, de fato representa incerteza total para os traders da direção do mercado.

Figura 2-10   Figura 2-11

STARS (*HOSHI*)

Uma Star [estrela] aparece quando um corpo pequeno forma um gap ["janela", em tradução livre segundo o visual da Figura 2-12] acima ou abaixo do corpo longo do dia anterior. Idealmente, o gap deveria abarcar as sombras, mas isso não é sempre necessário. Uma Star indica certa incerteza no mercado. Stars são parte de muitos padrões candle, principalmente padrões de reversão.

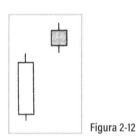

Figura 2-12

PAPER UMBRELLA (*KARAKASA*)

Muitas dessas linhas também serão incluídas nos próximos capítulos de padrões candle. Como as linhas candle mencionadas anteriormente, as linhas Paper Umbrella ["Guarda-chuva de papel", em tradução livre], têm forte implicação reversa. Existem fortes semelhanças entre o Dragonfly Doji e essa linha candle. Duas das linhas Umbrella são chamadas de Hammer e Hanging Man, dependendo de sua localização na tendência do mercado.

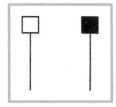

Figura 2-13

CONCLUSÃO

As linhas candle únicas são essenciais para a análise candlestick japonesa. Quando são usadas sozinhas, e então em combinações com outras linhas candle, a psique completa do mercado se revela. Muito da análise dessas linhas e padrões é parte do Método Sakata (Capítulo 5). Entretanto, este livro irá além do Método Sakata, com padrões e métodos adicionais. Alguns desses padrões são novos, e outros são variações dos originais.

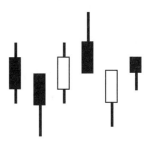

CAPÍTULO TRÊS
PADRÕES CANDLE DE REVERSÃO

Um padrão candle pode ser uma ou múltiplas linhas candlestick, raramente mais do que cinco ou seis. Na bibliografia japonesa, há referências ocasionais a padrões que usam ainda mais candlesticks, mas eles serão incluídos no capítulo de formações candle. As ordens nas quais os padrões candle são discutidos não refletem sua importância ou habilidade de previsão. São listados com base no número de dias ou períodos requeridos para cada padrão, sendo primeiro os de um dia. Geralmente, dentro de cada categoria, os padrões são então organizados baseando-se em sua frequência ou ocorrência.

A maior parte dos padrões candle é inversamente relacionada. Ou seja, para cada padrão de alta, existe um padrão de baixa semelhante. A diferença principal é sua posição relativa às tendências de curto prazo do mercado. Os nomes dos padrões de alta e de baixa podem ou não ser diferentes. Para que este capítulo sirva como uma referência, cada conjunto de padrões será abordado usando o mesmo formato básico. Alguns padrões mantêm seu nome japonês, enquanto a outros serão dados nomes em inglês. Poucos são idênticos em construção, mas têm nomes diferentes. Qualquer nome diferente será explicado nas discussões individuais.

Três linhas verticais pequenas precederão o desenho do padrão. Elas mostrarão apenas as tendências anteriores de mercado e não deveriam ser usadas como uma referência direta aos relacionamentos de padrões.

PADRÕES DE REVERSÃO VERSUS DE CONTINUAÇÃO

Padrões de reversão e de continuação foram separados em diferentes capítulos. Este abrange os padrões de reversão, e o Capítulo 4, os padrões de continuação. Essa separação foi feita para tornar conveniente e simplificar futuras referências. Isso é mencionado aqui porque a determinação de implicação de alta e de baixa tem a ver apenas com o price action [técnica de monitoramento dos preços de um ativo apresentados graficamente] contínuo, e não com a ação anterior. O preço de ação anterior ajuda a determinar apenas os padrões, não a habilidade de prever ou antecipar futuras movimentações de preço. Seja um padrão de reversão, seja um padrão de continuação, as decisões sobre investimento e negociação ainda precisarão ser feitas, mesmo que seja o fato de que você decidiu não fazer nada. O Capítulo 6 lida com esse conceito em detalhes.

Há uma expectativa normal de ter um padrão de alta ou uma situação antes de um equivalente de baixa. Essa tendência continuará aqui, exceto quando o equivalente tende a exibir maior predominância; então será abordado primeiro. Uma certa quantidade de novos padrões será introduzida com esta edição do livro. Muitos foram criados para servir como um padrão complementar para aqueles que tinham apenas uma versão de alta ou de baixa, mas não ambas. Nesses casos, o original será sempre apresentado primeiro.

FORMATO DO CAPÍTULO

A maioria dos padrões candle será explicada usando-se um formato padrão que deve assegurar fácil referência no porvir. Alguns padrões candle não serão abordados tão minuciosamente quanto outros por conta de sua simplicidade ou semelhança com outros padrões. Alguns são apenas versões modificadas de outro padrão e serão assinalados como tal. Por conta de muitos padrões terem um equivalente refletindo o outro lado do mercado, alguns dos cenários conterão apenas um exemplo. Além disso, algumas repetições podem vir a acontecer. Isso também acontece para que a referência futura venha a ser tanto fácil quanto detalhada. O formato comum será:

■ Quadro de informação de padrão detalhado

Nome padrão:	Matching Low +				Tipo:	R +	
Nome japonês:	*niten zoko/kenuki*						
Tendência necessária:	Sim		Confirmação:	Não			
Frequência (MDiasEP):	590		Frequente				
Estatísticas de padrão de 7.275 ações comuns com mais de 14,6 milhões de dias de dados							
Intervalo (Dias)	1	2	3	4	5	6	7
% de Vencedores	69	64	62	61	60	59	59
% Média de Ganho	3,63	4,71	5,42	5,98	6,64	6,98	7,37
% de Perdedores	31	36	38	39	40	41	41
% Média de Perda	-2,60	-3,42	-3,92	-4,39	-4,75	-5,13	-5,48
Ganho/Perda Líquido	1,23	1,43	1,55	1,65	1,77	1,79	1,82

Cada padrão (de alta + e de baixa –) tem um quadro de informação. Esse quadro contém:

- Nome padrão: com + para de alta e – para de baixa
- Tipo: R = de reversão, C = continuação
- Nome japonês: nome romanizado
- Tendência necessária: Sim ou Não
- Confirmação: Necessária, Sugerida ou Não

Observação sobre confirmação: essa foi uma tentativa de identificar padrões candle que caiam universalmente em duas categorias: uma que parece nunca funcionar bem, e outra que parece sempre funcionar bem. Aqueles que nunca parecem trabalhar bem precisam de confirmação (Necessária). Aquelas que parecem trabalhar bem todo o tempo não precisam de confirmação (Não). Uma terceira categoria, derivada daquelas que estavam originalmente na categoria "trabalham bem", ainda tinha algumas estatísticas que não eram boas e, por conta disso, foram alocadas na categoria Sugerida, significando que a confirmação é sugerida. É audaciosamente declarado mais à frente neste livro que todos os padrões candle deveriam ser confirmados com outros métodos técnicos. Uma boa quantidade é mencionada neste capítulo.

Frequência (MDiasEP): esse é o número médio de dias entre padrões, cuja classificação é: Bastante Frequente, Frequente, Comum, Raro e Extremamente Raro.

Estatísticas sobre 7 dias de performance diferentes: % de Vencedores, % Média de Ganho, % de Perdedores, % Média de Perda, Ganho/Perda Líquido por Trade.

Os componentes da Informação de Padrão Detalhada serão explicados nos capítulos mais adiante.

- Comentários
  - Descrição de padrão(ões).
  - Equivalente(s) ocidental (tradicional).

- Gráfico de padrão(ões) clássico(s)
  - Desenhos detalhados de padrão clássico (dias que podem ser tanto preto quanto branco são exibidos com sombreado).

- Cenários/Psicologia por trás do Padrão
  - Cenários de negociação possíveis que poderiam se desenvolver.
  - Discussão geral da psicologia de cada dia.

- Flexibilidade do Padrão

PADRÕES CANDLE DE REVERSÃO

- Situação que muda a eficácia do padrão.
- Desvios permissíveis do padrão clássico.
- Informação para programação numérica e programadores de computação.
- Reduzir o padrão a uma única linha candle.

- Padrões relacionados
  - Padrões que têm uma formação semelhante.
  - Padrões que são parte desse padrão.

- Exemplos

ÍNDICE DE PADRÕES DE REVERSÃO

Padrão	Página
Padrões de um dia	
Hammer e Hanging Man [Martelo e Enforcado]	25
Belt Hold [Linha de Contenção]	31
Padrões de dois dias	
Engulfing	35
Harami	40
Harami Cross	45
Inverted Hammer e Shooting Star [Martelo Invertido e Estrela Cadente]	49
Piercing Line [Linha de Perfuração]	54
Dark Cloud Cover [Nuvem Negra]	58
Doji Star [Estrela Doji]	61
Meeting Lines [Linhas de Encontro]	66
Homing Pidgeon [Ave Migratória]	70

Padrão	Página
Descending Hawk	73
Matching Low	76
Matching High	79
Kicking [Chute]	82
One White Soldier	85
One Black Crow	88

Padrões de três dias

Padrão	Página
Morning Star e Evening Star	91
Morning e Evening Doji Stars	96
Abandoned Baby [Bebê Abandonado]	101
Tri Star [Estrela Tripla]	105
Upside Gap Two Crows	108
Downside Gap Two Rabbits	112
Unique Three River Bottom	115
Unique Three Mountain Top	118
Three White Soldiers	121
Three Black Crows [Três Corvos Negros]	124
Identical Three Crows [Três Corvos Idênticos]	127
Advance Block [Bloqueio Avançado]	130
Descent Block	133
Deliberation [Deliberação]	136
Two Crows [Dois Corvos]	141
Two Rabbits [Dois Coelhos]	144
Three Inside Up e Three Inside Down	147
Three Outside Up e Three Outside Down	151
Three Stars in the South [Três Estrelas ao Sul]	155
Three Stars in the North [Três Estrelas ao Norte]	158

PADRÕES CANDLE DE REVERSÃO

Padrão	Página
Stick Sandwich	162
Squeeze Alert	168
Padrões de quatro ou mais dias	
Breakaway	173
Concealing Baby Swallow	179
Ladder Bottom	182
Ladder Top	185
After Bottom Gap Up	189
After Top Gap Down	193
Three Gap Downs	196
Three Gap Ups	200

PADRÕES DE UM DIA

HAMMER E HANGING MAN

Nome padrão:	Hammer +				**Tipo:**	R +	
Nome japonês:	*kanazuchi/tonkachi*						
Tendência necessária:	Sim		**Confirmação:**		Necessária		
Frequência (MDiasEP):	284		Bastante Frequente				
Estatísticas de padrão de 7.275 ações comuns com mais de 14,6 milhões de dias de dados							
Intervalo (Dias)	1	2	3	4	5	6	7
% de Vencedores	41	43	44	44	45	46	47
% Média de Ganho	3,06	3,96	4,74	5,33	5,93	6,51	6,96
% de Perdedores	59	57	56	56	55	54	53
% Média de Perda	-3,25	-4,05	-4,66	-5,17	-5,70	-6,15	-6,52
Ganho/Perda Líquido	-0,57	-0,54	-0,47	-0,46	-0,40	-0,33	-0,23

Nome padrão:	Hanging Man -		Tipo:	R -
Nome japonês:	*kubitsuri*			
Tendência necessária:	Sim	Confirmação:	Não	
Frequência (MDiasEP):	117	Bastante Frequente		

Estatísticas de padrão de 7.275 ações comuns com mais de 14,6 milhões de dias de dados							
Intervalo (Dias)	1	2	3	4	5	6	7
% de Vencedores	69	66	64	62	61	60	59
% Média de Ganho	3,63	4,10	4,49	4,87	5,21	5,54	5,84
% de Perdedores	31	34	36	38	39	40	41
% Média de Perda	-2,81	-3,85	-4,60	-5,23	-5,77	-6,25	-6,71
Ganho/Perda Líquido	1,32	1,20	1,05	0,95	0,85	0,76	0,67

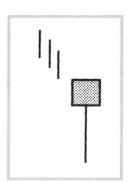

Imagem 3-1

Imagem 3-2

Comentário

Hammer [Martelo] e Hanging Man [Enforcado] foram feitos de uma única linha candlestick (Figuras 3-1 e 3-2). Eles têm longas sombras inferiores e corpos reais pequenos que estão em sua variação de negociação diária ou muito próximo dela. Eles foram apresentados pela primeira vez como Paper Umbrellas no Capítulo 2. São também versões especiais das linhas Tonbo/Takuri.

O Hammer ocorre em uma tendência de baixa e é nomeado assim porque está martelando a parte inferior. A palavra japonesa para Hammer (*tonkachi*) também significa chão ou solo.

Um Hanging Man ocorre no topo ou durante uma tendência de alta. O nome Hanging Man (*kubitsuri*) vem do fato de essa linha candle parecer, de certa forma, com um homem enforcado.

Outra linha candle semelhante ao Hammer é a Takuri (pronunciada taguri). Essa palavra japonesa equivale a escalar uma corda ou ser erguido. O movimento não é suave e poderia estar relacionado a levantar uma âncora com suas mãos: enquanto muda de mãos, o movimento para cima é interrompido momentaneamente. Uma linha Takuri tem uma sombra inferior de ao menos três vezes a extensão do corpo, enquanto a sombra inferior de um Hammer é um mínimo de apenas o dobro do comprimento do corpo.

Regras de Reconhecimento

1. O corpo real pequeno está na extremidade superior da extensão da negociação.
2. A cor do corpo não é importante.
3. A longa sombra inferior deve ser bem mais larga que o comprimento do corpo real, geralmente duas a três vezes maior.
4. Não deve haver nenhuma sombra superior, ou, se tiver, deve ser muito pequena.

Cenários e Psicologia por trás do Padrão

Hammer [Martelo]

O mercado está em declínio, então há um sentimento de baixa. O mercado abre e então liquida bruscamente. No entanto, a liquidação diminui e o mercado volta a sua alta para o dia, ou fica próximo dela. A falha do mercado em continuar a venda reduz o sentimento de baixa, e a maioria dos traders ficará desconfortável com quaisquer posições de baixa que possam ter. Se o fechamento ultrapassa a abertura, causando um corpo branco, a situação é ainda melhor para os bullish. Confirmação seria uma abertura mais alta com um fechamento ainda mais alto no próximo dia de negociações.

Hanging Man [Enforcado]

Para o Hanging Man, o mercado é considerado de alta por causa da tendência de alta. Para que o Hanging Man apareça, o price action para o dia deve fazer trade muito abaixo de onde abriu, então deve haver um rali para um fechamento próximo ao alto. Isso é o que causa a longa sombra embaixo, a qual mostra como o mercado pode apenas ter começado um "sell-off" [um grande volume de vendas em curto período de tempo]. Se o mercado abrisse mais baixo no dia seguinte, haveria muitos participantes com posições longas [ou "compradas"] que iriam querer encontrar uma oportunidade de vender. Steve Nison diz que uma confirmação de que o Hanging Man é de baixa pode ser devido a seu corpo ser preto e no dia seguinte abrir mais baixo.

Flexibilidade do Padrão

Atributos que acentuarão o sinal de um padrão Hammer ou Hanging Man são a sombra extra longa, nenhuma sombra superior, corpo real muito pequeno (quase Doji), a tendência aguda precedente e uma cor de corpo que reflete o sentimento oposto (tendência anterior). Essa característica, quando usada no Hammer, mudará seu nome para uma linha Takuri, que geralmente é mais de alta que Hammers.

A cor do corpo do Hanging Man e do Hammer pode acrescentar à significância da habilidade preditiva dos padrões. Um Hanging Man com corpo preto é mais de baixa do que um com o corpo branco. Da mesma forma, um Hammer com um corpo branco seria mais de alta do que um com corpo preto.

Tal como acontece com a maioria dos padrões candlestick únicos como o Hammer e o Hanging Man, é importante esperar pela confirmação. Esta pode ser meramente a action na abertura do próximo dia. Muitas vezes, no entanto, é melhor esperar pela confirmação no fechamento do dia seguinte. Isto é, se um Hammer aparece, o dia seguinte deveria fechar ainda mais alto antes de se tomar posições de alta.

A sombra inferior deve ser no mínimo duas vezes mais longa que o corpo, mas não mais do que três vezes. A sombra superior não deve ser mais do que de 5% a 10% de variação do high-low. O low do corpo deveria ser abaixo da tendência para um Hammer e sobre a tendência para um Hanging Man.

Quebra de Padrões

Os padrões Hammer e Hanging Man, sendo linhas candle únicas, não podem ser reduzidos. Ver Paper Umbrella no Capítulo 2.

Padrões Relacionados

O Hammer e Hanging Man são casos especiais do Dragonfly Doji, discutido no Capítulo 4. Em muitos casos, o Dragonfly Doji seria mais de baixa do que Hanging Man.

Exemplos

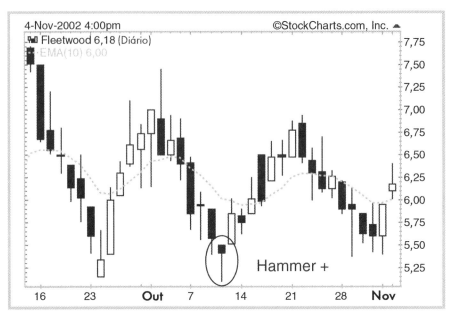

Figura 3-3A

Figura 3-3B

BELT HOLD

Nome padrão:	Belt Hold +				**Tipo:**	R +	
Nome japonês:	*yorikiri*						
Tendência necessária:	Sim		**Confirmação:**	Sugerida			
Frequência (MDiasEP):	6.466		Comum				
Estatísticas de padrão de 7.275 ações comuns com mais de 14,6 milhões de dias de dados							
Intervalo (Dias)	1	2	3	4	5	6	7
% de Vencedores	49	49	52	53	52	52	52
% Média de Ganho	2,95	3,93	4,82	5,30	5,94	6,20	6,64
% de Perdedores	51	51	48	47	48	48	48
% Média de Perda	-2,55	-3,81	-4,61	-5,10	-5,74	-6,12	-6,48
Ganho/Perda Líquido	0,14	-0,02	0,25	0,35	0,33	0,24	0,31

Nome padrão:	Belt Hold -				**Tipo:**	R -	
Nome japonês:	*yorikiri*						
Tendência necessária:	Sim		**Confirmação:**	Necessária			
Frequência (MDiasEP):	6.772		Comum				
Estatísticas de padrão de 7.275 ações comuns com mais de 14,6 milhões de dias de dados							
Intervalo (Dias)	1	2	3	4	5	6	7
% de Vencedores	48	48	47	46	46	45	46
% Média de Ganho	2,72	3,29	3,93	4,71	5,02	5,48	5,63
% de Perdedores	52	52	53	54	54	55	54
% Média de Perda	-2,69	-3,68	-4,07	-4,42	-5,02	-5,59	-6,07
Ganho/Perda Líquido	-0,10	-0,33	-0,33	-0,22	-0,34	-0,57	-0,72

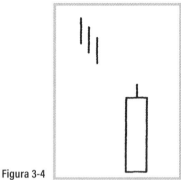

Figura 3-4

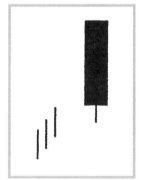

Figura 3-5

Comentários

As linhas Belt Hold [Linha de Contenção] são também linhas marubozu de abertura (Capítulo 2). Lembre-se de que o marubozu de abertura não tem uma sombra estendida desde a abertura até o fechamento aberto do corpo. A Belt Hold de alta (Figura 3-4) é um marubozu de abertura branca que ocorre em uma tendência de baixa. Abre na baixa do dia, faz rali significante contra a tendência anterior, e então fecha próximo de sua alta, mas não necessariamente na própria alta. A Belt Hold de baixa (Figura 3-5) é uma abertura marubozu preta que ocorre em uma tendência de alta. Da mesma maneira, abre em sua alta, ocorrem trades contra a tendência do mercado, e então fecha próximo a sua baixa. Corpos longos para as linhas Belt Hold oferecerão mais resistência à tendência que estão contrapondo.

PADRÕES CANDLE DE REVERSÃO

As linhas Belt Hold, como a maioria dos padrões de um dia, perdem sua importância se há muitos deles em grande proximidade. O nome japonês, *yorikiri*, significa expelir. Steve Nison cunhou o nome da Belt Hold.

Regras de Reconhecimento

1. A linha Belt Hold é identificada pela ausência de uma sombra em uma das extremidades.
2. Belt Hold de alta branco abre em sua baixa e não tem sombras inferiores.
3. Belt Hold de baixa preto abre em sua alta e não tem sombras superiores.

Cenários e Psicologia por trás do Padrão

O mercado está com tendência quando um intervalo significativo na direção da tendência ocorre na abertura. A partir deste ponto, o mercado nunca olha para trás: todos os futuros price actions do dia são o oposto da tendência anterior. Isso causa muita preocupação, e muitas posições serão cobertas ou vendidas, o que ajudará a acentuar a inversão.

Flexibilidade do Padrão

Já que é uma única linha de padrão candle, não há muito espaço para qualquer flexibilidade.

Padrões Relacionados

O padrão Belt Hold é o mesmo que o Marubozu de Abertura, discutido no Capítulo 2. Como o Marubozu, o Belt Holt formará o primeiro dia de padrões candle muito mais avançados.

Exemplos

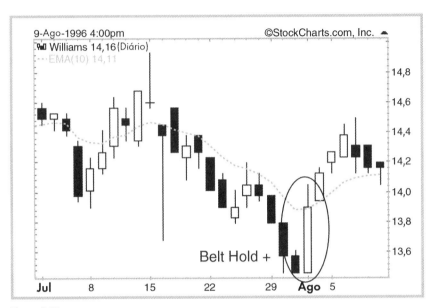

Figura 3-6A

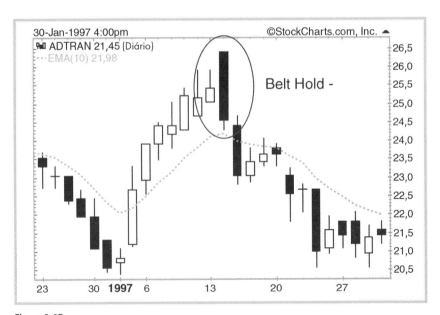

Figura 3-6B

PADRÕES CANDLE DE REVERSÃO

PADRÕES DE DOIS DIAS

ENGULFING

Nome padrão:	Engulfing +				Tipo:	R +	
Nome japonês:	*tsutsumi*						
Tendência necessária:	Sim		Confirmação:	Sugerida			
Frequência (MDiasEP):	74		Bastante Frequente				
Estatísticas de padrão de 7.275 ações comuns com mais de 14,6 milhões de dias de dados							
Intervalo (Dias)	1	2	3	4	5	6	7
% de Vencedores	44	45	46	47	47	47	48
% Média de Ganho	2,76	3,73	4,51	5,14	5,71	6,23	6,71
% de Perdedores	56	55	54	53	53	53	52
% Média de Perda	-2,74	-3,54	-4,18	-4,70	-5,18	-5,63	-6,04
Ganho/Perda Líquido	-0,27	-0,27	-0,18	-0,11	-0,06	0,00	0,02

Nome padrão:	Engulfing -				Tipo:	R -	
Nome japonês:	*tsutsumi*						
Tendência necessária:	Sim		Confirmação:	Necessária			
Frequência (MDiasEP):	73		Bastante Frequente				
Estatísticas de padrão de 7.275 ações comuns com mais de 14,6 milhões de dias de dados							
Intervalo (Dias)	1	2	3	4	5	6	7
% de Vencedores	45	45	45	46	46	46	45
% Média de Ganho	2,29	3,08	3,70	4,23	4,68	5,10	5,48
% de Perdedores	55	55	55	54	54	54	55
% Média de Perda	-2,55	-3,38	-4,07	-4,66	-5,23	-5,74	-6,20
Ganho/Perda Líquido	-0,34	-0,44	-0,52	-0,58	-0,66	-0,76	-0,88

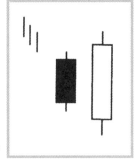
Figura 3-7

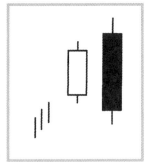
Figura 3-8

Comentário

O padrão Engulfing consiste de dois corpos reais de cores opostas (Figuras 3-7 e 3-8). O corpo do segundo dia engolfa completamente o corpo do dia anterior. As sombras não são consideradas parte desse padrão. É também chamado de linha Enlace (*daki*) porque abraça a linha do dia anterior. Quando isso ocorre próximo ao topo do mercado, ou em uma tendência de alta, indica uma mudança do sentimento de venda. Um Tsutsumi yin após uma tendência de alta é chamado de linha Daki Final e é uma das técnicas de Sakata discutidas em um capítulo adiante.

O primeiro dia do padrão Engulfing tem um corpo pequeno, e o segundo dia tem um corpo real longo. Por causa do movimento do segundo dia ser muito mais drástico, isso reflete um possível final para a tendência anterior. Se um padrão Engulfing de baixa aparece após um movimento constante, isso aumenta as chances de uma série bullish já ser muito longa. Nesse caso, pode não haver dinheiro suficiente para manter intacta a tendência de bullish do mercado.

Um padrão Engulfing é parecido com o dia tradicional externo. Assim como o padrão Engulfing, um dia externo fechará com os preços mais ou menos altos do que a variação anterior com o fechamento em direção à nova tendência.

Regras de Reconhecimento

1. Uma tendência definitiva deve estar em andamento.

2. O corpo do segundo dia deve estar completamente engolfado pelo corpo do dia anterior. Isso não significa, no entanto, que tanto um superior quanto um inferior dos dois corpos não possam ser iguais; só significa que tanto ambos os superiores quanto ambos os inferiores não podem ser iguais.

3. A cor do primeiro dia deveria refletir a tendência: preto para uma tendência de baixa e branco para uma de alta.

4. O segundo corpo real do padrão de engolfo deveria ser da cor oposta do primeiro corpo real.

Cenários e Psicologia por trás do Padrão

Padrão Engulfing de baixa

Uma tendência de alta se dá quando um dia de corpo branco pequeno ocorre sem muito volume. No dia seguinte, os preços abrem em novas alturas e, então, rapidamente entram em um movimento de sell-off, que se prolonga em função do alto volume e, finalmente, fecha abaixo da abertura do dia anterior. Emocionalmente, a tendência de alta foi prejudicada. Se os preços do próximo (terceiro) dia continuarem em baixa, uma reversão importante da tendência de alta ocorreu. Cenário semelhante, mas oposto, existiria para o padrão Engulfing de alta.

Flexibilidade do Padrão

O segundo dia dos padrões Engulfing engolfam mais do que o corpo real. Em outras palavras, se o segundo dia engolfa as sombras do primeiro dia, o sucesso do padrão será superior.

A cor do primeiro dia deveria refletir a tendência do mercado. Em uma tendência de alta, o primeiro dia deveria ser branco, e vice-versa. A cor do segundo, ou o dia de engolfo, deveria ser o oposto do primeiro dia.

Engolfar significa que nenhuma parte do corpo real do primeiro dia é igual ou externo ao corpo real do segundo dia. Se o corpo real do primeiro dia foi engolfado por pelo menos 30%, um padrão muito mais forte existe.

Quebra de Padrão

O padrão Engulfing de alta se reduz a um Paper Umbrella ou Hammer, os quais refletem o ponto de virada do mercado (Figura 3-9). O padrão Engulfing de baixa se reduz a um padrão semelhante ao do Shooting Star, ou possivelmente um Gravestone Doji, se o corpo é bem pequeno (Figura 3-10).

Ambos os padrões Engulfing de alta ou de baixa se reduzem a linhas únicas que admitem completamente a interpretação.

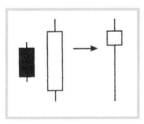

Figura 3-9

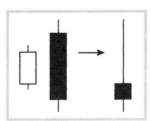

Figura 3-10

Padrões Relacionados

O padrão Engulfing é também os primeiros dois dias do padrão Three Outside. O padrão Engulfing de alta se tornaria o Three Outside Up se o terceiro dia fechar mais alto. Da mesma forma, o padrão Engulfing comporia o Three Outside Down se o terceiro dia fechar mais baixo.

Ele é também uma sequência, ou etapa mais avançada, do Piercing Line e do Dark Cloud Cover. Por isso é considerado mais importante.

Exemplos

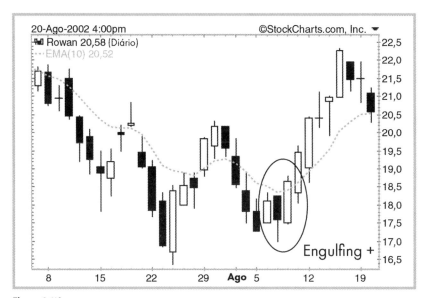

Figura 3-11A

Figura 3-11B

HARAMI

Nome padrão:	Harami +					Tipo:	R +
Nome japonês:	*harami*						
Tendência necessária:	Sim		Confirmação:	Não			
Frequência (MDiasEP):	69		Bastante Frequente				
Estatísticas de padrão de 7.275 ações comuns com mais de 14,6 milhões de dias de dados							
Intervalo (Dias)	1	2	3	4	5	6	7
% de Vencedores	49	50	50	51	51	51	52
% Média de Ganho	2,69	3,67	4,43	5,12	5,70	6,24	6,77
% de Perdedores	51	50	50	49	49	49	48
% Média de Perda	-2,46	-3,34	-4,01	-4,60	-5,11	-5,56	-6,00
Ganho/Perda Líquido	0,07	0,12	0,23	0,35	0,44	0,50	0,58

Nome padrão:	Harami -					Tipo:	R -
Nome japonês:	*harami*						
Tendência necessária:	Sim		Confirmação:	Necessária			
Frequência (MDiasEP):	59		Bastante Frequente				
Estatísticas de padrão de 7.275 ações comuns com mais de 14,6 milhões de dias de dados							
Intervalo (Dias)	1	2	3	4	5	6	7
% de Vencedores	50	49	49	49	49	49	49
% Média de Ganho	2,15	2,91	3,50	3,99	4,44	4,84	5,21
% de Perdedores	50	51	51	51	51	51	51
% Média de Perda	-2,28	-3,17	-3,91	-4,48	-4,99	-5,47	-5,89
Ganho/Perda Líquido	-0,08	-0,17	-0,25	-0,28	-0,32	-0,36	-0,43

PADRÕES CANDLE DE REVERSÃO

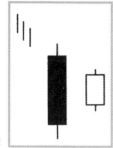

Figura 3-12

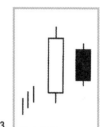

Figura 3-13

Comentário

O padrão Harami é composto pela disposição de dias oposto ao padrão Engulfing (Figuras 3-12 e 3-13). *Harami* é a palavra japonesa para grávida ou corpo por dentro. Você descobrirá que, na maior parte dos casos, os corpos reais no Harami são opostos em cor, assim como o padrão Engulfing.

Você provavelmente notará que o Harami tem bastante semelhança com o inside day tradicional. A diferença, é claro, é que o inside day tradicional usa as altas e baixas, enquanto o Harami diz respeito apenas ao corpo (abertura e fechamento). Essa exigência de usar os preços de abertura e fechamento, em vez dos preços de alta e baixa, é comum na análise e filosofia dos candlesticks japoneses. O Harami requer que o corpo do segundo dia seja completamente engolfado pelo corpo do primeiro dia.

Regras de Reconhecimento

1. Um dia longo é precedido por uma tendência considerável.
2. A cor do primeiro dia longo não é tão importante, mas é melhor se refletir a tendência do mercado.
3. Um dia curto segue o dia longo, com seu corpo completamente dentro do alcance do corpo do dia longo. Assim como o dia de Engulfing, as partes superior ou inferior dos corpos podem ser

iguais, mas ambas as partes superiores e inferiores não podem ser iguais.

4. O dia curto deve ser de cor oposta ao do dia longo.

Cenários e Psicologia por trás do Padrão

Harami de Alta

Uma tendência de baixa acontece há algum tempo. Um dia longo preto com o volume comum ocorreu, o que ajuda a manter a baixa. No dia seguinte, os preços abrem mais altos, trazendo choque à tendência de bullish, e muitos shorts [posições "curtas" ou "vendidas"] são rapidamente cobertas, causando um maior aumento no preço. O aumento de preço é fortalecido pelos habituais retardatários que veem isso como uma oportunidade para fazer short da tendência que eles perderam da primeira vez. O volume nesse dia excedeu o do dia anterior, o que sugere uma forte cobertura short. A confirmação da reversão no terceiro dia fornece a prova necessária de que a tendência foi revertida.

Harami de Baixa

Uma tendência de alta acontece e é mantida com um longo dia branco e volume alto. No dia seguinte, os preços abrem mais baixos e permanecem em uma pequena faixa durante o dia, fechando ainda mais baixos, mas ainda dentro do corpo do dia anterior. Em vista dessa repentina deterioração da tendência, traders devem ficar preocupados sobre a força desse mercado, especialmente se há pouco volume. Certamente parece que a tendência está a ponto de mudar. Confirmação no terceiro dia seria um fechamento mais baixo.

Flexibilidade do Padrão

O dia longo deve refletir a tendência. Em uma tendência de alta, o dia longo deve ser branco e, em uma baixa, deveria produzir um longo dia preto. A quantidade de engolfamentos do segundo dia pelo primeiro dia deveria ser significativa. O dia longo deve engolfar o dia curto por pelo menos 30%. Lembre-se de que dias longos são baseados na data precedente a eles.

Quebra de Padrão

O Harami de alta se reduz a um Paper Umbrella ou uma linha Hammer, o que indica o ponto de virada do mercado (Figura 3-14). O Harami de baixa se reduz a uma linha Shooting Star, também uma linha de baixa (Figura 3-15). Ambos os Haramis são mantidos por suas linhas únicas de ruptura.

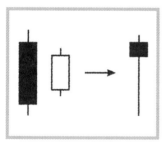

Figura 3-14

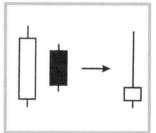

Figura 3-15

Padrões Relacionados

O padrão Harami é um dos primeiros dois dias do padrão Three Inside Up e Three Inside Down. Um Harami de alta seria parte do Three Inside Up, e o Harami de baixa seria parte do Three Inside Down.

Exemplos

Imagem 3-16A

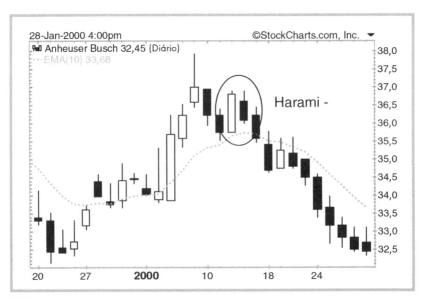

Imagem 3-16B

■■■ PADRÕES CANDLE DE REVERSÃO

HARAMI CROSS

Nome padrão:	Harami Cross +				Tipo:	R +
Nome japonês:	*harami yose sen*					
Tendência necessária:	Sim		Confirmação:	Não		
Frequência (MDiasEP):	355		Bastante Frequente			
Estatísticas de padrão de 7.275 ações comuns com mais de 14,6 milhões de dias de dados						
Intervalo (Dias)	1	2	3	4	5	6	7
% de Vencedores	52	52	52	52	53	53	53
% Média de Ganho	2,86	3,75	4,47	5,11	5,65	6,13	6,66
% de Perdedores	48	48	48	48	47	47	47
% Média de Perda	-2,65	-3,37	-3,94	-4,44	-4,92	-5,33	-5,64
Ganho/Perda Líquido	0,17	0,25	0,34	0,47	0,56	0,63	0,74

Nome padrão:	Harami Cross -				Tipo:	R -
Nome japonês:	*harami yose sen*					
Tendência necessária:	Sim		Confirmação:	Necessário		
Frequência (MDiasEP):	299		Bastante Frequente			
Estatísticas de padrão de 7.275 ações comuns com mais de 14,6 milhões de dias de dados						
Intervalo (Dias)	1	2	3	4	5	6	7
% de Vencedores	51	51	51	50	50	50	50
% Média de Ganho	2,17	2,73	3,23	3,62	3,97	4,29	4,57
% de Perdedores	49	49	49	50	50	50	50
% Média de Perda	-2,41	-3,11	-3,72	-4,17	-4,62	-5,02	-5,43
Ganho/Perda Líquido	-0,05	-0,11	-0,17	-0,21	-0,25	-0,32	-0,39

Figura 3-17

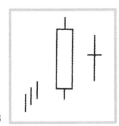
Figura 3-18

Comentários

O padrão Harami consiste de um corpo longo seguido por um corpo menor. É o tamanho relativo desses dois corpos que faz o Harami ser importante. Lembre-se de que os dias Doji, nos quais o preço de abertura e fechamento são iguais, representam dias de indecisão. Portanto, dias de corpo pequeno que ocorrem após dias de corpo mais longo podem também representar um dia de indecisão. Quanto mais indecisão e incerteza, mais provável haver uma mudança de tendência. Quando o corpo do segundo dia se torna um Doji, refere-se ao padrão como Harami Cross (Figuras 3-17 e 3-18), com a cruz sendo o Doji. O Harami Cross é um padrão de reversão melhor do que o Harami comum.

Regras de reconhecimento

1. Um dia longo ocorre dentro de um mercado de negociações.
2. O segundo dia é um Doji (abertura e fechamento são iguais).
3. O Doji do segundo dia está dentro da faixa de um dia longo anterior.

Cenários e Psicologia por trás do Padrão

A psicologia por trás do Harami Cross começa igual à do padrão Harami básico. Uma tendência está alocada quando, de repente, o mercado gira durante todo o dia sem exceder a extensão do corpo do dia anterior. O pior é que o mercado fecha no mesmo preço em que abriu. O volume desse dia Doji também seca, refletindo a falta de decisão dos traders. Uma reviravolta significativa da tendência ocorreu.

Flexibilidade do Padrão

A cor do dia longo deve refletir a tendência. O Doji pode ter um preço de abertura e fechamento que estão dentro de 2% a 3% um do outro se, e apenas se, não houver muitos dias Doji nos dados precedentes.

Quebra de Padrão

As Harami Crosses de alta e de baixa se reduzem a linhas únicas que apoiam suas interpretações na maior parte das instâncias (Figuras 3-19 e 3-20). O corpo de uma redução de dia único pode ser considerado mais longo do que o permitido para um Paper Umbrella ou linha Hammer. O fato de que o isolamento não é contrário ao padrão é favorável.

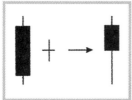
Figura 3-19

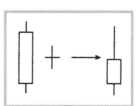
Figura 3-20

Padrões Relacionados

A Harami Cross poderia ser, possivelmente, o começo de Rising ou Falling Three Methods, dependendo do preço de ação dos próximos dias. Os padrões Rising e Falling Three Method são padrões de continuação, os quais estão em conflito com o sinal dado pela Harami Cross.

Exemplos

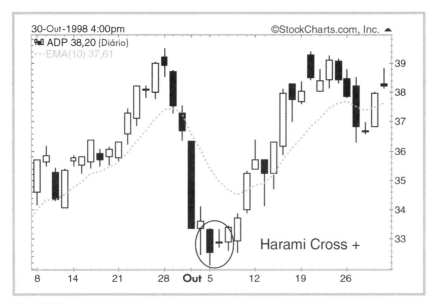

Figura 3-21A

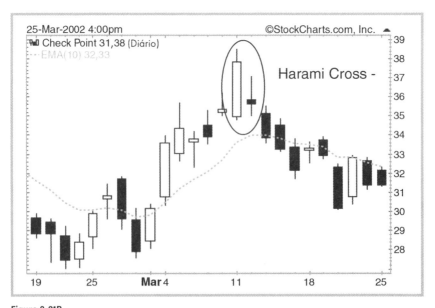

Figura 3-21B

PADRÕES CANDLE DE REVERSÃO

INVERTED HAMMER E SHOOTING STAR

Nome padrão:	Inverted Hammer +					Tipo:	R +
Nome japonês:	*tohba*						
Tendência necessária:	Sim		**Confirmação:**	Não			
Frequência (MDiasEP):	1,226		Comum				
Estatísticas de padrão de 7.275 ações comuns com mais de 14,6 milhões de dias de dados							
Intervalo (Dias)	1	2	3	4	5	6	7
% de Vencedores	67	64	61	61	60	60	59
% Média de Ganho	4,06	4,67	5,23	5,90	6,33	6,90	7,43
% de Perdedores	33	36	39	39	40	40	41
% Média de Perda	-2,74	-3,51	-4,05	-4,67	-5,15	-5,52	-5,99
Ganho/Perda Líquido	1,44	1,46	1,42	1,55	1,59	1,74	1,81

Nome padrão:	Shooting Star -					Tipo:	R -
Nome japonês:	*nagare boshi*						
Tendência necessária:	Sim		**Confirmação:**	Necessária			
Frequência (MDiasEP):	3.418		Comum				
Estatísticas de padrão de 7.275 ações comuns com mais de 14,6 milhões de dias de dados							
Intervalo (Dias)	1	2	3	4	5	6	7
% de Vencedores	46	47	48	49	49	49	49
% Média de Ganho	2,77	3,73	4,36	4,99	5,47	5,92	6,26
% de Perdedores	54	53	52	51	51	51	51
% Média de Perda	-3,28	-4,34	-5,03	-5,58	-6,19	-6,87	-7,22
Ganho/Perda Líquido	-0,44	-0,54	-0,50	-0,43	-0,44	-0,62	-0,67

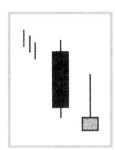

Figura 3-22

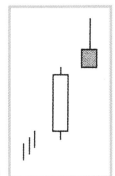

Figura 3-23

Comentários

Inverted Hammer [Martelo Invertido]

O Inverted Hammer é uma linha reversa inferior (Figura 3-22). Semelhante a seu primo, o Hammer, ocorre em uma tendência de baixa e representa uma possível reversão da tendência. Comum à maioria dos padrões únicos e duplos, é importante esperar por verificação; neste caso, verificação de alta. Isso pode ser na forma de uma abertura, no dia seguinte, acima do corpo do Inverted Hammer. Por causa de o preço de fechamento estar próximo à baixa do dia e o mercado de fato ter trade muito mais alta, verificação é o mais importante. Além disso, há pouca referência a esse padrão na literatura japonesa.

Shooting Star [Estrela Cadente]

O Shooting Star (Figura 3-23) é um padrão de linha única que indica o fim de um movimento ascendente. Não é um grande sinal de reversão. A linha Shooting Star parece exatamente a mesma do Inverted Hammer. A diferença, com certeza, é que o Shooting Star ocorre nos pontos altos do mercado. Uma tentativa de rali foi completamente abandonada quando o fechamento ocorreu próximo à baixa do dia. O corpo do Shooting Star faz um gap sobre o corpo do dia anterior. Esse fato na verdade significa que pode-se referir ao Shooting Star como um padrão de duas linhas, porque o corpo do dia anterior deve ser considerado.

Regras de Reconhecimento

Inverted Hammer

1. Um corpo real pequeno é formado próximo à parte inferior da faixa de preço.
2. Não é requerido nenhum gap abaixo, contanto que o padrão caia após uma tendência de baixa.
3. A sombra superior geralmente não é mais do que duas vezes mais longa que o corpo.
4. A sombra inferior é praticamente inexistente.

Shooting Star

1. Gap de preço se abre após uma tendência de alta.
2. Um corpo real pequeno é formado próximo à parte inferior do alcance de preço.
3. A sombra superior é ao menos três vezes mais longa que o corpo.
4. A sombra inferior é praticamente inexistente.

Cenários e Psicologia por trás do Padrão

Inverted Hammer

Uma tendência de baixa está alocada quando o mercado abre com um gap de baixa. Um rali durante todo o dia falha em se manter, e o mercado fecha perto de sua baixa. Semelhante ao cenário do Hammer e Hanging Man, a abertura do dia seguinte é crucial para o sucesso ou fracasso deste padrão em chamar uma reversão da tendência. Se o dia seguinte abrir acima do corpo do Inverted Hammer, uma possível reversão fará com que os shorts sejam cobertos, o que também perpetuaria o rali. Da mesma forma, um Inverted Hammer pode facilmente tornar o meio do dia um padrão Morning Star mais de alto.

Shooting Star

Durante uma tendência de alta, o gap do mercado abre, faz rali para uma nova alta e então fecha próximo à sua baixa. Essa ação, seguindo um gap para cima, pode apenas ser considerada como de baixa. Certamente causaria alguma preocupação com quaisquer bullish que tenham ganhos.

Flexibilidade do Padrão

Candlesticks de um único dia permitem pouca flexibilidade. A extensão da sombra ajudará a determinar sua força. A sombra superior deve ser ao menos o dobro da extensão do corpo. Não deve haver nenhuma sombra inferior, ou ao menos não mais do que 5% a 10% do intervalo high-low. Como na maioria das situações, a cor do corpo pode ajudar, se reflete o sentimento do padrão.

Quebra de Padrão

Ainda que o Hammer Invertido e Shooting Star sejam considerados padrões de um dia, o dia anterior deve ser usado para complementar o sucesso dos padrões. O Inverted Hammer reduz-se a uma longa linha candle preta, a qual é sempre vista como uma indicação de baixa quando considerada sozinha (Figura 3-24). O padrão Shooting Star reduz-se a uma longa linha candle branca, a qual é quase sempre considerada uma linha de alta (Figura 3-25). Ambos os padrões estão em conflito direto com suas divisões. Isso indica que uma confirmação adicional deve sempre ser exigida antes de agir baseado nela.

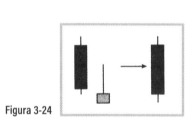
Figura 3-24

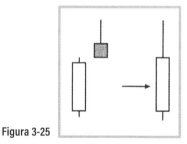
Figura 3-25

Padrões Relacionados

Assim como Hammer e Hanging Man se relacionam ao Dragonfly Doji, o Shooting Star e Inverted Hammer são primos do Gravestone Doji.

PADRÕES CANDLE DE REVERSÃO

Exemplos

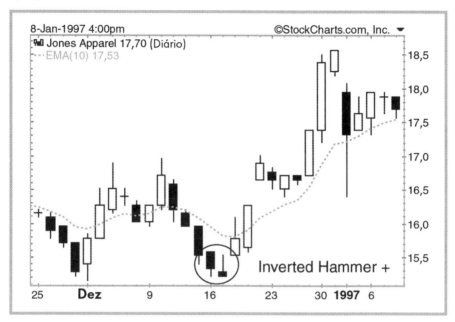

Figura 3-26A

Figura 3-26B

PIERCING LINE

Nome padrão:	Piercing Line +			Tipo:	R +	
Nome japonês:	*kirikomi*					
Tendência necessária:	Sim		Confirmação:	Sugerido		
Frequência (MDiasEP):	1.212		Comum			
Estatísticas de padrão de 7.275 ações comuns com mais de 14,6 milhões de dias de dados						
Intervalo (Dias)	1	2	3	4	5	6	7
% de Vencedores	47	46	48	49	49	51	50
% Média de Ganho	2,61	3,43	4,21	4,69	5,33	5,81	6,21
% de Perdedores	53	54	52	51	51	49	50
% Média de Perda	-2,54	-3,45	-4,03	-4,60	-5,11	-5,49	-5,89
Ganho/Perda Líquido	-0,13	-0,26	-0,10	-0,03	0,04	0,21	0,19

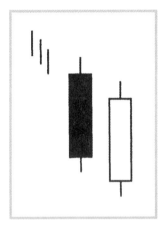

Figura 3-27

Comentário

O padrão Piercing Line [Linha de Perfuração], mostrado na Figura 3-27, é basicamente o oposto do Dark Cloud Cover (veja o próximo padrão). Esse padrão ocorre em um mercado com tendência de baixa e é um padrão de linha dupla ou de dois dias. O primeiro dia é preto, o que mantém a baixa, e o segundo dia é um dia longo branco, o qual abre em uma nova baixa e fecha acima do ponto médio do dia preto precedente. *Kirikomi* significa um corte ou uma estrada sinuosa.

Regras de Reconhecimento

1. O primeiro dia é um corpo longo preto continuando a tendência de baixa.
2. O segundo dia é um corpo branco, o qual abre abaixo da baixa do dia anterior (é baixo, mas não próximo).
3. O segundo dia fecha dentro, mas acima do ponto médio do corpo do dia anterior.

Cenários e Psicologia por trás do Padrão

Um corpo longo preto se forma em uma tendência de baixa, a qual mantém a baixa. Um gap em queda na abertura do dia seguinte prolonga a baixa. No entanto, o mercado faz rali durante todo o dia e fecha muito mais alto. De fato, o fechamento é acima do ponto médio do corpo do dia longo preto. Essa ação causa preocupação para os bearish, e um bottom potencial é feito. Gráficos candlestick mostram essa action bastante bem, sendo que o gráfico de barras comum dificilmente a discerniria.

Flexibilidade do Padrão

O corpo real branco deve fechar a mais da metade do corpo candlestick preto anterior. Caso não, provavelmente deve-se aguardar por uma confirmação mais de alta. Não há flexibilidade para esta regra com o padrão Piercing. A candlestick branca do padrão Piercing deve se elevar até a metade do corpo candlestick preto. Há três padrões candle adicionais, chamados On Neck

Line, In Neck Line e Thrusting Line (abordados no Capítulo 4), os quais tornam a definição de Piercing Line muito rigorosa. Esses três padrões são semelhantes ao Piercing Line, mas são classificados como um padrão de continuação de baixa porque o segundo dia não faz tanto rali quanto o outro.

Quanto maior for a penetração no corpo preto do dia anterior, mais provável que seja um padrão de reversão bem-sucedido. Lembre de que, se fecha acima do corpo do dia anterior, não é um padrão Piercing, mas um dia Engulfing de alta.

Ambos os dias de padrão Piercing deveriam ser dias longos. O segundo dia deve fechar acima do ponto médio e abaixo da abertura do primeiro dia, sem exceções.

Quebra de Padrão

O padrão Piercing Line se reduz a um Paper Umbrella ou uma linha Hammer, que é indicativo de um mercado de reversão ou um ponto de virada (Figura 3-28). A redução da única linha candle sustenta completamente a alta do Piercing Line.

Padrões Relacionados

Três padrões começam da mesma maneira que Piercing Line. Contudo, eles, de certa forma, não dão o sinal de reversão, como faz o Piercing Line, e são considerados padrões de continuação. Esses são os padrões On Neck Line, o In Neck Line e o Thrusting Line (Capítulo 4). O padrão Engulfing de alta também é uma extensão, ou uma situação mais madura, do padrão Piercing Line.

■■■ PADRÕES CANDLE DE REVERSÃO

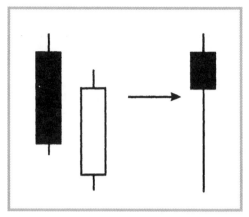

Figura 3-28

Exemplo

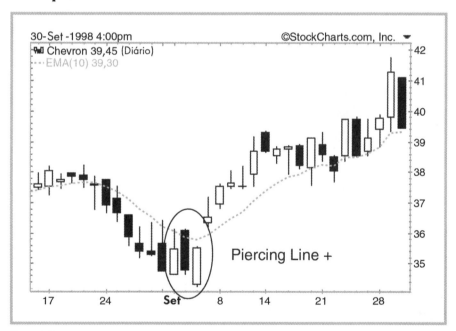

Figura 3-29

■■■ 57

DARK CLOUD COVER

Nome padrão:	Dark Cloud Cover –			**Tipo:**	R -	
Nome japonês:	*kabuse*					
Tendência necessária:	Sim		**Confirmação:**	Necessária		
Frequência (MDiasEP):	903		Frequente			
Estatísticas de padrão de 7.275 ações comuns com mais de 14,6 milhões de dias de dados						
Intervalo (Dias)	1	2	3	4	5	6	7
% de Vencedores	47	46	46	46	47	47	47
% Média de Ganho	2,25	3,03	3,69	4,22	4,69	5,16	5,54
% de Perdedores	53	54	54	54	53	53	53
% Média de Perda	-2,51	-3,33	-4,07	-4,78	-5,41	-5,90	-6,42
Ganho/Perda Líquido	-0,25	-0,38	-0,47	-0,58	-0,65	-0,72	-0,81

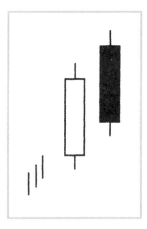

Figura 3-30

Comentário

O Dark Cloud Cover [Nuvem Negra, em tradução livre] (Figura 3-30) é um padrão de reversão de baixa e é o equivalente ao padrão Piercing (Figura 3-27). Por esse padrão acontecer apenas em uma tendência de alta, o primeiro dia é um longo branco. Essa é uma das poucas vezes que alto ou baixo é usado em definições de padrões candle. Negociações mais baixas durante o dia resultam no fechamento ficando abaixo do ponto médio de um dia longo branco.

Esse padrão de reversão, como seu oposto, Piercing Line, tem um efeito acentuado na atitude dos traders por causa da abertura mais alta seguida de um fechamento muito mais baixo. Não há exceções nesse padrão. *Kabuse* significa ser coberto ou pairar.

Regras de Reconhecimento

1. O primeiro dia é um corpo longo branco, o qual é continuação de uma tendência de alta.
2. O segundo dia é de corpo preto com abertura acima da alta do dia anterior (que é a alta, não o fechamento).
3. O segundo dia (preto) fecha dentro e sob o ponto médio do corpo branco anterior.

Cenários e Psicologia por trás do Padrão

O mercado está em tendência de alta. Típico de uma tendência de alta, um candlestick longo branco é formado. No dia seguinte, os gaps do mercado são mais altos na abertura, embora isso seja tudo que remanescerá da tendência. O mercado segue em queda até o fechamento, avançando dentro do corpo do dia branco; de fato, abaixo do ponto médio. Pessoas com predisposição altista certamente terão que repensar sua estratégia com este tipo de ação. Como o Piercing Line, uma reversão significativa de tendência ocorreu.

Flexibilidade do Padrão

Quanto maior a penetração do fechamento do corpo preto no corpo branco anterior, maior a chance de um top reversal [um padrão de baixa de reversão de tendência]. O primeiro dia deve ser um dia longo, com o segundo abrindo significativamente mais alto. Isso meramente acentua a reversão de sentimentos no mercado.

Quebra de Padrão

O padrão Dark Cloud Cover se reduz a uma linha Shooting Star, a qual sustenta a baixa do padrão (Figura 3-31). Se o corpo preto do segundo dia fecha totalmente no primeiro dia, a divisão seria um Gravestone Doji, o qual também sustenta a baixa.

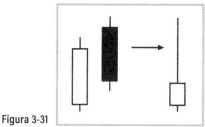

Figura 3-31

Padrões Relacionados

O Dark Cloud Cover é também o começo de um padrão Engulfing de baixa. Por conta disso, isso faria do padrão Engulfing de baixa um sinal de reversão mais de baixa do que Dark Cloud Cover.

PADRÕES CANDLE DE REVERSÃO

Exemplo

Imagem 3-32

DOJI STAR

Nome padrão:	Doji Star +			Tipo:	R +		
Nome japonês:	*doji bike*						
Tendência Necessária:	Sim		Confirmação:	Não			
Frequência (MDiasEP):	539		Frequente				
Estatísticas de padrão de 7.275 ações comuns com mais de 14,6 milhões de dias de dados							
Intervalo (Dias)	1	2	3	4	5	6	7
% de Vencedores	53	53	54	54	54	54	54
% Média de Ganho	2,98	4,03	4,75	5,47	6,11	6,65	7,17
% de Perdedores	47	47	46	46	46	46	46
% Média de Perda	-2,53	-3,58	-4,30	-4,82	-5,30	-5,78	-6,28
Ganho/Perda Líquido	0,36	0,46	0,54	0,69	0,82	0,93	1,00

Nome padrão:	Doji Star -			Tipo:	R -	
Nome japonês:	*doji bike*					
Tendência Necessária:	Sim		Confirmação:	Sugerida		
Frequência (MDiasEP):	416		Bastante Frequente			
Estatísticas de padrão de 7.275 ações comuns com mais de 14,6 milhões de dias de dados						
Intervalo (Dias)	1	2	3	4	5	6	7
% de Vencedores	53	53	52	52	52	52	51
% Média de Ganho	2,27	3,13	3,78	4,35	4,81	5,22	5,62
% de Perdedores	47	47	48	48	48	48	49
% Média de Perda	-2,43	-3,45	-4,17	-4,77	-5,33	-5,78	-6,20
Ganho/Perda Líquido	0,07	0,01	-0,02	-0,05	-0,07	-0,09	-0,16

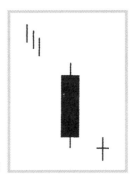

Figura 3-33

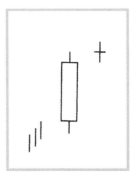

Figura 3-34

Comentário

Um Doji Star [Estrela Doji] é um aviso de que a tendência está a ponto de mudar. É um corpo real longo, o que deveria refletir na tendência anterior. Uma tendência de baixa deveria produzir um corpo preto, enquanto uma tendência de alta, um corpo branco (Figuras 3-33 e 3-34). No dia seguinte, há o gap de preço na direção da tendência, então se encerra na abertura. Essa deterioração da tendência anterior é um motivo imediato de preocupação. A mensagem clara do Doji Star é um excelente exemplo do valor do método de gráficos candlestick. Se estivesse usando gráficos de linha ou de barra, a deterioração da tendência não estaria muito aparente. Candlesticks, no entanto, mostram que a tendência está diminuindo por conta do intervalo nos corpos reais pelo Doji Star.

Regras de Reconhecimento

1. O primeiro dia é um dia longo.
2. O intervalo do segundo dia vai em direção à tendência anterior.
3. O segundo dia é um Doji.
4. As sombras do dia Doji não deveriam ser excessivamente longas, especialmente no caso de alta.

Cenários e Psicologia por trás do Padrão

Considerando o Doji Star de baixa, o mercado está em uma tendência de alta, e isso é confirmado mais adiante por um forte dia branco. Os gaps do dia seguinte são ainda mais altos, as trades são feitas em uma faixa pequena, e então fecham quando estão na ou próximo de sua abertura. Isso corroerá quase toda a confiança do rali anterior. Muitas posições foram mudadas, o que causa o Doji, para início de conversa. A abertura do dia seguinte, se mais baixa, deve preparar o terreno para uma reversão de tendência.

Flexibilidade do Padrão

Se o gap pode também conter as sombras, a significância da mudança de tendência é superior. O primeiro dia deveria também refletir a tendência com a cor do corpo.

Quebra de Padrão

O Doji Star de alta se reduz a uma candlestick preta longa, a qual não apoia a alta do padrão (Figura 3-35). O Doji Star de baixa se reduz a uma longa linha candle branca, que coloca em conflito direto com o padrão (Figura 3-36). Esse conflito de divisão não deve ser ignorado.

Padrões Relacionados

O Doji Star é o primeiro par de dias tanto do Morning Doji Star quanto do Evening Doji Star.

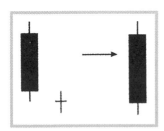

Figura 3-35

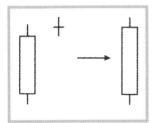

Figura 3-36

PADRÕES CANDLE DE REVERSÃO

Exemplos

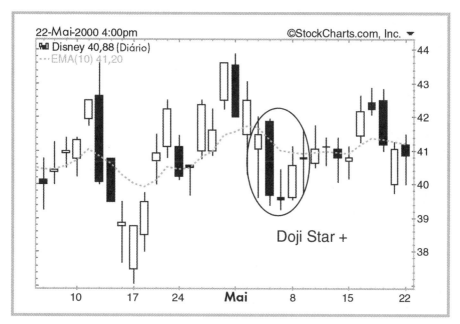

Figura 3-37A

Figura 3-37B

MEETING LINES

Nome padrão:	Meeting Lines +				Tipo:	R +	
Nome japonês:	*deai sen*						
Tendência necessária:	Sim		**Confirmação:**	Sugerida			
Frequência (MDiasEP):	3.132		Comum				
Estatísticas de padrão de 7.275 ações comuns com mais de 14,6 milhões de dias de dados							
Intervalo (Dias)	1	2	3	4	5	6	7
% de Vencedores	45	48	48	48	50	50	51
% Média de Ganho	2,78	3,55	4,33	4,94	5,52	6,06	6,57
% de Perdedores	55	52	52	52	50	50	49
% Média de Perda	-2,61	-3,24	-3,95	-4,43	-4,86	-5,22	-5,58
Ganho/Perda Líquido	-0,14	-0,01	0,03	0,06	0,27	0,43	0,53

Nome padrão:	Meeting Lines -				Tipo:	R -	
Nome japonês:	*deai sen*						
Tendência necessária:	Sim		**Confirmação:**	Necessária			
Frequência (MDiasEP):	2.732		Comum				
Estatísticas de padrão de 7.275 ações comuns com mais de 14,6 milhões de dias de dados							
Intervalo (Dias)	1	2	3	4	5	6	7
% de Vencedores	47	49	48	49	50	49	49
% Média de Ganho	2,27	2,93	3,52	3,96	4,25	4,71	4,96
% de Perdedores	53	51	52	51	50	51	51
% Média de Perda	-2,83	-3,70	-4,28	-4,97	-5,51	-5,87	-6,27
Ganho/Perda Líquido	-0,35	-0,41	-0,47	-0,53	-0,59	-0,62	-0,73

Comentário

Os Meeting Lines [Linhas de Encontro] são formados quando candlesticks de cores opostas têm o mesmo preço de fechamento. Algumas referências intitulam as Meeting Lines de Counterattack Lines [Linhas de Contra-ataque]. *Deaisen* significa linhas que se encontram, e *gyakushusen* significa linhas contraofensivas.

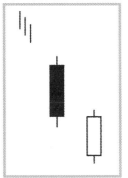

Figura 3-38

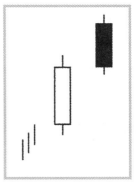

Figura 3-39

Meeting Line de Alta

Este padrão normalmente ocorre durante um declínio. O primeiro dia desse padrão é um longo candlestick preto (Figura 3-38). O dia seguinte abre subitamente mais baixo e põe a tendência de baixa em uma posição comprometedora. O Meeting Line de alta é de certa forma semelhante ao conceito do Piercing Line de Alta, a diferença sendo a quantidade recuperada no segundo dia. O Meeting Line de alta não é tão significativo quando o Piercing Line. Além disso, não confunda este com o On Neck Line, abordado no Capítulo 4.

Meeting Line de Baixa

Uma relação quase oposta existe para o Meeting Line de baixa, relativa ao Dark Cloud Cover. O Meeting Line de baixa (Figura 3-39) abre a uma nova altura e então fecha no mesmo ponto do dia anterior, enquanto o Dark Cloud Cover despenca para o ponto médio.

Regras de Reconhecimento

1. As linhas têm corpos que estendem a tendência corrente.
2. A cor do primeiro corpo sempre reflete a tendência: preto para baixa e branco para alta.
3. O segundo corpo é da cor oposta.
4. O fechamento de cada dia é o mesmo.
5. Ambos os dias devem ser dias longos.

Cenários e Psicologia por trás do Padrão

Meeting Line de Alta

O mercado está em tendência de baixa quando um dia preto longo se forma, o que perpetua a tendência. O dia seguinte abre com um intervalo descendente, então faz rali durante o dia para fechar no mesmo lugar do dia anterior. Esse fato mostra como os marcos de preço anteriores são usados por traders: as probabilidades de que uma reversão tenha ocorrido são muito boas. Se o terceiro dia abre mais alto, a confirmação foi dada.

Flexibilidade do Padrão

O padrão Meeting Line deveria consistir em duas linhas longas. Entretanto, muitas vezes o segundo dia não é tão longo quanto o primeiro. Isso parece não afetar a habilidade do padrão; a confirmação ainda é sugerida. Também é melhor se cada dia for um Marubozu de Fechamento.

Quebra de Padrão

As Meeting Lines se dividem em linhas candle únicas que não oferecem suporte a seus casos (Figuras 3-40 e 3-41). As linhas únicas são semelhantes à primeira linha do padrão, com uma sombra que se estende na direção do segundo dia. Novamente, a divisão não confirma o padrão nem indica falta de suporte.

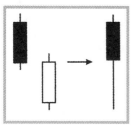
Figura 3-40

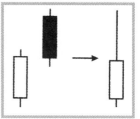
Figura 3-41

Padrões Relacionados

De certa forma opostos em aparência são os Separating Lines, que são padrões de continuação. Pode ser visto o potencial dessas linhas de se tornar um Dark Cloud Cover ou um Piercing Line, caso haja qualquer penetração do primeiro corpo pelo segundo.

Exemplos

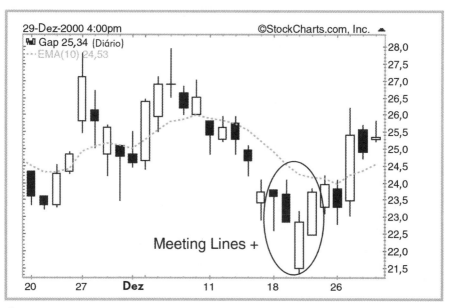
Figura 3-42A

GRÁFICOS CANDLESTICK DESVENDADOS

Figura 3-42B

HOMING PIDGEON

Nome padrão:	Homing Pidgeon +			Tipo:	R +	
Nome japonês:	*shita banare kobato gaeshi*					
Tendência necessária:	Sim		Confirmação:	Não		
Frequência (MDiasEP):	648		Frequente			
Estatísticas de padrão de 7.275 ações comuns com mais de 14,6 milhões de dias de dados						
Intervalo (Dias)	1	2	3	4	5	6	7
% de Vencedores	54	54	54	54	54	54	55
% Média de Ganho	3,20	4,25	5,09	5,81	6,55	7,02	7,64
% de Perdedores	46	46	46	46	46	46	45
% Média de Perda	-2,57	-3,54	-4,20	-4,81	-5,31	-5,88	-6,26
Ganho/Perda Líquido	0,49	0,62	0,75	0,86	1,01	1,08	1,28

■■■ PADRÕES CANDLE DE REVERSÃO

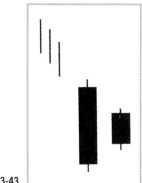

Figura 3-43

Comentário

O Homing Pidgeon [Ave Migratória] remete bastante ao padrão Harami, exceto que ambos seus corpos são pretos, em vez de opostos em cor.

Regras de Reconhecimento

1. Um corpo preto longo ocorre em uma tendência de baixa.
2. Um corpo preto curto está completamente dentro do corpo do dia anterior.

Cenários e Psicologia por trás do Padrão

O mercado está em uma tendência de baixa, evidenciada pelo longo dia preto. No dia seguinte, os preços abrem mais altos, fazem trade completamente dentro do corpo do dia anterior, e então fecham ligeiramente mais baixos. Dependendo da severidade da tendência anterior, isso mostra a deterioração e oferece uma oportunidade para sair do mercado.

Flexibilidade do Padrão

Padrões de dois dias não oferecem muita flexibilidade.

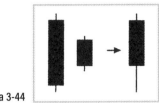

Figura 3-44

Quebra de Padrão

O padrão Homing Pidgeon se reduz a uma longa linha candle preta com uma sombra inferior, o que certamente não é uma linha de alta (Figura 3-44). Confirmação seria definitivamente sugerida.

Padrões Relacionados

O Harami é semelhante à sua relação de linha candle, mas ambos os dias devem ser pretos.

Exemplo

Figura 3-45

PADRÕES CANDLE DE REVERSÃO

DESCENDING HAWK

Nome padrão:	Descending Hawk -			Tipo:	R -	
Nome japonês:	kakouchu no taka					
Tendência necessária:	Sim		Confirmação:	Sugerida		
Frequência (MDiasEP):	545		Frequente			
Estatísticas de padrão de 7.275 ações comuns com mais de 14,6 milhões de dias de dados							
Intervalo (Dias)	1	2	3	4	5	6	7
% de Vencedores	56	55	54	53	52	52	52
% Média de Ganho	2,39	3,00	3,57	3,98	4,38	4,70	5,05
% de Perdedores	44	45	46	47	48	48	48
% Média de Perda	-2,36	-3,28	-3,91	-4,59	-5,06	-5,56	-6,05
Ganho/Perda Líquido	0,28	0,16	0,09	-0,01	-0,11	-0,19	-0,28

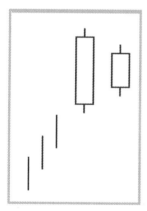

Figura 3-46

Comentário

O Descending Hawk é um padrão de baixa de reversão de dois dias. Foi criado para fornecer um padrão complementar para o Homing Pidgeon de alta.

Regras de Reconhecimento

1. Uma linha branca longa se desenvolve em uma tendência de alta.
2. Ambos os corpos reais devem ser brancos.
3. O corpo do segundo dia é completamente coberto pelo do primeiro dia.
4. Ambos os corpos dos dias devem ser longos.

Cenários e Psicologia por trás do Padrão

O padrão Descending Hawk começa com um dia branco longo. O ponto médio da faixa do primeiro dia é acima da média móvel de dez períodos. Isso significa que uma tendência de alta está acontecendo. O dia branco longo soma a alta já presente. No dia seguinte, os preços abrem mais baixos. As negociações são algo limitado nesse segundo dia, e os preços finalmente fecham perto de sua alta do dia. Seria recomendado ver os preços abrirem menores no dia seguinte e então fecharem abaixo da abertura do primeiro dia como confirmação para esse padrão.

Flexibilidade do Padrão

Ambos os dias do padrão Descending Hawk devem ter corpos longos. Um corpo longo, neste caso, é um corpo que ocupa mais de 50% do intervalo high-low. Não confunda a exigência de um corpo longo com a exigência de um dia longo. Por definição, ambos os dias do padrão Descending Hawk terão sombras relativamente curtas.

Quebra de Padrão

O Descending Hawk se divide em um corpo com uma sombra superior longa. É recomendada a obtenção de uma confirmação.

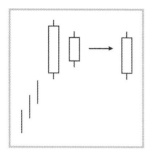

Figura 3-47

Padrões Relacionados

O padrão Descending Hawk é semelhante ao Harami de baixa. O segundo dia do Descending Hawk é branco, enquanto o segundo dia do Harami de baixa é preto.

Exemplo

Figura 3-48

MATCHING LOW

Nome padrão:	Matching Low +			Tipo:	R +	
Nome japonês:	*niten zoko/kenuki*					
Tendência necessária:	Sim		Confirmação:	Não		
Frequência (MDiasEP):	590		Frequente			
Estatísticas de padrão de 7.275 ações comuns com mais de 14,6 milhões de dias de dados						
Intervalo (Dias)	1	2	3	4	5	6	7
% de Vencedores	69	64	62	61	60	59	59
% Média de Ganho	3,63	4,71	5,42	5,98	6,64	6,98	7,37
% de Perdedores	31	36	38	39	40	41	41
% Média de Perda	-2,60	-3,42	-3,92	-4,39	-4,75	-5,13	-5,48
Ganho/Perda Líquido	1,23	1,43	1,55	1,65	1,77	1,79	1,82

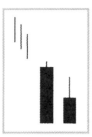

Figura 3-49

Comentário

O padrão Matching Low segue um conceito semelhante ao usado no Stick Sandwich. De fato, ao remover o dia do meio no padrão Stick Sandwich, se encontrará o Matching Low. Um corpo preto longo continua em tendência de baixa. O dia seguinte abre mais alto, mas então fecha no mesmo ponto do dia anterior. Isso abre caminho para dois dias pretos iguais, com seus corpos mais baixos (fechamento). Este padrão indica que um ponto baixo foi feito, ainda que a nova baixa tenha sido testada e não haja nenhuma sequência, o que é indicativo de um bom preço de apoio.

Regras de Reconhecimento

1. Um dia preto longo ocorre.
2. O segundo dia também é um dia preto com fechamento igual ao do primeiro dia.

Cenários e Psicologia por trás do Padrão

O mercado esteve mais baixo, como evidenciado por outro dia preto longo. No dia seguinte, as negociações são iniciadas com preços mais altos, continuam ainda em alta e, então, o mercado fecha o dia no mesmo preço de antes. Essa é uma indicação clássica de apoio do curto prazo e causará muita preocupação em qualquer investidor com títulos em alta apático que queira ignorar isso. Tendências de bearish apáticas estão em short no mercado e bastante confortáveis com essa sua posição. Se ignoram o Matching Low como uma possível reversão de tendência, isso causará neles grande preocupação.

Um conceito interessante é apresentado com esse padrão. A psicologia do mercado não é necessariamente com a ação por trás das negociações diárias, mas com o fato de que as negociações fecham no mesmo preço em ambos os dias.

Flexibilidade do Padrão

O comprimento dos corpos dos dois dias deve ser longo ou curto sem afetar o significado do padrão.

Padrão Dividido

O padrão Matching Low se reduz a uma linha preta longa, a qual é, geralmente, de baixa (Figura 3-50). Uma confirmação seria altamente recomendada.

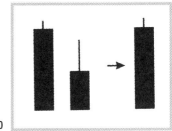

Figura 3-50

Padrões relacionados

O Matching Low aparenta ser bem próximo ao padrão Homing Pidgeon, mas, porque os fechamentos são iguais, o segundo dia de certa forma não se encaixa na definição de ser engolfado.

Exemplo

Figura 3-51

PADRÕES CANDLE DE REVERSÃO

MATCHING HIGH

Nome padrão:	Matching High -		Tipo:	R -
Nome japonês:	niten tenjo			
Tendência necessária:	Sim	Confirmação:	Não	
Frequência (MDiasEP):	499	Bastante Frequente		
Estatísticas de padrão de 7.275 ações comuns com mais de 14,6 milhões de dias de dados					
Intervalo (Dias)	1	2	3	4	5	6	7
% de Vencedores	70	66	64	62	61	60	59
% Média de Ganho	2,79	3,22	3,56	3,90	4,18	4,40	4,70
% de Perdedores	30	34	36	38	39	40	41
% Média de Perda	-2,22	-3,09	-3,76	-4,27	-4,70	-5,01	-5,38
Ganho/Perda Líquido	0,99	0,90	0,78	0,68	0,61	0,54	0,48

Figura 3-52

Comentário

O Matching High é um padrão de baixa de reversão de dois dias. Foi criado para fornecer um padrão complementar para o Matching Low.

Regra de Reconhecimento

1. O primeiro dia é um branco longo que ocorre em uma tendência de alta.

2. O segundo dia tem o mesmo preço de fechamento do primeiro dia.

3. Ambos os dias têm pouca ou nenhuma sombra.

Cenários e Psicologia por trás do Padrão

O padrão Matching High começa com um dia branco longo. O ponto médio do alcance do primeiro dia é acima da média móvel de dez períodos. Isso significa que uma tendência de alta esteve ocorrendo. O dia branco longo sustenta a alta já presente.

O dia seguinte tem o mesmo preço de fechamento do primeiro. Ambos têm pouca ou nenhuma sombra superior. A característica predominante desse padrão são os dois dias brancos com o mesmo preço de fechamento. Sendo assim, não houve nenhuma deliberação sobre dar ao segundo dia qualquer comprimento do dia ou comprimento do corpo exigido (diferente da exigência de pouca ou nenhuma sombra superior). Esse padrão indica que uma parte superior possivelmente foi formada. Seria recomendado ver os preços abrirem mais baixos no dia seguinte e, então, fechar abaixo da abertura do primeiro dia como confirmação para esse padrão.

Flexibilidade do Padrão

O primeiro dia do padrão Matching High deve ter um branco longo. O corpo da candlestick é corresponde à parte entre a abertura e o fechamento. Um corpo longo é um corpo que ocupa mais de 50% do intervalo high-low.

Nota: deve-se considerar que os dois dias tenham o mesmo preço de fechamento, contanto que o preço de fechamento do segundo dia esteja dentro de um por mil (1/1.000) do preço de fechamento do primeiro dia. Então, no caso, por exemplo, de o primeiro dia fechar em 20, no segundo dia é permitido fechar entre 19,98 e 20,02.

Padrão Dividido

O padrão Matching High se divide em um corpo branco longo com uma sombra inferior, e, portanto, é necessária a confirmação.

Padrões Relacionados

O padrão Matching High pode ser parecido com o padrão Descending Hawk.

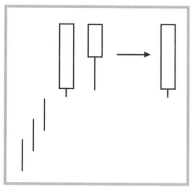

Figura 3-53

Exemplo

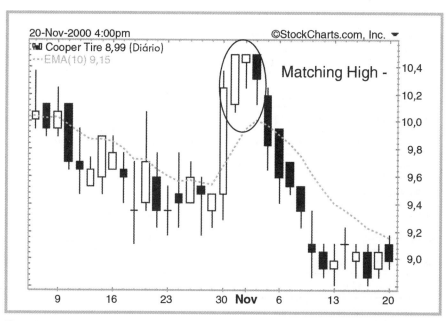

Figura 3-54

KICKING

Nome padrão:	Kicking +					Tipo:	R +
Nome japonês:	*keri ashi*						
Tendência necessária:	Não		Confirmação:	Necessária			
Frequência (MDiasEP):	6.189		Comum				
Estatísticas de padrão de 7.275 ações comuns com mais de 14,6 milhões de dias de dados							
Intervalo (Dias)	1	2	3	4	5	6	7
% de Vencedores	43	43	44	45	44	45	47
% Média de Ganho	2,91	3,74	4,47	4,75	5,09	5,41	5,80
% de Perdedores	57	57	56	55	56	55	53
% Média de Perda	-3,18	-3,73	-4,21	-4,77	-5,12	-5,60	-5,82
Ganho/Perda Líquido	-0,49	-0,50	-0,37	-0,49	-0,56	-0,61	-0,39

Nome padrão:	Kicking -					Tipo:	R -
Nome japonês:	*keri ashi*						
Tendência necessária:	Não		Confirmação:	Necessária			
Frequência (MDiasEP):	6.819		Comum				
Estatísticas de padrão de 7.275 ações comuns com mais de 14,6 milhões de dias de dados							
Intervalo (Dias)	1	2	3	4	5	6	7
% de Vencedores	40	41	41	42	42	42	42
% Média de Ganho	2,39	3,22	3,70	3,97	4,42	4,83	5,40
% de Perdedores	60	59	59	58	58	58	58
% Média de Perda	-3,71	-4,24	-4,78	-5,39	-5,71	-6,03	-6,32
Ganho/Perda Líquido	-1,07	-1,04	-1,17	-1,36	-1,41	-1,39	-1,37

■■■ PADRÕES CANDLE DE REVERSÃO

Figura 3-55

Figura 3-56

Comentário

O padrão Kicking [Chute] é semelhante ao Separating Lines, exceto que, em vez de os preços serem iguais, ocorre um gap. O padrão Kicking de alta é um Marubozu Preto seguido de um Marubozu Branco (Figura 3-55). O padrão Kicking de baixa é um Marubozu Branco seguido de um Marubozu Preto (Figura 3-56). Algumas teorias japonesas dizem que o movimento futuro será em direção ao lado mais longo das duas candles, independentemente da tendência dos preços. A direção do mercado não é tão importante neste padrão como é na maioria dos outros padrões candle.

Regras de Reconhecimento

1. Um Marubozu de uma cor é seguido por outro, na cor oposta.
2. Um gap deve ocorrer entre as duas linhas.

Cenários e Psicologia por trás do Padrão

O mercado está em alta quando o preço abre uma brecha no próximo dia. Os preços nunca entram na variação do dia anterior e, então, fecham com outro gap.

Flexibilidade do Padrão

Isso não permite flexibilidade. Se o intervalo não existir, um padrão (de continuação) Separating Lines [SL] será formado.

Quebra de Padrão

O padrão Kicking de alta se reduz a uma linha candle branca longa, a qual geralmente é de alta (Figura 3-57). O padrão Kicking de baixa se reduz a uma linha candle preta longa, a qual geralmente é de baixa (Figura 3-58).

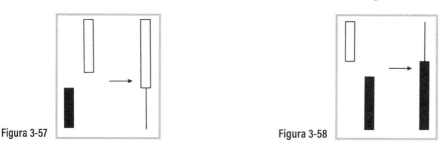

Figura 3-57   Figura 3-58

Padrões Relacionados

O SL é quase o mesmo, exceto pelo gap e por ser um padrão de continuação.

Exemplo

Figura 3-59

PADRÕES CANDLE DE REVERSÃO

Figura 3-60

ONE WHITE SOLDIER

Nome padrão:	1 White Soldier +			Tipo:	R +	
Nome japonês:	*shiroki heishi*					
Tendência necessária:	Sim		**Confirmação:**	Sugerida		
Frequência (MDiasEP):	355		Bastante Frequente			
Estatísticas de padrão de 7.275 ações comuns com mais de 14,6 milhões de dias de dados						
Intervalo (Dias)	1	2	3	4	5	6	7
% de Vencedores	47	48	49	49	50	50	50
% Média de Ganho	2,76	3,75	4,47	5,05	5,64	6,18	6,59
% de Perdedores	53	52	51	51	50	50	50
% Média de Perda	-2,61	-3,50	-4,04	-4,52	-4,99	-5,44	-5,87
Ganho/Perda Líquido	-0,09	-0,04	0,10	0,21	0,29	0,32	0,32

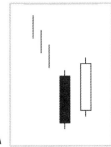

Figura 3-61A

Comentário

O padrão One White Soldier é um padrão de reversão de alta de dois dias. Ele é baseado na linha candlestick Tasuki. Uma linha Tasuki ocorre quando os preços abrem mais altos que o fechamento do dia anterior e, então, fecham mais altos que a alta do dia anterior. Tasuki é uma faixa para segurar as mangas de roupa.

Regras de Reconhecimento

1. O padrão One White Soldier começa com um dia preto longo.
2. O segundo dia é um dia branco longo que abre acima do fechamento do dia anterior e, então, fecha próximo aos pontos altos do dia, terminando sobre a alta do dia anterior.

Cenários e Psicologia por trás do Padrão

O padrão One White Soldier começa com um dia preto longo. O ponto médio da variação do primeiro dia é inferior a uma média móvel de dez períodos. Isso significa que uma tendência de baixa está ocorrendo. O dia preto longo acentua a baixa já presente.

    O segundo dia é um dia branco longo que abre no ou acima do fechamento do dia anterior e, então, fecha próximo às altas do dia, terminando acima da alta do dia anterior.

PADRÕES CANDLE DE REVERSÃO

Emocionalmente, a tendência de baixa foi danificada. Se no dia seguinte os preços continuarem a subir, uma reversão importante da tendência terá ocorrido.

Flexibilidade do Padrão

Ambos os dias são longos. Um dia longo ocorre quando o intervalo high-low é tanto (1) maior do que 1,5% do valor do ponto médio quanto (2) maior do que 0,75 vez o padrão das variações high-low dos cinco dias anteriores. O intervalo high-low é diferente entre a alta e baixa do dia. O valor do ponto médio é o ponto a meio caminho entre a alta e baixa do dia.

Ambos os dias também devem ter corpos longos. O corpo de uma candlestick é a parte entre a abertura e o fechamento. Um corpo longo ocupa mais de 50% do intervalo high-low.

Padrão Dividido

O One White Soldier se divide em corpos brancos pequenos com uma sombra inferior longa (Figura 3-61B). Confirmação é necessária.

Padrões Relacionados

O padrão One White Soldier é semelhante ao Piercing Line, Engulfing de alta e Harami de alta.

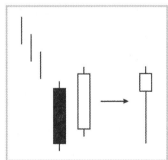

Figura 3-61B

87

Exemplo

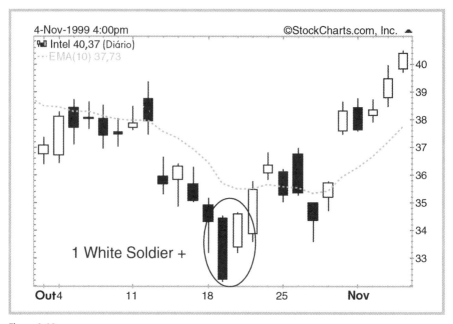

Figura 3-62

ONE BLACK CROW

Nome padrão:	1 Black Crow -			Tipo:	R -	
Nome japonês:	*karasu*					
Tendência necessária:	Sim		Confirmação:	Necessária		
Frequência (MDiasEP):	451		Bastante Frequente			
Estatísticas de padrão de 7.275 ações comuns com mais de 14,6 milhões de dias de dados						
Intervalo (Dias)	1	2	3	4	5	6	7
% de Vencedores	45	45	46	46	46	46	46
% Média de Ganho	2,16	2,92	3,49	3,95	4,38	4,81	5,19
% de Perdedores	55	55	54	54	54	54	54
% Média de Perda	-2,50	-3,20	-3,87	-4,29	-4,75	-5,18	-5,59
Ganho/Perda Líquido	-0,39	-0,43	-0,50	-0,49	-0,52	-0,54	-0,64

PADRÕES CANDLE DE REVERSÃO

Figura 3-63

Comentário

O padrão One Black Crow é um padrão de reversão de baixa de dois dias. Esse padrão é baseado na linha candlestick Tasuki. Uma linha Tasuki ocorre quando os preços abrem abaixo do fechamento do dia anterior e, então, fecham mais baixos do que a baixa do dia anterior. Tasuki é uma faixa para segurar as mangas de roupa.

Regras de Reconhecimento

1. O padrão One Black Crow começa com um dia longo branco.
2. O dia anterior é um dia longo preto que abre no ou abaixo do fechamento do dia anterior, e então fecha próximo à baixa do dia, terminando inferior à baixa do dia anterior.

Cenários e Psicologia por trás do Padrão

O padrão One Black Crow começa com um dia longo branco. O ponto médio da variação do primeiro dia está acima da média móvel de dez períodos. Isso significa que uma tendência de alta está acontecendo. O dia branco longo acentua a alta já presente.

No segundo dia, é um corpo preto longo que abre no, ou abaixo do, fechamento do dia anterior e, então, fecha próximo às baixas do dia, terminando inferior à baixa do dia anterior. Emocionalmente, a tendência de alta foi danificada. Se os preços do dia seguinte continuam mais baixos, uma reversão importante ocorreu.

Flexibilidade do Padrão

Ambos os dias são longos. Esses ocorrem quando o intervalo high-low é (1) maior que 1,5% do valor do ponto médio ou (2) maior que 0,75 vez o padrão do intervalo high-low dos cinco dias anteriores, dependendo do método usado para determinar a extensão de um dia. O intervalo high-low é a diferença entre a alta e baixa do dia. O valor do ponto médio está na metade do caminho entre a alta e baixa de um dia.

O corpo de um candlestick é a parte entre a abertura e o fechamento. Um corpo longo é um corpo que ocupa mais do que 50% do intervalo high-low.

Quebra de Padrão

O padrão One Black Crow se reduz a um corpo como uma sombra superior alta (Figura 3-64). Confirmação é necessária.

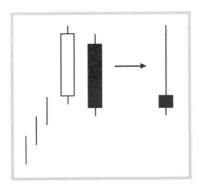

Figura 3-64

Padrões Relacionados

O padrão One Black Crow é semelhante ao Dark Cloud Cover, Engulfing de baixa, e padrão Harami de baixa.

Exemplo

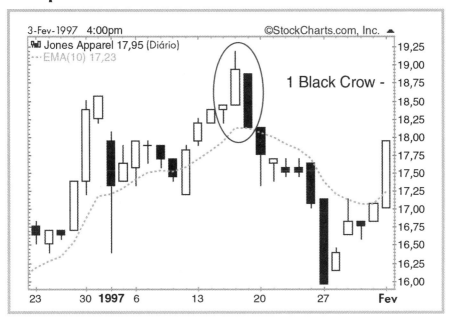

Figura 3-65

PADRÕES DE TRÊS DIAS

MORNING STAR E EVENING STAR

Nome padrão:	Morning Star +			Tipo:	R +	
Nome japonês:	sankawa ake no myojyo					
Tendência necessária:	Sim		Confirmação:	Necessária		
Frequência (MDiasEP):	2.978		Comum			
Estatísticas de padrão de 7.275 ações comuns com mais de 14,6 milhões de dias de dados						
Intervalo (Dias)	1	2	3	4	5	6	7
% de Vencedores	45	45	47	46	47	47	48
% Média de Ganho	2,74	3,61	4,41	5,11	5,68	6,21	6,53
% de Perdedores	55	55	53	54	53	53	52
% Média de Perda	-2,92	-3,70	-4,42	-4,96	-5,36	-5,82	-6,15
Ganho/Perda Líquido	-0,33	-0,38	-0,29	-0,28	-0,21	-0,13	-0,08

Nome padrão:	Evening Star -		Tipo:	R -
Nome japonês:	*sankawa yoi no myojyo*			
Tendência necessária:	Sim	Confirmação:	Necessária	
Frequência (MDiasEP):	3.146	Comum		
Estatísticas de padrão de 7.275 ações comuns com mais de 14,6 milhões de dias de dados					
Intervalo (Dias)	1	2	3	4	5	6	7
% de Vencedores	44	45	46	46	46	45	46
% Média de Ganho	2,24	2,93	3,45	3,91	4,21	4,64	4,94
% de Perdedores	56	55	54	54	54	55	54
% Média de Perda	-2,75	-3,44	-4,17	-4,71	-5,33	-5,71	-6,16
Ganho/Perda Líquido	-0,48	-0,55	-0,63	-0,74	-0,92	-1,02	-1,07

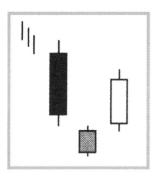

Figura 3-66

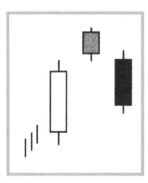

Figura 3-67

Comentários

Morning Star

O Morning Star é um padrão de alta de reversão. Seu nome indica que prevê preços mais altos. É feito de um corpo preto longo, seguido de um corpo pequeno que aparece mais abaixo (Figura 3-66). O terceiro dia é um corpo branco que se movimenta dentro do corpo preto do primeiro dia. Um Morning Star ideal teria um gap antes e depois do corpo do meio (estrela) no dia anterior.

Evening Star

O equivalente de baixa do Morning Star é o Evening Star. Por ser um padrão de baixa, aparece após ou durante uma tendência de alta. O primeiro dia é um longo corpo branco seguido por uma estrela (Figura 3-67). Lembre-se de que o corpo da estrela surge longe do corpo do dia anterior. O corpo menor da estrela é o primeiro sinal de indecisão. No terceiro dia há um gap para baixo e esse dia fecha ainda mais baixo, completando este padrão. Como o Morning Star, o Evening Star deveria ter um gap entre o segundo e o terceiro corpo. Algumas referências não fazem menção ao segundo gap.

Regras de Reconhecimento

1. O primeiro dia é sempre a cor que foi estabelecida pela tendência subsequente. Isto é, uma tendência de alta produzirá um longo dia branco para o primeiro dia do Evening Star, e uma tendência de baixa produzirá um primeiro dia preto do Morning Star.
2. O segundo dia, a estrela, ocupa sempre um gap em relação ao corpo do primeiro dia. Sua cor não é importante.
3. O terceiro dia é sempre da cor oposta à do primeiro dia.
4. O primeiro dia, e muito provavelmente o terceiro dia, são considerados dias longos.

Cenários e Psicologia por trás do Padrão

Morning Star

Uma tendência de baixa está acontecendo, demonstrada por uma candlestick preta longa. Há poucas dúvidas sobre a tendência de baixa continuar com esse tipo de ação. Os preços do dia seguinte ocupam um gap para baixo na abertura. Esse pequeno corpo mostra o princípio de uma indecisão. Os preços do dia seguinte ocupam um gap mais alto na abertura e então fecham ainda mais altos. Uma reversão significativa de tendência ocorreu.

Evening Star

O cenário do Evening Star é o exato oposto do Morning Star.

Flexibilidade do Padrão

Idealmente, há um gap entre os corpos da primeira candlestick e da estrela e um segundo gap entre os corpos da estrela e a terceira candlestick. Alguma flexibilidade é possível no gap entre a estrela e o terceiro dia.

Se a terceira candlestick fecha profundamente dentro do corpo real da primeira candlestick, um movimento muito mais forte deveria ocorrer, especialmente se o volume pesado acontece no terceiro dia. Algumas referências gostam de ver o terceiro dia fechar com mais da metade dentro do corpo do primeiro dia.

Quebra de Padrão

O Morning Star se reduz a um Paper Umbrella ou uma linha Hammer, que sustentam completamente os indicadores de alta do Morning Star (Figura 3-68). O Evening Star se reduz a uma linha Shooting Star, a qual é também uma linha de baixa e sustentada completamente (Figura 3-69).

PADRÕES CANDLE DE REVERSÃO

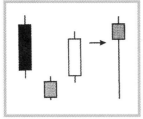

Figura 3-68

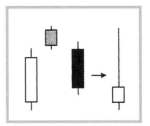

Figura 3-69

Padrões Relacionados

Os próximos padrões são todos versões específicas do Morning Star e do Evening Star. São o Morning e Evening Doji Stars, Abandoned Baby e Tri Star.

Exemplos

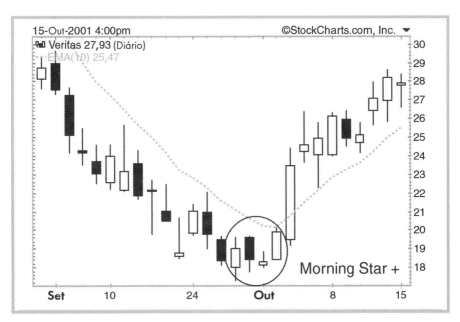

Figura 3-70A

95

GRÁFICOS CANDLESTICK DESVENDADOS

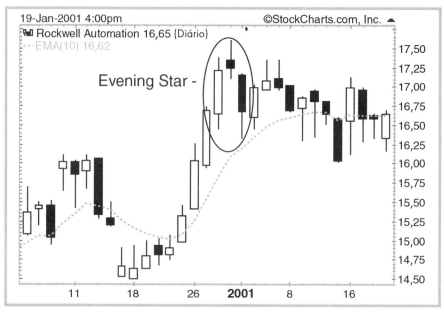

Figura 3-70B

MORNING E EVENING DOJI STARS

Nome padrão:	Morning Doji Star +			Tipo:	R +	
Nome japonês:	*ake no myojyo doji bike*					
Tendência necessária:	Sim		Confirmação:	Sugerida		
Frequência (MDiasEP):	6.890		Comum			
Estatísticas de padrão de 7.275 ações comuns com mais de 14,6 milhões de dias de dados						
Intervalo (Dias)	1	2	3	4	5	6	7
% de Vencedores	46	45	47	49	50	50	50
% Média de Ganho	2,78	3,56	4,35	4,90	5,39	6,10	6,59
% de Perdedores	54	55	53	51	50	50	50
% Média de Perda	-2,57	-3,43	-4,16	-4,71	-5,32	-5,79	-6,01
Ganho/Perda Líquido	-0,09	-0,24	-0,14	-0,03	0,04	0,20	0,28

PADRÕES CANDLE DE REVERSÃO

Nome padrão:	Evening Doji Star -		Tipo:	R +
Nome japonês:	yoi no myojyo doji bike minami jyuju sei			
Tendência necessária:	Sim	Confirmação:	Necessária	
Frequência (MDiasEP):	6.772	Comum		
Estatísticas de padrão de 7.275 ações comuns com mais de 14,6 milhões de dias de dados							
Intervalo (Dias)	1	2	3	4	5	6	7
% de Vencedores	47	48	50	50	51	50	48
% Média de Ganho	2,41	3,11	3,85	4,37	4,79	5,29	5,66
% de Perdedores	53	52	50	50	49	50	52
% Média de Perda	-2,42	-3,21	-3,89	-4,47	-4,96	-5,83	-6,39
Ganho/Perda Líquido	-0,15	-0,14	0,01	-0,02	-0,03	-0,23	-0,59

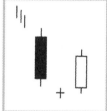

Figura 3-71

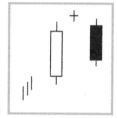

Figura 3-72

Comentário

Lembre-se da discussão sobre o Doji Star, em que uma possível reversão de tendência esteja ocorrendo por conta da indecisão associada ao Doji. Doji Stars são alertas de que a tendência anterior provavelmente pelo menos mudará. O dia após o Doji deveria confirmar a reversão de tendência iminente. Os padrões Morning e Evening Doji Star fazem exatamente isso.

Morning Doji Star

Um mercado em tendência de baixa está ocorrendo, com uma candlestick longa preta, que é seguida de uma Doji Star. Assim como a Morning Star

97

comum, a confirmação no terceiro dia sustenta completamente a reversão de tendência. Esse tipo de Morning Star, o Morning Doji Star (Figura 3-71), pode representar uma reversão significativa. É, portanto, considerado mais significativo do que o padrão Morning Star comum.

Evening Doji Star

Uma Doji Star em uma tendência de alta, seguida por um corpo longo preto que fechou avançado no corpo branco do primeiro dia, confirmaria uma reversão na parte superior (Figura 3-72). O padrão comum Evening Star tem um corpo pequeno como sua estrela, enquanto o Evening Doji Star tem um Doji como sua estrela. Este é mais importante por causa do Doji. Também é possível se referir ao padrão como Southern Cross.

Regras de Reconhecimento

1. Como muitos padrões de reversão, a cor do primeiro dia deveria representar e tendência do mercado.
2. O segundo dia deve ser um Doji Star (um Doji que esteja distante).
3. O terceiro dia tem a cor oposta à do primeiro dia.

Cenários e Psicologia por trás do Padrão

A psicologia por trás desses padrões é similar àquela das Morning Stars e Evening Stars comuns, exceto que a Doji Star está mais para um choque na tendência anterior e, portanto, é mais significante.

Flexibilidade do Padrão

Pode ocorrer flexibilidade na quantidade de penetração no corpo do primeiro dia pelo terceiro dia. Se a penetração é maior do que 50%, esse padrão tem uma melhor chance de ser bem-sucedido.

Quebra de Padrão

O Morning Doji Star se reduz a um padrão Hammer (Figura 3-73) e, ocasionalmente, se reduz a uma linha Dragonfly Doji. O Evening Doji Star se reduz a uma linha Shooting Star (Figura 3-74) e, ocasionalmente, a uma linha Gravestone Doji. Quanto mais próxima das linhas únicas Doji for a divisão, mais se sustenta o padrão, porque o terceiro dia fecha adentrando o corpo do primeiro dia.

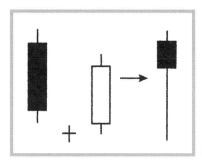
Figura 3-73

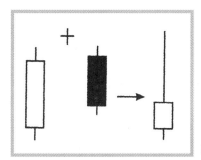
Figura 3-74

Padrões Relacionados

Deve-se estar ciente de que esse padrão começa com um Doji Star. É a confirmação que é necessária com o Doji Star e não deveria ser ignorada.

Exemplos

Figura 3-75A

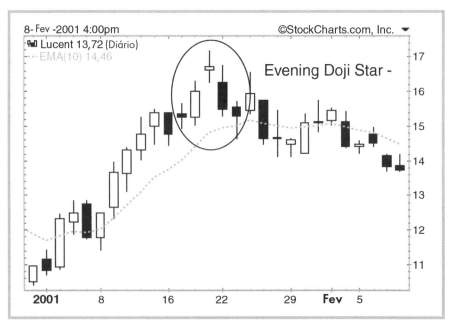

Figura 3-75B

ABANDONED BABY

Nome padrão:	Abandoned Baby +				**Tipo:**	R +	
Nome japonês:	*sute go*						
Tendência necessária:	Sim		**Confirmação:**	Sugerida			
Frequência (MDiasEP):	87.952		Raro				
Estatísticas de padrão de 7.275 ações comuns com mais de 14,6 milhões de dias de dados							
Intervalo (Dias)	1	2	3	4	5	6	7
% de Vencedores	52	49	51	53	53	53	50
% Média de Ganho	2,11	3,08	3,14	3,82	4,71	5,32	6,16
% de Perdedores	48	51	49	47	47	47	50
% Média de Perda	-2,32	-3,64	-4,19	-5,15	-5,43	-5,89	-5,91
Ganho/Perda Líquido	0,00	-0,30	-0,46	-0,42	-0,09	0,10	0,12

Nome padrão:	Abandoned Baby -				**Tipo:**	R -	
Nome japonês:	*sute go*						
Tendência necessária:	Sim		**Confirmação:**	Necessária			
Frequência (MDiasEP):	89.571		Raro				
Estatísticas de padrão de 7.275 ações comuns com mais de 14,6 milhões de dias de dados							
Intervalo (Dias)	1	2	3	4	5	6	7
% de Vencedores	48	48	48	48	54	53	54
% Média de Ganho	2,27	2,84	3,67	3,39	3,53	3,74	3,91
% de Perdedores	52	52	52	52	46	47	46
% Média de Perda	-2,38	-3,66	-4,40	-4,62	-5,69	-6,37	-7,25
Ganho/Perda Líquido	-0,14	-0,50	-0,51	-0,77	-0,71	-1,02	-1,16

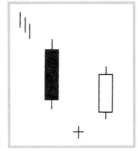
Figura 3-76

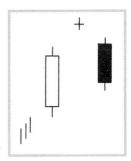
Figura 3-77

Comentário

Outro grande padrão de reversão, semelhante em formato à família Morning Star e Evening Star é o Abandoned Baby [Bebê Abandonado, em tradução livre]. Esse padrão é quase exatamente igual ao Morning e Evening Doji Star, com uma exceção importante. Aqui, as sombras no Doji devem também se posicionar abaixo das sombras do primeiro e terceiro dias para o Abandoned Baby inferior (Figura 3-76). O oposto é verdadeiro para o Abandoned Baby superior (Figura 3-77), e o Doji deve se colocar completamente (incluindo sombras) acima dos dias em volta. O Abandoned Baby é bastante raro.

Regras de reconhecimento

1. O primeiro dia deveria refletir a tendência anterior.
2. O segundo dia é um Doji cuja sombra fica sobre ou abaixo da sombra superior ou inferior do dia anterior.
3. O terceiro dia é da cor oposta à do primeiro dia.
4. O terceiro dia se coloca na direção oposta sem nenhuma sombra sobreposta.

Cenários e Psicologia por trás do padrão

Como na maioria dos padrões de estrela de três dias, os cenários são semelhantes. A diferença principal é que a estrela (segundo dia) pode refletir maior deterioração da tendência anterior, dependendo da possibilidade de se posicionar, ser Doji, e assim por diante.

Flexibilidade do Padrão

Por conta dos parâmetros específicos usados para definir este padrão, não há muito espaço para flexibilidade. Este é um caso especial de Morning Doji Star e Evening Doji Star, nas quais o segundo dia é semelhante a um dia tradicional de reversão da ilha.

Quebra de Padrão

A quebra do padrão Bebê Abandonado, seja de alta ou de baixa, é uma extensão do Morning Doji Star e Evening Doji Star (Figuras 3-78 e 3-79). A alta ou baixa é ainda mais ampliada, porque a sombra longa é geralmente mais longa nos casos anteriores. Como antes, quanto mais o terceiro dia adentra o corpo do primeiro dia, mais perto essa divisão está das linhas Dragonfly e Gravestone Doji.

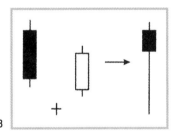

Figura 3-78

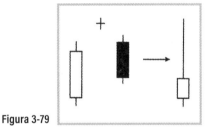

Figura 3-79

Padrões Relacionados

Este é um caso especial de Doji Star no qual o dia Doji se posiciona longe do dia anterior. Esse gap inclui todas as sombras, não apenas o corpo. A mesma coisa ocorre no terceiro dia, mas na direção oposta.

Exemplos

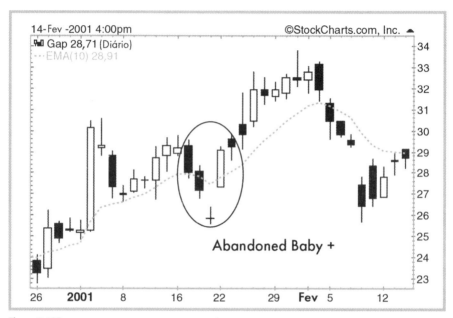

Figura 3-80A

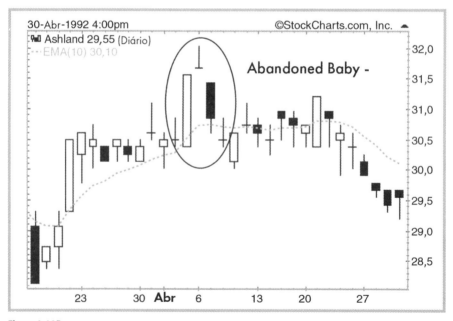

Figura 3-80B

TRI STAR

Nome padrão:	Tri Star +				Tipo:	R +	
Nome japonês:	*santan boshi*						
Tendência necessária:	Sim		**Confirmação:**	Sugerida			
Frequência (MDiasEP):	4.963		Comum				
Estatísticas de padrão de 7.275 ações comuns com mais de 14,6 milhões de dias de dados							
Intervalo (Dias)	1	2	3	4	5	6	7
% de Vencedores	43	45	47	47	48	48	48
% Média de Ganho	2,70	3,50	4,29	4,96	5,68	6,29	6,63
% de Perdedores	57	55	53	53	52	52	52
% Média de Perda	-2,61	-3,26	-3,78	-4,13	-4,61	-4,89	-5,24
Ganho/Perda Líquido	-0,26	-0,16	-0,01	0,16	0,29	0,46	0,44

Nome padrão:	Tri Star -				Tipo:	R -	
Nome japonês:	*santen boshi*						
Tendência necessária:	Sim		**Confirmação:**	Necessária			
Frequência (MDiasEP):	5.014		Comum				
Estatísticas de padrão de 7.275 ações comuns com mais de 14,6 milhões de dias de dados							
Intervalo (Dias)	1	2	3	4	5	6	7
% de Vencedores	44	45	47	46	47	47	47
% Média de Ganho	2,12	2,74	3,25	3,65	3,97	4,31	4,59
% de Perdedores	56	55	53	54	53	53	53
% Média de Perda	-2,15	-2,84	-3,52	-4,01	-4,39	-4,85	-5,14
Ganho/Perda Líquido	-0,22	-0,25	-0,32	-0,40	-0,44	-0,45	-0,49

Figura 3-81

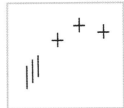
Figura 3-82

Comentário

O padrão Tri Star [Estrela Tripla, em tradução livre] (Figuras 3-81 e 3-82) foi desenvolvido por Steve Nison. É feito de três dias Doji, com o dia Doji do meio sendo uma estrela. Esse padrão é extremamente raro, mas, quando ocorre, não pode ser ignorado.

Regras de Reconhecimento

1. Todos os três dias são Doji.
2. O segundo dia se coloca acima ou abaixo do terceiro dia.

Cenários e Psicologia por trás do Padrão

O mercado provavelmente esteve em uma tendência de alta ou baixa por um longo tempo. Com a tendência começando a se debilitar, os corpos provavelmente estão se tornando menores. O primeiro Doji causaria preocupação considerável. O segundo Doji indicaria que não existe outra direção no mercado. E, finalmente, o terceiro Doji colocaria o último prego no caixão da tendência. Por conta de isso indicar indecisão demais, qualquer um com convicção estaria revertendo suas posições.

Flexibilidade do Padrão

Seja cuidadoso com este. Pela Tri Star ser tão rara, você provavelmente deveria suspeitar dos dados usados em seus cálculos. Se o gap Doji do meio incluir as sombras, será ainda mais significativo.

Quebra de Padrão

Os padrões Tri Star se dividem para Spinning Tops, que são indicativos da indecisão do mercado (Figuras 3-83 e 3-84). Esse é, de certa forma, um conflito com o padrão Tri Star e sustenta a noção de que, por esse padrão ser tão raro, deveria ser visto com certo ceticismo.

Figura 3-83   Figura 3-84

Padrões relacionados

Baseado nas discussões anteriores, você pode ver quão raro é esse padrão.

Exemplos

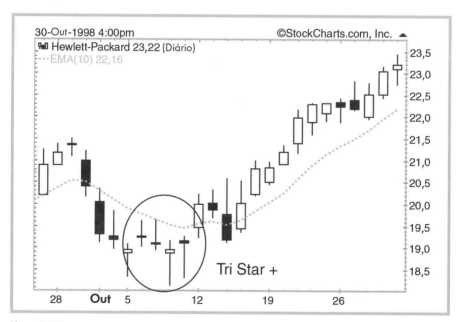

Figura 3-85A

GRÁFICOS CANDLESTICK DESVENDADOS

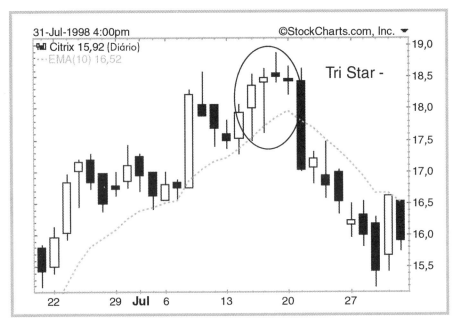

Figura 3-85B

UPSIDE GAP TWO CROWS

Nome padrão:	Upside Gap 2 Crows -		Tipo:	R -
Nome japonês:	*shita banare niwa garasu*			
Tendência necessária:	Sim	Confirmação:	Necessária	
Frequência (MDiasEP):	317.391	Extremamente Rara		
Estatísticas de padrão de 7.275 ações comuns com mais de 14,6 milhões de dias de dados					
Intervalo (Dias)	1	2	3	4	5	6	7
% de Vencedores	44	45	46	42	43	44	48
% Média de Ganho	2,24	2,20	3,03	4,00	4,05	3,24	3,59
% de Perdedores	56	55	54	58	57	56	52
% Média de Perda	-1,73	-2,73	-3,53	-4,39	-4,61	-4,68	-6,39
Ganho/Perda Líquido	0,03	-0,47	-0,53	-0,83	-0,85	-1,13	-1,62

PADRÕES CANDLE DE REVERSÃO

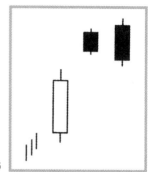

Figura 3-86

Comentários

Esse padrão ocorre apenas em uma tendência de alta. Como se dá com a maioria dos padrões de baixa de reversão, começa com uma candlestick de corpo branco. O gap mencionado no nome desse padrão é o intervalo entre não apenas o primeiro e segundo dias, mas também o primeiro e terceiro dias. O segundo e o terceiro dias são pretos, dos quais os dois crows [corvos] se originam.

O terceiro dia (segundo dia preto) deveria abrir mais alto e, então, fechar abaixo do fechamento do segundo dia. O terceiro dia, apesar de fechar mais baixo que o segundo dia, ainda se coloca sobre o primeiro dia. Resumindo, o segundo dia preto engolfa o primeiro dia preto.

Regras de Reconhecimento

1. Uma tendência de alta que continua com um corpo longo branco.
2. Um dia preto de gap ascendente é formado após o dia branco.
3. O segundo dia preto abre acima do primeiro dia preto e fecha abaixo do corpo do primeiro. Seu corpo engolfa o primeiro dia preto.
4. O fechamento do segundo dia preto ainda está acima do fechamento do dia longo preto.

Cenários e Psicologia por trás do Padrão

Como no começo da maioria dos padrões de reversão de baixa, um corpo branco corre em uma tendência de alta. O dia seguinte abre com um gap mais alto, falha no rali e, então, fecha mais baixo, formando um dia preto. Isso não é muito preocupante porque ainda não ficou mais baixo do que o fechamento do primeiro dia. No terceiro dia, os preços se posicionam novamente em uma abertura mais alta e, então, despencam para fecharem mais baixo do que o fechamento do dia anterior. O preço de fechamento, no entanto, ainda está acima do fechamento do primeiro dia branco. A alta está fadada a perder a força. Como se pode ter dois fechamentos inferiores sucessivos e ainda estar agressivamente em alta?

Flexibilidade do Padrão

O Upside Gap Two Crows é razoavelmente rígido. Se o terceiro dia (segundo dia preto) estiver para fechar em direção ao corpo branco do dia, o padrão se torna um padrão Two Crows (discutido mais à frente neste capítulo).

Quebra de Padrão

O Upside Gap Two Crows se reduz a uma linha candle cujo corpo branco é ligeiramente mais longo do que o corpo branco do primeiro dia e tem uma longa sombra superior (Figura 3-87). O fato de essa não ser exatamente uma linha candle de baixa sugere que uma confirmação mais à frente é necessária antes de agir baseado nesse padrão.

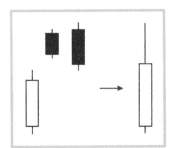

Figura 3-87

Padrões Relacionados

A falha no corpo preto do terceiro dia em abrir ligeiramente abaixo da abertura do segundo dia e permanecer acima do corpo do primeiro dia poderia levar esse padrão a se tornar um Mat Hold. Este é um padrão de continuação de alta discutido no próximo capítulo. Além disso, os primeiros dois dias desse padrão podem se tornar uma Evening Star, dependendo do que acontece no terceiro dia.

Exemplo

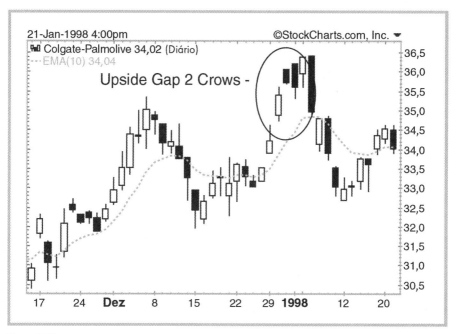

Figura 3-88

DOWNSIDE GAP TWO RABBITS

Nome padrão:	Downside Gap 2 Rabbits +			Tipo:	R +	
Nome japonês:	*shita banare nihiki usagi*					
Tendência Necessária:	Sim		Confirmação:	Não		
Frequência (MDiasEP):	442.424		Extremamente Raro			
Estatísticas de padrão de 7.275 ações comuns com mais de 14,6 milhões de dias de dados						
Intervalo (Dias)	1	2	3	4	5	6	7
% de Vencedores	67	73	71	59	64	58	55
% Média de Ganho	2,31	3,43	3,21	3,86	4,38	5,86	6,56
% de Perdedores	33	27	29	41	36	42	45
% Média de Perda	-2,65	-2,71	-3,60	-4,75	-4,96	-5,42	-5,05
Ganho/Perda Líquido	0,60	1,76	1,16	0,35	0,98	1,07	1,28

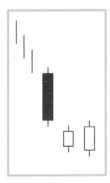

Figura 3-89

Comentário

O padrão Downside Gap Two Rabbits é um padrão de alta de reversão de três dias. O "downside gap" se refere ao gap entre o corpo real do segundo dia e o corpo real preto do primeiro dia. A candlestick branca dos últimos dois dias representa dois coelhos brancos prontos para pular fora de sua toca.

Nota: o padrão Downside Gap Two Rabbits é raro.

Regras de Reconhecimento

1. O padrão começa com um longo dia preto que ocorre durante uma tendência de baixa.
2. O segundo dia é um dia branco de declínio intervalado.
3. O terceiro dia também é um dia branco que abre abaixo da parte inferior (do dia preto) e, então, fecha acima da parte superior do dia branco anterior.

Cenários e Psicologia por trás do Padrão

O padrão Downside Gap Two Rabbits começa com um longo dia preto. O ponto médio de variação do primeiro dia é abaixo da média móvel de dez períodos. Isso significa que uma tendência de baixa está acontecendo. O dia longo preto sustenta a baixa já presente.

O dia seguinte abre mais baixo, com um gap. Os preços aumentam, no entanto, e o dia forma uma candlestick branca. Assim, as tendências de bearish não são abaladas por esse dia porque o fechamento do dia branco ainda está abaixo do fechamento do primeiro dia. Apesar de o terceiro dia abrir bem abaixo, faz rali durante o dia e fecha acima do fechamento do dia anterior. A força e continuação da tendência de baixa foi questionada por esses dias brancos consecutivos.

Flexibilidade do Padrão

O corpo do terceiro dia deve ser completamente engolido pelo corpo do segundo dia. Além disso, o intervalo high-low do terceiro dia engolfa completamente o do segundo dia.

Todos os três dias devem ter corpos longos. O corpo de uma candlestick é a parte entre a abertura e o fechamento. Um corpo longo é aquele que ocupa mais de 50% do intervalo high-low. Apesar de o corpo do segundo dia ser relativamente pequeno, ainda é um corpo longo em relação ao intervalo high-low.

Para esse padrão, é altamente recomendado que o terceiro dia feche abaixo do fechamento do primeiro dia. Isso deixa o gap criado pelo primeiro e segundo dias ainda sem preencher.

Nota: isso também requer que o gap entre os corpos reais do primeiro e segundo dias seja maior que 10% do intervalo high-low do primeiro dia.

Quebra de Padrão

O padrão Downside Gap Two Rabbits se reduz a uma linha candle longa preta e não é representativo do status de reversão desse padrão. Confirmação é definitivamente necessária.

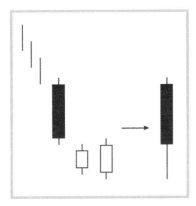

Figura 3-90

Padrão relacionado

O padrão Downside Gap Two Rabbits é semelhante ao padrão Two Rabbits.

Exemplo

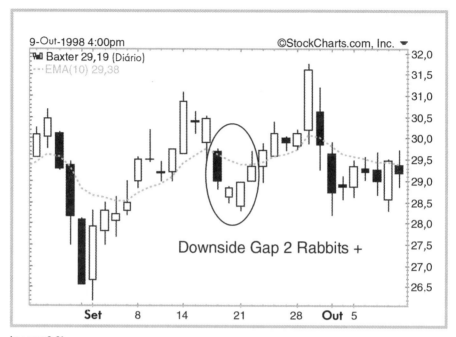

Imagem 3-91

UNIQUE THREE RIVER BOTTOM

Nome padrão:	Unique 3 River Bottom +		Tipo:	R +
Nome japonês:	sankawa soko zukae			
Tendência Necessária:	Sim	Confirmação:	Necessária	
Frequência (MDiasEP):	405.556	Extremamente Raro		
Estatísticas de padrão de 7.275 ações comuns com mais de 14,6 milhões de dias de dados					
Intervalo (Dias)	1	2	3	4	5	6	7
% de Vencedores	55	48	51	44	42	50	53
% Média de Ganho	1,77	3,11	3,50	5,41	7,92	5,52	5,77
% de Perdedores	45	52	49	56	58	50	47
% Média de Perda	-2,01	-3,10	-6,52	-5,96	-6,83	-7,01	-7,67
Ganho/Perda Líquido	0,05	-0,08	-1,33	-0,91	-0,69	-0,75	-0,57

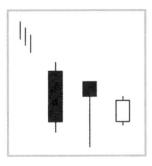
Figura 3-92

Comentário

Como demonstrado na Figura 3-92, o Unique Three River Bottom é um padrão de certa forma como o Morning Star. A tendência é baixa e um corpo real longo preto é formado. O dia seguinte abre mais alto, faz trade a uma nova baixa, então fecha próximo de sua alta, produzindo um corpo pequeno preto. O terceiro dia abre mais baixo, mas não tão baixo quanto a baixa criada pelo segundo dia. Um corpo branco pequeno é formado no terceiro dia, o qual fecha abaixo do fechamento do segundo dia.

Nota: o Unique Three River Bottom é extremamente raro.

Regras de Reconhecimento

1. O primeiro dia é um dia longo preto.
2. O segundo dia é um dia Harami, mas o corpo também é preto.
3. O segundo dia tem uma sombra inferior que solidifica uma nova baixa.
4. O terceiro dia é um dia curto branco que está abaixo do dia do meio.

Cenários e Psicologia por trás do Padrão

Um mercado em queda produz um dia longo preto. O dia seguinte abre mais alto, mas a força de baixa causa a solidificação de uma nova baixa. Um rali considerável ocorre, no qual o padrão de bearish está em questão. A indecisão e a falta de estabilidade são reforçadas quando o terceiro dia abre mais baixo. Estabilidade acontece com um corpo pequeno branco no terceiro dia. Se no quarto dia o preço aumentar, a reversão da tendência foi confirmada.

Flexibilidade do Padrão

Por ser este um padrão incomum e preciso, não há muita flexibilidade. Se a sombra inferior no segundo dia for bastante longa, o maior potencial para uma reversão será mais provável. Em algumas referências, o segundo dia se assemelha a uma linha Hammer. Como muitos padrões de reversão, se o volume sustenta a reversão, o sucesso provavelmente será maior.

Quebra de Padrão

O padrão Unique Three River Bottom se reduz a uma única linha que muito provavelmente é uma Hammer (Figura 3-93). A sombra inferior deve ser pelo menos o dobro do tamanho do corpo para ser uma Hammer, que, neste caso, é bastante possível por conta da sombra longa inferior no segundo dia. O Hammer sustenta completamente a alta do padrão Unique Three River Bottom.

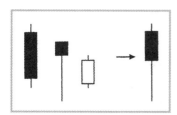

Figura 3-93

Padrões relacionados

Este padrão é a decolagem do Morning Star, mas não se parece nem um pouco com ele. Sua aparição nas referências japonesas é parte do Método Sakata (ver Capítulo 5).

Exemplo

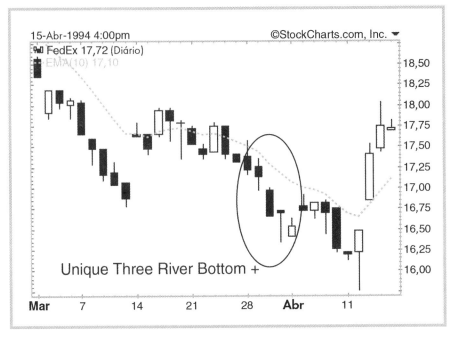

Figura 3-94

UNIQUE THREE MOUNTAIN TOP

Nome padrão:	Unique 3 Mountain Top -			**Tipo:**	R -	
Nome japonês:	*san yama no tenjo*					
Tendência necessária:	Sim		**Confirmação:**	Necessária		
Frequência (MDiasEP):	429.412		Extremamente Rara			
Estatísticas de padrão de 7.275 ações comuns com mais de 14,6 milhões de dias de dados						
Intervalo (Dias)	1	2	3	4	5	6	7
% Vencedores	41	47	38	45	45	45	38
% Média de Ganho	1	1,99	1,90	1,95	2,31	4,22	4,17
% de Perdedores	59	53	62	55	55	55	62
% Média de Perda	-2,58	-4,45	-4,06	-5,88	-6,47	-9,16	-8,81
Ganho/Perda Líquido	-1,06	-1,35	-1,78	-2,25	-2,41	-2,99	-3,85

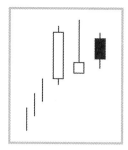
Figura 3-95

Comentário

O padrão Unique Three Mountain Top é um de reversão de baixa de três dias. Foi criado como um equivalente de baixa para o padrão Unique Three River Bottom.

Nota: por conta dos muitos requisitos de definição deste padrão, ele é extremamente raro.

Regras de Reconhecimento

1. O primeiro dia é um dia longo branco que ocorre durante uma tendência de alta.
2. O dia seguinte abre mais baixo, faz rali para causar uma nova alta, mas então as trades diminuem até fechar perto da baixa do dia, produzindo, desse modo, um corpo pequeno com uma sombra superior longa.
3. O terceiro dia abre mais alto, mas não mais que a alta do segundo dia.
4. Um corpo preto relativamente pequeno se forma no terceiro dia, o qual fecha acima do fechamento do segundo dia.

Cenários e Psicologia por trás do Padrão

O padrão Unique Three Mountain Top começa com um dia longo branco. O ponto médio de variação do primeiro dia é acima da média móvel de dez períodos. Isso significa que uma tendência de alta estava acontecendo. O longo dia branco acentua a alta já presente.

O dia seguinte abre mais alto, mas a força de alta causa uma nova alta. Um declínio substancial então ocorre, no qual a força dos bullish é colocada em questão. Essa indecisão e falta de estabilidade é imposta quando o terceiro dia abre mais alto. A estabilidade chega com um corpo pequeno preto no terceiro dia. Se no quarto dia os preços caírem em novas baixas, a reversão da tendência foi confirmada.

Flexibilidade do Padrão

Requer-se que o corpo do segundo dia seja menos do que 27% do intervalo high-low. Ele tem os mesmos requisitos de tamanho de corpo do padrão Shooting Star. De fato, o segundo dia geralmente se assemelhará a uma linha Shooting Star.

O primeiro e terceiro dia têm corpos longos. O corpo de uma candlestick é a parte entre a abertura e o fechamento. Um corpo longo é um que ocupe mais de 50% do intervalo high-low. Não confunda um requisito de corpo longo com um requisito de dia longo. Apesar de o corpo do terceiro dia ser relativamente pequeno, ainda é um corpo longo, quando comparado com seu intervalo high-low.

Quebra de Padrão

O Unique Three Mountain Top se reduz a um corpo pequeno branco com uma sombra superior longa. Isso não indica completamente a reversão de baixa, e a confirmação é sugerida.

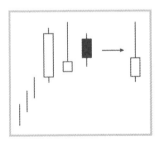

Figura 3-96

Exemplo

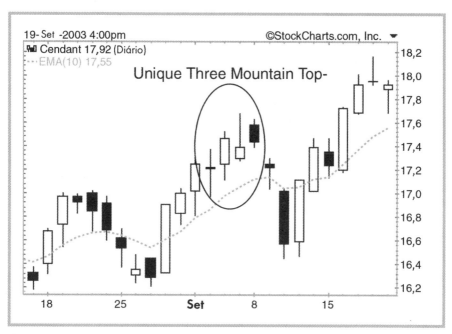

Figura 3-97

THREE WHITE SOLDIERS

Nome padrão:	3 White Soldiers +			Tipo:	R +	
Nome japonês:	*aka sanpei*					
Tendência necessária:	Sim		**Confirmação:**	Não		
Frequência (MDiasEP):	2.888		Comum			
Estatísticas de padrão de 7.275 ações comuns com mais de 14,6 milhões de dias de dados						
Intervalo (Dias)	1	2	3	4	5	6	7
% de Vencedores	52	51	52	52	52	52	51
% Média de Ganho	2,42	3,38	4,05	4,63	5,14	5,54	5,95
% de Perdedores	48	49	48	48	48	48	49
% Média de Perda	-2,13	-3,00	-3,66	-4,27	-4,86	-5,35	-5,79
Ganho/Perda Líquido	0,25	0,27	0,33	0,34	0,31	0,27	0,22

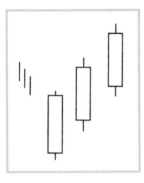

Figura 3-98

Comentário

O padrão Three White Soldiers é uma parte vital do Método Sakata, descrito no Capítulo 5, que mostra uma série de candlesticks longas brancas que progressivamente fecham a preços mais altos. É melhor também se os preços abrirem na metade da variação (corpo) do dia anterior. Essa ação de degraus crescentes é bastante de alta e mostra que a tendência de baixa acabou abruptamente.

Regras de Reconhecimento

1. Três linhas longas brancas consecutivas ocorrem, cada qual com um fechamento mais alto.
2. Cada uma deve abrir dentro do corpo anterior.
3. Cada uma deveria fechar na ou perto da alta do dia.

Cenários e Psicologia por trás do Padrão

O padrão Three White Soldiers acontece em uma tendência de baixa e representa uma forte reversão do mercado. Cada dia abre mais baixo, mas então fecha em uma nova altura de curto prazo. Esse tipo de price action é muito de alta e nunca deve ser ignorado.

Flexibilidade do Padrão

Os preços de abertura do segundo e terceiro dia podem estar em qualquer posição dentro do corpo anterior. No entanto, é melhor ver a abertura acima do ponto médio do corpo do dia anterior. Tenha em mente que, quando um dia abre para negociações, algumas vendas têm que existir para abrir abaixo do fechamento anterior. Isso sugere que um aumento saudável é sempre acompanhado de algumas vendas.

Quebra de Padrão

O padrão Three White Soldiers se reduz a uma linha candle longa e bastante bullish (Figura 3-99). Essa divisão sustenta completamente o padrão, o que faz a confirmação ser desnecessária.

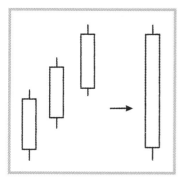

Figura 3-99

Padrões Relacionados

Veja Advanced Block e Deliberation.

Exemplo

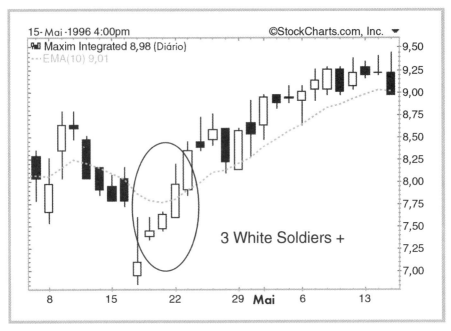

Figura 3-100

THREE BLACK CROWS

Nome padrão:	3 Black Crows -			Tipo:		R -	
Nome japonês:	*sanba garasu*						
Tendência necessária:	Sim		Confirmação:		Necessária		
Frequência (MDiasEP):	2.154		Comum				
Estatísticas de padrão de 7.275 ações comuns com mais de 14,6 milhões de dias de dados							
Intervalo (Dias)	1	2	3	4	5	6	7
% de Vencedores	49	48	48	48	47	47	46
% Média de Ganho	2,33	3,09	3,78	4,36	4,91	5,19	5,64
% de Perdedores	51	52	52	52	53	53	54
% Média de Perda	-2,56	-3,67	-4,46	-5,14	-5,75	-6,22	-6,80
Ganho/Perda Líquido	-0,17	-0,42	-0,51	-0,58	-0,72	-0,86	-1,04

PADRÕES CANDLE DE REVERSÃO

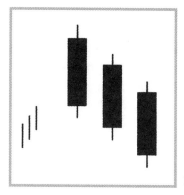

Figura 3-101

Comentário

O Three Black Crows [Três Corvos Negros, em tradução livre] é o equivalente ao padrão Three White Soldiers. Ocorre durante uma tendência de alta, e três corpos longos pretos estão em degraus decrescentes. "Más notícias têm asas", como diz o velho ditado japonês, facilmente se encaixa neste padrão. Cada dia abre ligeiramente mais alto que o fechamento do dia anterior, mas então despenca para um novo fechamento baixo. Quando isso ocorre três vezes, a clara mensagem da reversão do padrão foi enviada. Tenha cuidado para que a progressão descendente não se estenda demais. Isso certamente causaria certo "bottom picking" [investimento em ativos que sofreram um declínio] dos eternos bullish [os que têm mentalidade de alta].

Regras de Reconhecimento

1. Três dias longos pretos consecutivos ocorrem.
2. Cada dia abre em uma nova baixa.
3. Cada dia abre dentro do corpo do dia anterior.
4. Cada dia fecha em ou perto de sua baixa.

Cenários e Psicologia por trás do Padrão

O mercado pode estar se aproximando do topo ou esteve em um nível alto por algum tempo. Um movimento decisivo da tendência para baixo é feita com um dia longo preto. Os próximos dois dias são acompanhados por uma contínua erosão nos preços causada por muitas vendas e tomada de ganhos. Esse tipo de price action tem que pesar na mentalidade de alta.

Flexibilidade do Padrão

Seria bom ver o corpo real da primeira candlestick do Three Black Crows abaixo da alta do dia branco anterior. Isso aceleraria a baixa desse padrão.

Quebra de Padrão

O padrão Three Black Crows se reduz a uma candlestick longa preta, a qual sustenta completamente a baixa desse padrão (Figura 3-102).

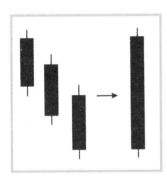

Figura 3-102

Padrões Relacionados

Uma versão mais rígida desse padrão é o Identical Three Crows (veja o padrão seguinte).

Exemplo

Figura 3-103

IDENTICAL THREE CROWS

(doji samba garasu)

Padrão de reversão de baixa.
Não é necessária confirmação.

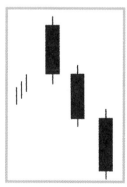

Figura 3-104

Comentário

Este é um caso especial do padrão Three Black Crows, discutido anteriormente. A diferença é que o segundo e o terceiro dia pretos abrem no ou próximo do fechamento do dia anterior (Figura 3-81).

Regras de Reconhecimento

1. Três dias longos pretos estão decrescendo em degraus.
2. Cada dia começa no fechamento do dia anterior.

Cenários e Psicologia por trás do Padrão

Esse padrão se assemelha à venda de pânico que deveria causar a ação de queda adicional. O fechamento de cada dia cria um marco para os preços de abertura no próximo dia de negociações. Existe uma ausência total de poder de compra neste padrão.

Flexibilidade do Padrão

Por esse padrão ser uma versão especial do Three Black Crows, a flexibilidade é praticamente inexistente. Esse padrão foi excluído da maioria dos testes estatísticos nos capítulos seguintes.

Quebra de Padrão

Como o padrão Three Black Crows, o Identical Three Crows [Três Corvos Idênticos, em tradução livre] se reduz a uma candlestick preta longa (Figura 3-105). Isso sustenta completamente as implicações de baixa do padrão.

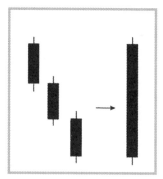

Figura 3-105

Padrões Relacionados

Esta é uma variação do padrão Three Black Crows.

Exemplo

Figura 3-106

ADVANCE BLOCK

Nome padrão:	Advance Block -			Tipo:	R -	
Nome japonês:	*saki zumari*					
Tendência necessária:	Sim		**Confirmação:**	Necessária		
Frequência (MDiasEP):	60.833		Raro			
Estatísticas de padrão de 7.275 ações comuns com mais de 14,6 milhões de dias de dados						
Intervalo (Dias)	1	2	3	4	5	6	7
% de Vencedores	46	45	48	50	48	45	48
% Média de Ganho	1,95	2,94	3,33	3,65	4,15	4,89	4,81
% de Perdedores	54	55	52	50	52	55	52
% Média de Perda	-2,44	-3,11	-4,41	-4,99	-5,35	-5,53	-6,70
Ganho/Perda Líquido	-0,38	-0,36	-0,71	-0,62	-0,75	-0,86	-1,16

Figura 3-107

Comentário

Como mostrado na Figura 3-107, este padrão é uma derivação do padrão Three White Soldiers. Contudo, ele obrigatoriamente deve acontecer em uma tendência de alta, enquanto o Three White Soldiers deve ocorrer em uma tendência de baixa. Diferente do padrão Three White Soldiers, o segundo e terceiro dia do Advance Block [Bloqueio Avançado, em tradução livre] mostram fraqueza. As sombras longas superiores mostram que o extremo do preço alcançado durante o dia não pode ser mantido. Esse tipo de ação após uma tendência de alta e, então, por dois dias em sequência

PADRÕES CANDLE DE REVERSÃO

deveria fazer qualquer participante do mercado de alta ficar nervoso, especialmente se a tendência de alta estivesse se estendendo demais.

Lembre-se de que este padrão ocorre em uma tendência de alta. A maioria dos padrões de dias múltiplos começa com um dia longo, que ajuda a sustentar a tendência existente. Os dois dias com sombras longas superiores mostram que é possível obter ganho porque o aumento está perdendo força.

Regras de Reconhecimento

1. Três dias brancos ocorrem com fechamentos consecutivamente mais altos.
2. Cada dia abre dentro do corpo do dia anterior.
3. Uma deterioração definitiva na força da ascensão é evidenciada por longas sombras superiores no segundo e terceiro dia.

Cenários e Psicologia por trás do Padrão

O cenário do padrão Advance Block lembra aproximadamente os eventos que poderiam ocorrer com o padrão Three White Soldiers. A situação, porém, não se materializa em um progresso intenso. Ao contrário, enfraquece após o primeiro dia, porque o fechamento é significativamente inferior à altura. O terceiro dia é tão fraco quanto o segundo dia. Lembre-se, fraqueza nesse contexto é relativa ao padrão Three White Soldiers.

Flexibilidade do Padrão

Definir deterioração é difícil. Apesar de este padrão começar como o Three White Soldiers, ele não produz a força de ascensão, e cada dia mostra um comprimento de corpo menor e sombras longas. O segundo e o terceiro dia precisam fazer trade mais alta que seu fechamento.

Quebra de Padrão

O padrão Advance Block se reduz a uma linha candle longa branca, que não é longa o bastante em comparação com a divisão do Three White

Soldier (Figura 3-108). A longa candlestick branca também tem uma sombra superior longa, o que mostra que os preços não fecharam nem perto da altura que tiveram durante os dias de negociação. Por conta disso, o Advance Block é visto como um padrão de baixa. Na maioria dos casos, isso significa apenas que as posições longas deveriam ser protegidas.

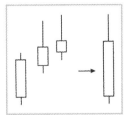

Figura 3-108

Padrões Relacionados

Esta é uma variação do Three White Soldiers (discutido anteriormente) e do padrão Deliberation (explorado mais adiante).

Exemplo

Figura 3-109

PADRÕES CANDLE DE REVERSÃO

DESCENT BLOCK

Nome padrão:	Descent Block +			Tipo:	R +	
Nome japonês:	*saki zumari kudari*					
Tendência Necessária:	Sim		Confirmação:	Não		
Frequência (MDiasEP):	35.012		Raro			
Estatísticas de padrão de 7.275 ações comuns com mais de 14,6 milhões de dias de dados							
Intervalo (Dias)	1	2	3	4	5	6	7
% de Vencedores	52	52	51	53	53	50	53
% Média de Ganho	2,90	4,13	4,87	5,80	6,63	7,44	8,35
% de Perdedores	48	48	49	47	47	50	47
% Média de Perda	-2,79	-3,68	-4,35	-5,36	-6,31	-6,90	-8,03
Ganho/Perda Líquido	0,14	0,39	0,33	0,57	0,56	0,34	0,67

Figura 3-110

Comentário

O padrão Descent Block é um padrão de reversão de alta de três dias. Foi criado para complementar o Advance Block.

Regras de Reconhecimento

1. O padrão começa com um dia longo preto, que ocorre em uma tendência de baixa.

2. Os dois dias seguintes também são dias pretos, com cada um fechando abaixo do fechamento do dia anterior.

3. Os últimos dois dias também têm sombras inferiores longas.

Cenários e Psicologia por trás do Padrão

O primeiro dia do padrão é um dia longo preto que ocorre em uma tendência de baixa. O valor do ponto médio do primeiro dia é abaixo de uma média móvel de dez períodos. O segundo dia é também um dia preto que fecha abaixo do fechamento do primeiro dia. Depois de dois dias pretos, a tendência de baixa atual parece assegurada, e assim a tendência de bearish prevalece.

A força da tendência de bearish é potencializada, e o terceiro dia é ainda um dia preto que fecha abaixo do fechamento do dia anterior. Com três dias pretos em baixa, e a tendência de bearish vai se tornando padrão.

Mas, sob exame mais atento, o padrão Descent Block evidencia que a tendência de baixa atual está, na verdade, exibindo sinais de fraqueza. Primeiro, a variação do corpo de cada dia é menor que a do dia anterior. Segundo, cada dia abre dentro do corpo do dia anterior (não há gaps entre os corpos reais no padrão). Terceiro e último, o segundo e o terceiro dia têm sombras inferiores longas. Especificamente, as sombras inferiores devem obrigatoriamente ocupar mais de 40% do intervalo high-low dos dias.

E assim, enquanto o terceiro e segundo dia estão tendo fechamentos mais baixos, a distância entre os fechamentos muito provavelmente está encolhendo. Isso significa que a tendência de baixa está se deteriorando e que os traders de posições curtas deveriam se proteger.

Flexibilidade do Padrão

O primeiro dia do padrão Descent Block deve ter um corpo longo. O corpo de uma candlestick é a parte entre a abertura e fechamento. Um corpo longo é aquele que ocupa mais de 50% do intervalo high-low.

Quebra de Padrão

O padrão Descent Block se divide em uma linha candle longa preta; sendo assim, a confirmação é necessária.

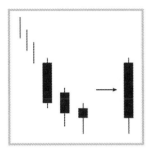

Figura 3-111

Exemplo

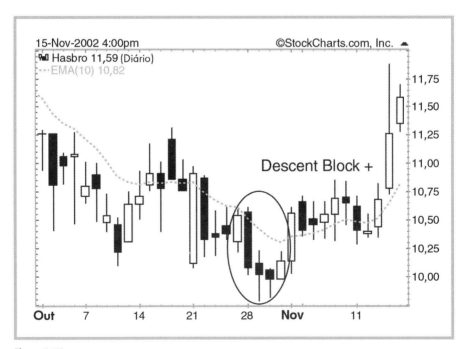

Figura 3-112

DELIBERATION

Nome padrão:	Deliberation -					**Tipo:**	R -
Nome japonês:	*aka sansei shian boshi*						
Tendência necessária:	Sim		**Confirmação:**	Sugerida			
Frequência (MDiasEP):	1.291		Comum				
Estatísticas de padrão de 7.275 ações comuns com mais de 14,6 milhões de dias de dados							
Intervalo (Dias)	1	2	3	4	5	6	7
% de Vencedores	52	52	52	52	53	52	52
% Média de Ganho	2,14	3,07	3,64	4,09	4,54	4,96	5,31
% de Perdedores	48	48	48	48	47	48	48
% Média de Perda	-2,32	-3,19	-3,85	-4,47	-4,92	-5,33	-5,70
Ganho/Perda Líquido	0,00	0,04	0,01	0,00	0,05	0,01	-0,02

Nome padrão:	Deliberation +					**Tipo:**	R +
Nome japonês:	*aka sansei shian boshi*						
Tendência necessária:	Sim		**Confirmação:**	Não			
Frequência (MDiasEP):	1.796		Comum				
Estatísticas de padrão de 7.275 ações comuns com mais de 14,6 milhões de dias de dados							
Intervalo (Dias)	1	2	3	4	5	6	7
% de Vencedores	53	52	54	54	54	55	55
% Média de Ganho	3,10	4,37	5,24	6,12	6,78	7,35	7,80
% de Perdedores	47	48	46	46	46	45	45
% Média de Perda	-2,83	-3,82	-4,63	-5,17	-5,67	-6,20	-6,66
Ganho/Perda Líquido	0,27	0,46	0,68	0,94	1,06	1,19	1,31

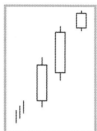

Figura 3-113

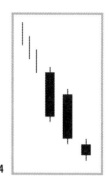

Figura 3-114

Comentário

Deliberation [Deliberação] de Baixa

Como ilustrado na Figura 3-113, o padrão Deliberation de Baixa também é um derivado do Three White Soldiers. As primeiras duas candlestick longas brancas chegam a uma nova altura e são seguidas por uma candlestick pequena branca ou uma estrela. Este padrão é também chamado de Stalled em algumas referências. É ainda melhor se o último dia se posicionar sobre o segundo dia. Sendo um corpo pequeno, isso mostra a indecisão necessária para controlar o movimento ascendente. Essa indecisão é a hora da deliberação. Uma confirmação aprofundada poderia facilmente transformar esse padrão em um Evening Star.

Deliberation de Alta

O padrão Deliberation de Alta é um padrão de reversão de alta de três dias. O padrão começa com dois dias longos pretos consecutivos que ocorrem em uma tendência de baixa. Esse padrão foi criado como equivalente ao padrão Deliberation de Baixa.

Regras de Reconhecimento

Deliberation de Baixa

1. O primeiro e o segundo dia têm corpos longos brancos.

2. O terceiro dia abre próximo ao fechamento do segundo dia.

3. O terceiro dia é um Spinning Top e muito provavelmente um Star.

Deliberation de Alta

1. O primeiro dia deste padrão é um longo preto que ocorre em uma tendência de baixa.

2. O segundo dia é também um longo preto.

3. O terceiro dia é um Star ou um dia relativamente pequeno e preto que pode se localizar longe do corpo preto real do dia anterior.

Cenários e Psicologia por trás do Padrão

Deliberation de Baixa

Este padrão exibe uma fraqueza semelhante ao Advance Block, no sentido de que ele se enfraquece em um curto período de tempo. A diferença é que essa fraqueza ocorre toda de uma vez no terceiro dia. O padrão Deliberation ocorre após um movimento constante de ascensão que não pode durar para sempre. Como ocorre com o Advance Block, definir a deterioração da tendência pode ser difícil.

Deliberation de Alta

Depois de dois dias longos, a tendência de baixa atual parece assentada, atestando a tendência de bearish. A força da tendência de baixa atrai novos investidores com perfil bearish; assim, o terceiro dia é também um dia preto. Com três dias pretos consecutivos em uma tendência de baixa, parece que a tendência de bearish vai se tornando padrão.

Mas, sob exame mais atento, o padrão Deliberation de alta mostra que a tendência de baixa atual está, na verdade, exibindo sinais de enfraquecimento. Primeiro, o intervalo high-low do terceiro dia é menor do que o do segundo dia. Especificamente, é menos que 75% do intervalo high-low do segundo dia. Segundo, a extensão do corpo do terceiro dia é menor do que a do segundo dia. O programa requer que seja menos do que 50% da extensão do corpo do segundo dia. Terceiro e último, mesmo que o corpo preto real do terceiro dia possa se colocar longe do corpo preto real do segundo dia, o gap é de menos do que 20% do intervalo high-low do segundo dia.

Flexibilidade do Padrão

Deliberation de Baixa

Se o terceiro corpo branco também for um Star, observe o dia seguinte para gerar um possível padrão Evening Star.

Deliberation de Alta

E assim, enquanto o segundo e terceiro dia estão fazendo fechamentos mais baixos, a distância entre eles está, muito provavelmente, encolhendo, o que significa que a força da tendência de baixa está se deteriorando. Se o terceiro dia é um Star ou Doji Star, preste atenção à possibilidade de aparecer um Morning Star ou Morning Doji Star.

Quebra de Padrão

Deliberation de Baixa

O padrão Deliberation se reduz a uma candlestick longa branca (Figura 3-115). Isso está em conflito direto com o próprio padrão, o que sugere a necessidade de confirmação. Um gap para baixo no dia seguinte produziria um Evening Star e, portanto, sustentaria a baixa desse padrão.

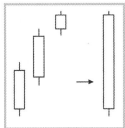
Figura 3-115

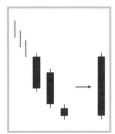
Figura 3-116

Deliberation de Alta

Os primeiros dois corpos longos pretos do padrão Deliberation de alta devem ter corpos longos. O corpo de uma candlestick é a parte entre a abertura e o fechamento. Um corpo longo ocupa mais de 50% do intervalo high-low. O corpo longo preto está em conflito com este padrão.

Padrões Relacionados

Vide os dois padrões anteriores, o Three White Soldiers e o Advance Block.

Exemplos

Figura 3-117

PADRÕES CANDLE DE REVERSÃO

Figura 3-118

TWO CROWS

Nome padrão:	Two Crows -			Tipo:	R -	
Nome japonês:	*niwa garasu*					
Tendência necessária:	Sim		Confirmação:	Necessária		
Frequência (MDiasEP):	34.679		Raro			
Estatísticas de padrão de 7.275 ações comuns com mais de 14,6 milhões de dias de dados							
Intervalo (Dias)	1	2	3	4	5	6	7
% de Vencedores	50	47	44	44	44	44	46
% Média de Ganho	2,41	3,76	4,63	4,98	5,78	6,25	6,44
% de Perdedores	50	53	56	56	56	56	54
% Média de Perda	-2,71	-4,13	-4,61	-5,23	-5,99	-6,13	-6,55
Ganho/Perda Líquido	-0,13	-0,44	-0,51	-0,73	-0,85	-0,65	-0,55

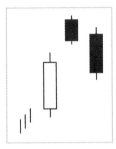

Figura 3-119

Comentário

Este padrão é bom apenas como uma cobertura reversa ou um padrão de baixa. A tendência de alta é sustentada por um dia longo branco. O dia seguinte intervala muito mais alto, mas fecha próximo de sua baixa, a qual ainda está acima do corpo do primeiro dia. O próximo (terceiro) dia abre dentro do corpo do segundo dia preto, então fica em posição vendida até o corpo do primeiro dia. Isso fecha o gap e nos dá o mesmo padrão que o Dark Cloud Cover, caso os últimos dois dias do padrão Two Crows [Dois Corvos, em tradução livre] forem combinados em uma única linha candle. O fato de que esse gap se preenche tão rápido de certa forma elimina a análise tradicional do gap, a qual indicaria uma continuação da tendência.

Regras de Reconhecimento

1. A tendência continua com um dia longo branco.
2. O segundo dia é um intervalo para cima e um dia preto.
3. O terceiro dia também é preto.
4. O terceiro dia abre dentro do corpo do segundo dia e se encerra dentro do corpo do primeiro dia.

Cenários e Psicologia por trás do Padrão

O mercado tinha um movimento de se estender para cima. Um gap maior seguido de um fechamento inferior como o segundo dia mostra que há certa fraqueza no rali. O terceiro dia abre mais alto, mas não acima da abertura do dia anterior, e então entra em sell-off e fecha bem dentro do corpo do primeiro dia. Essa ação preenche o gap apenas após o segundo dia. A alta tem que estar se desgastando rapidamente.

Flexibilidade do Padrão

O padrão Two Crows é ligeiramente mais de baixa do que o Upside Gap Two Crows. O terceiro dia é um longo dia preto, o qual precisa apenas fechar dentro do corpo do primeiro dia. Quanto mais longo for o dia preto e menor seu fechamento dentro do primeiro dia, mais de baixa ele é.

Quebra de Padrão

O padrão Two Crows se reduz a uma possível linha Shooting Star (Figura 3-120). Esta sustentaria a baixa do padrão Two Crows.

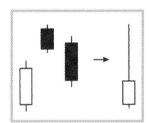

Figura 3-120

Padrões Relacionados

O padrão Two Crows é similar ao Dark Cloud Cover no sentido de que representa um auge de curto prazo no mercado. Se o segundo e o terceiro dia fossem combinados em um, o padrão se tornaria um Dark Cloud Cover. O Upside Gap Two Crows é ligeiramente diferente no sentido de que o terceiro dia não fecha dentro do corpo do primeiro dia. Também é uma versão mais fraca do Evening Star, exceto que não há nenhum gap entre o segundo e terceiro corpo.

Exemplo

Figura 3-121

TWO RABBITS

Nome padrão:	Two Rabbits +			Tipo:	R+	
Nome japonês:	*nihiki no usagi*					
Tendência necessária:	Sim		Confirmação:	Sugerida		
Frequência (MDiasEP):	48.026		Raro			
Estatísticas de padrão de 7.275 ações comuns com mais de 14,6 milhões de dias de dados						
Intervalo (Dias)	1	2	3	4	5	6	7
% de Vencedores	48	50	52	55	57	53	49
% Média de Ganho	2,30	3,39	4,35	4,67	4,85	5,55	6,24
% de Perdedores	52	50	48	45	43	47	51
% Média de Perda	-2,54	-3,57	-4,36	-5,45	-5,73	-5,89	-5,94
Ganho/Perda Líquido	-0,21	-0,07	0,14	0,12	0,25	0,19	0,02

PADRÕES CANDLE DE REVERSÃO

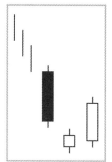
Figura 3-122

Comentário

O padrão Two Rabbits [Dois Coelhos, em tradução livre] é um padrão de reversão de alta de três dias. As candlesticks brancas dos últimos dois dias representam dois coelhos prontos para pular fora da toca. O padrão Two Rabbits foi criado como o equivalente de alta do padrão Two Crows.

Regras de Reconhecimento

1. O padrão começa com um dia preto que ocorre durante uma tendência de baixa.
2. O segundo dia é um dia branco intervalado para baixo.
3. O terceiro dia é também um dia branco que abre dentro do corpo do segundo dia e então fecha dentro do corpo do primeiro dia.

Cenários e Psicologia por trás do Padrão

O padrão Two Rabbits começa com um corpo longo preto. O ponto médio da variação do primeiro dia é abaixo de uma média móvel de dez períodos. Isso significa que uma tendência de baixa está acontecendo. O corpo longo preto sustenta a baixa já presente.

145

O dia seguinte abre mais baixo, com um gap. A nova baixa, no entanto, parece não se manter, e o dia de fato forma uma candlestick branca. A tendência de bearish não sofre nenhum efeito, uma vez que o fechamento do dia branco ainda está abaixo do fechamento do primeiro dia.

O terceiro dia abre dentro do corpo do segundo dia e, então, fecha dentro do corpo do primeiro dia. O fato de o gap entre o primeiro e o segundo dia ser preenchido tão rápido vai contra a análise de gap tradicional, que poderia indicar uma continuação da tendência de baixa.

Flexibilidade do Padrão

Nota: isso também requer que o gap entre os corpos reais do primeiro e segundo dia sejam maiores do que 10% do intervalo high-low do primeiro dia.

Todos os três dias também deverão ter corpos longos. O corpo de uma candlestick é a parte entre a abertura e o fechamento. Um corpo longo é aquele que ocupa mais de 50% do intervalo high low.

Quebra de Padrão

O padrão Two Rabbits (Figura 3-123) se reduz a uma linha Hammer, que sustenta a alta do padrão.

Padrões Relacionados

O padrão Two Rabbits é semelhante ao Downside Gap Two Rabbits.

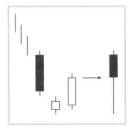

Figura 3-123

PADRÕES CANDLE DE REVERSÃO

Exemplo

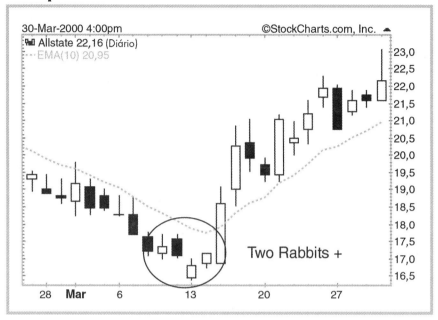

Figura 3-124

THREE INSIDE UP E THREE INSIDE DOWN

Nome padrão:	Three Inside Up +				Tipo:	R+
Nome japonês:	*harami age*					
Tendência necessária:	Sim		Confirmação:	Não		
Frequência (MDiasEP):	530		Frequente			

Estatísticas de padrão de 7.275 ações comuns com mais de 14,6 milhões de dias de dados

Intervalo (Dias)	1	2	3	4	5	6	7
% de Vencedores	49	49	50	50	50	50	50
% Média de Ganho	2,59	3,58	4,27	4,88	5,47	5,96	6,38
% de Perdedores	51	51	50	50	50	50	50
% Média de Perda	-2,33	-3,17	-3,82	-4,42	-4,94	-5,41	-5,85
Ganho/Perda Líquido	0,06	0,10	0,20	0,22	0,21	0,26	0,25

147

Nome padrão:	Three Inside Down -				Tipo:	R-
Nome japonês:	*harami sage*					
Tendência necessária:	Sim		Confirmação:		Necessária	
Frequência (MDiasEP):	493		Bastante Frequente			
Estatísticas de padrão de 7.275 ações comuns com mais de 14,6 milhões de dias de dados							
Intervalo (Dias)	1	2	3	4	5	6	7
% de Vencedores	48	47	48	48	47	47	47
% Média de Ganho	2,21	3,02	3,62	4,21	4,74	5,14	5,53
% de Perdedores	52	53	52	52	53	53	53
% Média de Perda	-2,43	-3,35	-3,98	-4,52	-5,11	-5,56	-5,94
Ganho/Perda Líquido	-0,20	-0,32	-0,34	-0,35	-0,43	-0,50	-0,56

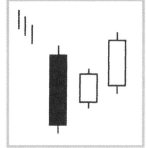

Figura 3-125

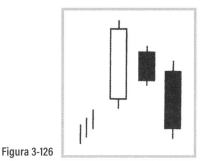

Figura 3-126

Comentário

Os padrões Three Inside Up e Three Inside Down são confirmações do padrão Harami. Como mostrado nas Figuras 3-125 e 3-126, os primeiros dois dias são os mesmos que o Harami. O terceiro é um dia com confirmação no fechamento em relação ao caso de alta ou de baixa. Um Harami de alta seguido por um terceiro dia que fecha mais alto seria um padrão

PADRÕES CANDLE DE REVERSÃO

Three Inside Up. Igualmente, um Harami de baixa com um fechamento mais baixo no terceiro dia seria um padrão Three Inside Down.

Os padrões Three Inside Up e Three Inside Down não são encontrados em nenhuma referência japonesa. Nós os desenvolvemos para auxiliar na melhoria dos resultados gerais do padrão Harami, e funcionaram muito bem.

Regras de Reconhecimento

1. Um padrão Harami é identificado primeiro usando-se todas as regras estabelecidas anteriormente.
2. O terceiro dia mostra um fechamento mais alto para o Three Inside Up, e um mais baixo para o Three Inside Down.

Cenários e Psicologia por trás do Padrão

Este padrão, devido ser uma confirmação do Harami, pode representar o sucesso do padrão apenas por se mover na direção prevista.

Flexibilidade do Padrão

Por conta de o padrão ser uma confirmação do Harami, a flexibilidade seria a mesma do Harami. A quantidade de envolvimento e o tamanho do segundo dia ajudam a fortalecer ou enfraquecer este padrão, dependendo do caso.

Quebra de Padrão

O padrão Three Inside Up de alta se reduz a um Hammer de alta, que sustenta o padrão (Figura 3-127). O Three Inside Down de alta se reduz a uma linha Shooting Star de baixa, que também o sustenta (Figura 3-128).

149

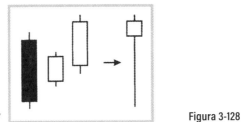
Figura 3-127

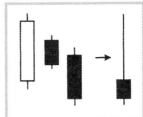
Figura 3-128

Padrões Relacionados

O padrão Harami e o Harami Cross são parte desses padrões.

Exemplos

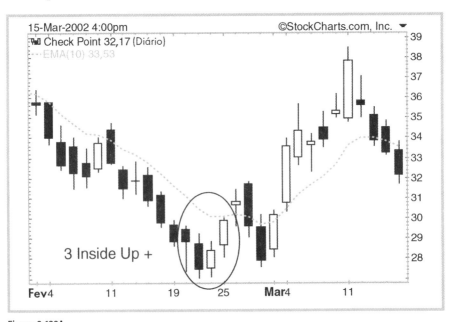
Figura 3-129A

PADRÕES CANDLE DE REVERSÃO

Figura 3-129B

THREE OUTSIDE UP E THREE OUTSIDE DOWN

Nome padrão:	Three Outside Up +				Tipo:	R+	
Nome japonês:	*tsutsumi aga*						
Tendência necessária:	Sim		Confirmação:	Não			
Frequência (MDiasEP):	454		Bastante Frequente				
Estatísticas de padrão de 7.275 ações comuns com mais de 14,6 milhões de dias de dados							
Intervalo (Dias)	1	2	3	4	5	6	7
% de Vencedores	48	49	49	49	49	49	49
% Média de Ganho	2,65	3,67	4,35	5,00	5,52	6,01	6,42
% de Perdedores	52	51	51	51	51	51	51
% Média de Perda	-2,41	-3,28	-3,92	-4,44	-4,90	-5,41	-5,86
Ganho/Perda Líquido	0,00	0,10	0,15	0,21	0,22	0,20	0,19

Nome padrão:	Three Outside Down -			Tipo:	R-
Nome japonês:	*tsutsumi sage*				
Tendência necessária:	Sim		Confirmação:	Necessária	
Frequência (MDiasEP):	469		Bastante Frequente		

Estatísticas de padrão de 7.275 ações comuns com mais de 14,6 milhões de dias de dados						
Intervalo (Dias)	1	2	3	4	5	6	7
% de Vencedores	47	46	47	46	46	46	45
% Média de Ganho	2,41	3,24	3,89	4,47	5,01	5,40	5,84
% de Perdedores	53	54	53	54	54	54	55
% Média de Perda	-2,64	-3,58	-4,20	-4,77	-5,37	-5,87	-6,29
Ganho/Perda Líquido	-0,27	-0,40	-0,40	-0,46	-0,55	-0,72	-0,85

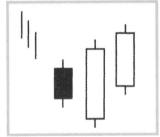

Figura 3-130

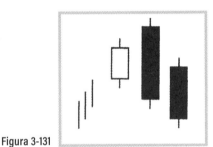

Figura 3-131

Comentário

Os padrões Three Outside Up e Three Outside Down (Figuras 3-130 e 3-131) são confirmações dos padrões Engulfing. O conceito é idêntico ao Three Inside Up e Three Inside Down e seu funcionamento, relativo ao Harami. Aqui, o padrão Engulfing é seguido ou por um fechamento mais alto ou por um mais baixo no terceiro dia, dependendo da direção do padrão ser de alta ou de baixa.

Os padrões Three Outside Up e Three Outside Down não são encontrados em nenhuma referência japonesa. Nós os desenvolvemos para auxiliar na melhoria dos resultados gerais do padrão Engulfing, e funcionaram muito bem.

Reconhecimento do Padrão

1. Um padrão Engulfing é formado usando-se todas as regras estabelecidas anteriormente.
2. O terceiro dia mostra um fechamento mais alto, para o Three Outside Up, e um mais baixo para o Three Outside Down.

Cenários e Psicologia por trás do Padrão

Esses padrões, representando a confirmação do padrão Engulfing, mostram apenas o sucesso da previsão de um padrão Engulfing adequado.

Flexibilidade do Padrão

Padrões de confirmação não têm mais flexibilidade do que o padrão adjacente. A quantidade de confirmação feita no último dia pode influenciar a magnitude da previsão deste padrão.

Quebra de Padrão

O padrão Three Outside Up se reduz a uma possível linha Hammer (Figura 3-132), e o Three Outside Down de baixa se reduz a uma possível linha Shooting Star (Figura 3-133). A palavra "possível" é usada aqui por causa da diferença entre a abertura do primeiro dia e o fechamento do terceiro dia, que pode ser significativa, o que negaria as linhas Hammer e Shooting Star. O ponto de apoio é que o corpo será da cor do sentimento.

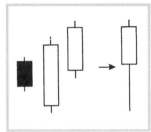
Figura 3-132

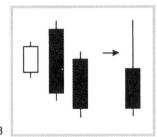
Figura 3-133

Padrões Relacionados

O padrão Engulfing é uma subparte desses padrões.

Exemplos

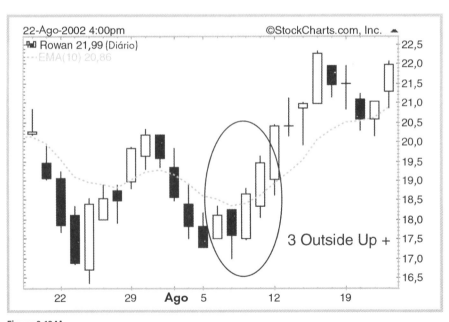
Figura 3-134A

PADRÕES CANDLE DE REVERSÃO

Figura 3-134B

THREE STARS IN THE SOUTH

Nome padrão:	3 Stars in the South +				Tipo:	R+	
Nome japonês:	*kyoku no santen boshi*						
Tendência Necessária:	Sim		**Confirmação:**	Sugerida			
Frequência (MDiasEP):	417.143		Extremamente Raro				
Estatísticas de padrão de 7.275 ações comuns com mais de 14,6 milhões de dias de dados							
Intervalo (Dias)	1	2	3	4	5	6	7
% de Vencedores	59	45	61	64	52	48	39
% Média de Ganho	2,39	3,43	2,44	2,52	3,83	4,76	5,79
% de Perdedores	41	55	39	36	48	52	61
% Média de Perda	-3,16	-3,36	-6,10	-6,65	-5,29	-3,92	-3,32
Ganho/Perda Líquido	0,13	-0,26	-0,87	-0,77	-0,56	0,28	0,26

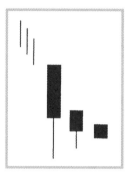
Figura 3-135

Comentário

Este padrão mostra uma tendência de baixa se deteriorando lentamente com menos e menos movimentos diários de preço e consecutivamente maiores baixas (Figura 3-135). A sombra inferior longa do primeiro dia é crucial para este padrão porque é o primeiro sinal do entusiasmo de compra. O dia seguinte abre mais alto, faz trade mais baixo, mas não vai mais baixo do que a baixa do dia anterior. O segundo dia também fecha em sua baixa. O terceiro dia é um Marubozu Preto e é envolvido pelo intervalo do dia anterior.

Regras de Reconhecimento

1. O primeiro dia é um longo preto com uma sombra longa inferior (estilo Hammer).
2. O segundo dia tem a mesma forma básica do primeiro dia, exceto que é menor. A baixa é acima da baixa do dia anterior.
3. O terceiro dia é um pequeno Marubozu Preto que abre e fecha dentro do intervalo do dia anterior.

Cenários e Psicologia por trás do Padrão

Uma tendência de baixa continua quando, após uma nova baixa ser feita, um rali fecha bastante acima da baixa. Isso causará certa preocupação entre os de posição short, porque representa comprar, algo que não esteve acontecendo até então. O segundo dia abre mais alto, o que faz com que alguns em posição longa a deixem. No entanto, essa é a alta do dia. As negociações são menores, mas não tão baixas quanto as do dia anterior, o que causa um rali para fechar abaixo da baixa. Passa a haver uma preocupação quanto ao padrão bearlish em função dessa baixa maior. O último dia é de indecisão, com pouquíssimas movimentações de preço. Qualquer um que ainda estiver em posição short não irá querer ver nada além do lado superior.

Flexibilidade do Padrão

O último dia desse padrão pode ter sombras pequenas que provavelmente não afetarão em excesso o resultado. Basicamente, cada dia consecutivo é envolto pelo intervalo do dia anterior.

Quebra de Padrão

O padrão se reduz a uma linha longa preta, a qual é normalmente bem baixa (Figura 3-136). Por causa desse conflito, confirmação definitiva deveria ser necessária.

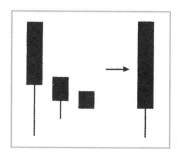

Figura 3-136

Padrões Relacionados

Esses padrões são, de certa forma, como o Three Black Crows, exceto que as baixas não são mais baixas e o último dia não é um corpo longo. Claro, esse padrão tem uma implicação de alta, enquanto o Three Black Crows é de baixa.

Exemplo

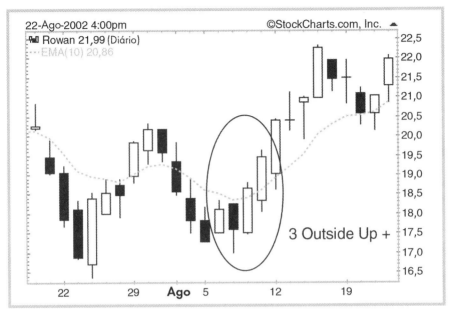

Figura 3-137

THREE STARS IN THE NORTH

Nome padrão:	3 Stars in the North -			Tipo:	R-	
Nome japonês:	*kita no mitsuboshi*					
Tendência necessária:	Sim		Confirmação:	Necessário		
Frequência (MDiasEP):	768.421		Extremamente Raro			
Estatísticas de padrão de 7.275 ações comuns com mais de 14,6 milhões de dias de dados						
Intervalo (Dias)	1	2	3	4	5	6	7
% de Vencedores	53	63	47	42	44	47	21
% Média de Ganho	0,96	1,44	1,36	1,67	1,68	1,46	2,27
% de Perdedores	47	37	53	58	56	53	79
% Média de Perda	-2,65	-3,21	-3,23	-4,61	-8,93	-10,40	-6,68
Ganho/Perda Líquido	-0,66	-0,27	-1,06	-1,97	-3,99	-4,77	-4,80

PADRÕES CANDLE DE REVERSÃO

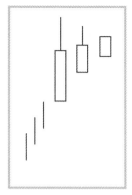

Figura 3-138

Comentário

O padrão Three Stars in the North [Três Estrelas ao Norte, em tradução livre] é um padrão de reversão de baixa de três dias. Foi criado como um equivalente de baixa para o padrão Three Stars in the South [Três Estrelas ao Sul, em tradução livre].

Regras de Reconhecimento

1. O padrão consiste em três dias brancos, com o segundo e o terceiro dia, cada, tendo uma alta inferior e uma baixa superior à do dia anterior.
2. O padrão Three Stars in the North começa com um dia longo branco. O ponto médio está sobre uma média móvel de dez períodos, o que significa que uma tendência de alta está acontecendo.
3. É altamente recomendado que a sombra superior do primeiro dia ocupe mais do que 40% da faixa high-low do dia anterior. O primeiro dia também tem pouca ou nenhuma sombra inferior. É recomendado também que a sombra inferior do primeiro dia ocupe menos do que 7,5% da faixa high-low.

4. O segundo dia abre abaixo do fechamento do primeiro dia, faz trade crescente e finalmente fecha acima do fechamento do primeiro dia. A alta do segundo dia está abaixo daquela do primeiro dia. O segundo dia tem as mesmas exigências de sombra superior e inferior que o primeiro dia.

5. O terceiro dia é um Marubozu Branco pequeno que abre e fecha dentro da faixa high-low do segundo dia. Um Marubozu é uma linha candlestick branca com pouca ou nenhuma sombra superior ou inferior.

Cenários e Psicologia por trás do Padrão

O padrão Three Stars in the North mostra uma tendência de alta lentamente se deteriorando, com preço de ação diário cada vez menor e, consecutivamente, altas mais baixas e baixas mais altas. O primeiro dia do padrão também tem uma longa sombra superior. Esta é crucial para o padrão porque é o primeiro sinal de vendedores entrando no mercado.

Flexibilidade do Padrão

Por conta das muitas exigências de definição deste padrão, ele é muito raro. De fato, deve-se ampliar a aceitação de diferenças sutis nas linhas candle. Caso contrário, nunca apareceria, de forma alguma. Entenda, dias Marubozu são muito raros. Isso, aliado às exigências de sombra dos primeiros dois dias, faz deste um padrão extremamente raro. Não adulteramos as exigências de sombra dos primeiros dois dias, mas mudamos as do tamanho do corpo do terceiro dia. Em vez de exigir que o terceiro dia seja um dia Marubozu, pedimos apenas que o intervalo do corpo do terceiro dia seja superior a 50% da faixa high-low. Tipicamente, é recomendado que um único dia Marubozu tenha um intervalo de corpo que seja maior do que 90% da faixa high-low.

Quebra de Padrão

Devido ao padrão se reduzir a uma linha candlestick longa branca, a confirmação é necessária.

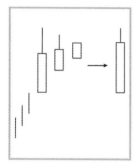

Figura 3-139

Exemplo

Figura 3-140

STICK SANDWICH

Nome padrão:	Stick Sandwich +					**Tipo:**	R+
Nome japonês:	*gyakusashi niten zoko*						
Tendência necessária:	Sim		**Confirmação:**	Não			
Frequência (MDiasEP):	19.338		Raro				
Estatísticas de padrão de 7.275 ações comuns com mais de 14,6 milhões de dias de dados							
Intervalo (Dias)	1	2	3	4	5	6	7
% de Vencedores	59	56	57	60	59	58	57
% Média de Ganho	2,37	3,17	4,05	4,69	5,19	5,38	5,82
% de Perdedores	41	44	43	40	41	42	43
% Média de Perda	-2,26	-3,20	-3,74	-4,51	-4,87	-5,27	-5,79
Ganho/Perda Líquido	0,44	0,35	0,66	0,98	1,00	0,89	0,80

Nome padrão:	Stick Sandwich -					Tipo:	R -
Nome japonês:			*gyakusashi niten zoko*				
Tendência necessária:	Sim		Confirmação:		Sugerida		
Frequência (MDiasEP):	18.025		Raro				
Estatísticas de padrão de 7.275 ações comuns com mais de 14,6 milhões de dias de dados							
Intervalo (Dias)	1	2	3	4	5	6	7
% de Vencedores	59	55	54	53	52	52	51
% Média de Ganho	1,86	2,58	2,93	3,25	3,62	4,06	4,33
% de Perdedores	41	45	46	47	48	48	49
% Média de Perda	-1,88	-2,41	-2,85	-3,31	-3,76	-4,33	-4,81
Ganho/Perda Líquido	0,30	0,30	0,26	0,14	0,05	0,03	-0,15

■■■ PADRÕES CANDLE DE REVERSÃO

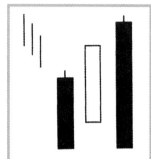

Figura 3-141

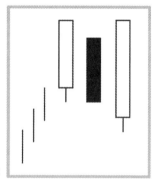

Figura 3-142

Comentário

Stick Sandwich de Alta

No padrão Stick Sandwich de alta, dois corpos pretos têm um corpo branco entre eles (Figura 3-141). O preço de fechamento dos dois corpos pretos deve ser igual. Um preço de apoio foi encontrado, e a oportunidade para reversão de preços é bastante boa.

Stick Sandwich de Baixa

O padrão Stick Sandwich de baixa (Figura 3-142) é um padrão de reversão de baixa de três dias. Foi criado como o equivalente de baixa do Stick Sandwich de alta.

Regras de Reconhecimento

Stick Sandwich de Alta

1. Um corpo preto em uma tendência de baixa é seguido por um corpo branco que faz trade acima do fechamento do corpo preto anterior.
2. O terceiro dia é um corpo preto com um fechamento igual ao do primeiro dia.

Stick Sandwich de Baixa

1. O padrão começa com um corpo branco que ocorre durante uma tendência de alta.
2. O segundo dia é um corpo preto real que abre abaixo do fechamento do dia anterior e fecha abaixo da abertura do dia anterior.
3. O terceiro dia é um corpo branco real que envolve o corpo real do segundo dia.

Cenários e Psicologia por trás do Padrão

Stick Sandwich de Alta

Uma boa tendência de baixa está por vir. Preços abrem superiores no próximo dia de negociações, e então fazem trade mais alta durante todo o dia, fechando na ou próximo da alta. Essa ação sugere que a tendência de baixa anterior provavelmente foi revertida e que os shorts deveriam ser protegidos, não cobertos. No dia seguinte, os preços abrem ainda mais altos, o que deveria causar alguma cobertura inicialmente, mas então os preços se desviam para baixo, para fechar no mesmo preço de dois dias antes. Qualquer um que não note pontos de suporte e resistência do mercado está correndo um risco excepcional. Outro dia de negociações dirá o resultado.

Stick Sandwich de Baixa

A chave para este padrão é que os preços de fechamento dos corpos reais brancos do primeiro e segundo dia devem ser iguais. O padrão Stick Sandwich de baixa deve começar com um dia branco. O valor do ponto médio do primeiro dia é acima de uma média móvel de dez períodos. Isso significa que uma tendência de alta está acontecendo. Os preços abrem mais baixos no dia seguinte e, então, fazem trade ainda mais inferiores durante todo o dia, fechando na ou próximo da baixa do dia. Essa ação sugere que a tendência de alta provavelmente se reverteu e que quaisquer posições longas deveriam ser protegidas, se não encerradas.

No dia seguinte, os preços abrem ainda mais baixos, o que deveria causar algumas vendas inicialmente, mas então os preços disparam, fechando no mesmo preço do primeiro dia. Qualquer um que não note pontos de suporte e resistência no mercado está correndo um risco excepcional. Outro dia de negociações dirá o resultado.

Flexibilidade do Padrão

Stick Sandwich de Alta

Algumas referências japonesas usam os preços baixos como ponto de suporte de dois dias pretos. Usar o preço de fechamento apresenta mais pontos de suporte e, portanto, uma melhor chance de reversão.

Stick Sandwich de Baixa

Nota: o padrão Stick Sandwich de baixa não tem nenhum comprimento do dia ou de exigência de corpos para os três dias que definam o padrão (exceto pelo segundo dia, o qual deve obrigatoriamente ter um corpo longo para que feche próximo de sua baixa). Sendo assim, o primeiro dia deve ter um corpo pequeno com ou sem uma sombra superior e/ou inferior longa. Portanto, o padrão Stick Sandwich de baixa pode se dividir em muitas linhas candlestick diferentes, incluindo uma candlestick branca, uma linha Hanging Man, ou um corpo real branco com sombras superior e inferior longas.

Nota: por conta da conversão para o sistema métrico, deve-se permitir uma quantidade de flexibilidade ou tolerância muito pequena neste padrão. Deve-se considerar o primeiro e terceiro dia tendo o mesmo preço de fechamento, contanto que o do terceiro dia esteja dentro de um por mil ($1/_{1.000}$) do preço de fechamento do primeiro dia. Então, por exemplo, se o primeiro dia fechar em 20, é permitido ao terceiro dia fechar entre 19,98 e 20,02.

Quebra de Padrão

Stick Sandwich de Alta

O Stick Sandwich de alta se divide em um padrão Hammer Invertido, contanto que o corpo do primeiro dia seja consideravelmente menor do que a faixa do terceiro dia (Figura 3-143). Se o primeiro dia é um corpo pequeno e a faixa de preço do terceiro dia (alto ao baixo) é duas ou três vezes maior que a do primeiro, este padrão se reduz a uma Hammer Invertido de alta. No entanto, se isso não acontece, o Stick Sandwich de alta se reduz a uma linha preta, que geralmente é de baixa. Como resultado, a confirmação é sugerida.

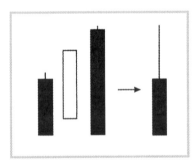

Figura 3-143

Stick Sandwich de Baixa

A confirmação é fortemente sugerida, enquanto este padrão se reduz a uma candle longa branca com uma sombra inferior e nenhuma sombra superior.

PADRÕES CANDLE DE REVERSÃO

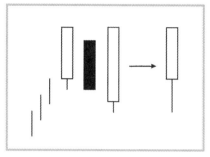

Figura 3-144

Padrões Relacionados

Stick Sandwich de Alta

Os últimos dois dias deste padrão são semelhantes ao Engulfing de baixa, na maioria dos casos. Seria necessário ver se o ponto de suporte é melhor que o padrão candle de baixa, supondo que nenhuma deliberação foi feita na tendência anterior.

Exemplos

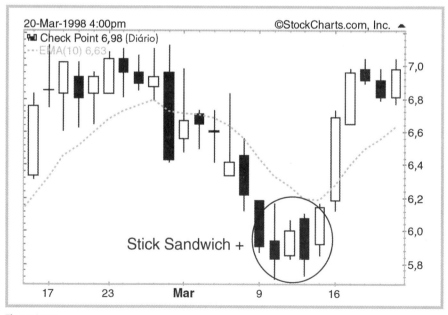

Figura 3-145

GRÁFICOS CANDLESTICK DESVENDADOS

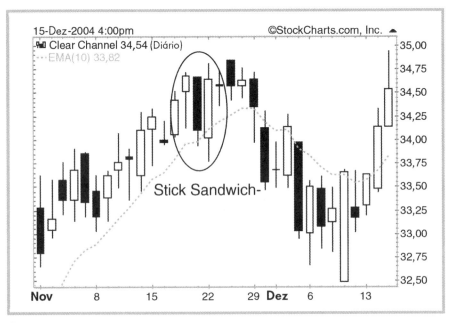

Figura 3-146

SQUEEZE ALERT

Nome padrão:	Squeeze Alert +				Tipo:	R+
Nome japonês:	*tsukami*					
Tendência necessária:	Sim		Confirmação:	Não		
Frequência (MDiasEP):	1.046		Comum			
Estatísticas de padrão de 7.275 ações comuns com mais de 14,6 milhões de dias de dados						
Intervalo (Dias)	1	2	3	4	5	6	7
% de Vencedores	50	51	51	52	53	53	53
% Média de Ganho	2,88	4,24	5,29	6,11	6,83	7,46	8,08
% de Perdedores	50	49	49	48	47	47	47
% Média de Perda	-2,52	-3,78	-4,64	-5,32	-5,93	-6,58	-7,05
Ganho/Perda Líquido	0,15	0,29	0,45	0,62	0,78	0,85	1,02

PADRÕES CANDLE DE REVERSÃO

Nome padrão:	Squeeze Alert -		Tipo:	R-
Nome japonês:	*tsukami*			
Tendência necessária:	Sim	Confirmação:	Necessária	
Frequência (MDiasEP):	930	Frequente		

Estatísticas de padrão de 7.275 ações comuns com mais de 14,6 milhões de dias de dados

Intervalo (Dias)	1	2	3	4	5	6	7
% de Vencedores	52	52	52	52	51	51	51
% Média de Ganho	2,32	3,34	4,05	4,62	5,15	5,58	5,95
% de Perdedores	48	48	48	48	49	49	49
% Média de Perda	-2,46	-3,63	-4,54	-5,19	-5,86	-6,38	-6,88
Ganho/Perda Líquido	0,00	-0,02	-0,09	-0,11	-0,19	-0,26	-0,36

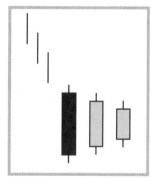

Figura 3-147

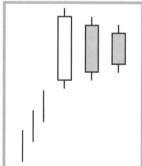

Figura 3-148

Comentário

Squeeze Alert de Alta

O padrão Squeeze Alert de alta é um padrão de alta de reversão de três dias. Foi desenvolvido por conta de preços que frequentemente se inclinavam tanto para a ascensão como para o declínio seguindo este padrão, especialmente se precedido por um forte movimento de declínio.

Squeeze Alert de Baixa

O padrão Squeeze Alert de baixa é um padrão de baixa de reversão de três dias. Foi desenvolvido por causa da natureza de mercados em que preços podem tanto se inclinar para a ascensão como para o declínio, especialmente se este padrão é precedido por um forte movimento de ascensão.

Regras de Reconhecimento

Squeeze Alert de Alta

1. O padrão ocorre em uma tendência de baixa.
2. O primeiro dia deste padrão é um dia relativamente longo porque tanto o segundo quanto o terceiro dia terão altas mais baixas e baixas mais altas que o dia anterior.
3. O tamanho desses corpos de três dias não é importante.

Squeeze Alert de Baixa

1. O padrão ocorre em uma tendência de alta.
2. O primeiro dia deste padrão é um dia relativamente longo porque tanto o segundo quanto o terceiro dia terão altas mais baixas e baixas mais altas que o dia anterior.
3. O tamanho desses corpos de três dias não é importante.

Cenários e Psicologia por trás do Padrão

Squeeze Alert de Alta

O que é importante sobre esse padrão é que ele mostra uma estagnação da tendência de baixa e alguma base ou estabilidade finalmente começou. Se o primeiro ou segundo dia seguem imediatamente o movimento do padrão para cima, então os preços deveriam apontar para a ascensão. Se o primeiro ou segundo dia seguem imediatamente o movimento do padrão para baixo, então os preços deveriam apontar para o declínio.

Squeeze Alert de Baixa

O que é importante sobre esse padrão é que ele mostra uma estagnação da tendência de alta e algum platô ou estabilidade finalmente começou. Se o primeiro ou segundo dia seguem imediatamente o movimento padrão para cima, então os preços deveriam apontar para a ascensão. Se o primeiro ou segundo dia seguem imediatamente o movimento do padrão para baixo, então os preços deveriam apontar para o declínio.

Nota: o padrão foi criado mais como um alerta do que um padrão real. Deve-se esperar para ver para qual lado do padrão os preços seguirão antes de agir baseado nele.

Flexibilidade do Padrão

Squeeze Alert de Alta

Para ter certeza de que uma boa tendência de baixa está ocorrendo, é necessário que o primeiro dia do padrão seja um dia preto e que o dia anterior ao primeiro dia do padrão Squeeze Alert + também seja um dia preto.

Squeeze Alert de Baixa

Para ter certeza de que uma boa tendência de alta está ocorrendo, é necessário que o primeiro dia do padrão seja um dia branco e que o dia anterior ao primeiro dia do padrão Squeeze Alert - também seja um dia branco.

Quebra de Padrão

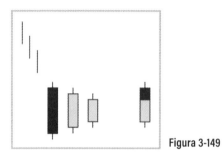
Figura 3-149

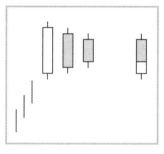
Figura 3-150

Exemplos

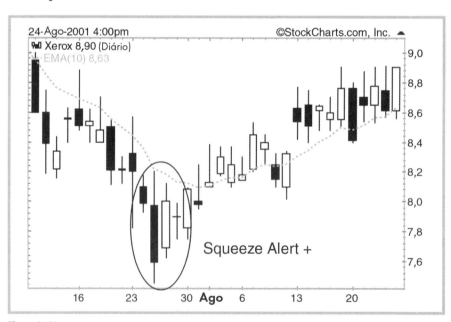
Figura 3-151

PADRÕES CANDLE DE REVERSÃO

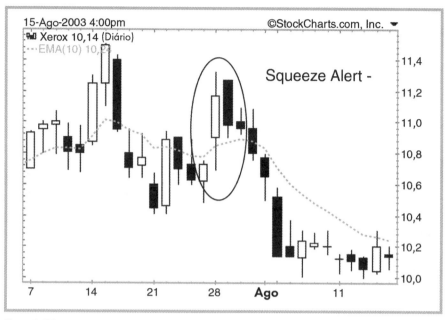

Figura 3-152

PADRÕES DE QUATRO OU MAIS DIAS

BREAKAWAY

Nome padrão:	Breakaway +		Tipo:	R+
Nome japonês:	hanare sante no shinte zukae			
Tendência necessária:	Sim	Confirmação:	Sugerida	
Frequência (MDiasEP):	97.333	Raro		

Estatísticas de padrão de 7.275 ações comuns com mais de 14,6 milhões de dias de dados							
Intervalo (Dias)	1	2	3	4	5	6	7
% de Vencedores	53	50	56	56	54	51	49
% Média de Ganho	2,32	3,85	5,14	5,26	6,39	6,39	7,17
% de Perdedores	47	50	44	44	46	49	51
% Média de Perda	-3,01	-4,28	-4,80	-4,85	-6,42	-6,14	-6,63
Ganho/Perda Líquido	-0,16	-0,21	0,80	0,84	0,46	0,21	0,13

173

GRÁFICOS CANDLESTICK DESVENDADOS

Nome padrão:	Breakaway -		Tipo:	R-
Nome japonês:	*hanare sante no shinte zukae*			
Tendência necessária:	Sim	Confirmação:	Sugerida	
Frequência (MDiasEP):	97.333	Raro		
Estatísticas de padrão de 7.275 ações comuns com mais de 14,6 milhões de dias de dados					

Intervalo (Dias)	1	2	3	4	5	6	7
% de Vencedores	49	50	44	52	56	55	56
% Média de Ganho	2,40	3,07	4,44	4,08	4,40	5,07	5,45
% de Perdedores	51	50	56	48	44	45	44
% Média de Perda	-2,75	-3,30	-3,51	-3,84	-4,10	-4,52	-4,59
Ganho/Perda Líquido	-0,20	-0,11	-0,02	0,30	0,69	0,75	0,99

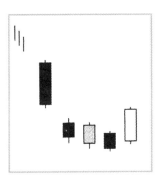

Figura 3-153

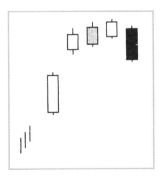

Figura 3-154

Comentário

Breakaway de Alta

O padrão Breakaway de alta vem durante uma tendência de baixa e representa uma aceleração de venda para uma possível posição de "oversold" [situação em que os preços dos ativos caíram muito em relação a seu valor intrínseco]. O padrão começa com um dia longo preto, seguido de outro dia preto, cujo corpo intervala para baixo (Figura 3-153). Depois do gap para baixo, os três dias seguintes estabelecem preços consecutivamente mais baixos. Todos os dias deste padrão são pretos, menos o terceiro dia, que pode ser tanto preto quanto branco. Os três dias após o gap são semelhantes ao Three Black Crows no sentido de que suas altas e baixas são consecutivamente mais baixas. O último dia apaga completamente os dias pequenos pretos e fecha dentro do gap entre o primeiro e o segundo dia.

Breakaway de Baixa

O padrão Breakaway de baixa envolve um gap na direção da tendência, seguido por três dias consecutivos de preço maior (Figura 3-154). Em uma tendência de alta, um dia longo branco é formado. Então, no dia seguinte, os preços disparam para cima para formar outro dia branco. Isso é seguido por mais dois dias que estabelecem preços mais altos. A cor dos dias deve ser branca com uma única exceção: o terceiro dia do padrão, ou o segundo dia após o gap, pode ser preto ou branco, desde que uma nova alta de preço tenha sido feita. Os preços mínimos definidos nos três dias após o gap também devem ser maiores do que o preço mínimo de cada dia anterior. A ideia desse padrão é que os preços aceleraram na direção da tendência e uma situação de overbought [situação em que os preços dos ativos subiram muito em relação a seu valor intrínseco] está em desenvolvimento. O último dia estabelece a tendência reversa ao fechar dentro do gap do primeiro e do segundo dia.

As referências japonesas não discutem uma versão de baixa do padrão Breakaway. Eu decidi testar tal padrão e descobri que funciona bastante bem. Vide resultados no Capítulo 6.

Regras de Reconhecimento

1. O primeiro dia é um longo com a cor representando a tendência atual.
2. O segundo dia é da mesma cor, e o corpo intervala em direção à tendência.
3. O terceiro e o quarto dia continuam na direção da tendência, com fechamentos consecutivamente maiores. É melhor se o terceiro dia for um branco para o caso de alta ou preto para o caso de baixa.
4. O quinto dia é um dia longo, da cor oposta, que fecha dentro do gap causado pelo primeiro e segundo dias.

Cenários e Psicologia por trás do Padrão

É importante perceber o que está sendo conquistado aqui: a tendência acelerou com um grande gap e, então, começa a minguar, mas continua se movendo na mesma direção. A deterioração lenta da tendência é bem evidente neste padrão. Finalmente, um impulso na direção oposta recupera o price action dos três dias anteriores. O que causa a implicação reversa é que o gap não foi preenchido. Um intervalo de curto prazo tomou seu lugar.

Flexibilidade do Padrão

Por conta da complexidade deste padrão, é difícil discutir flexibilidade. Desde que a premissa básica seja mantida, este padrão poderá propor certa flexibilidade. Poderia ter mais do que três dias após o gap, enquanto o último dia do padrão fecha dentro do gap inicial. Também é possível ter, pelo menos, dois dias após o gap.

Quebra de Padrão

O padrão Breakaway de alta se reduz a uma possível linha Hammer (Figura 3-155). A sombra inferior deve ter o dobro do tamanho do corpo para se qualificar como Hammer. É bem possível, se o gap no segundo dia for grande e seguido por preços significantemente mais baixos nos dias três e quatro. Isso, é claro, sustenta o padrão.

O padrão Breakaway de baixa se reduz em uma longa linha candle com um corpo branco na parte inferior de seu intervalo (Figura 3-156). Há a possibilidade de não ser um Shooting Star por causa do grande intervalo no segundo dia e dos preços mais altos que vêm após. Parece que o Breakaway de baixa necessita de confirmação antes de vender.

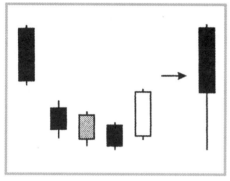

Figura 3-155

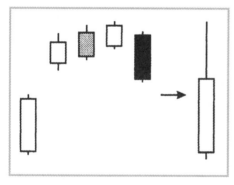

Figura 3-156

Padrões Relacionados

Por conta da complexidade do padrão, não há padrões relacionados.

Exemplos

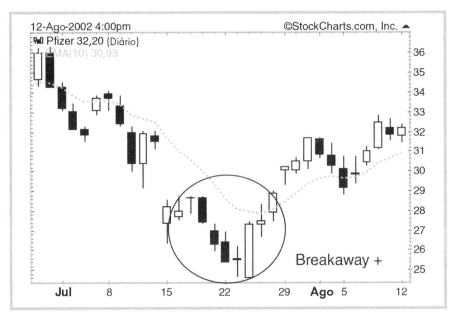

Figura 3-157A

Figura 3-157B

CONCEALING BABY SWALLOW

Nome padrão:	Concealing Baby Swallow +			Tipo:		R+
Nome japonês:	*kotsubame tsutsumi*					
Tendência necessária:	Sim	Confirmação:		Não		
Frequência (MDiasEP):	59.109	Raro				
Estatísticas de padrão de 7.275 ações comuns com mais de 14,6 milhões de dias de dados						
Intervalo (Dias)	1	2	3	4	5	6	7
% de Vencedores	54	55	53	52	52	53	56
% Média de Ganho	3,13	4,63	6,43	7,47	8,52	8,55	8,63
% de Perdedores	46	45	47	48	48	47	44
% Média de Perda	-3,75	-5,33	-5,20	-5,73	-6,63	-6,76	-7,78
Ganho/Perda Líquido	-0,05	0,10	0,91	1,08	1,17	1,42	1,32

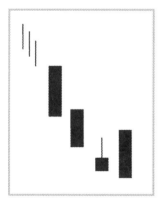

Figura 3-158

Comentário

Os dias de Marubozu Preto sustentam a força de uma tendência de baixa (Figura 3-158). No terceiro dia, essa tendência começa a deteriorar, com um período de negociações acima do preço de abertura. Isso é especialmente importante porque a abertura intervalou para baixo desde o fechamento do dia anterior. O quarto dia envolve completamente o terceiro dia, incluindo a sombra superior. Mesmo que o fechamento ocorra em uma nova baixa, a velocidade da tendência de baixa anterior é erodida significativamente, e os shorts deveriam ser protegidos.

Regras de Reconhecimento

1. Dois Marubozu Pretos compõem os primeiros dois dias deste padrão.
2. O terceiro dia é um preto com um intervalo aberto para baixo. Entretanto, a trade deste dia entra no corpo do dia anterior, produzindo uma sombra superior longa.
3. O quarto dia envolve completamente o terceiro dia, incluindo a sombra.

Cenários e Psicologia por trás do Padrão

Sempre que uma tendência de baixa pode continuar com dois dias de Black Marubozu, os bearish devem ficar animados. Então, no terceiro dia, a abertura é intervalada para baixo, o que também acrescenta emoção. Entretanto, as negociações durante o dia vão acima do fechamento do dia anterior e causa preocupação real sobre a tendência de baixa, ainda que o dia feche na ou próximo de sua baixa. O dia seguinte abre significativamente mais alto, com um gap. Após a abertura, contudo, o mercado entra em sell off e fecha em uma nova baixa. O último dia dá aos de posição short uma excelente oportunidade de cobrir suas posições.

Flexibilidade do Padrão

Este é um padrão muito estrito e não permite muito uma possibilidade de ser flexível. O gap entre o segundo e o terceiro dia é necessário, e a sombra superior do terceiro deve se estender no intervalo do dia anterior. Para cumprir todas as exigências, apenas algumas mudanças no tamanho relativo podem ser permitidas.

Quebra de Padrão

Este padrão se reduz a um dia longo preto, o que é quase sempre considerado um dia de baixa (Figura 3-159). Por causa desse conflito direto, a confirmação é necessária.

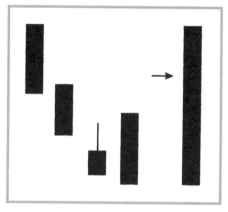

Figura 3-159

Padrões Relacionados

O Concealing Baby Shallow se assemelha ao Three Black Crow, como fez com o padrão Three Stars in the South. No entanto, o Three Black Crows é um padrão de baixa e deve estar em uma tendência de alta para ser válido, enquanto esse padrão ocorre em uma tendência de baixa. Esse padrão começa muito semelhante ao padrão Ladder Bottom.

GRÁFICOS CANDLESTICK DESVENDADOS

Exemplo

Figura 3-160

LADDER BOTTOM

Nome padrão:	Ladder Bottom +			Tipo:		R+
Nome japonês:	*hashigo gaeshi*					
Tendência necessária:	Sim		Confirmação:	Não		
Frequência (MDiasEP):	25.260		Raro			
Estatísticas de padrão de 7.275 ações comuns com mais de 14,6 milhões de dias de dados						
Intervalo (Dias)	1	2	3	4	5	6	7
% de Vencedores	47	52	56	54	53	55	55
% Média de Ganho	3,14	4,10	5,22	5,88	6,91	7,27	7,38
% de Perdedores	53	48	44	46	47	45	45
% Média de Perda	-2,72	-3,95	-4,55	-5,00	-6,19	-6,58	-6,67
Ganho/Perda Líquido	0,02	0,26	0,95	0,82	0,72	1,05	1,07

■ ■ ■ PADRÕES CANDLE DE REVERSÃO

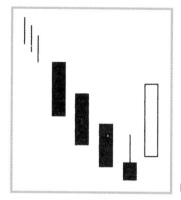

Figura 3-161

Comentário

Após uma tendência de baixa razoável, com quatro fechamentos mais baixos e dias pretos consecutivos, o mercado faz trade mais alto do que a abertura (Figura 3-161). Esta ação é o primeiro indicativo de compra, mesmo que o mercado ainda feche em uma nova baixa. No dia seguinte, os preços intervalam mais altos e não voltam atrás. O último dia fecha muito mais alto do que o(s) dia(s) anterior(es).

Regras de Reconhecimento

1. Ocorrem três dias longos pretos com aberturas baixas e fechamentos consecutivos, semelhante ao padrão Three Black Crows.
2. O quarto dia é preto com uma sombra superior.
3. O último dia é branco com uma abertura sobre o corpo do dia anterior.

Cenários e Psicologia por trás do Padrão

Após um movimento grande de declínio, os preços fazem trade acima do preço de abertura e quase alcançam o preço alto do dia anterior, mas então fecham em outra baixa. Essa ação certamente conseguirá atenção daqueles em posição short e mostra que o mercado não descerá para sempre. Os shorts repensarão suas posições e, se os ganhos forem bons, no próximo dia eles venderão. Essa ação causa um gap no último dia do padrão, e o fechamento é consideravelmente mais alto. Se o volume é alto no último dia, uma reversão de tendência provavelmente ocorreu.

Flexibilidade do Padrão

Os quatro dias pretos do padrão Ladder Bottom podem ou não ser longos, mas fechamentos consecutivamente mais baixos devem ocorrer. O último dia deve ser branco e pode ser tanto curto como longo, contanto que o fechamento esteja acima da alta do dia anterior.

Quebra de Padrão

O Ladder Bottom se reduz a um padrão Hammer, que sustenta suas insinuações de alta.

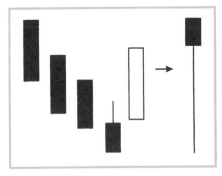

Figura 3-162

Padrões Relacionados

O Ladder Bottom começa como qualquer padrão Concealing Baby Swallow. Os primeiros três dias também se assemelham ao Three Black Crows, exceto que uma tendência de baixa está acontecendo.

■■■ PADRÕES CANDLE DE REVERSÃO

Exemplo

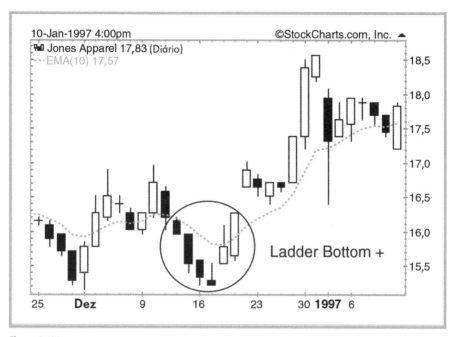

Figura 3-163

LADDER TOP

Nome padrão:	Ladder Top -			Tipo:	R-
Nome japonês:	*hashigo teppen*				
Tendência necessária:	Sim		Confirmação:	Sugerida	
Frequência (MDiasEP):	24.830		Raro		
Estatísticas de padrão de 7.275 ações comuns com mais de 14,6 milhões de dias de dados					
Intervalo (Dias)	1	2	3	4	5	6	7
% de Vencedores	50	48	49	51	51	50	49
% Média de Ganho	2,41	3,54	3,99	4,30	4,53	4,94	5,10
% de Perdedores	50	52	51	49	49	50	51
% Média de Perda	-2,14	-2,89	-3,68	-4,24	-4,91	-5,05	-5,33
Ganho/Perda Líquido	0,14	0,20	0,09	0,12	-0,12	-0,08	-0,18

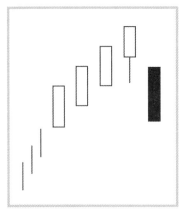

Figura 3-164

Comentário

O padrão Ladder Top é um padrão de reversão de baixa de cinco dias. Foi criado como o equivalente de baixa para o Ladder Bottom.

Regras de Reconhecimento

O padrão começa com três dias brancos, com aberturas e fechamentos cada vez mais altos, consecutivamente.

1. O quarto dia é também um dia branco com uma sombra inferior que se estende para baixo, dentro do terceiro dia.
2. O quinto dia é um dia preto que abre abaixo do corpo do quarto dia e, então, fecha abaixo da baixa do quarto dia.

Cenários e Psicologia por trás do Padrão

O padrão Ladder Top começa com três dias brancos que ocorrem todos em uma tendência de alta. O valor do ponto médio de cada dia branco é acima da média móvel de dez períodos. Os três dias brancos têm, consecutivamente, partes superiores e inferiores maiores.

O quarto dia é também um dia branco, mas tem uma sombra inferior que se estende para baixo, bastante dentro do dia anterior. Especificamente, a baixa do quarto dia deve ser mais baixa do que o valor do ponto médio do terceiro dia. E, apesar de o quarto dia fechar mais alto do que o terceiro dia, na maioria dos casos, o quarto dia mostrará que a força de uma tendência de alta está enfraquecendo. Essa ação no quarto dia certamente reflete uma tendência de bullish. Se os ganhos forem bons, no dia seguinte, os bullish devem vender.

Flexibilidade do Padrão

Nota: os quatro dias brancos não têm nenhuma extensão do dia ou dos requisitos de corpo, exceto pelo requisito de sombra inferior do quarto dia (a sombra inferior deve ocupar mais de 40% do intervalo high-low do quarto dia). Portanto, em um ou mais (ou até mesmo todos) dentre os quatro dias pode haver corpos reais pequenos com sombras longas superiores e/ou inferiores. O quarto dia pode até mesmo ter uma sombra superior se tiver um corpo real pequeno. Tudo que se exige dos quatro dias brancos é que tenham aberturas e fechamentos consecutivamente mais altos.

O quinto dia é um dia preto que intervala bem abaixo da baixa do dia anterior. O quinto dia, então, fecha abaixo da baixa do dia anterior. Nota: o quinto dia não tem nenhum requisito de extensão do dia ou do corpo. Sendo assim, não se exige que o quinto dia tenha um corpo real longo.

Para esse padrão, deve-se também requerer que o fechamento do quinto dia esteja acima da baixa do primeiro dia branco. Não é recomendado que o quinto dia recupere todos os price actions dos primeiros quatro dias.

Quebra de Padrão

O padrão Ladder Top se reduz a uma linha Shooting Star, a qual sustenta a característica de baixa do padrão. Se o avanço do preço feito pelos quatro dias brancos for bastante significativo, então o padrão se reduz a um longo corpo real branco com uma sombra superior curta.

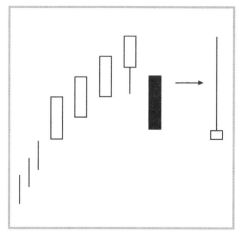

Figura 3-165

Padrões Relacionados

O padrão Ladder Top é semelhante ao padrão Belt Hold. Ambos os padrões começam com quatro dias brancos que ocorrem em uma tendência de alta, seguidos por um quinto dia que é preto. A força do Belt Hold vem da extensão do dia preto, além do fato de o dia preto abrir em sua alta. A força do padrão Ladder Top vem da tendência de alta enfraquecida (como evidenciado pelo quarto dia), seguido do gap para baixo, abrindo o dia preto.

Exemplo

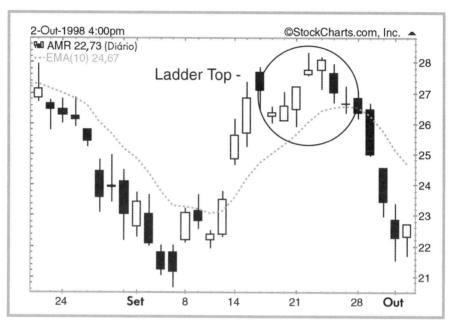

Figura 3-166

AFTER BOTTOM GAP UP

Nome padrão:	After Bottom Gap Up +			Tipo:	R+	
Nome japonês:	tanizoko agari					
Tendência Necessária:	Sim		Confirmação:	Necessária		
Frequência (MDiasEP):	148.980		Extremamente Raro			
Estatísticas de padrão de 7.275 ações comuns com mais de 14,6 milhões de dias de dados							
Intervalo (Dias)	1	2	3	4	5	6	7
% de Vencedores	52	51	58	51	51	50	50
% Média de Ganho	3,06	3,04	3,47	4,01	4,24	5,06	5,58
% de Perdedores	48	49	42	49	49	50	50
% Média de Perda	-2,45	-4,04	-4,81	-4,84	-5,81	-6,66	-7,89
Ganho/Perda Líquido	0,41	-0,40	-0,04	-0,35	-0,67	-0,78	-1,09

Figura 3-167

Comentário

O padrão After Bottom Gap Up é um padrão de reversão de alta de cinco dias.

Regras de Reconhecimento

1. O padrão começa com um dia longo preto que ocorre durante uma tendência de baixa.
2. Os dois dias seguintes também são dias pretos, e cada um fecha mais baixo do que o fechamento do dia anterior.
3. O terceiro dia intervala para baixo e abre abaixo do fechamento do segundo dia.
4. O quarto dia é um dia longo branco.
5. O quinto dia é outro dia branco longo que intervala para cima, para abrir acima do fechamento do dia anterior.

Cenários e psicologia por trás do padrão

Todos os cinco dias deste padrão são dias longos com corpos longos. O padrão começa com um dia longo preto que ocorre durante uma tendência de baixa. Os dois dias seguintes também são dias pretos, e cada um fecha mais baixo do que o fechamento do dia anterior. Isso cria um mercado com um movimento de queda estendido. De fato, o terceiro dia, na verdade, realmente intervala para baixo e abre abaixo do fechamento do segundo dia. O quarto dia é um dia longo branco que mostra que pode haver, finalmente, alguma fraqueza no declínio estendido. O quinto dia é outro dia longo branco que intervala para cima, para abrir acima do fechamento do dia anterior. O quinto dia fecha próximo de sua alta, criando assim um corpo real longo branco. Agora parece que o mercado se estendeu além dos limites em queda, e a reversão da tendência anterior começou.

Flexibilidade do Padrão

Para este padrão, deve-se requisitar que o quinto dia feche abaixo da alta do primeiro dia. Não é recomendável que os últimos dois dias recuperem todos os price actions dos primeiros três dias.

De acordo com o Método Sakata, após um bottom do mercado, deve-se vender no terceiro intervalo para cima. Nesse ponto, no terceiro gap, o Método Sakata recomenda vender, por conta do conflito de ordens e da possibilidade de cumprir as condições de "overbought" em breve.

O gap para cima, neste padrão, seria considerado o primeiro gap. Caso seja seguido por dois ou mais gaps consecutivos, então, conforme o Método Sakata, deve-se vender uma posição longa.

Nota: isso também requer que o gap entre dois corpos reais de quaisquer par de linhas candlestick, com gaps para cima ou para baixo, seja maior do que 10% da faixa high-low do primeiro dia.

Quebra de Padrão

Este padrão de cinco dias se reduz a um Hammer de alta, que sustenta a reversão de alta do padrão After Bottom Gap Up.

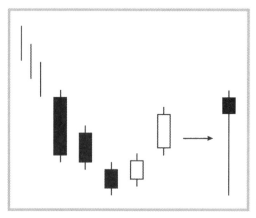

Figura 3-168

Exemplo

Figura 3-169

AFTER TOP GAP DOWN

Nome padrão:	After Top Gap Down -			Tipo:	R-
Nome japonês:	yama nobotta ato ochiru				
Tendência Necessária:	Sim		Confirmação:	Necessária	
Frequência (MDiasEP):	165.909		Extremamente Raro		

Estatísticas de padrão de 7.275 ações comuns com mais de 14,6 milhões de dias de dados

Intervalo (Dias)	1	2	3	4	5	6	7
% de Vencedores	38	37	41	41	40	43	49
% Média de Ganho	2,97	3,30	2,82	4,76	5,02	5,08	4,33
% de Perdedores	62	63	59	59	60	57	51
% Média de Perda	-3,32	-4,69	-4,01	-4,01	-4,33	-5,05	-7,04
Ganho/Perda Líquido	-0,84	-1,73	-1,20	-0,42	-0,62	-0,68	-1,45

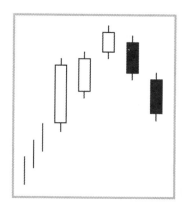

Figura 3-170

Comentário

O padrão After Top Gap Down é um padrão de reversão de baixa de cinco dias.

Regras de Reconhecimento

1. O padrão começa com um dia longo branco que ocorre durante uma tendência de alta.
2. Os próximos dois dias também são dias brancos, e cada um fecha mais alto do que o fechamento do dia anterior.
3. O terceiro dia intervala para cima e abre acima do fechamento do segundo dia.
4. O quarto dia é um dia longo preto.
5. O quinto dia é outro dia longo preto que intervala em queda e abre abaixo do fechamento do dia anterior.

Cenários e Psicologia por trás do Padrão

Todos os cinco dias deste padrão são dias longos com corpos longos. O padrão começa com um dia longo branco, que ocorre em uma tendência de alta. Os próximos dias também são dias brancos, e cada um fecha mais alto do que o fechamento do dia anterior. Isso cria um mercado com um movimento de alta estendido. De fato, o terceiro dia intervala para cima, para abrir acima do fechamento do segundo dia. O quarto dia é um longo preto, que mostra que pode finalmente haver certa fraqueza para o rali estendido. O quinto dia é outro dia longo preto que intervala em declínio, para abrir abaixo do fechamento do dia anterior. O quinto dia fecha perto de sua baixa, criando assim um corpo real longo preto. Agora parece que o mercado se prolonga para a ascensão, e a reversão da tendência anterior começou.

Flexibilidade do Padrão

Para este padrão, deve ser preciso também que o quinto dia feche acima da baixa do primeiro dia. Não é desejável que os últimos dois dias recuperem todo o price action dos primeiros três dias.

PADRÕES CANDLE DE REVERSÃO

De acordo com o Método Sakata, após a alta do mercado, deve-se cobrir as posições short no terceiro gap para baixo. Nesse ponto, no terceiro gap para baixo, o Método Sakata recomenda cobrir, por causa do conflito de pedidos e da possibilidade de alcançar a condição de oversold rapidamente.

O intervalo para baixo neste padrão seria considerado o primeiro. Caso esse gap para baixo seja seguido por dois ou mais semelhantes, então, conforme o Método Sakata, você deveria cobrir uma posição short.

Nota: isso também requer que o gap entre os dois corpos reais ou qualquer par de linha candlestick com gap para cima ou para baixo seja maior do que 10% da faixa high-low do primeiro dia.

Quebra de Padrão

O padrão de cinco dias se reduz a um Shooting Star de baixa. Isso sustenta a reversão de baixa do padrão After Top Gap Down.

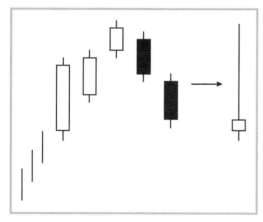

Figura 3-171

Exemplo

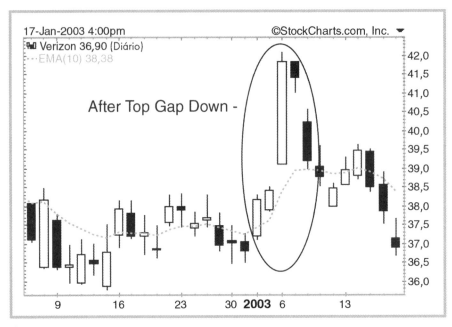

Figura 3-172

THREE GAP DOWNS

Nome padrão:	3 Gap Downs +		**Tipo:**	R+
Nome japonês:	*mittsu no aki kudari*			
Tendência Necessária:	Sim	**Confirmação:**	Não	
Frequência (MDiasEP):	3.606	Comum		
Estatísticas de padrão de 7.275 ações comuns com mais de 14,6 milhões de dias de dados					
Intervalo (Dias)	1	2	3	4	5	6	7
% de Vencedores	50	50	51	50	50	51	52
% Média de Ganho	3,13	4,39	5,01	5,78	6,47	6,87	7,28
% de Perdedores	50	50	49	50	50	49	48
% Média de Perda	-2,81	-3,72	-4,53	-5,08	-5,42	-5,98	-6,42
Ganho/Perda Líquido	0,13	0,29	0,31	0,36	0,51	0,61	0,75

■ ■ ■ PADRÕES CANDLE DE REVERSÃO

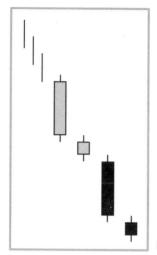

Figura 3-173

Comentário

O padrão Three Gap Downs é um padrão de reversão de alta de quatro dias. O padrão é exatamente o que o nome diz — três dias consecutivos os quais intervalam mais baixo na abertura. Normalmente, um padrão Gap Down seria um indicador de preços baixos à frente, mas, após três gaps para baixo, o mercado se tornou bastante oversold e está pronto para um corte na, ou na reversão da, atual tendência de baixa.

Regras de Reconhecimento

1. O primeiro dia deste padrão pode ser de qualquer cor — na realidade, serve apenas como o primeiro dia do gap para baixo inicial.
2. O segundo dia também pode ser de qualquer cor, conquanto seu corpo real intervale para baixo e para longe do corpo real do primeiro dia.

3. Os últimos dois dias devem obrigatoriamente ser longos com corpos longos.

4. Os últimos dois dias devem obrigatoriamente ser pretos.

5. O corpo real de cada um dos últimos dois dias intervala para baixo e longe do corpo real do dia anterior.

Cenários e Psicologia por trás do Padrão

O terceiro dia, então, abre abaixo do ponto inferior do dia anterior. Os preços caem continuamente o dia todo e fecham próximo de suas baixas. No dia seguinte, o mercado intervala ainda mais baixo na abertura para o terceiro dia consecutivo. Os preços sofrem trade mais baixas todo o dia e, então, fecham próximos de suas baixas. O mercado agora tem três gaps para baixo em sequência. De acordo com o Método Sakata, deve-se cobrir uma posição short no terceiro gap para baixo. Nesse ponto, no terceiro gap, o Método Sakata recomenda cobrir por causa do conflito de pedidos e da possibilidade de alcançar as condições de oversold rapidamente.

Flexibilidade do Padrão

Para este padrão, faz-se necessário que o mercado esteja em uma tendência de baixa no segundo dia do padrão. Sendo assim, o ponto médio da faixa do segundo dia estará abaixo da média móvel de dez períodos.

Nota: isso também requer que os três gaps entre os quatro corpos reais deste padrão sejam maiores que 10% do intervalo high-low do primeiro dia de qualquer par de corpos reais.

Quebra de Padrão

Por causa da flexibilidade deste padrão, a análise da divisão não é conclusiva.

PADRÕES CANDLE DE REVERSÃO

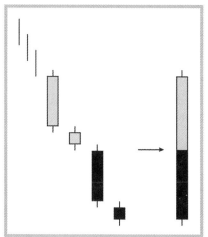

Figura 3-174

Exemplo

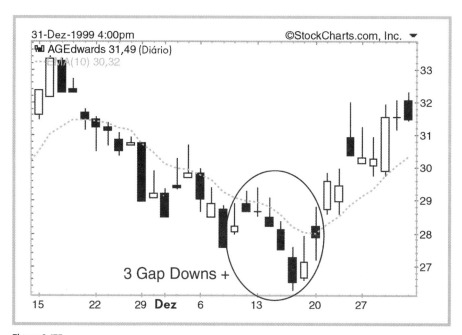

Figura 3-175

199

THREE GAP UPS

Nome padrão:	3 Gap Ups -		Tipo:	R-
Nome japonês:	*mittsu no aki agari*			
Tendência Necessária:	Sim	Confirmação:	Sugerida	
Frequência (MDiasEP):	2.425	Comum		

Estatísticas de padrão de 7.275 ações comuns com mais de 14,6 milhões de dias de dados							
Intervalo (Dias)	1	2	3	4	5	6	7
% de Vencedores	50	51	52	52	53	52	52
% Média de Ganho	2,76	3,81	4,48	5,01	5,49	5,99	6,38
% de Perdedores	50	49	48	48	47	48	48
% Média de Perda	-2,95	-3,87	-4,48	-5,06	-5,69	-6,11	-6,60
Ganho/Perda Líquido	-0,11	0,06	0,19	0,18	0,18	0,18	0,09

Figura 3-176

Comentário

O padrão Three Gap Ups é um padrão de reversão de baixa de quatro dias. O padrão é exatamente o que o nome diz — três dias consecutivos os quais intervalam mais alto na abertura. Normalmente, um padrão Gap UP seria um indicador de preços altos à frente, mas, após três intervalos para cima, o mercado se tornou bastante overbought e está pronto para um corte na, ou na reversão da, atual tendência de baixa.

Regras de Reconhecimento

1. O primeiro dia do padrão pode ser de qualquer cor — realmente serve apenas como o primeiro dia do primeiro intervalo para cima.

2. O segundo dia pode também ser de qualquer cor, contanto que seu corpo real intervale sobre e para longe do corpo real do primeiro dia.

3. Os últimos dois dias devem obrigatoriamente ser dias longos com corpos longos. Os últimos dois dias devem também ser brancos.

4. O corpo real de cada um dos últimos dois dias intervala para cima e para longe do corpo real do dia anterior.

Cenários e Psicologia por trás do Padrão

Para este padrão, é necessário que o mercado esteja em uma tendência de alta para o segundo dia do padrão. Logo, o ponto médio do intervalo do segundo dia estará acima de uma média móvel de dez períodos.

O terceiro dia, então, abre acima do topo do dia anterior. Os preços escalam constantemente durante todo o dia e fecham próximos às suas altas. No dia seguinte, o mercado intervala mais alto na abertura, pelo terceiro dia consecutivo. Os preços sofrem trades mais altas todo o dia e, então, fecham próximos de suas altas. O mercado teve, então, três gaps para cima em sequência. De acordo com o Método Sakata, deve-se vender uma posição longa no terceiro gap. Nesse ponto, no terceiro gap para cima, o Método Sakata recomenda vender por conta do conflito de pedidos e da possibilidade de alcançar a condição de overbought rapidamente.

Flexibilidade do Padrão

Nota: isso também requer que os três gaps entre os quatro corpos reais deste padrão sejam maiores que 10% do intervalo high-low do primeiro dia de qualquer par de corpos reais.

Quebra de Padrão

Por causa de flexibilidade deste padrão, a análise de divisão não é conclusiva.

Figura 3-177

Exemplo

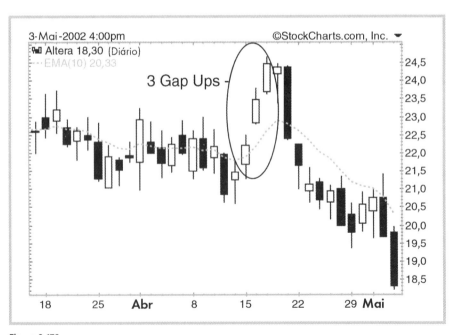

Figura 3-178

CAPÍTULO QUATRO

PADRÕES DE CONTINUAÇÃO

Padrões de Continuação estão inclusos em um capítulo separado dos padrões reversos, de forma a tornar mais fácil as referências futuras. Tenha em mente que, uma vez que o padrão tenha sido identificado, sugere uma direção para movimentos de preço futuros. Realmente não importa se esse movimento de preço futuro é o mesmo que antes ou se é um reverso. Padrões de Continuação, de acordo com o Método Sakata, são um tempo de descanso no mercado. Independentemente do padrão, deve-se tomar uma decisão na posição atual, mesmo se essa decisão for permanecer onde se está.

O formato de discussão deste capítulo é idêntico ao do capítulo anterior (3) sobre padrões candle reversos. De forma resumida, o formato é:

- Nome do Padrão
- Caixa de informação detalhada
- Comentário
- Gráfico de padrão(ões) clássico(s)
- Regras de Reconhecimento
- Cenários e Psicologia por trás do Padrão
- Flexibilidade do Padrão
- Quebra de Padrão
- Padrões Relacionados
- Exemplos

ÍNDICE DE PADRÕES DE CONTINUAÇÃO

Padrão	Página
Padrões de dois dias	
Separating Lines [Linhas Separatórias]	205
On Neck Line [Pescoço de Baixa]	209
In Neck Line [Pescoço de Alta]	214
Thrusting Line	220
Padrões de três dias	
Upside Tasuki Gap e Downside Tasuki Gap [Gap de Alta Tasuki e Gap de Baixa Tasuki]	226
Side-by-side White Lines [Linhas Brancas Lado a Lado]	230
Side-by-side Black Lines [Linhas Pretas Lado a Lado]	235
Upside Gap Three Method e Downside Gap Three Method	242
Rest After Battle	246
Padrões de quatro ou mais dias	
Rising Three Method e Falling Three Method	249
Mat Hold	254
Three-Line Strike	260

■■■ PADRÕES DE CONTINUAÇÃO

PADRÕES DE DOIS DIAS

SEPARATING LINES (LINHAS SEPARATÓRIAS)

Nome padrão:	Separating Lines +				**Tipo:**	C+	
Nome japonês:	*iki chigai sen*						
Tendência necessária:	Sim		**Confirmação:**	Não			
Frequência (MDiasEP):	6.158		Comum				
Estatísticas de padrão de 7.275 ações comuns com mais de 14,6 milhões de dias de dados							
Intervalo (Dias)	1	2	3	4	5	6	7
% de Vencedores	44	44	45	47	47	47	46
% Média de Ganho	3,78	4,85	5,52	5,87	6,62	7,09	7,60
% de Perdedores	56	56	55	53	53	53	54
% Média de Perda	-2,87	-3,30	-3,89	-4,42	-4,71	-4,86	-5,22
Ganho/Perda Líquido	0,04	0,27	0,31	0,36	0,58	0,72	0,63

Nome padrão:	Separating Lines -				**Tipo:**	C-	
Nome japonês:	*iki chigai sen*						
Tendência necessária:	Sim		**Confirmação:**	Necessária			
Frequência (MDiasEP):	5.185		Comum				
Estatísticas de padrão de 7.275 ações comuns com mais de 14,6 milhões de dias de dados							
Intervalo (Dias)	1	2	3	4	5	6	7
% de Vencedores	40	42	43	43	44	45	43
% Média de Ganho	2,81	3,57	4,10	4,66	5,11	5,31	5,59
% de Perdedores	60	58	57	57	56	55	57
% Média de Perda	-4,36	-5,20	-5,59	-6,12	-6,31	-6,95	-7,34
Ganho/Perda Líquido	-1,20	-1,31	-1,27	-1,28	-1,13	-1,31	-1,59

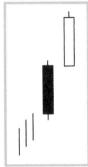
Figura 4-1

Figura 4-2

Comentário

Os Separating Lines têm a mesma abertura e são opostos em cor. São parecidos, mas opostos à Meeting Lines [Linhas de Encontro]. O segundo dia deste padrão é um candlestick Belt Hold [Linha de Contenção]. O padrão de alta (Figura 4-1) tem um Belt Hold altista branco, e o padrão de baixa (Figura 4-2) tem um Belt Hold baixista. *Ikichigaisen* significa linhas que se movem em linhas opostas. Algumas vezes são chamadas Dividing [*furiwake*] Lines [Linhas de Divisão].

Regras de Reconhecimento

1. O primeiro dia é de cor oposta à tendência em curso.
2. O segundo dia é de cor oposta ao primeiro.
3. Os dois corpos se encontram no meio, no preço de abertura.

Cenários e Psicologia por trás do Padrão

Uma tendência de alta está em andamento quando um longo dia preto ocorre. Isso não é normal para um mercado forte e causará certo ceticismo. No entanto, o dia seguinte abre muito mais alto. Na verdade, abre no preço de abertura do dia preto. Os preços então se movem para cima pelo resto do dia e fecham mais alto, sugerindo que a tendência anterior deve continuar agora. Esse cenário é para o Separating Line de alta; o cenário de baixa é bem semelhante, porém oposto.

Flexibilidade do Padrão

Os Separating Lines devem, cada um, ser longas linhas. Contudo, não há uma exigência de que seja assim. Linhas *furiwake* fortes seriam dois corpos longos sem nenhuma sombra (*marubozu*) nos pontos onde se encontram.

Quebra de Padrão

O padrão Separating Lines de alta se reduz a uma linha candle com um corpo branco e uma sombra inferior longa (Figura 4-3). Esse padrão é de certa forma de alta e sustenta a continuação de alta. O padrão Separating Lines de baixa se reduz a uma linha candle com corpo preto próximo à parte inferior do intervalo (Figura 4-4). Essa linha pode ser considerada de baixa e, portanto, sustenta o padrão de continuação de baixa.

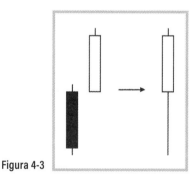

Figura 4-3

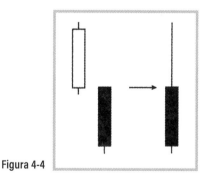

Figura 4-4

Padrões Relacionados

Os Meeting Lines, que não são um dos Padrões de Continuação, mas, sim, um de reversão, são semelhantes em conceito.

Exemplo

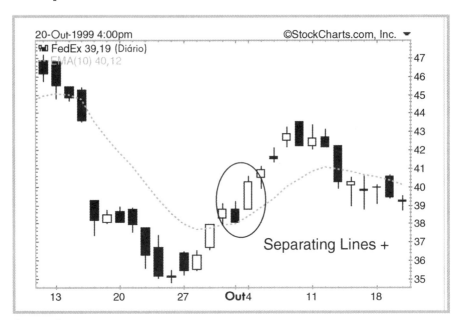

Figura 4-5A

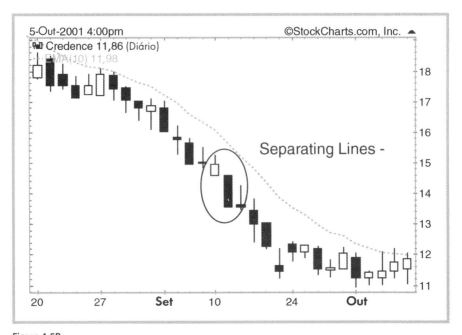

Figura 4-5B

ON NECK (PESCOÇO DE BAIXA E DE ALTA)

Nome padrão:	On Neck Line –				Tipo:	C–	
Nome japonês:	*ate kubi*						
Tendência necessária:	Sim		Confirmação:	Necessária			
Frequência (MDiasEP):	6.910		Comum				
Estatísticas de padrão de 7.275 ações comuns com mais de 14,6 milhões de dias de dados							
Intervalo (Dias)	1	2	3	4	5	6	7
% de Vencedores	55	52	50	50	49	49	49
% Média de Ganho	2,20	2,89	3,56	4,01	4,62	4,91	5,18
% de Perdedores	45	48	50	50	51	51	51
% Média de Perda	-2,79	-3,58	-4,22	-4,66	-4,92	-5,34	-6,04
Ganho/Perda Líquido	-0,05	-0,21	-0,27	-0,34	-0,27	-0,34	-0,51

Nome padrão:	On Neck Line +				Tipo:	C+	
Nome japonês:	*ate kubi*						
Tendência necessária:	Sim		Confirmação:	Não			
Frequência (MDiasEP):	6.615		Comum				
Estatísticas de padrão de 7.275 ações comuns com mais de 14,6 milhões de dias de dados							
Intervalo (Dias)	1	2	3	4	5	6	7
% de Vencedores	52	48	49	49	47	49	48
% Média de Ganho	2,12	2,99	3,66	4,13	4,63	5,20	5,70
% de Perdedores	48	52	51	51	53	51	52
% Média de Perda	-2,10	-2,64	-3,10	-3,59	-3,84	-4,12	-4,53
Ganho/Perda Líquido	0,06	0,07	0,19	0,21	0,17	0,37	0,38

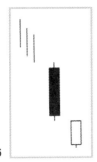

Figura 4-6

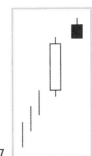

Figura 4-7

Comentário

O On Neck Line de baixa é uma versão não desenvolvida do Piercing Line [Linha de Perfuração, em tradução livre], discutido no Capítulo 3. Um padrão semelhante é formado, exceto pelo corpo branco do segundo dia, que sobe apenas até a baixa do dia anterior (Figura 4-6). Não confunda este padrão com o Meeting Line, abordado no Capítulo 3.

O padrão On Neck Line de alta é um padrão de continuação de dois dias. Foi criado como complemento para o On Neck Line de baixa.

Nota: este padrão é raro.

Regras de reconhecimento

On Neck Line de Baixa

1. Uma linha longa preta é formada em uma tendência de baixa.
2. O segundo dia é branco e abre abaixo da baixa do dia anterior. Este dia não precisa ser um longo, ou poderia se assemelhar ao Meeting Line de alta.
3. O segundo dia fecha na baixa do primeiro dia.

On Neck Line de Alta

1. O primeiro dia é um longo branco que ocorre durante uma tendência de alta.

PADRÕES DE CONTINUAÇÃO

2. O segundo dia é preto. Abre acima da alta do dia anterior e, então, fecha na alta do dia anterior.

Cenários e Psicologia por trás do Padrão

On Neck Line de Baixa

O On Neck Line de baixa geralmente aparece durante um declínio. A tendência de baixa é aumentada com o primeiro dia longo preto. O mercado sofre gap de baixa no segundo dia, mas não consegue continuar a tendência de baixa. O mercado faz um rali, que termina no preço baixo do dia anterior. Isso pode ser desconfortável para os "bottom fishers" ["pescadores de fundo", em tradução livre], investidores atrás de ações que caíram muito naquele dia. A tendência de baixa deveria continuar em breve.

On Neck Line de Alta

O padrão On Neck Line de alta começa com um dia longo branco. O ponto médio do intervalo do primeiro dia é acima da média móvel de dez períodos. Isso significa que a tendência de baixa está acontecendo. A alta é incrementada com um primeiro dia longo branco.

O mercado apresenta gap de alta, mas não consegue continuar o avanço. Ainda que o mercado diminua alguma coisa, cessa na alta do dia anterior. Isso deve ser desconfortável para qualquer um em posição short que tenha entrado no mercado naquele dia. A tendência de alta deveria continuar em pouco tempo.

Flexibilidade do Padrão

On Neck Line de Baixa

Se o volume de negociações do segundo dia é alto, a chance de continuar uma tendência de declínio é boa.

On Neck Line de Alta

Por conta de o segundo dia ser um preto com pouca ou nenhuma sombra inferior, é conhecido como Marubozu Preto de Fechamento. Isso requer

211

que o intervalo ou comprimento do segundo dia seja menor do que o do primeiro dia. Se o intervalo do segundo dia não é restrito, e se é permitido à baixa do segundo dia penetrar no corpo do primeiro dia, então o padrão de continuação On Neck Line de alta se assemelharia ao padrão de reversão Meeting Lines de baixa.

Ambos os dias do padrão On Neck Line de alta têm corpos longos. O corpo de um candlestick é a parte do corpo que ocupa mais de 50% do intervalo high-low.

Não confunda uma exigência de corpo longo com uma exigência de dia longo. O segundo dia tem um corpo longo. Isso significa que o corpo do segundo dia ocupa a maior parte do intervalo. O comprimento do segundo dia é, na verdade, relativamente curto.

Quebra de Padrão

On Neck Line de Baixa

O padrão On Neck Line de baixa se reduz a uma linha candlestick preta consideravelmente de baixa, com uma sombra inferior longa (Figura 4-7). Essa linha candle única sustenta a baixa desse padrão de continuação.

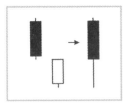

Figura 4-8

On Neck Line de Alta

O padrão On Neck Line de alta se reduz a uma linha candlestick branca consideravelmente de alta com uma sombra superior longa. Ocorrendo em uma tendência de alta, essa linha pode ser considerada de alta e, portanto, sustenta o padrão de continuação de alta.

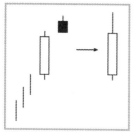

Figura 4-9

Padrões Relacionados

O padrão On Neck Line de baixa é um início fraco para a Piercing Line. Vide também o In Neck Line de baixa e o Thrusting Line de baixa.

Além disso, cuidado para não confundir o padrão de reversão Meeting Lines de baixa com os Padrões de Continuação On Neck Line e In Neck Line de alta. Todos os três se parecem muito.

Exemplos

Figura 4-10

GRÁFICOS CANDLESTICK DESVENDADOS

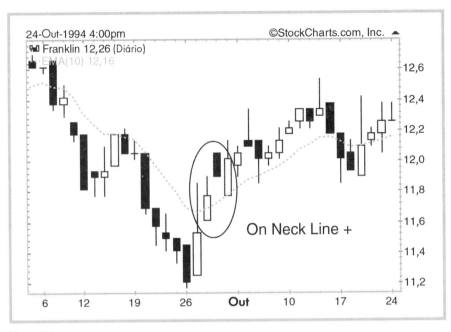

Figura 4-11

IN NECK LINE

Nome padrão:	In Neck Line -			Tipo:	C-	
Nome japonês:	*iri kubi*					
Tendência necessária:	Sim		Confirmação:	Necessária		
Frequência (MDiasEP):	239.344		Extremamente Raro			
Estatísticas de padrão de 7.275 ações comuns com mais de 14,6 milhões de dias de dados						
Intervalo (Dias)	1	2	3	4	5	6	7
% de Vencedores	47	51	49	44	51	39	44
% Média de Ganho	2,18	2,49	4,89	5,96	5,85	6,70	6,22
% de Perdedores	53	49	51	56	49	61	56
% Média de Perda	-2,35	-3,75	-4,77	-5,04	-5,55	-5,34	-5,86
Ganho/Perda Líquido	-0,19	-0,56	-0,02	-0,17	0,25	-0,63	-0,52

PADRÕES DE CONTINUAÇÃO

Nome padrão:	In Neck Line +		Tipo:	C+
Nome japonês:	*iri kubi*			
Tendência necessária:	Sim	Confirmação:	Necessária	
Frequência (MDiasEP):	175.904	Extremamente Raro		
Estatísticas de padrão de 7.275 ações comuns com mais de 14,6 milhões de dias de dados					
Intervalo (Dias)	1	2	3	4	5	6	7
% de Vencedores	47	47	38	41	43	46	43
% Média de Ganho	2,00	2,84	4,11	4,63	6,61	9,50	9,35
% de Perdedores	53	53	62	59	57	54	57
% Média de Perda	-2,81	-3,41	-4,35	-5,10	-5,02	-5,70	-5,79
Ganho/Perda Líquido	-0,54	-0,46	-1,09	-1,12	0,01	1,17	0,67

Figura 4-12

Figura 4-13

Comentário

O In Neck Line de baixa é também uma versão modificada e não desenvolvida de Piercing Line. O corpo branco do segundo dia fecha próximo ao fechamento do dia preto anterior: na parte inferior do corpo (Figura 4-12). A real definição exige que este feche ligeiramente dentro do corpo do dia anterior, isto é, pouco acima do fechamento. É um fechamento mais alto do que o On Neck Line de baixa, mas não muito. Se o fechamento do primeiro dia também está em sua baixa (Marubozu de Fechamento), o In Neck e On Neck Line de baixa são provavelmente o mesmo.

O padrão In Neck Line de alta é um padrão de continuação de alta de dois dias. Foi criado como um complemento para o In Neck Line de baixa.

Regras de Reconhecimento

In Neck Line de Baixa

1. Uma linha preta se desenvolve em uma tendência de baixa.
2. O segundo dia é um dia branco com abertura abaixo da baixa do primeiro dia.
3. O fechamento do segundo dia está ligeiramente dentro do corpo do primeiro dia. Em todos os aspectos práticos, os fechamentos são iguais.

In Neck Line de Alta

1. O primeiro dia é um dia longo branco que ocorre durante uma tendência de alta.
2. O segundo dia é preto. Abre acima da alta do dia anterior e, então, fecha ligeiramente dentro do corpo do primeiro dia.

Cenários e Psicologia por trás do Padrão

In Neck Line de Baixa

O cenário é quase idêntico ao On Neck Line de baixa, exceto que a tendência de baixa pode não continuar tão abruptamente por conta do fechamento um pouco mais alto.

In Neck Line de Alta

O padrão In Neck Line de alta começa com um dia longo branco. O ponto médio do intervalo do primeiro dia está acima de uma média móvel de dez períodos. Isso significa que uma tendência de alta esteve acontecendo. A alta é aumentada com um primeiro dia longo branco.

O mercado sofre um gap de alta no segundo dia, mas não pode continuar o avanço. O mercado enfraquece nesse segundo dia e fecha pouquíssimo dentro do corpo do dia anterior. Esse cenário é muito semelhante ao do padrão On Neck Line de alta, exceto que a tendência de alta pode não

PADRÕES DE CONTINUAÇÃO

continuar tão abruptamente por conta do fechamento, de certa forma mais baixo, no padrão In Neck Line de alta.

Flexibilidade do Padrão

In Neck Line de Baixa

Se o volume do dia branco (segundo dia) for pesado, a chance de a tendência continuar é boa.

In Neck Line de Alta

Devido ao segundo dia ser um dia preto com pouca ou nenhuma sombra, é conhecido como um Marubozu Preto de Fechamento. Isso requer que o intervalo ou comprimento do segundo dia seja menos do que o do primeiro dia. Se o intervalo do segundo dia não estiver restrito, então o padrão de continuação In Neck Line de alta se parecerá bastante com o padrão de reversão Meeting Lines de baixa.

Ambos os dias do padrão In Neck Line de alta têm corpos longos. O corpo de um candlestick é a parte entre a abertura e o fechamento. Um corpo longo é um que ocupa mais de 50% do intervalo high-low.

Não confunda as exigências de corpo longo com as de um dia longo. O segundo dia tem um corpo longo. Isso significa que o corpo do segundo dia ocupa a maior parte de seu intervalo. O comprimento do segundo dia é, na verdade, relativamente curto.

Quebra de Padrão

In Neck Line de Baixa

O padrão In Neck Line de baixa se reduz a uma candlestick preta com uma sombra inferior longa (Figura 4-14). O fato de essa linha única não ser de forma alguma de alta fornece apoio à continuação de baixa desse padrão.

217

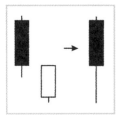

Figura 4-14

In Neck Line de Alta

O padrão In Neck Line de alta se reduz a uma linha candlestick branca, bastante de alta, com uma sombra superior longa. Ocorrendo em uma tendência de alta, essa linha pode ser considerada de alta e, portanto, sustenta o padrão de continuação de alta.

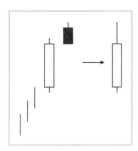

Figura 4-15

Padrões Relacionados

O In Neck Line de baixa, como o On Neck Line de baixa, é um começo fraco para um Piercing Line. Esse, entretanto, é um pouco mais forte, mas nem perto do suficiente para causar uma reversão de tendência. Deve-se notar também que, se ambos os dias forem próximos a um Marubozu, este padrão seria como o padrão Meeting Lines de alta.

Além disso, cuidado para não confundir o padrão de reversão Meeting Lines de baixa com os Padrões de Continuação On Neck Line de alta ou In Neck Line de alta. Todos os três são muito parecidos.

Exemplos

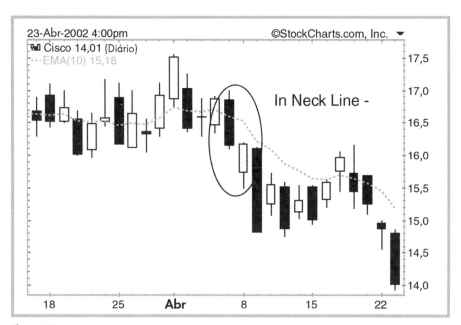

Figura 4-16

Figura 4-17

THRUSTING

Nome padrão:	Thrusting -					**Tipo:**	C-
Nome japonês:	*sashikomi*						
Tendência necessária:	Sim		**Confirmação:**	Sugerida			
Frequência (MDiasEP):	5.628		Comum				
Estatísticas de padrão de 7.275 ações comuns com mais de 14,6 milhões de dias de dados							
Intervalo (Dias)	1	2	3	4	5	6	7
% de Vencedores	56	55	52	52	51	50	51
% Média de Ganho	2,46	3,37	3,99	4,49	4,86	5,27	5,50
% de Perdedores	44	45	48	48	49	50	49
% Média de Perda	-2,49	-3,36	-4,07	-4,67	-5,12	-5,40	-5,77
Ganho/Perda Líquido	0,25	0,30	0,15	0,06	-0,02	-0,10	-0,05

Nome padrão:	Thrusting +					**Tipo:**	C+
Nome japonês:	*sashikomi*						
Tendência Necessária:	Sim		**Confirmação:**	Não			
Frequência (MDiasEP):	5.240		Comum				
Estatísticas de padrão de 7.275 ações comuns com mais de 14,6 milhões de dias de dados							
Intervalo (Dias)	1	2	3	4	5	6	7
% de Vencedores	54	53	54	52	51	51	53
% Média de Ganho	2,53	3,31	3,91	4,53	5,19	5,53	6,00
% de Perdedores	46	47	46	48	49	49	47
% Média de Perda	-2,27	-2,84	-3,33	-3,80	-4,17	-4,59	-4,82
Ganho/Perda Líquido	0,27	0,42	0,54	0,52	0,54	0,55	0,83

PADRÕES DE CONTINUAÇÃO

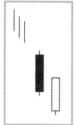

Figura 4-18

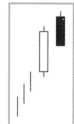

Figura 4-19

Comentário

O padrão Thrusting de baixa é o terceiro derivado do Piercing Line. O Thrusting Line é mais forte do que ambos, On Neck Line e In Neck Line de baixa, mas falha em fechar acima do ponto médio do dia anterior (Figura 4-18). O segundo dia normalmente tem um maior gap de baixa do que os padrões In Neck ou On Neck de baixa. Isso causa um dia longo branco, e a confirmação definitivamente é necessária antes de adquirir mais posições short.

O Thrusting de alta é um padrão de continuação de alta de dois dias; foi criado como complemento para o padrão Thrusting de baixa.

Regras de Reconhecimento

Thrusting de Baixa

1. Um dia preto é formado em uma tendência de baixa.
2. O segundo dia é branco e abre consideravelmente inferior à baixa do primeiro dia.
3. O segundo dia fecha bastante dentro do corpo do primeiro dia, mas não acima do ponto médio.

Thrusting de Alta

1. O primeiro dia é um dia longo branco que ocorre durante uma tendência de alta.
2. O segundo dia é preto, abre bem acima da alta do primeiro dia e, então, sofre trade para baixo, fechando dentro do corpo

do primeiro dia, mas não abaixo do ponto médio do corpo do primeiro dia.

Cenários e Psicologia por trás do Padrão

Thrusting de Baixa

Bem semelhante ao On Neck e In Neck de baixa, o Thursting Line de baixa representa uma falha no rali de um mercado em declínio. Por conta dessa falha, aqueles em posição de alta se desencorajarão, e a falta de compra permitirá que a tendência de baixa continue.

Thrusting de Alta

O padrão Thrusting de alta começa com um dia longo branco. O ponto médio do intervalo do primeiro dia está acima da média móvel de dez períodos. Isso significa que uma tendência de alta está acontecendo. A alta é aumentada por um primeiro dia longo branco.

O mercado faz gap bem alto no segundo dia, abrindo bastante acima da alta do primeiro dia. O mercado então diminui no segundo dia, fechando dentro do corpo do primeiro dia, mas não abaixo do ponto médio do corpo do primeiro dia. O segundo dia deveria ser visto como uma pausa normal ou quebra na tendência de alta, e que esta deve continuar em breve.

Flexibilidade do Padrão

Thrusting de Baixa

Por conta de o padrão Thrusting de baixa se aproximar do padrão Piercing Line de alta e ser ligeiramente melhor do que um On Neck Line de baixa, há pouco espaço para flexibilidade.

Thrusting de Alta

Por conta de o segundo dia ser um preto com pouca ou nenhuma sombra inferior, é conhecido como um Marubozu Preto de Fechamento. Ambos os dias do padrão Thrusting de alta têm corpos longos. O corpo de um candlestick é a parte entre a abertura e o fechamento. Um corpo longo é um corpo que ocupa mais de 50% do intervalo high-low.

Quebra de Padrão

Thrusting de Baixa

O padrão Thrusting de baixa se reduz a uma linha Hammer, que está, de certa forma, em conflito com a tendência de baixa deste padrão (Figura 4-19). Por este padrão estar tão perto de ser um padrão Piercing Line, é fácil perceber que pode ocorrer de não haver nenhuma possibilidade de divisões.

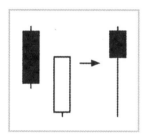

Figura 4-20

Thrusting de Alta

O padrão Thrusting de alta se reduz a uma linha Shooting Star. Este é um caso no qual o padrão não se reduz a uma única linha candlestick que sustente a natureza de alta (neste caso) ou de baixa deste padrão.

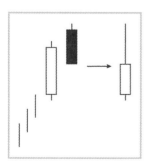

Figura 4-21

Padrões Relacionados

Thrusting de Baixa

O padrão Thrusting de baixa é o mais forte das três linhas que falharam em constituir um Piercing Line. É mais forte que o On Neck e o In Neck de baixa, porém mais fraco que o Piercing Line.

Thrusting de Alta

Apesar de o padrão de continuação Thrusting de alta parecer ser semelhante ao padrão de reversão Dark Cloud Cover [Nuvem Negra, em tradução livre] de baixa, há três diferenças importantes entre esses dois padrões. O segundo dia do Thrusting de alta irá (1) abrir bem acima da alta do primeiro dia (necessitamos que o segundo dia abra em mais de 30% do intervalo high-low do primeiro dia, mais alto do que a alta do primeiro dia), (2) feche acima do ponto médio do corpo do primeiro dia e (3) feche em ou muito próximo de sua baixa.

Exemplo

Figura 4-22

PADRÕES DE CONTINUAÇÃO

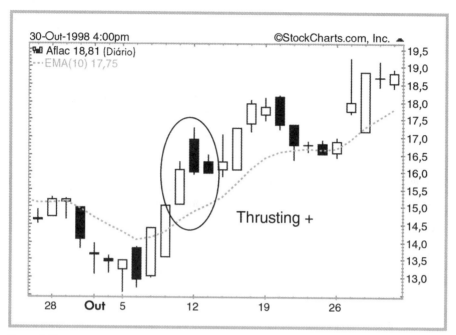

Figura 4-23

NOTA ADICIONAL SOBRE OS PADRÕES ON NECK, IN NECK E THRUSTING

Você pode estar se perguntando o porquê de existirem três Padrões de Continuação que são derivados de uma falha em completar um Piercing Line. Os On Neck Line, In Neck Line e Thrusting de baixa representam tentativas falhas de reversão da tendência de baixa. Da mesma forma, as versões de alta desses padrões representam uma falha do Dark Cloud Cover.

As versões de alta não eram parte da literatura japonesa e foram criadas para proporcionar padrões complementares aos japoneses, que não os tinham. Por que, então, não havia padrões semelhantes que representassem a falha do Dark Cloud Cover na literatura japonesa sobre o tema? Isso pode ser respondido pela maior parte dos estudantes de mercado que estão familiarizados com tendências de topping [topo] e bottoming [fundo]. Os fundos (baixas do mercado) tendem a ser abruptos e com mais emoções. Os topos geralmente levam mais tempo para se desenvolver e podem não ser tão facilmente identificados.

PADRÕES DE TRÊS DIAS

UPSIDE TASUKI GAP E DOWNSIDE TASUKI GAP
(GAP DE ALTA TASUKI E GAP DE BAIXA TASUKI)

Nome padrão:	Upside Tasuki Gap +					**Tipo:**	C+
Nome japonês:	*uwa banare tasuki*						
Tendência necessária:	Sim		**Confirmação:**	Sugerida			
Frequência (MDiasEP):	18.839		Raro				
Estatísticas de padrão de 7.275 ações comuns com mais de 14,6 milhões de dias de dados							
Intervalo (Dias)	1	2	3	4	5	6	7
% de Vencedores	52	50	50	49	49	49	50
% Média de Ganho	2,36	3,43	4,09	4,46	5,05	5,36	6,06
% de Perdedores	48	50	50	51	51	51	50
% Média de Perda	-2,17	-2,94	-3,59	-4,23	-4,94	-5,13	-5,45
Ganho/Perda Líquido	0,16	0,25	0,24	0,06	0,00	-0,03	0,35

Nome padrão:	Downside Tasuki Gap -					**Tipo:**	C-
Nome japonês:	*shita banare tasuki*						
Tendência necessária:	Sim		**Confirmação:**	Necessário			
Frequência (MDiasEP):	20.278		Raro				
Estatísticas de padrão de 7.275 ações comuns com mais de 14,6 milhões de dias de dados							
Intervalo (Dias)	1	2	3	4	5	6	7
% de Vencedores	52	51	50	52	50	50	49
% Média de Ganho	2,53	3,56	4,28	4,44	5,02	5,33	5,81
% de Perdedores	48	49	50	48	50	50	51
% Média de Perda	-2,80	-3,52	-4,31	-5,28	-5,37	-5,79	-6,22
Ganho/Perda Líquido	-0,02	0,10	-0,03	-0,21	-0,19	-0,24	-0,28

PADRÕES DE CONTINUAÇÃO

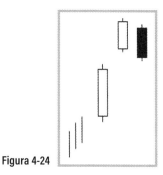

Figura 4-24

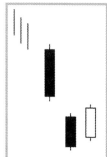

Figura 4-25

Comentário

A típica linha Tasuki ocorre quando o preço abre abaixo de uma linha branca e, então, fecha inferior à baixa do dia anterior. Quando o preço abre mais alto do que no fechamento do dia preto, então, fecha superior à sua alta, no caso oposto. Linhas Tasuki são mencionadas em uma certa quantidade de fontes sobre a literatura candlestick, mas não contribuem o suficiente para serem consideradas como padrões individuais. Uma linha Tasuki é uma faixa para segurar mangas de roupa. Os Tasuki Gaps envolvem uma linha Tasuki após um gap na direção da tendência de mercado que está acontecendo.

Um Upside Tasuki Gap (Figura 4-24) é uma candlestick branca que fez gap acima do candlestick branco anterior e, então, é seguido por um candlestick preto que fecha dentro do gap. O último dia deve também abrir dentro do corpo do segundo dia branco. Um ponto importante é que o gap feito entre os primeiros dois dias não é preenchido. A filosofia é a de que se pode tomar posição longa no fechamento do último dia. O mesmo conceito seria válido ao contrário, em um Tasuki Gap de baixa (Figura 4-25).

Regras de Reconhecimento

1. A tendência está em andamento, com um gap entre dois candlesticks de mesma cor.
2. A cor dos primeiros dois candlesticks representa a tendência predominante.

3. No terceiro dia, um candlestick de cor oposta abre dentro do corpo do segundo dia.

4. O terceiro dia fecha dentro do gap, mas não fecha totalmente no referido gap.

Cenários e Psicologia por trás do Padrão

A psicologia por trás do Tasuki Gap é bem simples: siga a tendência do gap. O dia de correção (terceiro dia) não preenche o gap, e a tendência anterior deveria continuar. Isso é tido como ganho temporário de lucro. Os japoneses amplamente seguem gaps. Portanto, o fato de o gap não ser preenchido ou fechado significa que a tendência anterior deveria ser retomada.

As referências sobre gaps são por vezes contraditórias. Espera-se normalmente que um gap proporcione suporte e/ou resistência. O fato é que o gap ser testado tão rapidamente dá razão para acreditar que ele pode não fornecer sua habilidade analítica habitual.

Flexibilidade do Padrão

A cor do primeiro dia não é tão importante quanto a cor do segundo e terceiro dia. É melhor que seja da mesma cor do segundo dia, o que sustentaria completamente a tendência em curso.

Quebra de Padrão

O padrão Upside Tasuki Gap se reduz a uma longa linha com um corpo branco no ponto inferior (Figura 4-26). O único apoio aqui pode ser o fato de que a divisão é uma longa linha branca, a qual é geralmente considerada de alta. O Downside Tasuki Gap (Figura 4-27) se reduz a uma linha longa preta, a qual geralmente é de baixa. Por conta da falta de suporte mais forte, é recomendada a confirmação.

PADRÕES DE CONTINUAÇÃO

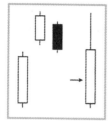

Figura 4-26

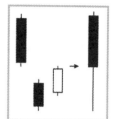

Figura 4-27

Padrões Relacionados

As linhas Tasuki, por si mesmas, são, de certa forma, opostas à Piercing Line e ao Dark Cloud Cover, que são padrões de reversão. Os padrões Upside e Downside Tasuki Gap são muito semelhantes ao Uspide e Downside Gap Three Methods, discutido mais à frente neste capítulo. Você verá que eles estão também em conflito direto um com o outro. Seria melhor ver os resultados estatísticos de testagem do padrão nos próximos capítulos.

Exemplos

Figura 4-28A

229

GRÁFICOS CANDLESTICK DESVENDADOS

Figura 4-28B

SIDE-BY-SIDE WHITE LINES
(LINHAS BRANCAS LADO A LADO)

Nome padrão:	Side-by-Side White Lines +		Tipo:	C+		
Nome japonês:	*narabi aka*					
Tendência necessária:	Sim	Confirmação:	Sugerida			
Frequência (MDiasEP):	16.295	Raro				
Estatísticas de padrão de 7.275 ações comuns com mais de 14,6 milhões de dias de dados							
Intervalo (Dias)	1	2	3	4	5	6	7
% de Vencedores	50	45	48	48	48	48	50
% Média de Ganho	2,57	3,35	3,71	4,27	4,67	5,58	5,66
% de Perdedores	50	55	52	52	52	52	50
% Média de Perda	-2,30	-3,05	-3,68	-4,40	-4,60	-4,90	-5,40
Ganho/Perda Líquido	0,10	-0,14	-0,13	-0,20	-0,15	0,14	0,10

PADRÕES DE CONTINUAÇÃO

Nome padrão:	Side-by-Side White Lines -			Tipo:	C-	
Nome japonês:	narabi aka					
Tendência necessária:	Sim		Confirmação:	Necessário		
Frequência (MDiasEP):	47.557		Raro			
Estatísticas de padrão de 7.275 ações comuns com mais de 14,6 milhões de dias de dados						
Intervalo (Dias)	1	2	3	4	5	6	7
% de Vencedores	50	46	43	47	45	44	45
% Média de Ganho	2,23	2,80	3,89	4,29	4,88	5,48	5,93
% de Perdedores	50	54	57	53	55	56	55
% Média de Perda	-3,21	-4,32	-4,69	-5,61	-6,35	-6,72	-6,74
Ganho/Perda Líquido	-0,45	-0,99	-0,92	-0,91	-1,22	-1,39	-1,02

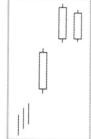

Figura 4-29

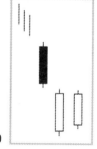

Figura 4-30

Comentário

Narabi significa "em sequência", e *narabiaka* significa "branco em sequência". A referência japonesa menciona a Side-by-Side Line, tanto a preta como a branca, mas indica apenas uma pausa ou um impasse quando estão sozinhas. O padrão de importância aqui são as duas linhas brancas que fizeram gap na direção da tendência vigente.

Side-by-Side White Lines de Alta

Dois candlesticks brancos de tamanho semelhante estão lado a lado após fazerem gap acima de outro candlestick branco. Não apenas têm tamanhos semelhantes, mas o preço de abertura deve estar muito próximo. Também se refere a Side-by-Side White Lines de alta (Figura 4-29) como Upside Gap Side-by-Side White Lines (*unwappanare Narabiaka*).

Side-by-Side White Lines de Baixa

Side-by-Side White Lines que fazem gap em declínio são muito raras. Estas também são chamadas de Downside Gap Side-by-Side White Lines (Figura 4-30). Apesar de parecer óbvio, essas duas linhas brancas são observadas como cobertura short. Essa ação, assim como muitos Padrões de Continuação, representa o mercado tendo um descanso ou momento de compras.

Seria uma expectativa normal ter duas Side-by-Side Black Lines neste padrão de continuação. Um gap de declínio da Side-by-Side Black Lines certamente indicaria uma continuação da tendência de baixa. Esse padrão, porém, não é de muita utilidade, porque retrata o óbvio. Outra derivação dessas linhas seria a Side-by-Side White Lines que não faz gap, mas está em um mercado de alta. Estes são chamados Side-by-Side White Lines em Impasse (*ikizumari narabiaka*), que indicam que o mercado está se aproximando de seu topo e com suporte limitado.

Regras de Reconhecimento

1. Um gap é feito em direção da tendência.
2. O segundo dia é uma linha candle branca.
3. O terceiro dia também é uma linha candle branca de aproximadamente o mesmo tamanho e abre próximo ao mesmo preço.

Cenários e Psicologia por trás do Padrão

Side-by-Side White Lines de Alta

O mercado está em uma tendência de alta. Um longo candlestick branco é formado, o que reforça a perpetuação da alta. No dia seguinte, o mercado faz gap de alta na abertura e fecha ainda mais alto. No entanto, no terceiro dia, o mercado abre muito mais baixo, na verdade, tão baixo quanto a

PADRÕES DE CONTINUAÇÃO

abertura do dia anterior. As vendas iniciais que causaram a baixa abertura terminam rapidamente, e o mercado escala em direção a outra alta. Isso demonstra a força dos compradores, e o rali deve continuar.

Side-by-Side White Lines de Baixa

Uma tendência de baixa é reforçada por uma linha candle longa preta, seguida por um grande gap de declínio na abertura do dia seguinte. O mercado faz trade mais alto todo o dia, mas não alto o suficiente para fechar o gap. O terceiro dia abre mais baixo, aproximadamente na mesma abertura do segundo dia. Por causa da resistência para abaixar ainda mais, os shorts foram cobertos, causando um terceiro dia que também faz rali e fecha mais alto, mas, mesmo assim, não alto o suficiente para fechar o gap. Se as coberturas short suficientes forem conquistadas e a tentativa de rali não for convincente, a tendência de baixa deve continuar.

Flexibilidade do Padrão

Por conta das Side-by-Side While Lines serem usadas apenas depois de um gap, não há muita flexibilidade neste padrão. Duas linhas brancas deveriam ser semelhantes em comprimento do corpo, mas esse comprimento não é tão importante quanto o fato de que eles fizeram gap na direção da tendência. Seus preços de abertura deveriam fechar na mesma direção, no entanto.

Quebra de Padrão

A Upside Gap Side-by-Side White Lines se reduz a um candlestick longo branco que sustenta completamente a continuação de alta (Figura 4-31). O Downside Gap Side-by-Side White Lines se reduz a um candlestick preto com uma sombra inferior longa (Figura 4-32). Essa única linha candle não sustenta completamente a continuação de baixa, e é sugerida confirmação futura.

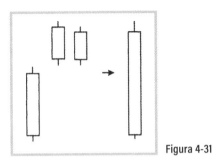

Figura 4-31

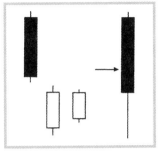

Figura 4-32

Padrões Relacionados

Não há padrões comparáveis ao Side-by-Side White Lines. O padrão Breakaway tem semelhanças ao gap do segundo e terceiro dia, na direção da tendência.

Exemplos

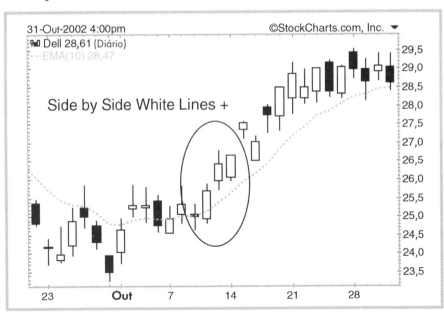

Figura 4-33A

PADRÕES DE CONTINUAÇÃO

Figura 4-33B

SIDE-BY-SIDE BLACK LINES

Nome padrão:	Side by Side Black Lines +		Tipo:	C+
Nome japonês:	narabi kuro			
Tendência necessária:	Sim	Confirmação:	Sugerida	
Frequência (MDiasEP):	28.131	Raro		

Estatísticas de padrão de 7.275 ações comuns com mais de 14,6 milhões de dias de dados

Intervalo (Dias)	1	2	3	4	5	6	7
% de Vencedores	48	50	50	50	51	51	51
% Média de Ganho	2,50	4,03	5,47	5,66	6,47	6,72	7,67
% de Perdedores	52	50	50	50	49	49	49
% Média de Perda	-2,59	-3,48	-4,09	-4,71	-5,60	-5,75	-6,16
Ganho/Perda Líquido	-0,12	0,25	0,65	0,48	0,47	0,58	0,87

GRÁFICOS CANDLESTICK DESVENDADOS

Nome padrão:	Side by Side Black Lines -			**Tipo:**	C-	
Nome japonês:	*narabi kuro*					
Tendência necessária:	Sim		**Confirmação:**	Necessária		
Frequência (MDiasEP):	25.569		Raro			
Estatísticas de padrão de 7.275 ações comuns com mais de 14,6 milhões de dias de dados						
Intervalo (Dias)	1	2	3	4	5	6	7
% de Vencedores	46	48	46	46	46	46	47
% Média de Ganho	2,78	3,72	4,49	4,78	5,62	6,34	6,82
% de Perdedores	54	52	54	54	54	54	53
% Média de Perda	-2,96	-4,98	-5,51	-6,15	-6,82	-7,24	-7,55
Ganho/Perda Líquido	-0,32	-0,77	-0,92	-1,10	-1,04	-0,92	-0,78

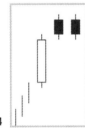

Figura 4-34   Figura 4-35

Comentário

O padrão Side-by-Side Black Lines de alta é um padrão de continuação de alta de três dias. Igualmente, o Side-by-Side Black Lines de baixa é um padrão de continuação de baixa de três dias.

Regras de Reconhecimento
Side-by-Side Black Lines de Alta

1. Este padrão começa com um dia longo branco que ocorre durante uma tendência de alta.

PADRÕES DE CONTINUAÇÃO

2. O segundo dia é um preto que abre acima do fechamento do dia anterior.

3. O segundo dia faz trade mais baixo, mas nunca o suficiente para fechar o gap.

4. O terceiro dia abre mais alto, acima do ponto médio do dia anterior. Os preços caem, no entanto, e o terceiro dia termina por fechar na baixa do dia. O terceiro dia não fecha baixo o suficiente para cobrir o gap formado pelos primeiros dois dias.

Side-by-Side Black Lines de Baixa

1. O padrão começa com um dia longo preto, que ocorre durante uma tendência de baixa.

2. O segundo dia é também um longo dia preto que abre abaixo do fechamento do dia anterior, formando, portanto, um gap entre os dois corpos reais pretos.

3. O terceiro dia abre muito mais alto, mas não o suficiente para cobrir o gap formado pelos primeiros dois dias. Entretanto, os preços caem, e o terceiro dia termina fechando na baixa do dia.

Cenários e Psicologia por trás do Padrão

Side-by-Side Black Lines de Alta

O padrão Side-by-Side Black Lines de alta começa com um dia longo branco. O ponto médio do intervalo do primeiro dia é acima da média móvel de dez períodos. Isso significa que uma tendência de alta está acontecendo. Um dia longo branco sustenta a alta já presente.

O dia seguinte abre bem acima. O mercado faz trade menor, mas não baixo o suficiente para fechar o gap. O terceiro dia abre mais alto, acima do ponto médio do dia anterior. Como no segundo dia, os preços caem no terceiro dia, mas não são baixos o suficiente para cobrir o gap formado pelo primeiro e segundo dia. O preço de fechamento para o segundo e o terceiro dia são mais ou menos iguais. As duas linhas candlestick pretas deste padrão são consideradas como realização de lucros. Assim que a realização acaba, a tendência de alta deve continuar.

Side-by-Side Black Lines de Baixa

O padrão Side-by-Side Black Lines de baixa começa com um dia longo preto. O ponto médio do intervalo do primeiro dia é abaixo da média móvel de dez períodos. Isso significa que uma tendência de baixa está acontecendo. O dia longo preto incrementa a baixa já presente.

O próximo dia abre mais baixo, com um gap e fechamento ainda baixo. Todavia, no terceiro dia, o mercado abre muito mais alto, cerca do mesmo preço do preço de abertura do dia anterior. A compra inicial que causou a abertura alta acaba rapidamente, e os preços caem. O segundo dia fecha daquela forma. Isso demonstra a força vinda dos vendedores, e a tendência de baixa deve continuar.

Flexibilidade do Padrão

Side-by-Side Black Lines de Alta

Com este padrão, deve-se assegurar que o intervalo high-low do primeiro dia é maior do que a média do intervalo comum dos cinco dias que precedem imediatamente o padrão. O primeiro dia deve obrigatoriamente ter um corpo longo. O corpo de um candlestick é a parte entre a abertura e o fechamento. Um corpo longo é aquele que ocupa mais de 50% do intervalo high-low. O segundo e o terceiro dia devem ter corpos que não sejam Dojis.

Por fim, os intervalos high-low e dos corpos do segundo e terceiro dia devem ser aproximadamente do mesmo tamanho. Especificamente, exigimos que o intervalo high-low mais curto dos dois dias seja maior do que 50% dos intervalos high-low dos dois dias. Isso significa que o intervalo high-low de um dia nunca será mais do que duas vezes o intervalo do outro dia. Também exigimos que o mais curto dos intervalos do corpo dos dois dias seja maior que 50% do mais longo dos intervalos do corpo dos dois dias. Isso significa que o intervalo do corpo de um dia nunca será mais do que duas vezes o intervalo do outro dia.

Side-by-Side Black Lines de Baixa

O que o comprimento e a exigência do comprimento dos corpos descritos nos dois parágrafos anteriores estão tentando evitar é ter dojis ou stars ou dias short no segundo e terceiro dia do padrão. Esses tipos de dias seriam mais consistentes com um padrão de reversão.

Por fim, o intervalo high-low e o intervalo do corpo do segundo e terceiro dia do padrão devem ser aproximadamente do mesmo tamanho. Especificamente, exigimos que o intervalo high-low mais curto de um dos dois dias seja maior do que 50% o mais longo dos intervalos do corpo dos dois dias. Isso significa que o intervalo high-low de um dia nunca será mais do que duas vezes o intervalo dos dois dias. Também exigimos que o intervalo do corpo mais curto dos dois dias seja maior que 50% do mais longo dos intervalos do corpo dos dois dias. Isso significa que o intervalo de corpo de um dia nunca será mais do que duas vezes o intervalo de corpo do outro dia.

Com esse padrão, deve-se garantir que (1) o intervalo high-low do primeiro dia seja maior do que uma média de intervalo de cinco dias imediatamente anteriores ao padrão, e (2) o intervalo high-low do segundo e terceiro dia seja maior do que 65% da média dos cinco dias de intervalos imediatamente anteriores ao padrão.

O primeiro dia deve ter um corpo longo. O corpo de um candlestick é a parte entre a abertura e o fechamento. Um corpo longo é um que ocupa mais de 50% do intervalo high-low. O segundo e o terceiro dia devem ter corpos que ocupam mais de 30% do intervalo high-low.

Quebra de Padrão

O padrão Side-by-Side Black Lines de baixa se reduz a uma linha candlestick longa com um corpo longo preto. Uma linha candlestick preta longa que ocorre em uma tendência de baixa é de baixa e sustenta a baixa desse padrão.

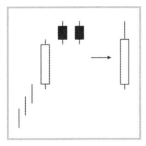

Figura 4-36

O padrão Side-by-Side Black Lines de alta se reduz a uma linha candlestick longa branca com um corpo branco razoavelmente longo na extremidade inferior. Uma linha candlestick longa branca que ocorre em uma tendência de alta é de alta e sustenta a alta deste padrão.

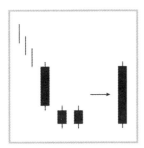

Figura 4-37

Nota: ambas as versões exigem que o intervalo entre os corpos reais do primeiro e segundo dia sejam maiores do que 10% do intervalo high-low do primeiro dia.

Padrões Relacionados

O padrão Side-by-Side Black Lines de alta é oposto ao Side-by-Side White Lines de baixa.

O padrão Side-by-Side Black Lines de baixa é oposto ao Side-by-Side White Lines de alta.

Exemplos

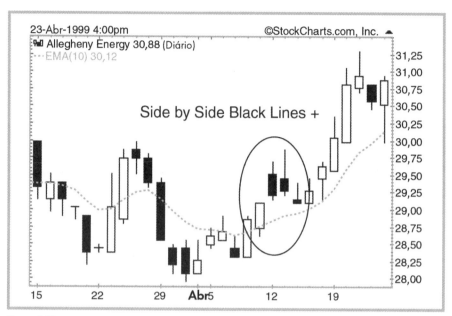

Figura 4-38

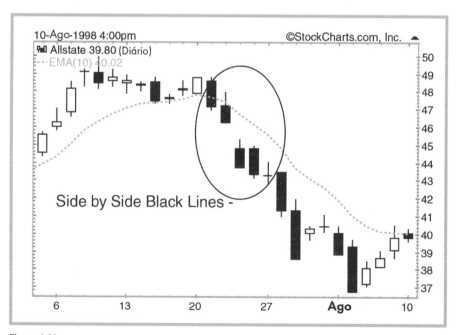

Figura 4-39

UPSIDE GAP THREE METHODS E DOWNSIDE GAP THREE METHODS (TRÊS MÉTODOS DE GAP DE ALTA E TRÊS MÉTODOS DE GAP DE BAIXA)

Nome padrão:	Upside Gap 3 Methods +					**Tipo:**	C+
Nome japonês:	*uwa banare sanpoo hatsu oshi*						
Tendência necessária:	Sim		**Confirmação:**	Não			
Frequência (MDiasEP):	21.598		Raro				
Estatísticas de padrão de 7.275 ações comuns com mais de 14,6 milhões de dias de dados							
Intervalo (Dias)	1	2	3	4	5	6	7
% de Vencedores	57	57	54	54	53	55	54
% Média de Ganho	2,54	3,27	4,06	4,35	4,77	4,77	5,36
% de Perdedores	43	43	46	46	47	45	46
% Média de Perda	-2,08	-2,66	-3,14	-3,73	-4,18	-4,71	-5,24
Ganho/Perda Líquido	0,54	0,67	0,75	0,63	0,51	0,47	0,48

Nome padrão:	Downside Gap 3 Methods -					**Tipo:**	C-
Nome japonês:	*shita banare sanpoo ippon dachi*						
Tendência necessária:	Sim		**Confirmação:**	Necessária			
Frequência (MDiasEP):	18.365		Raro				
Estatísticas de padrão de 7.275 ações comuns com mais de 14,6 milhões de dias de dados							
Intervalo (Dias)	1	2	3	4	5	6	7
% de Vencedores	51	52	48	48	49	49	49
% Média de Ganho	2,87	3,44	3,97	4,31	4,96	5,26	5,44
% de Perdedores	49	48	52	52	51	51	51
% Média de Perda	-2,76	-3,54	-4,04	-5,06	-5,58	-6,10	-6,64
Ganho/Perda Líquido	0,11	0,06	-0,22	-0,58	-0,37	-0,50	-0,71

PADRÕES DE CONTINUAÇÃO

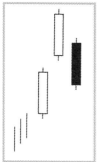

Figura 4-40

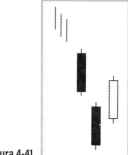

Figura 4-41

Comentário

Este é um padrão simplista, bastante similar ao Upside e Downside Tasuki Gaps, que ocorre em uma tendência de mercado forte. Um gap aparece entre dois candlesticks de mesma cor de corpo (Figuras 4-40 e 4-41). Essa cor deve refletir a tendência do mercado. O terceiro dia abre inserido no corpo do segundo candlestick e, então, fecha dentro do corpo do primeiro candlestick (fazendo a ponte entre a primeira e a segunda candle), que também o tornaria oposto em cor aos dois primeiros dias. Isso, em terminologia tradicional, fecharia o gap.

Regras de Reconhecimento

1. A tendência continua, com dois dias longos que têm um gap entre eles.
2. O terceiro dia preenche o gap e é de cor oposta à dos primeiros dois dias.

Cenários e Psicologia por trás do Padrão

O mercado está se movendo intensamente em uma direção. Esse movimento se estende mais em outro dia que faz gap ainda mais em direção à tendência. O terceiro corpo abre bastante inserido no corpo do segundo dia e, então, preenche o gap completamente. Esse movimento de fechar o gap deveria ser avaliado como

243

um suporte da tendência atual. Gaps normalmente fornecem excelentes pontos de suporte e/ou resistência, quando considerados após um período de tempo razoável. Por esse gap ser preenchido em um dia, algumas outras considerações devem ser feitas. Se esse é o primeiro gap de um movimento, então a reação (terceiro) pode ser considerada como ganho de lucro.

Flexibilidade do Padrão

Nenhuma flexibilidade significativa é sugerida, devido esse ser um conceito e padrão bastante simples. O primeiro dia poderia ser oposto ao segundo dia em cor sem muita mudança na interpretação do padrão.

Quebra de Padrão

O padrão Upside Gap Three Methods de alta se reduz a uma linha Shooting Star (Figura 4-42) e o Downside Gap Three Methods de baixa se reduz a uma linha Hammer (Figura 4-43). Esses são dois padrões (quando tudo é considerado) que não se reduzem a uma única linha que sustenta a natureza de alta ou de baixa do padrão.

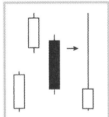

Figura 4-42

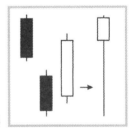

Figura 4-43

Padrões Relacionados

Esses são de certa forma semelhantes ao Tasuki Gap, exceto que o gap é preenchido no Upside e Downside Gap Three Methods. Por conta desse conflito em dois conjuntos de Padrões de Continuação, deve-se referir às estatísticas do padrão, encontradas no Capítulo 7.

Exemplos

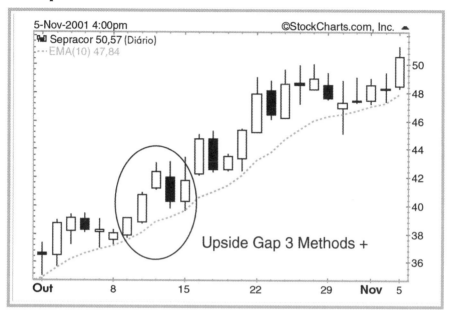

Figura 4-44A

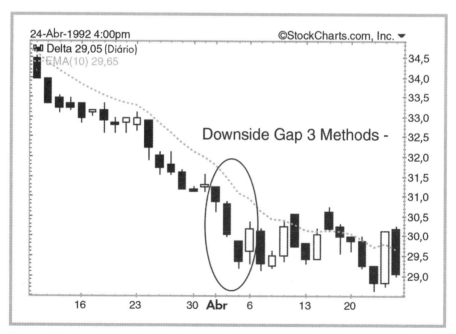

Figura 4-44B

REST AFTER BATTLE

Nome padrão:	Reste After Battle +			**Tipo:**		C+	
Nome japonês:	*tatakai no akatsuki*						
Tendência necessária:	Sim		**Confirmação:**	Não			
Frequência (MDiasEP):	1.294		Comum				
Estatísticas de padrão de 7.275 ações comuns com mais de 14,6 milhões de dias de dados							
Intervalo (Dias)	1	2	3	4	5	6	7
% de Vencedores	50	52	51	51	51	51	51
% Média de Ganho	2,37	3,44	4,29	4,96	5,52	5,96	6,36
% de Perdedores	50	48	49	49	49	49	49
% Média de Perda	-2,13	-3,03	-3,73	-4,24	-4,74	-5,17	-5,52
Ganho/Perda Líquido	0,11	0,31	0,37	0,40	0,45	0,47	0,55

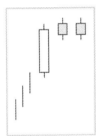

Figura 4-45

Comentário

O padrão Rest After Battle de alta é um padrão de continuação de três dias. Foi criado para capturar aquele certo tipo de tendência de alta que começa com um longo dia branco, seguido por uma quantidade de dias de movimento lateral, seguido por outro dia longo branco, para ser seguido novamente por uma série de dias de movimento lateral. Esse tipo de tendência de alta de "degrau" pode durar cerca de três a oito semanas. Em certo ponto, o impulso da tendência de alta aumenta, e você verá dias brancos consecutivos, aberturas gap de alta e menos dias pretos consecutivos, até que a tendência de alta finalmente esteja estendida demais.

O padrão Rest After Battle não tem um padrão oposto/complementar.

Regras de Reconhecimento

1. O padrão Rest After Battle começa com um dia longo branco. O ponto médio do intervalo do primeiro dia está acima da média móvel de dez períodos. Isso significa que uma tendência de alta está acontecendo.
2. O intervalo high-low do primeiro dia deve ser maior do que a média de intervalo high-low dos cinco dias que precedem imediatamente este padrão.
3. O primeiro dia deve obrigatoriamente ter um corpo muito longo.

Cenários e Psicologia por trás do Padrão

O primeiro dia deste padrão representa um verdadeiro entusiasmo de compra. Não se deseja que muitas compras precedam esse primeiro dia, então, o dia antes do padrão não pode ser um dia branco que seja mais longo do que o primeiro dia do padrão.

Além disso, convém se atentar a esse padrão se ele ocorrer após uma tendência de alta sustentada.

Flexibilidade do Padrão

A segunda e a terceira linha candlestick deste padrão representam o período de descanso logo após o forte crescimento do primeiro dia. O segundo e o terceiro dia são relativamente curtos e não têm corpos longos. Especificamente, o intervalo high-low do segundo e do terceiro dia deve obrigatoriamente ser menor que 75% do intervalo high-low do primeiro dia. E os corpos reais do segundo e do terceiro dia devem ocupar menos de 50% do intervalo high-low desses dias.

O segundo e o terceiro dia têm intenção de representar descanso, não muita fraqueza ou força adicional após o primeiro dia. Então, o segundo e o terceiro dia devem ambos fechar acima do ponto médio do intervalo high-low do primeiro dia. Essas exigências asseguram que os preços não caiam muito após o primeiro dia.

Com a intenção de ter certeza de que há bastante, mas não muita, força após o primeiro dia, você deve se assegurar de que o topo do segundo dia esteja acima do fechamento do primeiro dia. O segundo dia pode ser branco ou preto, então o topo do segundo dia pode ser a abertura ou fechamento do segundo dia. Em qualquer um dos casos, o gap de alta na abertura do segundo dia mostra que há algum interesse adiantado de compra adicional após o primeiro dia. Para limitar a força do segundo dia, deve-se assegurar que a baixa do segundo dia esteja abaixo da alta do primeiro dia.

Então, continuando com a ideia de não muito forte ou fraco, o terceiro dia deve abrir e fechar acima da alta do segundo dia e abrir e fechar acima da baixa do segundo dia. Como no segundo dia, o terceiro pode ser tanto branco como preto.

Quebra de Padrão

O padrão Rest After Battle se reduz a uma linha candlestick longa branca com um corpo branco bastante longo na extremidade inferior. Uma linha candlestick longa branca que ocorre em uma tendência de alta é de alta e sustenta a alta desse padrão.

Figura 4-46

Exemplo

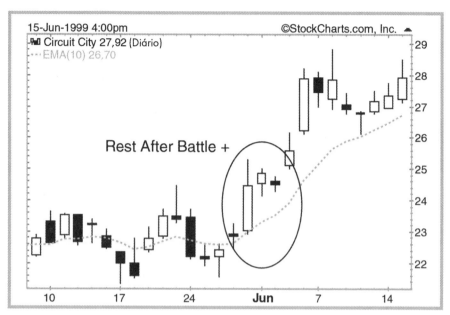

Figura 4-47

PADRÕES DE QUATRO OU MAIS DIAS

RISING THREE METHOD E FALLING THREE METHOD

Nome padrão:	Rising 3 Methods +			Tipo:	C+	
Nome japonês:	*uwa banare sanpoo ohdatekomi*					
Tendência necessária:	Sim		**Confirmação:**	Não		
Frequência (MDiasEP):	5.332		Comum			
Estatísticas de padrão de 7.275 ações comuns com mais de 14,6 milhões de dias de dados						
Intervalo (Dias)	1	2	3	4	5	6	7
% de Vencedores	50	50	49	49	50	49	50
% Média de Ganho	2,88	3,96	4,62	5,19	5,79	6,44	6,75
% de Perdedores	50	50	51	51	50	51	50
% Média de Perda	-2,33	-3,12	-3,52	-4,07	-4,63	-4,92	-5,23
Ganho/Perda Líquido	0,26	0,44	0,50	0,47	0,58	0,67	0,70

Nome padrão:	Falling 3 Methods -			**Tipo:**	C-	
Nome japonês:	*shita banare sanpoo ohdatekomi*					
Tendência necessária:	Sim	**Confirmação:**	Sugerida			
Frequência (MDiasEP):	8.075	Comum				
Estatísticas de padrão de 7.275 ações comuns com mais de 14,6 milhões de dias de dados						
Intervalo (Dias)	1	2	3	4	5	6	7
% de Vencedores	51	53	52	49	48	48	48
% Média de Ganho	2,89	3,85	4,78	5,39	5,99	6,63	6,98
% de Perdedores	49	47	48	51	52	52	52
% Média de Perda	-2,69	-3,80	-4,55	-5,07	-5,50	-6,31	-6,67
Ganho/Perda Líquido	0,15	0,22	0,29	0,04	0,02	-0,07	-0,06

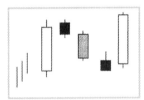

Figura 4-48

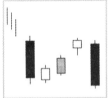

Figura 4-49

Comentário

O Three Methods (Capítulo 5) inclui o Rising Three Methods de alta e o Falling Three Methods de baixa. Ambos são Padrões de Continuação que representam pausas na tendência de preços sem causar uma reversão. Eles são dias de descanso no mercado de ações e podem ser usados para adicionar uma ação, se já estiver no mercado.

PADRÕES DE CONTINUAÇÃO

Rising Three Methods

Um candlestick longo branco é formado em uma tendência de alta (Figura 4-48). Depois desse dia longo, ocorre um grupo de candlestick de corpo pequeno, o que mostra alguma resistência da tendência anterior. Esses dias de reação são geralmente pretos, mas, mais importante, seus corpos cabem dentro do intervalo high-low do primeiro dia longo branco. Lembre-se de que o intervalo high-low inclui as sombras. O último candlestick (normalmente o quinto dia) abre acima do fechamento do dia de reação anterior e, então, fecha em uma nova altura.

Falling Three Methods

O padrão Falling Three Methods é o equivalente de baixa do Rising Three Methods. Uma tendência de baixa está acontecendo quando é perpetuada mais profundamente com um candlestick longo preto (Figura 4-49). Os três dias seguintes produzem dias de corpo pequeno que se movem contra a tendência. É melhor se os corpos desses dias reacionários forem brancos. Nota-se que os corpos permanecem todos dentro do intervalo high-low do primeiro candlestick preto. O último dia poderia abrir próximo do fechamento do dia anterior e, então, fechar em uma nova baixa. O descanso do mercado acabou.

Regras de Reconhecimento

1. Um candlestick longo é formado, representando a tendência atual.
2. Esse candlestick é seguido por um grupo de candlesticks de corpo real pequeno. É melhor se forem de cores opostas.
3. Os candlesticks pequenos sobem ou descem, opostos à tendência, e permanecem dentro do intervalo high-low do primeiro dia.
4. O dia final deveria ser um dia forte, com um fechamento fora do fechamento do primeiro dia e em direção à tendência original.

Cenários e Psicologia por trás do Padrão

O conceito por trás do Rising Three Methods vem dos primórdios da história das negociações de futuros japonesa e é uma parte vital do Método Sakata. O padrão Three Methods é considerado um descanso da batalha. Em terminologia moderna, o mercado está só dando um tempo. A psicologia por trás de movimentos como esse é que surgem algumas dúvidas sobre a capacidade de continuação da tendência. Essa dúvida aumenta conforme acontece a reação dos dias de intervalo curto. Todavia, uma vez que os de posição de alta veem que uma nova baixa não pode ser feita, a alta recomeça e novas altas se solidificam rapidamente. O padrão Falling Three Methods é o oposto.

Flexibilidade do Padrão

Por conta de este padrão normalmente consistir de cinco linhas candle, é, de certa forma, raro encontrá-lo em sua forma clássica. Algumas concessões podem ser permitidas no intervalo dos dias de reação. Elas podem ir ligeiramente acima ou abaixo do intervalo do primeiro dia. É melhor, se permitido, que cubram completamente o intervalo do primeiro dia. Se não o fizerem e não penderem em uma direção, esse padrão pode se tornar um Mat Hold, caso ocorra em uma tendência de alta.

Quebra de Padrão

O padrão Rising Three Methods se reduz a um candlestick longo branco, o qual sustenta completamente a continuação de alta (Figura 4-50). O Falling Three Methods se reduz a um candlestick longo preto, o qual sustenta completamente a continuação de baixa (Figura 4-51).

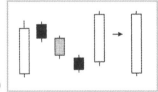

Figura 4-50   Figura 4-51

PADRÕES DE CONTINUAÇÃO

Padrões Relacionados

Um padrão semelhante ao Rising Three Methods de alta é o Mat Hold. É também um padrão de continuação de alta, mas permite maior flexibilidade em dias de reação. Isto é, os dias pequenos pretos que estão entre dois dias longos brancos não precisam estar dentro do intervalo do primeiro dia branco. Ver os dois padrões lado a lado mostrará que a tendência de alta era, e é, muito mais forte para o padrão Mat Hold de alta.

Exemplos

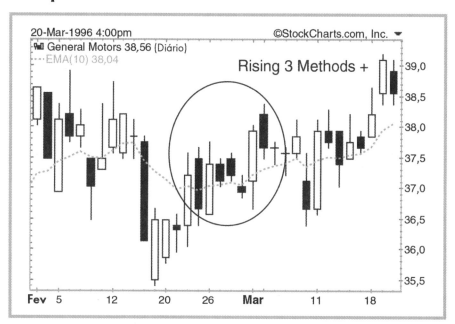

Figura 4-52A

253

GRÁFICOS CANDLESTICK DESVENDADOS

Figura 4-52B

MAT HOLD

Nome padrão:	Mat Hold +		Tipo:	C+
Nome japonês:	*uwa banare sante oshi*			
Tendência necessária:	Sim	Confirmação:	Não	
Frequência (MDiasEP):	55.303	Raro		
Estatísticas de padrão de 7.275 ações comuns com mais de 14,6 milhões de dias de dados					
Intervalo (Dias)	1	2	3	4	5	6	7
% de Vencedores	45	49	51	52	54	54	53
% Média de Ganho	2,50	3,86	4,88	5,36	5,96	5,91	6,13
% de Perdedores	55	51	49	48	46	46	47
% Média de Perda	-1,99	-3,04	-3,13	-4,21	-4,69	-4,60	-4,84
Ganho/Perda Líquido	0,04	0,33	0,91	0,75	1,03	1,05	0,95

■■■ PADRÕES DE CONTINUAÇÃO

Nome padrão:	Mat Hold -				Tipo:	C-
Nome japonês:	uwa banare sante oshi					
Tendência necessária:	Sim		Confirmação:	Sugerida		
Frequência (MDiasEP):	96.689		Raro			
Estatísticas de padrão de 7.275 ações comuns com mais de 14,6 milhões de dias de dados						
Intervalo (Dias)	1	2	3	4	5	6	7
% de Vencedores	50	46	45	52	48	49	48
% Média de Ganho	3,07	4,30	5,20	5,14	5,69	6,65	7,03
% de Perdedores	50	54	55	48	52	51	52
% Média de Perda	-2,54	-3,73	-4,46	-5,08	-5,74	-6,54	-7,61
Ganho/Perda Líquido	0,24	-0,04	-0,12	0,27	-0,29	-0,12	-0,57

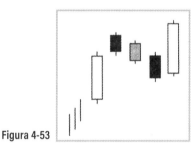

Figura 4-53

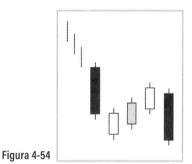

Figura 4-54

Comentário

Mat Hold de Alta

O padrão Mat Hold de alta é uma versão modificada do Rising Three Methods. Os primeiros três dias começam como o Upside Gap Two Crows, com a exceção de que o segundo corpo preto (terceiro dia) mergulha no corpo do primeiro dia longo branco (Figura 4-53). Isso é seguido por outro corpo pequeno preto e fecha ainda mais baixo, mais ainda dentro do intervalo do primeiro corpo branco. O quinto dia vê uma grande abertura em gap, com um forte aumento para um fechamento acima da alta dentre as mais altas dos três dias pretos. Isso sugere que a tendência continuará ascendendo e que novas posições podem ser tomadas ali.

O padrão Mat Hold de alta mostra mais força como um sinal de continuação do que o Rising Three Methods. Os dias de reação são basicamente mais altos do que os de Rising Three Methods. Em outras palavras, o Mat Hold de alta não descansa tanto, ou se separa da tendência, como faz o Rising Three Methods.

Mat Hold de Baixa

O padrão Mat Hold de baixa (Figura 4-54) é um padrão de continuação de baixa de cinco dias que pretende capturar as quebras e pausas que ocorrem quando há uma tendência de mercado.

Regras de Reconhecimento

Mat Hold de Alta

1. Um dia longo branco é formado em um mercado de tendência de alta.
2. Um gap de alta com um fechamento inferior no segundo dia forma um dia quase como uma estrela.
3. Os dois dias seguintes são dias de reação semelhantes ao Rising Three Methods.
4. O quinto dia é um dia branco com uma nova altura de fechamento.

Mat Hold de Baixa

1. O padrão começa com um dia longo branco que ocorre durante uma tendência de baixa.
2. O dia seguinte é um dia branco cujo corpo real faz gap para longe do corpo real preto do dia anterior.

PADRÕES DE CONTINUAÇÃO

3. Dois dias relativamente curtos vêm depois, com cada um fazendo um topo e fundo mais alto do que o dia anterior.

4. O quinto dia é um dia longo preto que abre abaixo do fechamento do quarto dia e fecha abaixo da abertura do segundo dia.

Cenários e Psicologia por trás do Padrão

Mat Hold de Alta

O mercado está continuando sua ascensão, com um dia longo branco confirmando o movimento de alta. No dia seguinte, os preços fazem gap na abertura e trade em um pequeno intervalo, de forma que fecham ligeiramente mais baixos. Esse fechamento mais baixo (inferior ao de abertura) ainda é uma nova alta de fechamento para esse movimento. Os que estão em posição de alta apenas descansaram, ainda que o price action com certeza atraia aqueles em posição de baixa. Os dias seguintes causam certa preocupação de que o movimento de ascensão possa estar em risco. Esses dias abrem perto de onde o mercado fechou no dia anterior e, então, fecham ligeiramente mais baixos. Mesmo nesse terceiro dia, o mercado está mais alto do que a abertura do primeiro dia (um dia longo branco). Uma atitude desenvolvida pela falha de uma reversão aparece, e os preços aumentam novamente, para fechar em uma nova alta de fechamento. Isso sustenta completamente o caso, daqueles em posição de alta, de que era apenas uma pausa em uma tendência de alta.

Mat Hold de Baixa

Dias dois, três e quatro são uma quebra na tendência, e se nota que eles nunca fecham acima da abertura do primeiro dia. Então, ao fim do dia quatro, os traders começam a pensar que qualquer reversão da tendência de baixa falhou. Quando o quinto dia fecha abaixo da abertura do segundo dia, os de posição de baixa sabem que os três dias anteriores foram apenas uma pausa de uma forte tendência de declínio.

Flexibilidade de Padrão

O segundo, terceiro e quarto dias do padrão não têm nenhuma exigência de comprimento do corpo, então um ou mais desses dias são comumente dojis. Além disso, é permitido ao terceiro e quarto dia ser branco ou preto. Apesar de branco ser preferencial em ambos os dias, o quarto dia por vezes é preto.

O primeiro e o quinto dia devem ter corpos longos. O corpo de um candlestick é aquele que ocupa mais de 50% do intervalo high-low.

A disposição dos três dias pequenos pretos deveria ser um declínio consecutivo, semelhante ao Rising Three Methods. Os dias de reação são, no total, mais altos do que os do Rising Three Methods.

Quebra de Padrão

O padrão Mat Hold de alta se reduz a um longo candlestick branco que sustenta completamente sua continuação de alta (Figura 4-55).

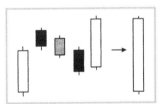

Figura 4-55

O padrão Mat Hold de baixa se reduz a uma longa linha candlestick preta de corpo longo. Uma linha candlestick longa preta que ocorre em uma tendência de baixa é de baixa e sustenta a baixa do padrão.

Figura 4-56

Related Patterns

O Rising Three Methods é um padrão mais rígido. Ainda que este padrão comece de certa forma como o Upside Gap Two Crows, o fechamento do terceiro dia dentro do corpo do primeiro dia elimina essa possibilidade. Deve-se também estar alerta para um possível padrão Three Black Crows começando com o segundo dia, especialmente se for um dia longo.

O padrão Mat Hold de baixa é semelhante ao Falling Three Methods.

Exemplos

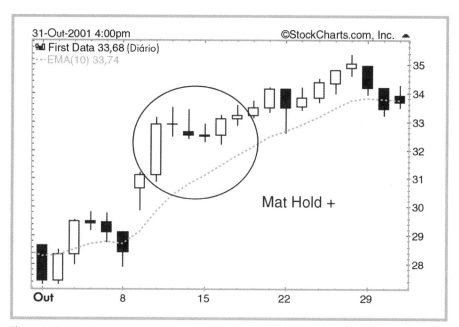

Figura 4-57

GRÁFICOS CANDLESTICK DESVENDADOS

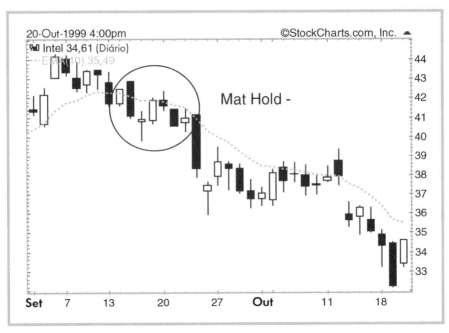

Figura 4-58

THREE-LINE STRIKE

Nome padrão:	3 Line Strike +		Tipo:	C+
Nome japonês:	sante uchi karasu no bake sen			
Tendência necessária:	Sim	Confirmação:	Não	
Frequência (MDiasEP):	20.506	Raro		
Estatísticas de padrão de 7.275 ações comuns com mais de 14,6 milhões de dias de dados					
Intervalo (Dias)	1	2	3	4	5	6	7
% de Vencedores	53	54	53	57	56	57	57
% Média de Ganho	2,46	3,09	3,82	4,20	4,59	5,05	5,61
% de Perdedores	47	46	47	43	44	43	43
% Média de Perda	-2,37	-3,02	-3,60	-4,37	-5,00	-5,54	-5,94
Ganho/Perda Líquido	0,18	0,28	0,33	0,49	0,35	0,53	0,66

PADRÕES DE CONTINUAÇÃO

Nome padrão:	3 Line Strike -		Tipo:	C-
Nome japonês:	sante uchi karasu no bake sen			
Tendência necessária:	Sim	Confirmação:	Sugerida	
Frequência (MDiasEP):	17.402	Raro		
Estatísticas de padrão de 7.275 ações comuns com mais de 14,6 milhões de dias de dados					

Intervalo (Dias)	1	2	3	4	5	6	7
% de Vencedores	53	51	52	51	51	52	53
% Média de Ganho	2,79	3,98	4,57	5,37	5,93	6,39	6,87
% de Perdedores	47	49	48	49	49	48	47
% Média de Perda	-3,02	-4,03	-5,13	-5,45	-5,74	-6,94	-7,07
Ganho/Perda Líquido	0,03	0,08	-0,05	0,09	0,16	-0,03	0,29

Figura 4-59

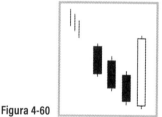

Figura 4-60

Comentário

Este é um padrão de quatro linhas que aparece em uma tendência definida. Pode ser considerado como uma versão estendida tanto do padrão Three Black Crows (de baixa) como do padrão Three White Soldiers (de alta). Esse é um padrão de descanso ou pausa: o resto foi concluído em apenas um dia. Quebras em tendências são quase sempre saudáveis para a tendência. Algumas referências japonesas mencionam esse padrão como o Fooling Three Crows, para a versão de baixa. O caso de alta pode ser também chamado de Fooling Three Soldiers.

Three-Line Strike de Alta

Três dias brancos com consecutivas altas mais altas são seguidos por um dia longo preto (Figura 4-59). Esse dia longo preto abre em uma nova altura e, então, despenca para uma baixa inferior àquela do primeiro dia branco do padrão. Esse tipo de ação apaga completamente a marcha para cima dos três dias anteriores. Se a tendência anterior era forte, isso deveria ser considerado como um revés com algum ganho de lucro. Esse último dia é considerado um dia de liquidação, que dará à tendência de alta a força necessária.

Three-Line Strike de Baixa

Uma tendência de baixa é acentuada por três dias pretos que, cada, têm consecutivamente baixas mais baixas (Figura 4-60). O quarto dia abre em uma nova baixa, então faz um rali e fecha acima da alta do primeiro dia preto. Esse último dia longo branco nega completamente os três dias pretos anteriores. Esse dia deveria ser considerado como um dia em que shorts estão sendo cobertos, e o movimento de baixa deveria continuar.

Regras de Reconhecimento

Three-Line Strike de Alta

1. Três dias se assemelhando a Three White Soldiers estão dando continuidade a uma tendência de alta.
2. Uma abertura mais alta no quarto dia cai para fechar abaixo da abertura do primeiro dia branco.

Three-Line Strike

1. Três dias se assemelhando a Three Black Crows estão dando continuidade a uma tendência de baixa.
2. Uma abertura mais baixa no quarto dia faz rali para fechar acima da abertura do primeiro dia preto.

Cenários e Psicologia por trás do Padrão

O mercado continuou em sua tendência, auxiliado pelo recente padrão Three Black Crows ou Three White Soldier, qualquer que seja o caso. O quarto dia abre na direção da tendência, mas o ganho de lucro ou cobertura de short faz com que o mercado se mova com força na direção oposta. Essa ação causa considerável exame de consciência, mas lembre-se de que esse movimento erradica completamente os três dias anteriores. Isso certamente secou o sentimento de reversão de curto prazo, e a tendência deveria continuar em sua direção anterior.

Flexibilidade do Padrão

A quantidade de gap inicial na direção da tendência e quanto o quarto dia se moveu seriam um forte indicativo de sucesso deste padrão como um de continuação.

Quebra de Padrão

O Three-Line Strike de alta se reduz a uma linha Shooting Star e está em conflito direto com a alta desse padrão (Figura 4-61). O Three-Line Strike de baixa se reduz a um Hammer e também está em conflito direto com a baixa do padrão (Figura 4-62).

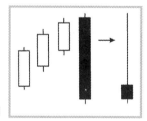

Figura 4-61   Figura 4-62

Padrões Relacionados

Há uma insinuação de Three White Soldiers e Three Black Crows nestes padrões, mas sua influência é rapidamente negada com a forte reação do dia que se segue.

Exemplos

Figura 4-63A

Figura 4-63B

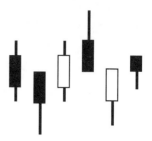

CAPÍTULO CINCO
MÉTODO SAKATA E FORMAÇÕES CANDLE

A história japonesa e a história das negociações financeiras japonesas, em particular, são ricas em relatos de sucesso, geralmente protagonizados por apenas alguns indivíduos. Com tal sucesso, um deles é Munehisa (Sohkyu) Honma. Algumas referências usam Sohkyu e outras usam Munehisa.

Honma entrou na história da negociação de futuros japonesa em meados do século XVIII. Quando ele recebeu o comando de um negócio familiar opulento em 1750, começou a negociar na bolsa de arroz local, na cidade portuária de Sakata, na costa do norte de Honshu (cerca de 355km ao norte de Tóquio). Sakata era um porto de coleta e distribuição de arroz e, ainda hoje, é um dos portos mais importantes do Mar do Japão.

Consta que Honma estabeleceu uma rede pessoal de comunicações, que consistia de homens em telhados espalhados a cada 4km de Osaka a Sakata. A distância entre Osaka e Sakata é de cerca de 611km, o que faria necessário ter bem mais de cem homens. Isso lhe garantia a vantagem de que precisava para acumular grande riqueza na comercialização de arroz.

Honma compilou muitos registros no intuito de compreender a psicologia dos investidores. Seus estudos o ajudaram a perceber que não deveria ter pressa em fazer trade. Segundo ele, no caso de você se sentir impelido a se apressar porque acredita que não poderia perder, espere três dias para ver se ainda se sente da mesma forma. Se for assim, pode entrar na trade, provavelmente com bastante sucesso.

A Família Honma possuía uma grande plantação de arroz próxima a Sakata e era considerada extremamente rica, uma reputação que condizia com a realidade e era externada por uma canção popular cuja letra dizia que nenhum homem pode ser tão rico como um Honma: poderia apenas desejar ser tão rico como um *daimyo*. Um *daimyo* é o termo japonês antigo para lorde feudal.

Honma morreu em 1803. Durante esse período, um livro foi publicado. "Se as outras pessoas são de alta, seja tolo e venda arroz" é um dos conselhos contido no *San-em Kinsen Horoku*. Esse livro, de 1755, é conhecido hoje como a base da filosofia mercadológica japonesa. Hoje, em Sakata, uma casa que certa vez pertenceu à família se tornou o Museu de Arte Honma.

Todos os padrões e formações baseados nos Métodos Sakata se originam das 160 regras que Honma escreveu aos 51 anos de idade. O Método Sakata, por sua vez, é o que agora se considera os primórdios do reconhecimento de padrões candle. Gráficos candlestick não foram de fato desenvolvidos por ele, apenas a filosofia de padrões que os acompanha. Sua abordagem foi creditada como a origem da atual análise de candlestick.

Uma vez que Honma veio de Sakata, podem-se ver referências à Lei Sakata, o Método Sakata, Os Cinco Métodos Sakata, Constituição Honma e nomes semelhantes. Ainda que os rótulos possam divergir, a técnica de análise permanece a mesma. Este livro se referirá a essa abordagem como Método Sakata.

MÉTODO SAKATA

O Método Sakata, tal como originado e usado por Honma para a análise de gráficos básica, se liga com a linha candle básica yin (*inn*) e yang (*yoh*), junto com duas linhas adicionais. O conceito é centrado ao redor do número três. O número três aparece com frequência na análise tradicional, bem como nas técnicas de gráficos japonesa. O Método Sakata é uma técnica de análise de gráficos que usa o número três em diferentes pontos e horas no mercado, e pode ser resumido como:

- *San-zan* (Three Mountains — Três Montanhas)
- *San-sem* (Three Rivers — Três Rios)

MÉTODO SAKATA E FORMAÇÕES CANDLE

- *San-ku* (Three Gaps — Três Gaps)
- *San-pei* (Three Soldiers — Três Soldados)
- *San-poh* (Three Methods — Três Métodos)

Nessa lista, deveria ser óbvio que san se refere ao universal número três.

SAN-ZAN (THREE MOUNTAINS – TRÊS MONTANHAS)

O Três Montanhas forma uma linha que faz um importante topo no mercado. É semelhante à formação triple-top [topo triplo, em tradução livre] tradicional do Ocidente, na qual o preço sobe e desce três vezes, formando um top. Essa formação é semelhante também à Three Buddha Top (*san-son*), que é equivalente à formação tradicional ombro cabeça ombro. Este vem do posicionamento de três imagens de Buda alinhadas, com um grande Buda no centro e um menor em cada lado. San-zan também inclui o típico triple top ocidental, em que três movimentos para cima são feitos com correções comparáveis que vêm em seguida. Os três topos podem ser da mesma altura ou podem refletir negociações em uma direção, mais provavelmente para baixo.

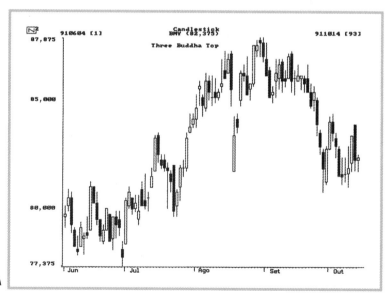

Figura 5-1A

267

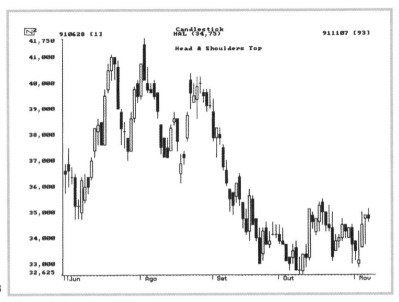

Figura 5-1B

SAN-SEN (THREE RIVERS – TRÊS RIOS)

O Três Rios é o oposto ao Três Montanhas. É, com frequência, usado como o triple bottom [fundo triplo, em tradução livre] tradicional ou cabeça e ombros invertido de fundo, mas não é necessariamente correto. O método Three Rivers é baseado na teoria de usar três linhas para a previsão do ponto de virada do mercado. Isso pode ser visto em uma quantidade de padrões candle de alta usando três linhas, tal como o Morning Star e o Three White Soldiers. Na bibliografia japonesa, o Morning Star é às vezes chamado de Three Rivers Morning Star, em referência a esse Método Sakata.

MÉTODO SAKATA E FORMAÇÕES CANDLE

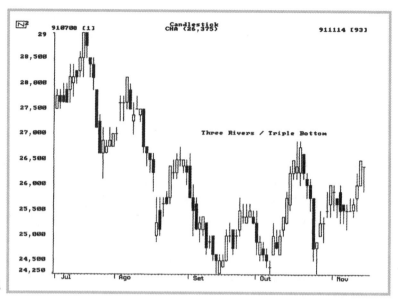

Figura 5-2A

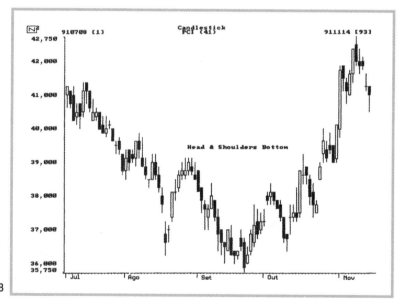

Figura 5-2B

Não se chegou a um consenso sobre se o Método Sakata usa Three Rivers como uma técnica de formação de fundo ou se ele se refere ao uso de três linhas para identificar topos e fundos. Existem referências consideráveis na bibliografia japonesa para o Three Rivers Evening Star (um padrão de baixa) e o Three Rivers Upside Gap Two Crows (também de baixa). Lembre-se, ainda, do Capítulo 3, no qual havia um padrão de reversão chamado Unique Three Rivers Bottom.

SAN-KU (THREE GAPS – TRÊS GAPS)

Esse método usa gaps em price actions como um meio de cronometrar os pontos de entrada e saída no mercado. Diz-se que, após um fundo de mercado, vende-se no terceiro gap. O primeiro gap (*ku*) demonstra a forte ocorrência de novas compras. O segundo gap representa compras adicionais e a possibilidade de certa cobertura por parte de traders de baixa sofisticados. O terceiro gap é o resultado de coberturas de posição short, por parte de traders de baixa relutantes, e de quaisquer ordens atrasadas ao mercado para compras. Neste ponto, no terceiro gap, o Método Sakata recomenda vender, por conta do conflito de ordens e da possibilidade de alcançar condições de overbought rapidamente. Essa mesma técnica funciona em reversão para um gap de declínio em um mercado após um topo. O termo japonês para preencher o gap é *anaume*. Gaps (*ku*) também são chamados de janela (*mado*) pelos japoneses.

Figura 5-3

Figura 5-4

SAN-PEI (THREE SOLDIERS – TRÊS SOLDADOS)

San-pei significa "três soldados que estão marchando na mesma direção". Isso é tipificado pelo padrão candle Three White Soldiers de alta, que indica um aumento estável no mercado. Esse tipo de estabilidade de aumento de preço mostra as promessas de um movimento maior de alta. O Método Sakata também revela como esse padrão se deteriora e mostra fraqueza na ascensão do mercado. Tais variações de baixa do padrão Three White Soldiers de alta serão discutidas a seguir. A primeira variação do padrão Three White Soldiers é o padrão Advanced Block, que é bastante similar, exceto que o segundo e o terceiro dia branco têm sombras superiores longas. A segunda variação do padrão Three White Soldiers é o padrão Deliberation (stalled [um padrão que ocorre em tendência de alta, mas indicando uma reversão de baixa]), que também tem uma sombra superior longa no segundo dia. Porém, o terceiro dia é um Spinning Top, muito provavelmente uma estrela. Isso sugere que uma reviravolta do mercado está próxima.

Outros padrões que constituem o método *san-pei* são os Three Black Crows e o Identical Three Crows. Cada um desses padrões candle é de baixa e indica um mercado fraco (Capítulo 3).

Figura 5-5

Figura 5-6

SAN-PON (THREE METHODS – TRÊS MÉTODOS)

San-poh significa "um descanso ou cessar fogo no mercado de ações". Faz referência a um dito popular: "Venda, compre e descanse." A maioria dos livros de psicologia de mercado e de negociações sugere fazer uma pausa. Isso é necessário por muitas razões, e uma das mais importantes é ter uma perspectiva do mercado enquanto não se tem nenhum dinheiro envolvido. *San-poh* envolve os padrões de continuação chamados Rising Three Methods e Falling Three Methods (Capítulo 4). Algumas fontes também se referem a dois outros padrões, o Upside Gap Three Methods e o Downside Gap Three Methods, todos discutidos no Capítulo 4.

Os padrões de continuação Rising e Falling Three Methods são padrões de descanso. A tendência do mercado não é quebrada, apenas pausada enquanto se prepara para outra ascensão ou declínio.

O Método Sakata tenciona apresentar uma maneira clara e confiante de olhar para gráficos. Com frequência, o Método Sakata é apresentado junto com a seguinte filosofia simples.

1. Em um mercado de alta ou baixa, os preços continuarão a se mover em uma direção estabelecida. Esse fato foi útil no desenvolvimento da identificação dos padrões candle em computadores (Capítulo 6).

2. É necessária mais força para causar uma ascensão no mercado do que uma queda. Isso está diretamente relacionado ao dito tradicional de que o mercado pode cair devido a seu próprio peso.

3. Um mercado que se ergueu por fim cairá, e o mercado que caiu por fim se erguerá. Como observado em um artigo na edição de setembro de 1991 da *Forbes*, em um mercado de baixa é inteligente se lembrar de que o mundo não está acabando, e em um mercado de alta é inteligente se lembrar de que árvores não crescem até o céu. Uma analogia semelhante, e mais comum, é a de que coisas boas chegarão ao fim.

4. Os preços do mercado algumas vezes pararão completamente de se mover. Isso se refere a negociações laterais, um momento que chega para todos, exceto para os traders mais sagazes, que se retiram.

Figura 5-7

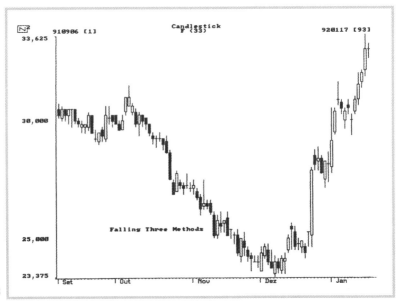
Figura 5-8

FORMAÇÕES CANDLE

Existem muitas formações candle que se assemelham a formações de preço usadas em análise técnica tradicional. Steve Nison cunhou muitos dos nomes comumente usados no Ocidente hoje em dia. Essas formações consistem de muitos dias de dados, são usadas como índices de mercados gerais e carecem de um timing preciso, algo de que muitos investidores e traders necessitam. Quando uma formação evolui, procure evidência adicional de reversão de preço, tal como o padrão candle de reversão. Certa interferência pode ocorrer quando a constituição de uma formação leva um longo período de tempo. Lembre-se de que a maioria dos padrões candle e, certamente, quase todos os padrões candle de reversão exigem que haja um relacionamento com a tendência atual ou anterior. Essas tendências são bastante influenciadas pelas formações candle mostradas a seguir.

EIGHT NEW PRICE LINES (*SHINNE HATTE*)

Esta é a formação de preços continuamente em ascensão no mercado. Após oito novas máximas de preço estarem solidificadas, deve-se realizar os lucros ou, ao menos, proteger as posições com paradas. As actions baseadas em dez novas máximas de preço, doze novas máximas de preço e treze novas máximas de preço são mencionadas em algumas bibliografias, mas não são recomendadas nesta situação. A action anterior do mercado deveria ser levada em consideração antes de se usar essa técnica.

Figura 5-9

TWEEZERS (*KENUKI* – PINÇA)

Tweezers é uma formação relativamente simples e usa os componentes de duas ou mais linhas candle diárias para determinar topos e fundos. Se a máxima de dois dias é igual, a formação é chamada de Tweezer Top (*kenukitenjo*). Da mesma forma, se a baixa de dois dias é igual, é chamada de Tweezer Bottom (*kenukizoko*). A máxima ou mínima desses dias pode também coincidir com a abertura ou o fechamento. Isso significa que um dia pode ter uma sombra superior longa, e o dia seguinte pode ser um Marubozu de Abertura, com a abertura (e também a máxima) igual à máxima do dia anterior. A Tweezer Top ou Tweezer Bottom não é limitada a apenas dois dias. Dias de movimento errático podem ocorrer entre os dois dias que constituem a formação tweezer.

Tweezer Tops ou Tweezer Bottoms são formações que darão suporte e resistência de curto prazo. Os termos "suporte" e "resistência" se referem aos preços anteriormente feitos na virada no mercado. Suporte é uma base de preço que interrompe o declínio do mercado, e resistência é um nível de preços que geralmente interrompe ascensões de mercado. Um bom indicador de que o Tweezer Top e Tweezer Bottoms foram bem-sucedidos ocorre quando eles também são parte de um padrão de reversão. Um exemplo disso seria um Harami Cross, no qual as duas máximas (ou mínimas) são iguais.

Semelhante em conceito aos Tweezers são o padrão Matching Low e o Stick Sandwich, discutidos no Capítulo 3. Esses dois padrões de reversão de alta são derivados do conceito tweezer, exceto pela parte em que é usado exclusivamente o preço de fechamento, enquanto o Tweezer pode usar qualquer componente de dados, como a máxima e mínima.

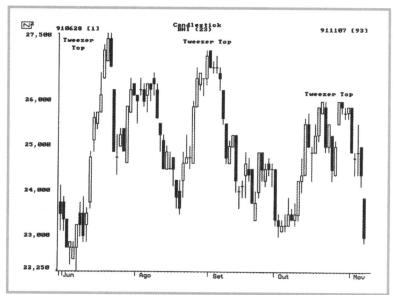

Figura 5-10

HIGH WAVES (*TUKANE NOCHIAL*)

A formação High Waves pode ser vista em sombras superiores de uma série de linhas candle. Após uma tendência de alta, uma sequência de dias, como o Shooting Star, Spinning Tops ou Gravestone Doji, pode produzir tendências de topo. Essa falha em fechar mais alto mostra uma perda de direção e pode indicar uma reversão na direção do mercado. Um padrão Advance Block pode também ser o começo de uma formação High Waves.

Figura 5-11

TOWER TOP AND TOWER BOTTOM
(*OHTENJYOU* – TORRE DE TOPO E TORRE DE FUNDO)

Tower Tops e Tower Bottom são feitas de dias longos que vagarosamente mudam de cor e indicam uma possível reversão. Tower Bottoms ocorrem quando o mercado está em uma tendência de baixa, unidos a muitos dias longos pretos, mas não necessariamente estabelecendo preços significativamente inferiores, como no padrão Black Crows. Esses dias longos por fim se tornam dias brancos, e, ainda que a reviravolta não seja óbvia, novos fechamentos em alta são enfim feitos. Não há nada que determine que um dia curto ocasional não possa ser parte desse padrão de reversão. Esses dias curtos geralmente acontecem durante a transição do dia preto para branco. Claro, o Tower Top é o completo oposto. O termo "Tower" se refere aos dias longos que ajudam a definir esse padrão. Certas bibliografias japonesas se referem a esse tipo de formação como Turret Top, quando ocorrem em ápices.

■■■ MÉTODO SAKATA E FORMAÇÕES CANDLE

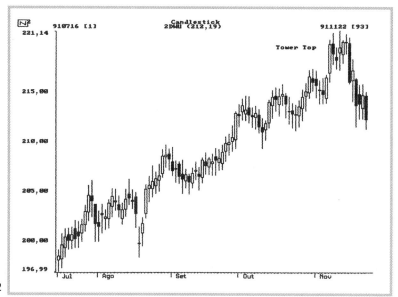
Figura 5-12

Figura 5-13

FRY PAN BOTTOM (*NABEZOKO* – FRIGIDEIRA DE FUNDO)

O Fry Pan Bottom é semelhante ao Tower Bottom, exceto que os dias são todos pequenos ou de corpo curto. A formação de fundo é cíclica, e as cores não são importantes. Após uma certa quantidade de dias em que o fundo é arredondado, um gap é feito em um dia branco. Isso confirma a reversão, e uma tendência de alta deve começar. O nome é derivado do fundo côncavo de uma frigideira com um longo cabo.

Dumpling Top é o equivalente à formação Fry Pan Bottom. É um topo cíclico, semelhante ao topo redondo, em um jargão técnico tradicional. A tendência de baixa é confirmada por um gap no corpo de trás. Se o dia preto após o gap for uma Linha Belt Hold, a habilidade de prever o movimento de preço futuro dessa formação será ainda melhor.

Figura 5-14

MÉTODO SAKATA E FORMAÇÕES CANDLE

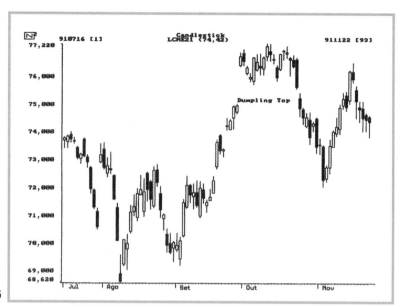

Figura 5-15

HIGH PRICE GAPPING PLAY E
LOW PRICE GAPPING PLAY (*BOHTOH E BOHRAKU*)

High e Low Price Gapping Plays são os equivalentes japoneses de irrupção. Enquanto os preços começam a se consolidar próximos ao nível de suporte e resistência, a indecisão no mercado se torna maior conforme o tempo passa. Uma vez que esse intervalo é partido, a direção do mercado rapidamente volta ao que era. Se a irrupção é causada por um gap na mesma direção em que os preços estavam em trade antes da consolidação, é certo um movimento a mais nessa direção. Por causa da natureza subjetiva dessas formações, os casos raramente serão vistos em livros didáticos. Basicamente, são o mesmo que o Rising e Falling Three Methods, e o Mat Hold, exceto que nenhum arranjo nítido de candlestick pode ser usado para defini-los.

281

GRÁFICOS CANDLESTICK DESVENDADOS

Figura 5-16

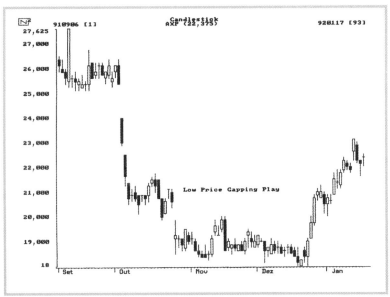

Figura 5-17

CAPÍTULO SEIS
A FILOSOFIA POR TRÁS DA IDENTIFICAÇÃO DE PADRÕES CANDLE

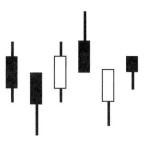

EXIGÊNCIAS DE DADOS, GAPS E REGRAS

Apenas dados de preço diários, que consistem em preços de abertura, máxima, mínima e fechamento em uma ação ou commodity, são usados na explicação desses conceitos. Muitas vezes, o preço de abertura não está disponível para as ações. A exceção é quando o fechamento do dia anterior é mais alto do que a máxima de hoje e esta é usada para a abertura. Também quando o fechamento do dia anterior é mais baixo do que a mínima de hoje, esta é usada como o preço de abertura. Isso permite a visualização de gaps a partir do fechamento de um dia para o intervalo do próximo dia.

Gaps são uma parte importante da análise candlestick. Para demonstrar que não existe muita diferença, as ações S&P 100 com e sem preço de abertura foram testadas e analisadas. Testes abrangentes também foram realizados em vasta quantidade de dados que continham o preço de abertura, para ver se havia qualquer informação estatística sobre gaps que pudesse ser usada quando o preço de abertura não estava disponível. Cada vez que a máxima e a mínima de um dia era maior do que o preço máximo do dia anterior, uma análise gap-up foi efetuada. Da mesma maneira, cada vez

283

que a máxima e a mínima de um dia era menor do que o preço mínimo do dia anterior, uma análise gap-down foi efetuada. Assim que um "dia de gap" foi identificado, a seguinte fórmula foi usada para determinar a localização do preço relativo ao intervalo do dia.

[(Abertura − Mínima) / (Alta − Mínima)] * 100

Os resultados mostraram consistência, pois o preço de abertura esteve de 17% a 31% dentro do intervalo high-low, seguindo um gap. Se o gap estivesse no lado de cima, o preço de abertura estaria cerca de 17% a 28% acima do preço mínimo. Da mesma maneira, se o gap estivesse no lado de baixo, o preço de abertura estaria cerca de 17% a 31% abaixo do preço máximo. Lembre-se, essas são apenas estatísticas calculadas de uma grande quantidade de dados, então sugerem-se as precauções habituais.

Deve-se também ser consciente de que certos padrões candle não podem existir se não houver um preço de abertura. Isto é, o fechamento do dia anterior não pode ser substituído pela abertura. Os padrões candle a seguir não podem existir quando o preço de abertura não estiver disponível imediatamente. Desde então, a maior parte dos serviços de dados fornece preços de abertura para todas as ações. Coincidentemente ou não, a maior parte desses serviços começou a fornecer preços de abertura no período relativo a 1991.

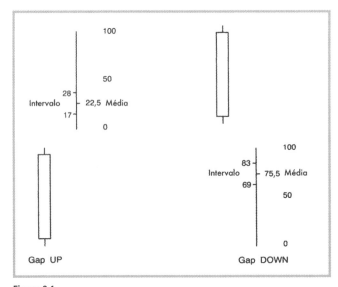

Figura 6-1

A FILOSOFIA POR TRÁS DA IDENTIFICAÇÃO DE PADRÕES CANDLE

- Inverted Hammer [Martelo Invertido]
- Dark Cloud Cover [Nuvem Negra]
- Piercing Lines [Linha de Perfuração]
- Meeting Lines [Linhas de Encontro]
- Upside Gap Two Crows
- Two Crows [Dois Corvos]
- Unique Three River Bottom
- Kicking [Chute]
- Matching Low
- Side-by-Side White Lines [Linhas Brancas Lado a Lado]
- Three Line Strike
- In Neck Line

Existem técnicas que podem ser utilizadas na identificação de padrões candle computadorizados, que ainda permitirão o uso desses padrões. Por exemplo, pode-se determinar alguns parâmetros que transformam os componentes dos dados de "maiores que" para "maiores que ou iguais a". Como resultado, a exigência de que a abertura de um dia deveria ser menor do que o fechamento do dia anterior poderia ser modificada, de forma que a abertura pudesse também ser igual. Apesar da possibilidade de extrapolar a filosofia de reconhecimento de padrão candle, isso, pelo menos, permite o uso de dados que não contenham o preço de abertura.

As capacidades eletrônicas de hoje em dia permitem aos traders observar os movimentos de preço intraday de um único tick de trade, barras de um minuto e quase quaisquer outros incrementos concebíveis entre eles. Não é nosso propósito decidir que tipo é melhor, mas, de vez em quando, as árvores atrapalham o caminho até a floresta. Deve-se também ter em mente que os padrões candle refletem a psicologia de negociações de curto prazo, incluindo o processo de decisão que ocorre após o fechamento de um mercado. É por isso que os preços de abertura e fechamento são importantes.

Usar dados intraday sem o benefício de uma interrupção é no mínimo questionável.

A IDEIA

O reconhecimento de padrão existe há muitos anos. Um computador pode checar e escanear vastas quantidades de dados e compilar estatísticas ilimitadas sobre padrões e sua habilidade de prever preços. Essa abordagem nunca permanece popular por muito tempo porque é baseada puramente em estatísticas e desconsidera uma explicação importante de como alguns padrões são mais bem-sucedidos que outros — a psicologia humana.

ENTRA A PSICOLOGIA HUMANA

Nos primeiros poucos minutos de um dia de negociações, uma grande quantidade de emoção da noite anterior é capturada. Algumas vezes, eventos especiais levam ao caos. Por exemplo, na Bolsa de Valores de Nova York, o especialista pode levar vários minutos para abrir as negociações de uma ação por conta do grande desequilíbrio de solicitações. Porém, uma vez que uma ação ou commodity de fato abre, um ponto de referência foi estabelecido. Desde esse ponto, decisões de negociação são feitas durante o dia.

Conforme o dia de negociações progride, extremos são alcançados enquanto a emoção de especuladores é manifestada. Esses extremos de emoções são gravados como a máxima e mínima do dia de negociações. Por fim, o dia de transações acaba e a última delas é gravada como o preço de fechamento. Esse é o preço que muitos usarão para ajudar a decidir suas posições e táticas que serão usadas na abertura do próximo dia de negociações.

À parte do dado intraday, quatro preços estão normalmente disponíveis para a análise do trader. Sabe-se, certamente, os preços exatos de abertura e fechamento para qualquer dia de transações, mas se desconhece que horas, durante o dia, foi alcançado o máximo e o mínimo, ou em que ordem.

A maioria dos padrões candle necessita de identificação não apenas da relação de dados que compõem o padrão, mas também da tendência imediatamente anterior ao padrão. A tendência é o que organiza a psicologia dos traders para o padrão candle desenvolvê-la. A maioria da bibliografia atual de certa forma evita esse ingrediente essencial para reconhecimento de padrão candle.

Deve ser dito aqui que a análise de candlestick japonesa é de curto prazo (de um a sete dias). Quaisquer padrões que gerem resultados de prazos mais longos são certamente apenas coincidências.

DETERMINAÇÃO DE TENDÊNCIA

O que é uma tendência? Essa questão, se pudesse ser respondida com profundidade, poderia revelar segredos do mercado. Para essa discussão, busca-se apenas a resposta simples e totalmente confiável de curto prazo.

A análise de tendências é uma parte primária da análise técnica. Para alguns, a identificação de tendência é tão importante quanto o timing de pontos de reversão no mercado. Os livros de análise técnicas lidam com o assunto da tendência bem minuciosamente e o define de numerosas formas. Uma das abordagens mais comum é a da média móvel.

Médias Móveis e Suavização

Um dos sistemas de mercado mais simples criados, a média móvel, funciona tão bem quanto a melhor das complicadas técnicas de suavização. Uma média móvel é exatamente o mesmo que uma média normal, exceto que "se move", pois é continuamente atualizada conforme os dados se tornam disponíveis. É dado peso igual a cada ponto de dados em uma média móvel em computação, por isso o termo "aritmética" ou "simples" é algumas vezes usado para uma média móvel.

Uma média móvel suaviza uma sequência de números de forma que os efeitos de flutuações de curto prazo sejam reduzidos. Obviamente, o período de tempo da média móvel alterará suas características.

J.M. Hurst, em *The Profit Magic of Stock Transaction Timing* (1970) [sem publicação no Brasil], explica essas alterações com três regras gerais:

1. Uma média móvel de qualquer período de tempo reduz completamente a magnitude das flutuações de durações iguais ao período de tempo de zero.

2. A mesma média móvel também reduz (mas não elimina) enormemente a magnitude de todas as flutuações de duração inferior ao período de tempo da média móvel.

3. Todas as flutuações maiores que o período de tempo da média "são entregues" ou estão presentes na linha média móvel

resultante. Aquelas com duração um pouco maior que o período da média são enormemente reduzidas em magnitude, mas o efeito diminui, enquanto a duração da periodicidade aumenta. Periodicidades cuja duração é muito longa passam quase ilesas.

A técnica de suavização, de certa forma mais avançada, é a média móvel exponencial. A princípio, comporta-se da mesma maneira que a média móvel simples (aritmética). A suavização exponencial foi desenvolvida para auxiliar no radar de mapeamento e projeção do percurso de fuga. Era necessária uma projeção mais rápida de tendência com mais influência dos dados mais recentes. A fórmula para suavização exponencial parece complexa, mas é a única outra maneira de ponderar os componentes de dados para que os mais recentes recebam o maior peso. Apesar de apenas dois pontos de dados serem necessários para conseguir o valor da suavização exponencial, quanto mais dados forem utilizados, melhor. Todos os dados são usados e é uma parte dos novos resultados.

Portanto, uma explicação simples para a suavização exponencial é dada aqui. Uma média exponencial utiliza a suavização constante que se aproxima do número de dias de uma média móvel simples. Essa constante é multiplicada pela diferença entre o preço de fechamento de hoje e o valor da média móvel do dia anterior. Esse novo valor é, então, adicionado ao valor da média móvel do dia anterior. A suavização constante equivale a $2/(n + 1)$, no qual n é o número de dias usados em uma média móvel simples.

O Método de Tendência Usado

Após conduzir numerosos testes, uma suavização exponencial dos dados de curto prazo foi determinada para identificar melhor a tendência de curto prazo. Ela dá a melhor, mais fácil e rápida determinação da tendência de curto prazo e é, certamente, um conceito fácil de entender. Conceitos simples são geralmente mais confiáveis e certamente têm mais credibilidade.

Numerosos testes, realizados em uma enorme quantidade de dados, levaram à conclusão de que o período exponencial de 10 dias parecia

A FILOSOFIA POR TRÁS DA IDENTIFICAÇÃO DE PADRÕES CANDLE

funcionar tão bem quanto qualquer outro, em especial quando você lembra que as candlesticks têm uma orientação de curto prazo.

IDENTIFICANDO OS PADRÕES CANDLE

Os capítulos anteriores apresentaram descrições detalhadas da relação exata entre abertura, máxima, mínima e fechamento. Aqueles capítulos lidam com o conceito de uso de tendências, enquanto este capítulo foca a determinação da tendência. Ademais, o método de determinar dias longos, dias curtos, dias doji etc é necessário, incluindo a relação entre corpo e sombras. Estas são essenciais na identificação adequada de padrões, tais como o Hanging Man e o Hammer. A seção a seguir mostrará uma multiplicidade de métodos aplicados para concluir tarefas semelhantes.

DIAS LONGOS

Um dos três diferentes métodos está disponível, no qual cada um, ou qualquer combinação deles, pode ser usado para determinar dias longos. O mínimo de três números nessas fórmulas se refere à porcentagem mínima aceitável para um dia longo. Qualquer dia desses cujo corpo seja maior do que o valor mínimo é considerado um dia longo.

1. Corpo Longo / Preço - Mínimo (0 a 100%)

Esse método relacionará o dia em questão com o atual valor de preço para uma ação ou commodity. Se o valor está estipulado em 5% e o preço está em 100, então um dia longo será aquele cujo intervalo da abertura ao fechamento é de cinco pontos ou mais. Esse método não usa nenhum dado do passado para determinar um dia longo.

2. Corpo Longo / Intervalo High to Low
- Mínimo (0 a 100%)

Esse método usa o comprimento do corpo em relação ao intervalo high-low de um certo dia analisado sob essa técnica. Se um candle não tiver sombras longas, é considerado um dia longo. Não é o melhor método para ser usado sozinho; se utilizado com um ou dois outros métodos, é bom. Este método eliminará dias que possam parecer mais com Spinning Tops quando vistos próximos aos dados circundantes.

3. Corpo Longo / Corpo Médio dos Últimos x dias
- Mínimo (0 a 100%)

Uma média de tamanho do corpo dos últimos x dias é usada para determinar um corpo longo. O valor para x deveria estar em qualquer ponto entre cinco e dez dias. Se a porcentagem estiver estipulada em 130, então um dia longo seria identificado se fosse 30% maior do que essa média. Este método é bom porque se alinha com o conceito geral de candlesticks e seu uso em análises de curto prazo.

DIAS CURTOS

O mesmo conceito para determinar dias longos é usado para dias curtos, com uma exceção: ao invés de porcentagens mínimas, porcentagens máximas são usadas nas três fórmulas.

Relação Corpo Pequeno / Corpo Grande

Os padrões Engulfing e Harami usam tanto um corpo grande quanto um pequeno em suas composições. Esse conceito de corpo grande e pequeno não é o mesmo conceito de longo e curto discutido anteriormente. Aqui, o corpo grande e pequeno se refere apenas à relação de um com o outro. Deve-se decidir quanto engulfing constitui um padrão Engulfing. Se o conceito for seguido à risca, então apenas um tick ou movimento de preço mínimo

A FILOSOFIA POR TRÁS DA IDENTIFICAÇÃO DE PADRÕES CANDLE

é necessário para causar um engulfing. Poderia este estar em apenas uma extremidade do corpo, quando os preços forem iguais na outra ponta? Em outras palavras, o intervalo abertura-ao-fechamento poderia ser diferente com apenas um tick? A fórmula a seguir possibilitará o controle da situação.

Corpo Pequeno / Corpo Grande - Máximo (0 a 100%)

Essa inversão de valores pode ser usada para o Harami. Recomenda-se usar valores que representem o que poderia facilmente ser identificado se a determinação fosse feita visualmente. Se um corpo pequeno é envolvido pelo corpo grande em 70%, significa que o corpo pequeno não pode exceder 70% do tamanho do corpo grande. Dito de outra forma, o corpo grande é aproximadamente 30% maior do que o corpo pequeno.

DIAS DE UMBRELLA (GUARDA-CHUVA)

Lembre-se, um dia umbrela acontece quando o corpo está na extremidade superior do intervalo do dia e a sombra inferior é consideravelmente mais longa do que o corpo. Deve-se também levar em consideração o comprimento da sombra superior, caso exista uma. A relação do corpo e da sombra inferior é definida como uma porcentagem do comprimento do corpo para o comprimento da sombra inferior.

Corpo do Umbrella / Sombra Inferior (0 a 100%)

Caso esse valor seja definido como 50, o corpo não poderá exceder 50% do tamanho da sombra inferior. Nesse exemplo, a sombra inferior em um dia umbrella poderia ser tratada de maneira semelhante, como:

Sombra Superior do Umbrella / Intervalo High to Low (0 a 100%)

A sombra superior é relacionada ao intervalo do dia inteiro. O valor de 10 significa que a sombra superior tem somente 10% (ou menos) do intervalo high-low. Essas variáveis ajudarão a identificar os padrões candle

Hanging Man [Enforcado] e Hammer [Martelo]. Padrões como o Shooting Star [Estrela Cadente] e Inverted Hammer [Martelo Investido] utilizam o inverso dessa configuração.

DIAS DOJI

Doji ocorre quando os preços de abertura e fechamento são iguais. Essa é uma regra excepcionalmente restritiva para a maioria dos tipos de dados e deveria ter alguma margem na identificação de padrões candle. A fórmula permite estipular uma porcentagem diferente entre os dois preços que serão aceitáveis.

Corpo Doji / Intervalo High to Low - Máximo (0 a 100%)

Esse valor é a porcentagem máxima dos preços relativos ao intervalo de preços no dia Doji. Um valor em torno de 1% a 3% parece funcionar bastante bem.

VALORES IGUAIS

Valores iguais ocorrem quando é nececssário que os preços sejam iguais. É utilizado em padrões como o Meeting Lines [Linhas de Encontro] e Separating Lines [Linhas Separatórias]. Meeting Lines requerem que o preço de fechamento de cada dia seja igual, enquanto Separating Lines requerem que o preço de abertura seja igual. O mesmo conceito usado para determinar um dia Doji pode ser usado neste também. Há poucas situações em que, configurados os parâmetros para a definição literal, os padrões serão restritos, em vez de acentuados.

ANÁLISE COMPUTADORIZADA E ANOMALIAS

As estatísticas do padrão candle na Tabela 6-1 mostram a quantidade de dados usados nesta análise, o tipo de dados usado e várias outras estatísticas

A FILOSOFIA POR TRÁS DA IDENTIFICAÇÃO DE PADRÕES CANDLE

pertinentes. Todas as ações comuns à Bolsa de Valores de Nova York, Nasdaq e Bolsa de Valores Americana foram usadas por um período de mais de 13 anos. Usar dados de ações anteriores ao final de 1991 distorceria a análise porque a maior parte dos serviços de dados não fornecia preços de abertura naquele momento. Quaisquer discrepâncias nas sínteses das estatísticas são devidas ao fato de que nem todas as ações sofreram trade durante o período completo de análise.

Um padrão total de frequência ligeiramente maior que 11% se iguala a um padrão candle a cada nove dias de negociações; 8,69 dias, para ser exato. Isso representa uma frequência boa para análise diária de ações e futuros. Padrões de reversão ocorrem cerca de 40 vezes mais do que padrões de continuação. Isso também é importante, pois indica a reversão de uma tendência causada pela mudança de posições nas negociações. Nesta análise, houve 65 padrões de reversão e 23 padrões de continuação, o que faz com que padrões de reversão correspondam a 74% de todos os outros padrões.

Também é interessante notar que apenas cinco padrões correspondem a 6,7% de todos os padrões. Destes, o padrão Harami equivale a 46% desses cinco padrões e a mais de 3% de todos os padrões. Além disso, por favor, perceba que alguns padrões ocorrem bastante esporadicamente. Para estimar se têm qualquer valor ou não, deve-se referir ao ranking de estatísticas do Capítulo 7. Quando um padrão ocorre, deve-se entender que, estatisticamente, o sucesso ou a falha não significa muito. O sucesso e/ou a falha de um padrão candle é destrinchado extensivamente no Capítulo 7.

Tabela 6-1
Estatística de Padrão Candle

Número de Ações Comum	7.275	**Ocorrência:** Tempo total de aparição dos padrões
Número de Dias	14.600.000	**Frequência:** % de ocorrências na amostra
Número de Anos	57.937	**MdiasEP:** Média de dias entre padrões
Número de Padrões	1.680.149	**Pad/Ano:** Número de padrões por ano
Frequência dos padrões	8,69	**MAnosEP:** Média de anos entre padrões

GRÁFICOS CANDLESTICK DESVENDADOS

Padrões de reversão	Tipo	Ocorrências	Frequência	MdiasEP	Pad/Ano	MAnosEP
Harami –	R–	245.424	1,68%	59	4,2361	0,24
Harami +	R+	212.875	1,46%	69	3,6743	0,27
Engulfing –	R–	200.698	1,37%	73	3,4641	0,29
Engulfing +	R+	197.612	1,35%	74	3,4108	0,29
Hanging Man –	R–	125.268	0,86%	117	2,1622	0,46
Hammer +	R+	51.373	0,35%	284	0,8867	1,13
Hararmi Cross –	R–	48.891	0,33%	299	0,8439	1,19
1 White Soldier +	R+	41.181	0,28%	355	0,7108	1,41
Harami Cross +	R+	41.171	0,28%	355	0,7106	1,41
Doji Star –	R–	35.082	0,24%	416	0,6055	1,65
1 Black Crow –	R–	32.402	0,22%	451	0,5593	1,79
3 Outside Up +	R+	32.125	0,22%	454	0,5545	1,8
3 Outside Down –	R–	31.115	0,21%	469	0,5371	1,86
3 Inside Down –	R–	29.626	0,20%	493	0,5114	1,96
Matching High –	R–	29.237	0,20%	499	0,5046	1,98
3 Inside Up +	R+	27.529	0,19%	530	0,4752	2,1
Doji Star +	R+	27.080	0,19%	539	0,4674	2,14
Descending Hawk –	R–	26.798	0,18%	545	0,4625	2,16
Matching Low +	R+	24.726	0,17%	590	0,4268	2,34
Homing Pidgeon +	R+	22.514	0,15%	648	0,3886	2,57
Dark Cloud Cover –	R–	16.170	0,11%	903	0,2791	3,58
Squeeze Alert –	R–	15.694	0,11%	930	0,2709	3,69
Squeeze Alert +	R+	13.963	0,10%	1.046	0,2410	4,15
Piercing Line +	R+	12.045	0,08%	1.212	0,2079	4,81
Inverted Hammer +	R+	11.907	0,08%	1.226	0,2055	4,87
Deliberation –	R–	11.305	0,08%	1.291	0,1951	5,12
Deliberation +	R+	8.130	0,06%	1.796	0,1403	7,13
3 Black Crows –	R–	6.777	0,05%	2.154	0,1170	8,55
3 Gap Ups –	R–	6.020	0,04%	2.425	0,1039	9,62
Meeting Lines –	R–	5.344	0,04%	2.732	0,0922	10,84
3 White Soldiers +	R+	5.055	0,03%	2.888	0,0873	11,46
Morning Star +	R+	4.902	0,03%	2.978	0,0846	11,82
Meeting Lines +	R+	4.661	0,03%	3.132	0,0805	12,43
Evening Star –	R–	4.641	0,03%	3.146	0,0801	12,48

A FILOSOFIA POR TRÁS DA IDENTIFICAÇÃO DE PADRÕES CANDLE

Padrões de reversão	Tipo	Ocorrências	Frequência	MdiasEP	Pad/Ano	MAnosEP
Shooting Star –	R–	4.272	0,03%	3.418	0,0737	13,56
3 Gap Downs +	R+	4.049	0,03%	3.606	0,0699	14,31
Tri Star +	R+	2.924	0,02%	4.993	0,0505	19,81
Tri Star –	R–	2.912	0,02%	5.014	0,0503	19,9
Kicking +	R+	2.359	0,02%	6.189	0,0407	24,56
Belt Hold +	R+	2.258	0,02%	6.466	0,039	25,66
Belt Hold –	R–	2.156	0,01%	6.772	0,0372	26,87
Evening Doji Star –	R–	2.156	0,01%	6.772	0,0372	26,87
Kicking –	R–	2.141	0,01%	6.819	0,037	27,06
Morning Doji Star +	R+	2.119	0,01%	6.890	0,0366	27,34
Stick Sandwich. –	R–	810	0,01%	18.025	0,014	71,53
Stick Sandwich. +	R+	755	0,01%	19.338	0,013	76,74
Ladder Top –	R–	588	0,00%	24.830	0,0101	98,53
Ladder Bottom +	R+	578	0,00%	25.260	0,010	100,24
Two Crows –	R–	421	0,00%	34.679	0,0073	137,62
Descending Block +	R+	417	0,00%	35.012	0,0072	138,94
Two Rabbits +	R+	304	0,00%	48.026	0,0052	190,58
Concealing Baby Swallow +	R+	247	0,00%	59.109	0,0043	234,56
Advance Block –	R–	240	0,00%	60.833	0,0041	241,4
Abandoned Baby +	R+	166	0,00%	87.952	0,0029	349,02
Abandoned Baby –	R–	163	0,00%	89.571	0,0028	355,44
Breakaway –	R–	150	0,00%	97.333	0,0026	386,24
Breakaway +	R+	150	0,00%	97.333	0,0026	386,24
3 Down Gap Up +	R+	98	0,00%	148.980	0,0017	591,19
3 Up Gap Dn –	R–	88	0,00%	165.909	0,0015	658,37
Upside Gap 2 Crows –	R–	46	0,00%	317.391	0,0008	1.259,49
Unique 3 River Bottom +	R+	36	0,00%	405.556	0.0006	1609,35
3 Stars in the South +	R+	35	0,00%	417.143	0.0006	1655,33
Unique 3 Mountain Top –	R–	34	0,00%	429.412	0.0006	1704,01
Downside Gap 2 Rabbits +	R+	33	0,00%	442.424	0.0006	1755,65
3 Stars in the North –	R–	19	0,00%	768.421	0.0003	3049,29
Total de reversões		1.642.065	11,25%			

Tabela 6-1 (Continuação)
Estatística de Padrão Candle

Padrões de continuação	Tipo	Ocorrências	Frequência	MdiasEP	Pad/Ano	MAnosEP
Rest After Battle +	C+	11.282	0,08%	1.294	0,1947	5,14
Separating Lines –	C–	2.816	0,02%	5.185	0,0486	20,57
Thrusting +	C+	2.786	0,02%	5.240	0,0481	20,8
Rising 3 Methods +	C+	2.738	0,02%	5.332	0,0473	21,16
Thrusting –	C–	2.594	0,02%	5.628	0,0448	22,33
Separating Lines +	C+	2.371	0,02%	6.158	0,0409	24,44
On Neck Line +	C+	2.207	0,02%	6.615	0,0381	26,25
On Neck Line –	C–	2.113	0,01%	6.910	0,0365	27,42
Falling 3 Methods –	C–	1.808	0,01%	8.075	0,0312	32,04
Side-by-Side White Lines +	C+	896	0,01%	16.295	0,0155	64,66
3 Line Strike –	C–	839	0,01%	17.402	0,0145	69,05
Downside Gap 3 Methods –	C–	795	0,01%	18.365	0,0137	72,88
Upside Tasuki Gap +	C+	775	0,01%	18.839	0,0134	74,76
Downside Tasuki Gap –	C–	720	0,00%	20.278	0,0124	80,47
3 Line Strike +	C+	712	0,00%	20.506	0,0123	81,37
Upside Gap 3 Methods +	C+	676	0,00%	21.598	0,0117	85,7
Side-by-Side Black Lines –	C–	571	0,00%	25.569	0,0099	101,46
Side-by-Side Black Lines +	C+	519	0,00%	28.131	0,009	111,63
Side-by-Side White Lines –	C–	307	0,00%	47.557	0,0053	188,72
Mat Hold +	C+	264	0,00%	55.303	0,0046	219,46
Mat Hold –	C–	151	0,00%	96.689	0,0026	383,69
In Neck Line +	C+	83	0,00%	175.904	0,0014	698,03
In Neck Line –	C–	61	0,00%	239.344	0,0011	949,78
Total de continuações		38.084	0,26%			
Total de todos os padrões		1.680.149	11,51%			

A FILOSOFIA POR TRÁS DA IDENTIFICAÇÃO DE PADRÕES CANDLE

Quando um padrão particular aparece apenas algumas vezes em uma grande quantidade de dados, deve-se perceber que seu sucesso e/ou falha se submete ao período de tempo sob estudo. Não deixe as estatísticas interferirem no senso comum, e certamente esteja alerta para a imprecisão nos dados. O número de ocorrência dá confiança ao valor médio obtido. Quando estiver lidando com pequenas amostras de dados, o importante é como os valores individuais são distribuídos. Por exemplo, se você teve apenas doze amostras e todas foram vencedoras, você estará mais interessado do que se tivesse apenas cinco ou seis vencedores.

Lembre-se, padrões candle foram usados como uma técnica visual de gráficos por centenas de anos. Com computadores não é possível lidar com a subjetividade que a leitura clássica de gráficos oferece. Outro fator a ser considerado quando se usa computadores é a qualidade das telas de gráficos: sua resolução. A tela consiste em pequenos pontos de luz conhecidos como elementos pixel. Se muitos dados são utilizados, ou se o alcance dos dados é muito grande, então, o que pode parecer igual na tela não seria assim, numericamente. A linha horizontal de menor tamanho (largura) poderia ter um alcance de preço dentro de si mesmo, não visível aos olhos. Não apenas telas de computadores, mas também livros de gráficos gerados por computador podem ter esse problema. Essa é a razão pela qual se deve criar alguma flexibilidade na identificação e definição de padrões clássicos.

Outra anomalia digital é lidar com padrões candle que estejam inseridos, total ou parcialmente, em outro padrão candle. Um computador observará o dado em ordem cronológica, isto é, a informação mais antiga primeiro. À medida que cada dia é adicionado, um padrão candle pode ou não ser notado. Quando um padrão é identificado, os resultados são armazenados, e o processo continua. Se um dia de Engulfing de alta é identificado e o próximo dia tiver um corpo branco com um fechamento maior do que o primeiro dia do padrão Engulfing, um padrão Three Outside Up é notado e registrado. O dado para estatísticas e testes foi adquirido em ambos os padrões. No entanto, apenas o Three Outside Up será identificado como um padrão candle, se dada maior prioridade.

CAPÍTULO SETE
CONFIABILIDADE DE RECONHECIMENTO DO PADRÃO

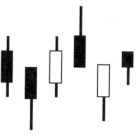

Utilizando a filosofia de identificação esmiuçada no capítulo anterior, pode-se adaptá-la a um método de determinar quão bem-sucedidos são os padrões candle.

MEDIDAS DE SUCESSO

Para medir o sucesso e/ou fracasso de muitos padrões candle diferentes levou-se em conta três pressupostos:

1. O padrão deve, é claro, ser identificado com base em seus relacionamentos de abertura, máxima, mínima e fechamento.
2. Para que o padrão seja identificado, a tendência deve ser determinada. Isso é passível de troca com a suposição anterior; cada um deve existir na metodologia.
3. Certa base de medidas deve ser estabelecida para determinar o sucesso ou fracasso do padrão candle.

Para fazer uma previsão crível, você sabe qual a tendência corrente ou não sabe. Ambas as suposições e possibilidades foram assumidas aqui.

A Tendência É Reconhecida

Padrões candle caem em duas categorias gerais: aqueles que indicam uma reversão da tendência em curso e aqueles que indicam a continuação da tendência.

Todos os dias (para cada título) é feita uma previsão para saber se a tendência conhecida continuará ou entrará em reversão a cada intervalo de previsão. Em outras palavras, se o fechamento do dia fica acima da média exponencial (tendência), então se presume que está em uma tendência de alta. O sucesso ou fracasso é medido pela mudança nessa tendência dentro do intervalo de previsão, que é o número de dias no futuro em que o sucesso ou fracasso estava localizado. Intervalos de previsão se referem aos períodos de tempo entre o padrão candle, de fato, e algum ponto no futuro. Todas as análises deste livro usam dados diários (*versus* dados semanais e intraday) para os intervalos de tempo.

Quando um padrão candle ocorre, está oferecendo uma previsão de curto prazo na direção do mercado subjacente. O intervalo de predição é o número de dias, após o padrão candle, que determina se o padrão candle foi bem-sucedido ou não. Um intervalo de previsão é um tempo no futuro que mede a habilidade de previsão do padrão candle.

Uma vez que a tendência se inicia, a possibilidade é a de que continue. Um estudante de ciência ou engenharia reconhecerá que isso não é nada além da Primeira Lei de Newton, a inércia, que determina que todo corpo continua em estado de repouso ou de movimento uniforme em uma linha reta até que uma força aplicada nele o faça mudar o estado. Simplificando, para o mercado é mais fácil continuar na mesma direção do que fazer uma reversão.

Logo, a continuação da tendência é mais comum do que sua reversão. Lembre-se, estamos falando sobre futuros de curto prazo aqui.

Se no intervalo da previsão o preço ainda estiver acima da tendência, então o padrão candle foi bem-sucedido. Simplificando: se durante o intervalo de predição ainda estivermos em uma tendência de alta, então isso está fadado ao sucesso (Figura 7-1). Caso não, foi um fracasso. A Figura 7-1 mostra, em gráfico, o relacionamento de padrões de reversão e continuação com o intervalo de predição. A relação do tipo de padrão com o intervalo de predição está baseada no fato de que a tendência é conhecida.

A Tendência Não É Reconhecida

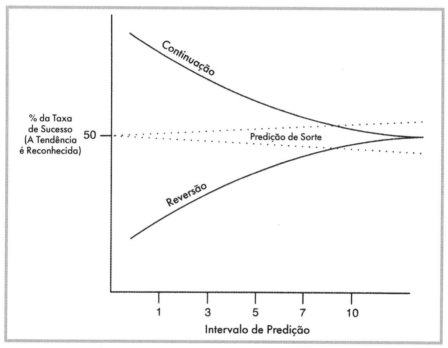

Figura 7-1

Às vezes não se sabe qual tendência vem antes da predição. Em tais casos, o tipo de predição de sorte é feito para determinar se o preço irá subir ou descer. Se a tendência não é conhecida, as chances de continuar ou se reverter cairão no espectro de 50% de chance. A diferença acima ou abaixo de 50% refletiria a parcialidade direcional dos dados usados na análise. De novo, o sucesso ou fracasso é baseado no preço do intervalo de predição relativo à mudança de tendência. Esse fato também é exibido na Figura 7-1. Lembre-se, a maior parte dos padrões candle requer que a tendência seja identificada.

Tendência Corrente de Reversão e Tendência Corrente de Continuação

Pelos cálculos do computador, dois parâmetros primários são determinados: Tendência Corrente de Reversão e Tendência Corrente de Continuação. Eles são divididos em Tendência Alta ou Baixa (ou seja, Corrente de Reversão de Alta e Corrente de Reversão de Baixa).

A soma do sucesso da Tendência Corrente de Reversão e do sucesso da Tendência Corrente de Continuação será igual ao número de dias dos dados usados no processo de teste. A predição é feita a cada dia, por isso, o sucesso da Tendência Corrente de Reversão e o fracasso da Tendência Corrente de Continuação serão iguais. Em outras palavras, o sucesso da Tendência Corrente de Reversão é também o fracasso da Tendência Corrente de Continuação.

Padrões candle de reversão (que são a maioria) são comparados à Tendência Corrente de Reversão e divididos em subidas e descidas. Como os padrões candle de reversão têm que ser contrários à mesma tendência que os define, sua medida de sucesso não seria tão rígida quanto a dos padrões candle de continuação. Na realidade, sua medida de sucesso poderia ser menor que um lance de sorte, visto que estão prevendo uma mudança na tendência atual, a tendência que é supostamente conhecida.

Da mesma maneira, padrões candle de continuação são comparados à Tendência Corrente de Continuação. Padrões candle de continuação dizem que a tendência, que ajudou a defini-los, continuará. Portanto, para um padrão candle de continuação ser considerado bem-sucedido, ele deve, em primeiro lugar, ter um desempenho melhor do que o sucesso de saber qual a tendência. Por conhecermos a tendência corrente e que as chances são de que ela continue, os padrões de continuação, para serem úteis, devem ser excepcionalmente bons, ou não servirão para mais do que uma identificação de padrão.

CLASSIFICAÇÃO ESTATÍSTICA DOS PADRÕES CANDLE

Os padrões candle são retratos (janelas) psicológicos previsíveis de negociação, que produzem resultados de previsão razoáveis quando usados apropriadamente. Esta seção explicará a técnica usada para determinar as estatísticas variadas desenvolvidas para mostrar o êxito de padrões candle. Note que nenhuma magnitude de sucesso é usada, apenas sucesso e fracasso relativos. Tenha em mente, no entanto, que ser bem-sucedido ainda significa que o padrão previu corretamente o movimento do mercado e o fracasso significa que não conseguiu.

Para verificar quão bons são os padrões candle, utilizaremos todas as informações sobre reconhecimento de padrão (incluindo determinação de tendência) desenvolvido nos capítulos anteriores. O padrão simples é geralmente o melhor; portanto, nenhuma suposição foi feita, apenas a mudança de preço em vários intervalos de tempo no futuro. Esses intervalos foram medidos em dias.

Uma vez determinado o sucesso ou fracasso relativo a um padrão candle em particular, calcula-se seu relacionamento com o padrão de medida adequado, o qual é constituído pela Tendência Corrente de Reversão e pela Tendência Corrente de Continuação discutidas anteriormente. Isso explica porque se verá muitos padrões candle de continuação com a classificação negativa, ainda que sua porcentagem de sucesso seja alta.

ANÁLISE DE CLASSIFICAÇÃO DE PADRÕES CANDLE

Ainda que a análise a seguir use dados adequados, deve-se aceitar o fato de que os resultados provavelmente mudarão de acordo com as diferentes condições de mercado, quantidade de dados utilizados e outros fatores que podem influenciar a precificação dos títulos.

Há dois conjuntos de dados envolvidos na análise de classificação. O primeiro (curto prazo) refere-se a um período de aproximadamente dois anos e meio no qual o mercado esteve bastante volátil, de 30 de abril de 2002 a 31 de dezembro de 2004, e que corresponde a 675 dias de negociações. No segundo conjunto (longo prazo) estão dados relativos ao período compreendido entre 29 de novembro de 1991 e 31 de dezembro de 2004, em que houve 3.300 dias de negociações. Retroceder na história além de 1991 pode criar problemas reais na análise de padrões candle, uma vez que na maioria das fontes de dados não há informações de acurácia nos preços de abertura. Os dados usados para ambas as análises são as opções de ações no NYSE, Nasdaq e Amex Exchanges [bolsas de valores norte-americanas]. As opções de ações, entre aquelas listadas como disponíveis para negociação, foram escolhidas por conta de sua liquidez.

Análise de Padrões de Curto Prazo (30 de abril de 2002 a 31 de dezembro de 2004)

Vamos começar com o período de análises mais curto. Como se pode ver na Figura 7-2, usou-se o Índice S&P 500 como medida representativa de que esse foi um período que refletiu muito da volatilidade do mercado, juntamente com a tendência de alguns mercados de bens. Começou com um mercado em forte declínio, seguido por um triple bottom (padrão Head and Shoulders), e por fim, um mercado altista que seguiu até o início de 2004. O ano de 2004 foi um intervalo de negociações com viés de queda que chegou ao fundo no final do verão e com ralis pelo resto do ano.

■■■ CONFIABILIDADE DE RECONHECIMENTO DO PADRÃO

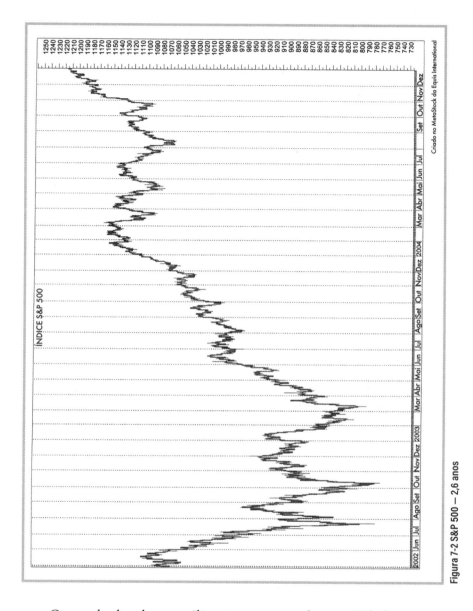

Figura 7-2 S&P 500 – 2,6 anos

Os resultados dessa análise são apresentados nas Tabelas 7-1 a 7-7. Cada uma mostra as classificações de padrões em cuja determinação se considera um período de tempo diferente. A Tabela 7-1 usa um intervalo de um dia em sua análise. Isso significa que o sucesso ou não do padrão candle foi determinado com base no desempenho das ações um dia após o padrão ter se completado. Houve 1.505.359 dias de dados nesta análise, que geraram 148.984 padrões candle. Isso dá uma média de um padrão candle a cada dez dias, aproximadamente. A Tabela 7-2 usa um intervalo de dois dias, a Tabela 7-3, um intervalo de três dias, e daí por diante.

Por que a análise foi feita apenas usando-se intervalos até, e incluindo, sete dias no futuro? É apenas a opinião formada do autor de que a análise de padrões candle acima desse recorte de tempo é mais coincidência que previsão. A análise de padrões candle é de curto prazo em sua essência. Qualquer valor de previsão além disso é pura coincidência. Lembre-se, os padrões candle requerem uma reversão ou continuação da tendência. Eles não preveem quanto tempo durará.

A Tabela 7-1 mostra as classificações para o intervalo de um dia. Em outras palavras, uma vez completo o padrão candle, é o que acontece com a ação um dia depois. Se estiver acima do último dia do padrão, foi bem-sucedido; se estiver abaixo do último dia do padrão, foi um fracasso. O padrão Kicking de baixa teve uma taxa de sucesso de 100% (%Sucesso), mas teve apenas três ocorrências em todos os dados. Essa informação deveria ser ignorada por conta de sua raridade? Não, é sábio utilizar outras ferramentas de análise para confirmá-la.

De todos os 68 padrões identificados, apenas 28 deles foram julgados bem-sucedidos, com base na metodologia de classificação (%Classificação) discutida no capítulo anterior. Note que o padrão de continuação de alta (c+) — N° 12 —, Separating Lines, teve 57% de Sucesso e um %Classificação de 10, enquanto o padrão de reversão de baixa (R-), — N° 13 — Advance Block, também teve um %Classificação de 10, mas sua %Sucesso foi de 54%. Por que um padrão que é claramente melhor em 3% teria a mesma classificação? Porque um deles é um padrão de continuação (Separating Lines) e está dizendo que a mesmíssima tendência que ajudou a identificá-lo irá continuar, enquanto o padrão de reversão (Advance Block) está dizendo que a mesmíssima tendência que ajudou a identificá-lo irá se reverter.

Lembre-se: um padrão candle de reversão está dizendo que a mesma tendência que primeiramente ajudou a identificá-lo, irá mudar.

Das sete tabelas que se seguem, é possível ver que, à medida que o intervalo aumenta o número de padrões bem-sucedidos, também cresce para cima, em um intervalo de cinco dias, e então cai de alguma forma.

O número de padrões bem-sucedidos para o intervalo de predição de um dia foi 28, enquanto o número do intervalo de cinco dias foi 37, um aumento de 13% nos padrões candle bem-sucedidos. Isso sustenta a crença do autor sobre a natureza de curto período dos padrões candle.

Outra análise valiosa a se notar nessas tabelas é como um padrão particular sobe e desce nas classificações conforme o aumento no intervalo de predição. Por exemplo, vamos usar o padrão de melhor classificação para um intervalo de predição de um dia, o padrão Kicking de baixa. Eis o desempenho dele em sete classificações:

Kicking (R-)

Intervalo	Nº
1	1
2	1
3	64
4	63
5	62
6	64
7	63

Esse é um exemplo extremo, mas o ponto é claro. Houve acurácia do padrão Kicking de baixa nos primeiros dois dias, mas falhou depois pelo restante da análise. Por haver apenas três ocorrências, não deveria ser analisado demais, mas a informação fornecida mostra que só funciona em um período bem curto.

Agora olhe da mesma maneira para o padrão de continuação Separating Lines de baixa.

SEPARATING LINES (C-)

Intervalo	Nº
1	4
2	4
3	9
4	3
5	8
6	3
7	1

Essa informação mostra que o padrão (Separating Lines de baixa) teve uma boa performance durante o espectro completo da análise. Pode-se ver que o Matching High e o Matching Low também tiveram resultados semelhantes, assim como outros.

Usando a mesma análise, veja os resultados do padrão de reversão Meeting Lines de baixa.

MEETING LINES (R-)

Intervalo	Nº
1	41
2	63
3	53
4	48
5	31
6	8
7	8

■■■ CONFIABILIDADE DE RECONHECIMENTO DO PADRÃO

Esse padrão mostrou melhora conforme o intervalo de predição aumentava. Isso significaria que melhorou a habilidade de predição da reversão após poucos dias. Outros padrões que seguem essa tendência são o Deliberation de baixa e o Homing Pidgeon de alta.

Tabela 7-1
% CLASSIFICAÇÃO DE OPÇÕES DE AÇÕES

Nº	Tipo	Nome	Intervalo - 1 Total	Sucesso	% Ganho Médio	MTBP	% Sucesso	% Classificação
1	R-	Kicking-	3	3	2,04	501.786	100	105
2	R-	Matching High-	76	52	0,9	19.807	68	40
3	R+	Matching Low+	51	35	2,15	29.516	69	34
4	C-	Separating Lines-	19	12	0,06	79.229	63	30
5	R+	Breakaway+	96	60	0,74	15.680	63	22
6	C-	DNside Gap 3 Methods-	433	248	0,34	3.476	57	17
7	R+	Kicking+	5	3	-1,14	301.071	60	17
8	C+	UPside Gap 3 Methods+	342	205	0,62	4.401	60	17
9	R+	Concealing Swallow+	27	16	0,81	55.754	59	16
10	R+	Inverted Hammer+	2.896	1.659	0,38	519	57	12
11	C+	Upside Tasuki Gap+	1.735	994	0,38	867	57	12
12	C+	Separating Lines+	46	26	1,13	32.725	57	10
13	R-	Advance Block-	151	81	0,13	9.969	54	10
14	C+	Side/Side White Lines+	54	30	1,36	27.877	56	8
15	R-	Identical 3 Crows-	36	19	0,09	41.815	53	8
16	R-	Shooting Star-	501	262	0,25	3.004	52	7
17	R-	Hanging Man-	15.525	8.042	0,03	96	52	6
18	C-	Falling Three Methods-	1.805	934	0,18	833	52	6
19	R-	Ladder Top-	31	16	0,2	48.559	52	6
20	R+	Doji Star+	578	313	0,49	2.604	54	6

GRÁFICOS CANDLESTICK DESVENDADOS

Nº	Tipo	Nome	Intervalo – 1		% Ganho Médio	MTBP	% Sucesso	% Classificação
			Total	Sucesso				
21	C+	Three Line Strike+	881	474	0,12	1.708	54	5
22	R+	3 Stars in the South+	62	33	-0,06	24.279	53	4
23	R+	Homing Pidgeon+	5.054	2.681	0,2	297	53	4
24	R+	Tri-Star+	98	52	0,47	15.360	53	4
25	C-	Three Line Strike-	937	471	-0,02	1.606	50	3
26	R-	Evening Doji Star-	197	98	-0,18	7.641	50	2
27	C+	In Neck Line+	611	319	0,13	2.463	52	2
28	C-	Downside Tasuki Gap-	1881	928	-0,04	800	49	1
29	R+	Harami+	13.453	6.883	0,08	111	51	0
30	R-	Three Outside Down-	4.496	2.184	-0,06	334	49	0
31	R-	Deliberation-	430	208	-0,01	3.500	48	-1
32	R-	Dark Cloud Cover-	3.342	1.615	-0,14	450	48	-1
33	R+	Harami Cross+	963	489	-0,04	1.563	51	-1
34	R+	Three Outside Up+	3.881	1.949	0,04	387	50	-2
35	R-	Harami-	16.785	8.010	-0,13	89	48	-2
36	R+	Abandoned Baby+	8	4	0,41	188.169	50	-2
37	R-	Engulfing Pattern-	16.109	7.661	-0,04	93	48	-2
38	C+	Rising Three Methods+	2.704	1.347	0,24	556	50	-3
39	R+	Three Inside Up+	1.277	636	0,01	1.178	50	-3
40	R+	Belt Hold+	1.522	757	0,27	989	50	-3
41	R-	Meeting Lines-	53	25	0,36	28.403	47	-3
42	R+	Long White Body+	2.675	1.312	0	562	49	-4
43	R+	Piercing Line+	2.422	1.181	-0,04	621	49	-5
44	R-	Belt Hold-	2.145	993	-0,14	701	46	-5
45	R-	Doji Star-	666	308	-0,42	2.260	46	-5
46	R+	Engulfing Pattern+	13.869	6.737	-0,02	108	49	-5
47	R-	Harami Cross-	1.078	497	-0,28	1.396	46	-5

CONFIABILIDADE DE RECONHECIMENTO DO PADRÃO

Nº	Tipo	Nome	Total	Sucesso	% Ganho Médio	MTBP	% Sucesso	% Classificação
		Intervalo – 1						
48	R-	Long Black Body-	3.441	1.585	-0,09	437	46	-6
49	C+	On Neck Line+	453	219	0,04	3.323	48	-6
50	R-	Three Black Crows-	497	228	-0,21	3.028	46	-6
51	C-	In Neck Line-	440	199	-0,18	3.421	45	-7
52	R-	Two Crows-	698	314	-0,09	2.156	45	-8
53	R+	Hammer+	15.108	7.073	-0,24	99	47	-9
54	R+	Three White Soldiers+	380	178	-0,25	3.961	47	-9
55	R-	Upside Gap Two Crows-	345	151	-0,18	4.363	44	-10
56	R-	Tri-Star-	80	35	-0,34	18.816	44	-10
57	R-	Evening Star-	1.555	674	-0,36	968	43	-11
58	R-	Three Inside Down-	1.320	570	-0,19	1.140	43	-11
59	C-	Side/Side White Lines-	14	6	-0,06	107.525	43	-12
60	C-	On Neck Line-	344	146	-0,15	4.376	42	-13
61	R+	Morning Doji Star+	273	121	-0,27	5.514	44	-13
62	R-	Breakaway-	129	54	-0,41	11.669	42	-14
63	R+	Morning Star+	1.815	784	-0,42	829	43	-16
64	R+	Unique 3 River Bottom+	10	4	-0,42	150.535	40	-22
65	R+	Ladder Bottom+	60	19	-1,27	25.089	32	-38
66	R+	Meeting Lines+	4	1	-1,51	376.339	25	-51
67	R+	Stick Sandwich+	4	1	-2,89	376.339	25	-51
68	R-	Abandoned Baby-	5	1	-5,13	301.071	20	-59
		Totais:	148.984	73.225				

Tabela 7-2

% CLASSIFICAÇÃO DE OPÇÕES DE AÇÕES

Nº	Tipo	Intervalo – 2 Nome	Total	Sucesso	% Ganho Médio	MTBP	% Sucesso	% Classificação
1	R-	Kicking-	3	2	-1,64	501.786	67	48
2	R-	Matching High-	76	48	0,43	19.807	63	40
3	R+	Breakaway+	96	72	1,76	15.680	75	36
4	C-	Separating Lines-	19	10	0,33	79.229	53	17
5	C+	Separating Lines+	46	29	1,58	32.725	63	15
6	R+	Concealing Swallow+	27	17	1,76	55.754	63	14
7	C+	UPside Gap 3 Methods+	342	208	0,8	4.401	61	11
8	C-	DNside Gap 3 Methods-	433	216	-0,01	3.476	50	10
9	R+	Matching Low+	51	31	3,48	29.516	61	10
10	R+	Doji Star+	578	349	1,11	2.604	60	10
11	R+	Inverted Hammer+	2.894	1.730	0,92	520	60	9
12	R-	Evening Doji Star-	196	96	-0,41	7.680	49	8
13	C+	Upside Tasuki Gap+	1.732	1.027	0,74	869	59	8
14	R-	Ladder Top-	31	15	-0,04	48.559	48	7
15	C+	Three Line Strike+	881	518	0,53	1.708	59	7
16	R-	Hanging Man-	15.501	7.466	-0,35	97	48	7
17	R-	Advance Block-	150	72	-0,27	10.035	48	6
18	C-	Falling Three Methods-	1.805	858	-0,25	833	48	5
19	R+	Homing Pidgeon+	5.052	2.930	0,72	297	58	5
20	C-	Downside Tasuki Gap-	1.880	888	-0,38	800	47	5
21	C+	Side/Side White Lines+	54	31	2,09	27.877	57	4
22	C-	In Neck Line-	440	207	-0,39	3.421	47	4
23	R-	Shooting Star-	500	234	-0,25	3.010	47	4

CONFIABILIDADE DE RECONHECIMENTO DO PADRÃO

		Intervalo - 2			% Ganho Médio		%	%
Nº	Tipo	Nome	Total	Sucesso		MTBP	Sucesso	Classificação
24	R-	Deliberation-	428	199	-0,21	3.517	46	3
25	C+	In Neck Line+	610	345	0,67	2.467	57	3
26	C-	Three Line Strike-	936	430	-0,47	1.608	46	2
27	R+	Three Outside Up+	3.879	2.168	0,67	388	56	1
28	R+	Harami+	13.449	7.399	0,53	111	55	0
29	C+	On Neck Line+	452	249	0,48	3.330	55	0
30	R-	Engulfing Pattern-	16.093	7.238	-0,35	93	45	0
31	R+	Belt Hold+	1.521	833	0,79	989	55	-1
32	R-	Three Outside Down-	4.495	1.997	-0,46	334	44	-2
33	R-	Identical 3 Crows-	36	16	-0,32	41.815	44	-2
34	R-	Long Black Body-	3.436	1.524	-0,45	438	44	-2
35	R-	Harami-	16.762	7.360	-0,47	89	44	-3
36	R+	Long White Body+	2.672	1.423	0,43	563	53	-3
37	C+	Rising Three Methods+	2.700	1.432	0,61	557	53	-4
38	R-	Two Crows-	696	302	-0,51	2.162	43	-4
39	R+	Three Inside Up+	1.277	671	0,4	1.178	53	-5
40	R+	3 Stars in the South+	61	32	0,03	24.678	52	-5
41	R+	Engulfing Pattern+	13.851	7.241	0,35	108	52	-5
42	R-	Doji Star-	664	284	-1,09	2.267	43	-5
43	R-	Belt Hold-	2.142	916	-0,53	702	43	-5
44	R+	Tri-Star+	98	51	0,86	15.360	52	-5
45	R-	Breakaway-	129	55	-0,64	11.669	43	-6
46	R-	Dark Cloud Cover-	3.338	1.420	-0,5	450	43	-6
47	R+	Three White Soldiers+	376	195	0,19	4.003	52	-6
48	R-	Harami Cross-	1.076	456	-0,67	1.399	42	-6
49	R+	Harami Cross+	962	493	0,32	1.564	51	-7
50	R+	Piercing Line+	2.422	1.240	0,3	621	51	-7
51	R-	Three Inside Down-	1.318	545	-0,59	1.142	41	-8

Nº	Tipo	Intervalo – 2 Nome	Total	Sucesso	% Ganho Médio	MTBP	% Sucesso	% Classificação
52	R+	Abandoned Baby+	8	4	0,38	188.169	50	-9
53	R+	Meeting Lines+	4	2	0,9	376.339	50	-9
54	R+	Hammer+	15.099	7.521	0,1	99	50	-9
55	R-	Evening Star-	1.553	627	-0,78	969	40	-11
56	R-	Three Black Crows-	497	193	-0,9	3.028	39	-14
57	C-	On Neck Line⁻	344	132	-0,54	4.376	38	-15
58	R+	Ladder Bottom+	60	28	-0,12	25.089	47	-15
59	R-	Tri-Star-	80	30	-1,52	18.816	38	-17
60	R-	Upside Gap Two Crows-	345	127	-0,76	4.363	37	-18
61	R+	Morning Star+	1.815	809	-0,21	829	45	-19
62	R+	Morning Doji Star+	273	121	-0,06	5.514	44	-19
63	R-	Meeting Lines-	53	18	-0,9	28.403	34	-25
64	R+	Kicking+	5	2	-0,96	301.071	40	-27
65	R+	Unique 3 River Bottom+	10	4	-0,22	150.535	40	-27
66	C-	Side/Side White Lines-	14	4	-0,36	107.525	29	-37
67	R+	Stick Sandwich+	4	1	-7,58	376.339	25	-55
68	R-	Abandoned Baby-	5	1	-6,51	301.071	20	-56
		Totais:	148.835	73.192				

■■■ CONFIABILIDADE DE RECONHECIMENTO DO PADRÃO

Tabela 7-3
% CLASSIFICAÇÃO DE OPÇÕES DE AÇÕES

Nº	Tipo	Intervalo - 3 Nome	Total	Sucesso	% Ganho Médio	MTBP	% Sucesso	% Classificação
1	R-	Matching High-	76	50	0,6	19.807	66	52
2	R+	Breakaway+	96	74	3,04	15.680	77	36
3	R+	Matching Low+	51	34	5,24	29.516	67	17
4	R+	Concealing Swallow+	27	18	2,1	55.754	67	17
5	R-	Advance Block-	150	74	-1,17	10.035	49	14
6	C-	DNside Gap 3 Methods-	432	211	-0,07	3.484	49	13
7	R+	3 Stars in the South+	61	39	0,89	24.678	64	13
8	R-	Ladder Top-	31	15	-0,05	48.559	48	12
9	C-	Separating Lines-	19	9	-0,02	79.229	47	10
10	R-	Identical 3 Crows-	36	17	-0,22	41.815	47	10
11	C+	UPside Gap 3 Methods+	342	210	1,02	4.401	61	8
12	C+	Side/Side White Lines+	54	33	2,68	27.877	61	8
13	R+	Three White Soldiers+	376	230	0,54	4.003	61	8
14	R-	Hanging Man-	15.460	7.172	-0,61	97	46	7
15	C+	Three Line Strike+	880	537	0,89	1.710	61	7
16	C+	Separating Lines+	46	28	1,69	32.725	61	7
17	R+	Homing Pidgeon+	5.052	3.052	1,04	297	60	6
18	R+	Doji Star+	576	347	1,44	2.613	60	6
19	C+	Upside Tasuki Gap+	1.729	1.042	1,06	870	60	6
20	R+	Inverted Hammer+	2.892	1.741	1,28	520	60	6
21	R+	Kicking+	5	3	-0,08	301.071	60	6
22	C-	Falling Three Methods-	1.804	814	-0,57	834	45	5
23	C+	In Neck Line+	607	360	1,06	2.479	59	4
24	C+	On Neck Line+	451	265	0,68	3.337	59	3

315

GRÁFICOS CANDLESTICK DESVENDADOS

Nº	Tipo	Intervalo – 3 Nome	Total	Sucesso	% Ganho Médio	MTBP	% Sucesso	% Classificação
25	R-	Shooting Star-	500	222	-0,4	3.010	44	3
26	R-	Evening Doji Star-	196	87	-0,71	7.680	44	3
27	R+	Three Outside Up+	3.866	2.243	0,96	389	58	2
28	R+	Harami+	13.449	7.733	0,89	111	57	1
29	R-	Deliberation-	427	186	-0,53	3.525	44	1
30	R-	Engulfing Pattern-	16.084	6.997	-0,65	93	44	1
31	R+	Belt Hold+	1.520	872	1,19	990	57	1
32	R-	Three Outside Down-	4.493	1.939	-0,68	335	43	0
33	C-	Downside Tasuki Gap-	1.880	808	-0,71	800	43	0
34	C-	In Neck Line-	440	189	-0,74	3.421	43	0
35	R-	Long Black Body-	3.431	1.450	-0,76	438	42	-2
36	R+	Engulfing Pattern+	13.845	7.691	0,8	108	56	-2
37	R-	Doji Star-	664	279	-1,3	2.267	42	-3
38	R+	Long White Body+	2.667	1.477	0,72	564	55	-3
39	C+	Rising Three Methods+	2.689	1.472	0,8	559	55	-4
40	R-	Harami-	16.655	6.917	-0,78	90	42	-4
41	R-	Two Crows-	696	288	-0,88	2.162	41	-4
42	R-	Belt Hold-	2.135	878	-0,76	705	41	-5
43	R+	Piercing Line+	2.422	1.310	0,73	621	54	-5
44	R+	Tri-Star+	98	53	1,71	15.360	54	-5
45	R-	Harami Cross-	1.070	438	-1,03	1.406	41	-5
46	R-	Dark Cloud Cover-	3.328	1.360	-0,77	452	41	-5
47	R+	Harami Cross+	962	513	0,63	1.564	53	-6
48	R+	Ladder Bottom+	60	32	0,48	25.089	53	-6
49	R-	Breakaway-	129	52	-0,92	11.669	40	-6
50	R-	Evening Star-	1.553	626	-1,04	969	40	-6
51	R+	Three Inside Up+	1.273	677	0,7	1.182	53	-7
52	R-	Three Inside Down-	1.318	527	-0,91	1.142	40	-7

■■■ CONFIABILIDADE DE RECONHECIMENTO DO PADRÃO

Nº	Tipo	Nome	Total	Sucesso	% Ganho Médio	MTBP	% Sucesso	% Classificação
		Intervalo - 3						
53	R-	Meeting Lines-	53	21	-0,81	28.403	40	-8
54	R+	Hammer+	15.095	7.864	0,4	99	52	-8
55	R-	Upside Gap Two Crows-	345	136	-0,85	4.363	39	-9
56	C-	On Neck Line-	344	135	-0,92	4.376	39	-9
57	C-	Three Line Strike-	934	367	-1,12	1.611	39	-9
58	C-	Side/Side White Lines-	13	5	-0,88	115.796	38	-11
59	R+	Meeting Lines+	4	2	5,02	376.339	50	-12
60	R-	Tri-Star-	80	30	-2,59	18.816	38	-13
61	R+	Morning Star+	1.814	868	-0,05	829	48	-16
62	R-	Three Black Crows-	497	179	-1,36	3.028	36	-16
63	R+	Morning Doji Star+	273	127	0,28	5.514	47	-18
64	R-	Kicking-	3	1	-3,21	501.786	33	-23
65	R+	Unique 3 River Bottom+	10	4	0,4	150.535	40	-30
66	R-	Abandoned Baby-	5	1	-5,67	301.071	20	-54
67	R+	Stick Sandwich+	4	1	-4,57	376.339	25	-56
68	R+	Abandoned Baby+	8	2	-0,18	188.169	25	-56
		Totais:	148.585	73.434				

Tabela 7-4

% CLASSIFICAÇÃO DE OPÇÕES DE AÇÕES

Nº	Tipo	Intervalo – 4 Nome	Total	Sucesso	% Ganho Médio	MTBP	% Sucesso	% Classificação
1	R-	Matching High-	76	44	0,26	19.807	58	38
2	R+	Breakaway+	96	76	3,4	15.680	79	36
3	C-	Separating Lines-	19	10	-0,02	79.229	53	26
4	R-	Ladder Top-	31	16	-0,4	48.559	52	23
5	C+	Separating Lines+	46	33	1,92	32.725	72	23
6	C-	DNside Gap 3 Methods-	432	208	-0,27	3.484	48	15
7	R+	Concealing Swallow+	27	18	2,92	55.754	67	15
8	R+	Matching Low+	51	34	6,63	29.516	67	15
9	C+	Side/Side White Lines+	54	36	3,31	27.877	67	15
10	C+	Three Line Strike+	879	558	1,14	1.712	63	9
11	R-	Shooting Star-	500	228	-0,53	3.010	46	9
12	R+	Inverted Hammer+	2.891	1.802	1,71	520	62	7
13	R+	3 Stars in the South+	61	38	1,25	24.678	62	7
14	R-	Hanging Man-	15.437	6.911	-0,85	97	45	7
15	R-	Advance Block-	150	67	-1,54	10.035	45	7
16	R+	Doji Star+	575	352	1,82	2.618	61	5
17	C-	Falling Three Methods-	1.804	792	-0,8	834	44	5
18	R-	Evening Doji Star-	196	86	-0,98	7.680	44	5
19	C+	UPside Gap 3 Methods+	342	208	1,25	4.401	61	5
20	R+	Homing Pidgeon+	5.047	3.069	1,32	298	61	5
21	C+	In Neck Line+	606	367	1,2	2.484	61	4
22	C+	On Neck Line+	450	271	0,93	3.345	60	4
23	C+	Upside Tasuki Gap+	1.729	1.039	1,16	870	60	3
24	R+	Kicking+	5	3	1,33	301.071	60	3

CONFIABILIDADE DE RECONHECIMENTO DO PADRÃO

Nº	Tipo	Nome	Total	Sucesso	% Ganho Médio	MTBP	% Sucesso	% Classificação
25	R-	Long Black Body-	3.428	1.471	-0,94	439	43	3
26	R+	Three White Soldiers+	376	224	0,8	4.003	60	2
27	R+	Three Outside Up+	3.865	2.299	1,29	389	59	2
28	R-	Deliberation-	426	182	-0,75	3.533	43	2
29	R+	Harami+	13.393	7.934	1,2	112	59	2
30	R-	Engulfing Pattern-	16.079	6.788	-0,86	93	42	1
31	C-	In Neck Line-	440	185	-0,97	3.421	42	0
32	C-	Downside Tasuki Gap-	1.880	788	-0,93	800	42	0
33	R-	Identical 3 Crows-	36	15	-0,38	41.815	42	0
34	R-	Three Outside Down-	4.490	1867	-0,92	335	42	-1
35	R+	Belt Hold+	1.515	873	1,41	993	58	-1
36	R-	Doji Star-	664	275	-1,57	2.267	41	-1
37	R-	Tri-Star-	80	33	-2,93	18.816	41	-1
38	R+	Engulfing Pattern+	13.788	7.862	1,05	109	57	-2
39	R-	Two Crows-	696	284	-1,16	2162	41	-2
40	R-	Dark Cloud Cover-	3.325	1.358	-1,05	452	41	-2
41	R-	Harami-	16.652	6.779	-1	90	41	-3
42	R+	Harami Cross+	960	537	1	1.568	56	-4
43	R-	Belt Hold-	2.134	860	-1,01	705	40	-4
44	R+	Long White Body+	2.663	1.477	0,92	565	55	-5
45	C+	Rising Three Methods+	2.677	1.481	1,01	562	55	-5
46	R-	Evening Star-	1.553	618	-1,32	969	40	-5
47	R-	Upside Gap Two Crows-	345	137	-1,07	4.363	40	-5
48	R-	Meeting Lines-	53	21	-1,19	28.403	40	-5
49	R+	Piercing Line+	2.412	1.322	0,92	624	55	-6
50	R-	Harami Cross-	1.069	419	-1,29	1.408	39	-6
51	R-	Three Inside Down-	1318	513	-1,18	1.142	39	-7

GRÁFICOS CANDLESTICK DESVENDADOS ■■■

Nº	Tipo	Intervalo – 4 Nome	Total	Sucesso	% Ganho Médio	MTBP	% Sucesso	% Classificação
52	C-	On Neck Line-	344	134	-1,24	4.376	39	-7
53	R+	Three Inside Up+	1.272	683	0,88	1.183	54	-8
54	R+	Hammer+	15.086	8.014	0,62	99	53	-9
55	C-	Three Line Strike-	926	354	-1,35	1.625	38	-9
56	R+	Tri-Star+	98	52	2,61	15.360	53	-9
57	R-	Breakaway-	129	49	-1,12	11.669	38	-9
58	R+	Ladder Bottom+	60	31	0,25	25.089	52	-11
59	R+	Meeting Lines+	4	2	8,58	376.339	50	-14
60	R+	Morning Doji Star+	273	136	0,26	5.514	50	-14
61	R+	Morning Star+	1.812	883	0,16	830	49	-16
62	R-	Three Black Crows-	497	168	-1,74	3.028	34	-19
63	R-	Kicking-	3	1	-4,65	501.786	33	-20
64	C-	Side/Side White Lines-	13	4	-1,23	115.796	31	-27
65	R+	Unique 3 River Bottom+	10	4	-0,13	150.535	40	-31
66	R+	Abandoned Baby+	8	3	-1,56	188.169	38	-35
67	R-	Abandoned Baby-	5	1	-6,46	301.071	20	-52
68	R+	Stick Sandwich+	4	1	-3,94	376.339	25	-57
		Totais:	148.365	73.388				

Tabela 7-5
% CLASSIFICAÇÃO DE OPÇÕES DE AÇÕES

Nº	Tipo	Intervalo – 5 Nome	Total	Sucesso	% Ganho Médio	MTBP	% Sucesso	% Classificação
1	R-	Matching High-	76	44	-0,06	19.807	58	41
2	R+	Breakaway+	96	75	3,93	15.680	78	32

CONFIABILIDADE DE RECONHECIMENTO DO PADRÃO

Intervalo – 5

Nº	Tipo	Nome	Total	Sucesso	% Ganho Médio	MTBP	% Sucesso	% Classificação
3	R-	Ladder Top-	31	16	-0,72	48.559	52	26
4	R-	Advance Block-	149	73	-1,83	10.103	49	19
5	C-	DNside Gap 3 Methods-	432	207	-0,48	3.484	48	17
6	C+	Side/Side White Lines+	54	37	3,73	27.877	69	16
7	R-	Shooting Star-	499	237	-0,68	3.016	47	16
8	C-	Separating Lines-	19	9	-1	79.229	47	15
9	C+	Separating Lines+	46	31	1,82	32.725	67	14
10	R+	Concealing Swallow+	27	18	2,95	55.754	67	13
11	R+	Matching Low+	51	34	6,85	29.516	67	13
12	R-	Hanging Man-	15.419	6.781	-1,06	97	44	7
13	R-	Tri-Star-	80	35	-3,18	18.816	44	7
14	R+	Inverted Hammer+	2.890	1.811	1,99	520	63	6
15	R-	Evening Doji Star-	195	85	-1,23	7.719	44	6
16	C+	Three Line Strike+	874	546	1,33	1.722	62	6
17	C+	In Neck Line+	606	377	1,51	2.484	62	5
18	R+	Doji Star+	575	356	2,19	2.618	62	5
19	C-	Falling Three Methods-	1.792	771	-1,16	840	43	5
20	R-	Long Black Body-	3.400	1.450	-1,12	442	43	4
21	R+	Homing Pidgeon+	5.043	3.073	1,62	298	61	3
22	R+	Three Outside Up+	3.864	2.342	1,56	389	61	3
23	R+	Three White Soldiers+	376	227	0,91	4.003	60	2
24	C-	Downside Tasuki Gap-	1.879	789	-1,25	801	42	2
25	C+	On Neck Line+	448	270	1,23	3.360	60	2
26	R-	Breakaway-	129	54	-1,53	11.669	42	2
27	C-	In Neck Line-	440	184	-1,24	3421	42	2
28	C+	Upside Tasuki Gap+	1.725	1.036	1,33	872	60	2

GRÁFICOS CANDLESTICK DESVENDADOS ■■■

		Intervalo – 5			% Ganho		%	%
Nº	Tipo	Nome	Total	Sucesso	Médio	MTBP	Sucesso	Classificação
29	R-	Identical 3 Crows-	36	15	-1,21	41.815	42	1
30	R+	Harami+	13.388	8.016	1,45	112	60	1
31	R-	Meeting Lines-	53	22	-1,51	28.403	42	1
32	R-	Upside Gap Two Crows-	342	142	-1,18	4.401	42	1
33	R-	Engulfing Pattern-	15.984	6.643	-1,06	94	42	1
34	R+	Belt Hold+	1.513	903	1,65	994	60	1
35	C+	UPside Gap 3 Methods+	342	204	1,43	4.401	60	1
36	R-	Two Crows-	694	287	-1,35	2.169	41	1
37	R-	Deliberation-	424	175	-0,89	3.550	41	0
38	R-	Dark Cloud Cover-	3.315	1.354	-1,22	454	41	0
39	R-	Doji Star-	663	269	-1,85	2.270	41	-1
40	R+	Engulfing Pattern+	13.785	7.983	1,3	109	58	-2
41	R-	Harami-	16.634	6.683	-1,21	90	40	-2
42	R-	Three Outside Down-	4.483	1.798	-1,17	335	40	-2
43	R-	Evening Star-	1.553	621	-1,51	969	40	-3
44	R-	Three Inside Down-	1.314	524	-1,36	1.145	40	-3
45	R+	Harami Cross+	958	548	1,18	1.571	57	-3
46	R+	Long White Body+	2.662	1.518	1,17	565	57	-3
47	C+	Rising Three Methods+	2.677	1.517	1,28	562	57	-4
48	R-	Belt Hold-	2.126	830	-1,24	708	39	-5
49	C-	Three Line Strike-	926	355	-1,65	1.625	38	-7
50	R-	Harami Cross-	1.068	410	-1,67	1.409	38	-7
51	C-	On Neck Line-	344	131	-1,24	4.376	38	-7
52	R+	Three Inside Up+	1271	692	1,07	1.184	54	-8
53	R+	Hammer+	15.079	8.165	0,86	99	54	-8
54	R+	3 Stars in the South+	61	33	1,14	24.678	54	-8
55	R+	Tri-Star+	98	53	3,47	15.360	54	-8

CONFIABILIDADE DE RECONHECIMENTO DO PADRÃO

Nº	Tipo	Intervalo - 5 Nome	Total	Sucesso	% Ganho Médio	MTBP	% Sucesso	% Classificação
56	R+	Piercing Line+	2.411	1.302	1,04	624	54	-8
57	R+	Ladder Bottom+	60	31	0,94	25.089	52	-13
58	R+	Morning Star+	1.812	913	0,43	830	50	-15
59	R+	Meeting Lines+	4	2	8,11	376.339	50	-15
60	R+	Abandoned Baby+	8	4	-0,28	188.169	50	-15
61	R+	Morning Doji Star+	273	136	0,25	5.514	50	-16
62	R-	Kicking-	3	1	-4,91	501.786	33	-19
63	R-	Three Black Crows-	497	162	-2,28	3.028	33	-21
64	R+	Kicking+	5	2	0,84	301.071	40	-32
65	R+	Unique 3 River Bottom+	10	4	-0,1	150.535	40	-32
66	R-	Abandoned Baby-	5	1	-7,55	301.071	20	-51
67	R+	Stick Sandwich+	4	1	-3,69	376.339	25	-58
68	C-	Side/Side White Lines-	13	2	-1,94	115.796	15	-63
		Totais:	148.113	73.420				

Tabela 7-6
% CLASSIFICAÇÃO DE OPÇÕES DE AÇÕES

Nº	Tipo	Intervalo - 6 Nome	Total	Sucesso	% Ganho Médio	MTBP	% Sucesso	% Classificação
1	R+	Breakaway+	96	77	3,78	15.680	80	35
2	R-	Matching High-	76	41	-0,65	19.807	54	34
3	C-	Separating Lines-	19	10	-1,2	79.229	53	31
4	C-	DNside Gap 3 Methods-	432	206	-0,5	3.484	48	18

GRÁFICOS CANDLESTICK DESVENDADOS

Nº	Tipo	Intervalo – 6 Nome	Total	Sucesso	% Ganho Médio	MTBP	% Sucesso	% Classificação
5	R-	Advance Block-	147	70	-1,82	10.240	48	18
6	C+	Side/Side White Lines+	54	38	3,9	27.877	70	18
7	C+	Separating Lines+	46	31	2,1	32.725	67	13
8	R-	Meeting Lines-	53	24	-1,55	28.403	45	12
9	R-	Ladder Top-	31	14	-1,4	48.559	45	12
10	R+	Matching Low+	51	33	7,58	29.516	65	9
11	R-	Hanging Man-	15.401	6.641	-1,26	97	43	7
12	R-	Shooting Star-	499	215	-0,96	3.016	43	7
13	R-	Evening Doji Star-	194	83	-1,7	7.759	43	6
14	R+	Concealing Swallow+	27	17	3,42	55.754	63	6
15	R+	Three White Soldiers+	374	235	1,05	4.025	63	5
16	R+	Doji Star+	575	361	2,57	2.618	63	5
17	R+	Homing Pidgeon+	5.040	3.137	1,84	298	62	4
18	C+	UPside Gap 3 Methods+	341	212	1,73	4.414	62	4
19	C+	Three Line Strike+	873	540	1,59	1.724	62	4
20	R+	Inverted Hammer+	2.889	1.783	2,29	521	62	4
21	R-	Two Crows-	692	288	-1,49	2.175	42	3
22	R-	Long Black Body-	3.396	1.410	-1,36	443	42	3
23	C+	On Neck Line+	446	273	1,51	3.375	61	3
24	C-	Falling Three Methods-	1.792	739	-1,53	840	41	2
25	R-	Deliberation-	422	174	-0,91	3.567	41	2
26	C+	Upside Tasuki Gap+	1.720	1.048	1,5	875	61	2
27	C-	Downside Tasuki Gap-	1.879	772	-1,4	801	41	2
28	R-	Engulfing Pattern-	15.961	6.536	-1,24	94	41	1
29	R+	Harami+	13.383	8.079	1,67	112	60	1
30	R+	Three Outside Up+	3.856	2.320	1,76	390	60	1

CONFIABILIDADE DE RECONHECIMENTO DO PADRÃO

Nº	Tipo	Intervalo - 6 Nome	Total	Sucesso	% Ganho Médio	MTBP	% Sucesso	% Classificação
31	R-	Harami-	16.598	6.747	-1,34	90	41	1
32	R+	Kicking+	5	3	0,09	301.071	60	1
33	R+	Belt Hold+	1.509	906	1,91	997	60	1
34	R-	Dark Cloud Cover-	3.311	1.342	-1,4	454	41	0
35	R+	Harami Cross+	958	571	1,46	1.571	60	0
36	R+	Engulfing Pattern+	13.768	8.141	1,54	109	59	-1
37	R+	3 Stars in the South+	61	36	1,52	24.678	59	-1
38	C+	In Neck Line+	605	356	1,73	2.488	59	-1
39	R-	Upside Gap Two Crows-	342	135	-1,55	4.401	39	-2
40	R-	Evening Star-	1.552	611	-1,77	969	39	-2
41	R+	Long White Body+	2.661	1.538	1,36	565	58	-3
42	C+	Rising Three Methods+	2.675	1.542	1,45	562	58	-3
43	R-	Identical 3 Crows-	36	14	-1,28	41.815	39	-4
44	R-	Doji Star-	661	257	-2,23	2.277	39	-4
45	R-	Tri-Star-	80	31	-3,73	18.816	39	-4
46	C-	Three Line Strike-	926	359	-1,79	1.625	39	-4
47	R-	Three Inside Down-	1.314	508	-1,63	1.145	39	-4
48	R-	Harami Cross-	1.066	412	-1,9	1.412	39	-4
49	C-	In Neck Line-	440	169	-1,56	3.421	38	-5
50	R-	Three Outside Down-	4.479	1.722	-1,53	336	38	-5
51	R+	Three Inside Up+	1.270	721	1,31	1.185	57	-5
52	R-	Belt Hold-	2121	813	-1,48	709	38	-5
53	R+	Tri-Star+	98	55	4,04	15.360	56	-6
54	R+	Piercing Line+	2.410	1.347	1,3	624	56	-6
55	R+	Hammer+	15.071	8.333	1,04	99	55	-7
56	R-	Breakaway-	129	48	-1,78	11.669	37	-8

GRÁFICOS CANDLESTICK DESVENDADOS ■■▨

Nº	Tipo	Intervalo – 6 Nome	Total	Sucesso	% Ganho Médio	MTBP	% Sucesso	% Classificação
57	C-	On Neck Line-	344	127	-1,72	4.376	37	-8
58	R+	Morning Doji Star+	273	142	0,34	5.514	52	-13
59	R+	Morning Star+	1811	930	0,54	831	51	-14
60	R-	Three Black Crows-	497	172	-2,48	3.028	35	-14
61	R+	Meeting Lines+	4	2	8,78	376.339	50	-16
62	R+	Abandoned Baby+	8	4	-0,29	188.169	50	-16
63	R+	Stick Sandwich+	4	2	-2	376.339	50	-16
64	R-	Kicking-	3	1	-6,08	501.786	33	-17
65	R+	Ladder Bottom+	60	29	0,68	25.089	48	-19
66	R+	Unique 3 River Bottom+	10	4	-0,08	150.535	40	-33
67	R-	Abandoned Baby-	5	1	-7,02	301.071	20	-50
68	C-	Side/Side White Lines-	13	2	-2,32	115.796	15	-62
		Totais:	147.943	73.540				

Tabela 7-7
% CLASSIFICAÇÃO DE OPÇÕES DE AÇÕES

Nº	Tipo	Intervalo – 7 Nome	Total	Sucesso	% Ganho Médio	MTBP	% Sucesso	% Classificação
1	C-	Separating Lines-	19	11	-1,52	79.229	58	46
2	R-	Matching High-	76	42	-1,25	19.807	55	39
3	R+	Breakaway+	96	77	3,63	15.680	80	33
4	R+	Meeting Lines+	4	3	8,25	376.339	75	24
5	R+	Matching Low+	51	38	7,42	29.516	75	24

CONFIABILIDADE DE RECONHECIMENTO DO PADRÃO

Nº	Tipo	Nome	Total	Sucesso	% Ganho Médio	MTBP	% Sucesso	% Classificação
6	C-	DNside Gap 3 Methods-	432	206	-0,64	3.484	48	20
7	C+	Side/Side White Lines+	54	39	4,1	27.877	72	20
8	R-	Meeting Lines-	53	25	-1,35	28.403	47	19
9	R+	Concealing Swallow+	27	19	3,75	55.754	70	17
10	R-	Tri-Star-	80	37	-3,8	18.816	46	16
11	R-	Ladder Top-	31	14	-1,42	48.559	45	14
12	C+	Separating Lines+	46	31	2,2	32.725	67	12
13	R-	Advance Block-	147	65	-2,14	10.240	44	11
14	R-	Shooting Star-	497	216	-1,21	3.028	43	9
15	C+	Three Line Strike+	870	561	1,89	1.730	64	7
16	R+	Three White Soldiers+	374	241	1,16	4.025	64	7
17	R-	Hanging Man-	15.386	6.493	-1,46	97	42	6
18	C+	UPside Gap 3 Methods+	341	218	1,93	4.414	64	6
19	R+	Homing Pidgeon+	5.038	3.202	2,14	298	64	5
20	R-	Identical 3 Crows-	36	15	-1,33	41.815	42	5
21	R+	Inverted Hammer+	2.883	1.803	2,59	522	63	4
22	C+	Upside Tasuki Gap+	1.716	1.071	1,81	877	62	3
23	R-	Evening Doji Star-	194	79	-2,05	7.759	41	3
24	C-	Falling Three Methods-	1.789	727	-1,69	841	41	2
25	R+	Belt Hold+	1.509	931	2,14	997	62	2
26	R+	Tri-Star+	98	60	4,75	15.360	61	1
27	C+	On Neck Line+	445	272	1,68	3.382	61	1
28	R-	Two Crows-	689	276	-1,75	2.184	40	1
29	R+	Harami+	13.375	8.122	1,93	112	61	1
30	C-	Downside Tasuki Gap-	1.879	751	-1,73	801	40	1
31	R-	Long Black Body-	3.392	1.349	-1,69	443	40	0
32	R+	Doji Star+	575	347	2,79	2.618	60	0

Intervalo – 7

GRÁFICOS CANDLESTICK DESVENDADOS

Nº	Tipo	Nome	Total	Sucesso	% Ganho Médio	MTBP	% Sucesso	% Classificação
		Intervalo – 7						
33	C-	Three Line Strike-	925	367	-1,82	1.627	40	0
34	R-	Deliberation-	421	167	-1,04	3.575	40	0
35	R+	Three Outside Up+	3.841	2.307	1,87	391	60	0
36	R+	Kicking+	5	3	2,09	301.071	60	0
37	R-	Harami-	16.566	6.538	-1,54	90	39	-1
38	R+	Harami Cross+	958	570	1,68	1.571	59	-1
39	R-	Evening Star-	1.552	608	-2,09	969	39	-2
40	R-	Dark Cloud Cover-	3.304	1.292	-1,73	455	39	-2
41	R-	Engulfing Pattern-	15.942	6.218	-1,55	94	39	-2
42	R+	Engulfing Pattern+	13.746	8.121	1,69	109	59	-2
43	C-	In Neck Line-	440	170	-1,82	3.421	39	-3
44	R-	Doji Star-	657	253	-2,55	2.291	39	-3
45	C+	In Neck Line+	604	353	1,89	2.492	58	-3
46	C+	Rising Three Methods+	2.670	1.551	1,57	563	58	-4
47	R+	Long White Body+	2.654	1.538	1,48	567	58	-4
48	R-	Upside Gap Two Crows-	341	129	-1,75	4.414	38	-5
49	R+	3 Stars in the South+	61	35	1,66	24.678	57	-5
50	R-	Three Outside Down-	4.476	1.690	-1,73	336	38	-5
51	R+	Three Inside Up+	1.265	724	1,44	1.190	57	-5
52	C-	On Neck Line-	344	128	-1,78	4.376	37	-6
53	R-	Three Inside Down-	1.314	483	-1,87	1.145	37	-8
54	R-	Harami Cross-	1.063	390	-2,24	1.416	37	-8
55	R+	Hammer+	15.067	8.373	1,27	99	56	-8
56	R+	Piercing Line+	2.410	1.339	1,39	624	56	-8
57	R-	Belt Hold-	2.117	771	-1,79	711	36	-8
58	R-	Three Black Crows-	497	177	-2,74	3.028	36	-10
59	R+	Morning Doji Star+	273	147	0,68	5.514	54	-11

CONFIABILIDADE DE RECONHECIMENTO DO PADRÃO

Nº	Tipo	Nome	Total	Sucesso	% Ganho Médio	MTBP	% Sucesso	% Classificação
		Intervalo – 7						
60	R-	Breakaway-	129	45	-2,01	11.669	35	-12
61	R+	Ladder Bottom+	60	31	0,97	25.089	52	-14
62	R+	Morning Star+	1.811	928	0,76	831	51	-15
63	R-	Kicking-	3	1	-5,99	501.786	33	-16
64	R+	Stick Sandwich+	4	2	-1,62	376.339	50	-17
65	R+	Unique 3 River Bottom+	10	4	-0,11	150.535	40	-34
66	R-	Abandoned Baby-	5	1	-6,99	301.071	20	-50
67	R+	Abandoned Baby+	8	2	-1,57	188.169	25	-59
68	C-	Side/Side White Lines-	13	2	-2,74	115.796	15	-61
		Totais:	147.758	72.799				

Análise de Padrões em Longo Prazo (29 de novembro de 1991 a 31 de dezembro de 2004)

Continuando com o conceito da seção anterior, mas usando uma quantidade significativamente maior de dados (quase 5,5 milhões de dias), pode-se ver que os padrões candle tendem a funcionar bem na maioria dos ambientes do mercado. A Figura 7-3 é o Índice da S&P 500 de 29 de novembro de 1991 a 31 de dezembro de 2004. Durante esse período, o mercado enfrentou um mercado de alta gigante, seguido de um mercado de baixa gigante.

A Tabela 7-8 mostra os resultados das mesmas análises de antes, exceto que usam mais dados e incluem muitos padrões candle adicionais. Está também em um formato mais sucinto. Essas classificações estão baseadas na %Sucesso, a porcentagem do tempo que o padrão obteve sucesso *versus* fracassou. A recíproca de %Sucesso seria %Perdas (100 - % Sucesso = % Perdas). Cada padrão foi testado com os mesmos intervalos de predição, e uma média desses sete intervalos é mostrada na última coluna.

As próximas duas tabelas foram criadas para que se conseguissem respostas para as seguintes perguntas:

1. Quão boa é a performance de cada padrão candle?
2. Qual o melhor método de saída de trade ou prazos de cada padrão candle?
3. Quando ocorre o melhor desempenho do padrão candle?
4. Quando ocorre o pior desempenho do padrão candle?

Trades que não produzem nem lucro nem perdas (ou seja, os custos de entrar em uma trade se igualam ao procedimento de saída da trade) não estão inclusas na %Sucesso (Tabela 7-8). Trades que não produzem nem lucro nem perdas estão inclusas no cálculo de Ganho/Perda Líquido por Trade (Tabela 7-9). O valor de Ganho/Perda Líquido por Trade é simplesmente a porcentagem média de ganho (ou perda) para todas as trades, porque o valor de Ganho/Perda Líquido por Trade é o resultado médio para todas as trades (trades de ganho, sem ganho ou perda, ou de perda), o que pode ser um número positivo ou negativo, ou mesmo zero. Se o Ganho/Perda Líquido por Trade é positivo, isso significa que a trade média produziu um lucro líquido. Se o Ganho/Perda Líquido por Trade for negativo, significa que a trade média produziu uma perda líquida.

■■■ CONFIABILIDADE DE RECONHECIMENTO DO PADRÃO

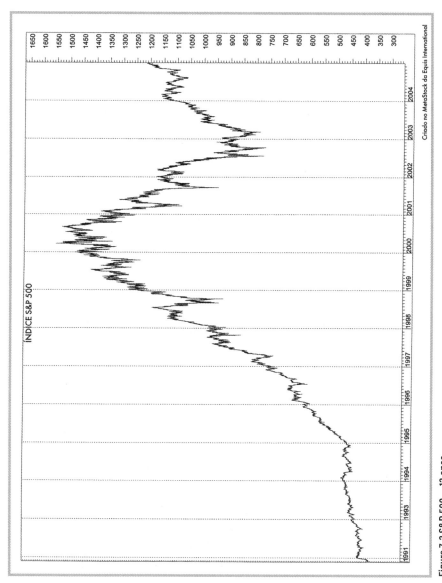

Figura 7-3 S&P 500 – 13 anos

■■■ 331

Nota: o Ganho/Perda Líquido por Trade é a soma de todos os resultados individuais de trade, dividida pelo número de todas as trades. Se todas as trades produziram um ganho ou uma perda (ou seja, não existem resultados de trade de 0,00), então o valor do Ganho/Perda Líquido por Trade pode também ser calculado da seguinte forma:

Ganho/Perda Líquido por Trade = (% Vencedoras × Média de Vitória) + (% Perdedoras × Média de Perda)

Nota: a equação anterior usa um sinal de mais porque a Média de Perda é um número negativo. Além disso, se você fizer qualquer um desses cálculos, atente-se às diferenças causadas pelo arredondamento dos valores %Sucesso e %Perdas (recíprocas a %Sucesso). Por exemplo, a tabela exibirá 71% na % Sucesso quando 5 de 7 trades forem trades vencedoras. Um valor mais preciso seria 71,4286%. O programa usado para criar esta tabela utiliza valores precisos em todos os cálculos. A tabela exibe os resultados finais dos cálculos como valores ligeiramente arredondados, com propósitos de legibilidade.

Um bom padrão candlestick terá um valor positivo de Ganho/Perda Líquido por Trade durante muitos períodos de tempo. E dentre esses padrões que produzem um lucro líquido por trade, os melhores serão aqueles com menores valores de Perda Média (100 - %Sucesso); ou seja, um valor de -3% de Perda Média é melhor que um valor de Perda Média de -6%. Padrões Candlestick não são perfeitos, logo, quando uma trade não funciona, é desejável um padrão cujas trades de perda produzam uma média limitada de perdas.

Ao utilizar essas tabelas, tenha em mente que uma taxa de sucesso de 50% ou menos não é melhor do que uma jogada de sorte e não tem nenhum valor. As duas médias, máximas e mínimas estão em negrito, na última coluna. Perceba que, em todos os quatro casos, o número de ocorrências desses padrões foi relativamente pequeno. Eles consistiam de 92 padrões entre 701.402, o que é apenas 0,013% (pouco mais de um em 10.000).

Perceba o padrão de alta Descent Block (Desc. Block +) e como mantém uma boa porcentagem de sucesso durante todos os sete intervalos de predição. Essa é a razão para usar esta tabela.

Por fim, a média das médias para os sete intervalos de predição é mostrada na parte inferior da Tabela 7-8. Isso oferece prova consistente do

CONFIABILIDADE DE RECONHECIMENTO DO PADRÃO

mérito da análise de padrões candle. Enquanto dois dos intervalos foram tão bons quanto uma jogada de sorte, o fato de que a maioria teve um desempenho melhor é bom.

Tabela 7-8
% SUCESSO DE OPÇÕES DE AÇÕES

Nº de Ações	2.277	7,8272 Frequências do Padrão
Nº de Dias	5.490.000	
Nº de Padrões	701.402	

Padrões	Número	1	2	3	4	5	6	7	Média
1 Black Crow-	15.850	48%	48%	48%	48%	49%	49%	48%	48%
1 Wht Soldier+	20.812	49%	50%	51%	53%	53%	53%	53%	52%
3 Black Crows-	3.659	49%	48%	48%	47%	46%	46%	46%	47%
3 Down Gap Up+	44	43%	43%	50%	40%	36%	36%	37%	41%
3 Gap Downs+	1.101	55%	53%	55%	53%	53%	53%	55%	54%
3 Gap Ups-	1.940	54%	54%	54%	54%	55%	54%	52%	54%
3 Line Strike+	447	48%	50%	49%	54%	55%	56%	56%	53%
3 Line Strike-	500	49%	48%	48%	49%	47%	48%	49%	48%
3 Stars North-	7	60%	57%	43%	57%	67%	43%	14%	49%
3 Stars South+	9	67%	44%	67%	89%	78%	75%	50%	**67%**
3 Up Gap Down-	32	45%	38%	38%	41%	38%	35%	52%	**41%**
3 Wh Soldiers+	2.479	52%	52%	51%	53%	52%	52%	52%	52%
Aban. Baby+	64	59%	54%	58%	62%	56%	57%	48%	56%
Aban. Baby-	44	49%	55%	51%	60%	55%	51%	53%	53%
Advance Block-	148	49%	47%	48%	49%	46%	43%	47%	47%
Battle/Rest+	7.214	50%	53%	52%	52%	52%	52%	52%	52%
Belt Hold+	1.062	50%	50%	54%	56%	55%	54%	55%	53%
Belt Hold-	983	51%	49%	48%	48%	48%	47%	46%	48%
Breakaway+	84	58%	53%	62%	58%	57%	53%	52%	56%
Breakaway -	89	52%	51%	45%	56%	60%	60%	58%	55%
Concealing+	101	51%	55%	52%	50%	50%	53%	54%	52%
Deliberation+	3.994	54%	53%	55%	56%	56%	56%	56%	55%
Deliberation-	5.903	53%	52%	52%	52%	52%	52%	51%	52%

GRÁFICOS CANDLESTICK DESVENDADOS

Nº de Ações	2.277		7,8272	Frequências do Padrão
Nº de Dias	5.490.000			
Nº de Padrões	701.402			

Padrões	Número	1	2	3	4	5	6	7	Média
Desc. Block+	250	54%	58%	54%	55%	57%	55%	57%	56%
Desc. Hawk-	6.395	54%	54%	52%	53%	51%	50%	50%	52%
Dk Cld Cover-	7.354	50%	48%	47%	48%	48%	48%	47%	48%
Doji Star+	12.505	53%	53%	54%	54%	54%	55%	55%	54%
Doji Star-	16.939	53%	52%	52%	51%	51%	51%	50%	51%
Downside Tasuki Gap-	383	52%	52%	52%	51%	49%	49%	50%	51%
3 Outside Up+	16.782	49%	50%	51%	52%	51%	51%	52%	51%
3 Outside Down-	17.345	48%	47%	47%	47%	47%	46%	45%	47%
Engulfing+	87.974	49%	49%	50%	50%	51%	51%	51%	50%
Engulfing-	95.200	49%	48%	48%	48%	48%	47%	47%	48%
Even. D Star-	1.202	49%	51%	52%	53%	53%	53%	50%	52%
Evening Star	1.531	48%	47%	49%	49%	49%	48%	48%	48%
Falling 3 M-	1.027	53%	54%	54%	48%	47%	48%	48%	50%
Gap 2 Crows	11	64%	45%	45%	40%	36%	45%	36%	44%
Gap 2 Rabbits+	7	86%	71%	86%	86%	86%	86%	86%	**84%**
Gap 3 Meth.+	342	57%	55%	53%	52%	48%	52%	52%	53%
Gap 3 Meth.-	416	49%	49%	47%	48%	48%	48%	48%	48%
Hammer+	13.295	45%	47%	47%	47%	49%	49%	50%	48%
Hanging Man-	21.717	65%	62%	60%	59%	57%	57%	56%	59%
Har. Cross+	11.712	52%	51%	52%	53%	53%	53%	54%	53%
Har. Cross-	14.215	52%	51%	51%	50%	50%	49%	49%	50%
Harami+	101.531	50%	51%	52%	52%	53%	53%	53%	52%
Harami-	120.366	51%	50%	50%	50%	49%	49%	49%	50%
3 Inside Up+	15.190	50%	50%	52%	51%	51%	52%	52%	51%
3 Inside Down-	16.893	49%	48%	48%	48%	48%	47%	47%	48%
Hom. Pidgeon+	6.080	51%	52%	53%	54%	53%	54%	55%	53%
In Neck Line+	22	43%	41%	36%	50%	48%	59%	45%	46%
In Neck Line -	22	50%	40%	50%	45%	45%	29%	36%	42%
Inv. Hammer+	2.754	64%	61%	59%	59%	58%	58%	58%	60%
Kicking+	143	51%	47%	44%	46%	46%	47%	49%	47%
Kicking-	92	54%	49%	43%	44%	40%	47%	43%	46%

■■■ CONFIABILIDADE DE RECONHECIMENTO DO PADRÃO

Nº de Ações   2.277   7,8272   Frequências do Padrão
Nº de Dias   5.490.000
Nº de Padrões 701.402

Padrões	Número	1	2	3	4	5	6	7	Média
Ladder Bot.+	383	48%	53%	60%	54%	54%	56%	57%	55%
Ladder Top-	363	52%	51%	51%	54%	54%	51%	51%	52%
Mat Hold+	164	46%	49%	50%	53%	55%	55%	53%	52%
Mat Hold-	96	57%	47%	45%	52%	47%	48%	49%	49%
Match. High-	4.668	67%	62%	61%	58%	57%	55%	55%	59%
Match. Low+	4.190	67%	61%	59%	58%	57%	57%	58%	60%
Meeting Lines+	1.101	49%	51%	50%	52%	52%	53%	54%	52%
Meeting Lines-	1.336	51%	50%	50%	52%	52%	51%	51%	51%
Morn. D Star+	1.105	47%	46%	49%	50%	53%	54%	52%	50%
Morning Star+	1.601	49%	50%	51%	50%	51%	51%	53%	51%
On Neck Line+	388	58%	53%	56%	55%	50%	54%	53%	54%
On Neck Line-	375	54%	49%	50%	50%	48%	46%	49%	49%
Piercing Line+	5.751	49%	48%	50%	51%	51%	52%	52%	50%
Rising 3 m+	1.650	52%	52%	51%	50%	52%	51%	51%	51%
Sep. Lines+	317	52%	51%	53%	55%	55%	55%	56%	54%
Sep. Lines-	349	49%	48%	51%	52%	50%	50%	47%	50%
Shooting Star-	1.595	50%	49%	51%	50%	50%	49%	48%	50%
Squeeze Alert +	6.531	48%	50%	51%	52%	53%	53%	54%	52%
Squeeze Alert-	7.568	51%	51%	51%	50%	50%	49%	48%	50%
Stick Sand. +	301	55%	53%	53%	58%	57%	56%	57%	56%
Stick Sand.-	321	51%	48%	46%	46%	47%	49%	47%	48%
Side by Side Black I+	228	43%	47%	49%	48%	48%	48%	48%	47%
Side by Side Black I-	263	48%	49%	45%	45%	43%	44%	42%	45%
Side by Side White I+	369	46%	44%	48%	50%	49%	49%	52%	48%
Side by Side White I-	98	48%	45%	46%	47%	48%	48%	49%	47%
Thrusting+	760	54%	55%	56%	53%	52%	52%	54%	54%
Thrusting-	771	51%	52%	51%	50%	50%	47%	48%	50%
Tri Star+	869	44%	46%	47%	49%	50%	51%	51%	48%
Tri Star-	867	47%	44%	47%	48%	46%	47%	47%	47%
Two Crows-	205	55%	50%	45%	47%	44%	44%	47%	47%
Two Rabbits+	125	47%	45%	44%	44%	52%	46%	43%	46%
Uniq. 3 River+	11	64%	45%	50%	45%	45%	45%	55%	50%

N° de Ações	2.277			7,8272	Frequências do Padrão			
N° de Dias	5.490.000							
N° de Padrões	701.402							

Padrões	Número	1	2	3	4	5	6	7	Média
Unique 3 Mountain-	7	29%	57%	57%	57%	43%	29%	29%	43%
Upside Three Gaps+	415	50%	50%	49%	50%	49%	48%	49%	49%
TOTAIS	701.402	52%	50%	51%	52%	51%	51%	50%	51%

Para informação adicional em relação à determinação da adequabilidade de padrões candle, olhar para o Lucro Líquido dividido pela Perda Líquida por Trade. Essa seria uma medida de rentabilidade geral de padrões candle baseados em intervalos de predição. A Tabela 7-9 mostra esses dados com os números positivos em negrito.

Tabela 7-9
GANHO/PERDA LÍQUIDO POR TRADE DE OPÇÕES DE AÇÕES

N° de Ações	2.277				Negrito denota valores positivos			
N° de Dias	5.490.000			7,8272	Frequências do Padrão			
N° de Padrões	701.402							

Padrões	Número	1	2	3	4	5	6	7	Média
1 Black Crow-	15.850	-0,10	-0,15	-0,24	-0,22	-0,23	-0,26	-0,40	-0,23
1 Wht Soldier+	20.812	**0,17**	**0,24**	**0,42**	**0,58**	**0,70**	**0,76**	**0,78**	**0,52**
3 Black Crows-	3.659	-0,09	-0,34	-0,36	-0,55	-0,73	-0,91	-1,07	-0,58
3 Down Gap Up+	44	-0,09	-1,40	-1,19	-1,96	-2,60	-3,30	-2,62	-1,88
3 Gap Downs+	1.101	**0,45**	**0,62**	**0,61**	**0,73**	**0,91**	**1,00**	**1,16**	**0,78**
3 Gap Ups-	1.940	**0,13**	**0,19**	**0,18**	**0,17**	**0,22**	**0,24**	**-0,05**	**0,15**
3 Line Strike+	447	-0,10	0,10	0,07	0,40	0,16	0,46	0,59	0,24
3 Line Strike-	500	-0,30	-0,43	-0,72	-0,61	-0,59	-0,78	-0,51	-0,56
3 Stars North-	7	-0,37	-0,70	-1,14	-1,05	-1,57	-2,46	-2,64	-1,42
3 Stars South+	9	**0,17**	**0,80**	**1,04**	**1,50**	**1,91**	**1,22**	**1,95**	**1,23**
3 Up Gap Down-	32	-1,90	-2,46	-1,99	-1,30	-1,86	-2,13	-1,23	-1,84

CONFIABILIDADE DE RECONHECIMENTO DO PADRÃO

Nº de Ações	2.277		Negrito denota valores positivos
Nº de Dias	5.490.000	7,8272	Frequências do Padrão
Nº de Padrões	701.402		

Padrões	Número	1	2	3	4	5	6	7	Média
3 White Soldiers+	2.479	0,18	0,23	0,36	0,47	0,43	0,34	0,44	0,35
Aban. Baby+	64	0,73	0,40	0,33	0,46	0,24	0,76	0,81	0,53
Aban. Baby-	44	0,01	-0,32	0,43	0,37	-0,04	-1,39	-1,81	-0,39
Advance Block-	148	-0,35	-0,39	-0,87	-0,70	-0,83	-1,23	-1,36	-0,82
Battle/Rest+	7.214	0,12	0,36	0,40	0,47	0,49	0,48	0,57	0,41
Belt Hold+	1.062	0,12	0,00	0,55	0,91	1,04	0,99	1,08	0,67
Belt Hold-	983	0,14	-0,18	-0,18	-0,11	-0,09	-0,45	-0,63	-0,21
Breakaway+	84	-0,02	0,72	1,98	1,55	1,54	0,92	0,88	1,08
Breakaway-	89	0,03	-0,06	0,17	0,41	0,54	0,56	0,93	0,37
Concealing+	101	0,28	0,73	1,17	1,51	1,25	2,05	2,31	1,33
Deliberation+	3.994	0,29	0,48	0,79	1,09	1,20	1,38	1,41	0,95
Deliberation-	5.903	0,06	0,08	0,08	0,08	0,14	0,07	0,00	0,07
Desc. Block+	250	0,36	0,67	0,54	0,54	0,38	0,49	0,77	0,54
Desc. Hawk -	6.395	0,06	0,03	-0,09	-0,26	-0,37	-0,43	-0,60	-0,24
Dark Cloud Cover-	7.354	-0,09	-0,28	-0,37	-0,47	-0,53	-0,60	-0,78	-0,45
Doji Star+	12.505	0,34	0,40	0,48	0,65	0,84	0,97	1,08	0,68
Doji Star-	16.939	0,03	-0,03	-0,05	-0,06	-0,08	-0,11	-0,20	-0,07
Downside Tasuki Gap-	383	0,03	0,44	0,14	-0,35	-0,32	-0,30	-0,43	-0,11
3 Outside Up+	16.782	0,05	0,19	0,30	0,40	0,44	0,44	0,43	0,32
3 Outside Down-	17.345	-0,23	-0,39	-0,39	-0,49	-0,60	-0,79	-0,98	-0,55
Engulfing+	87.974	0,07	0,07	0,21	0,32	0,39	0,48	0,49	0,29
Engulfing-	95.200	-0,08	-0,20	-0,30	-0,36	-0,45	-0,56	-0,72	-0,38
Evening Doji Star-	1.202	0,09	0,06	0,19	0,23	0,28	0,13	-0,30	0,10
Evening Star-	1.531	-0,07	-0,20	-0,19	-0,28	-0,37	-0,50	-0,52	-0,30
Falling 3 Methods-	1.027	0,35	0,40	0,50	0,12	-0,04	0,05	0,17	0,22
Gap 2 Crows-	11	0,95	-1,28	-2,26	-3,16	-3,75	-3,48	-5,91	-2,70
Gap 2 Rabbits+	7	2,44	1,83	2,05	2,75	4,16	6,07	3,06	3,19
Gap 3 Meth.+	342	0,22	0,20	0,30	0,09	-0,09	-0,21	-0,26	0,04
Gap 3 Meth.-	416	0,14	0,14	-0,16	-0,40	-0,45	-0,70	-0,92	-0,34
Hammer+	13.295	-0,25	-0,25	-0,14	-0,16	-0,02	0,08	0,22	-0,07
Hanging Man-	21.717	0,98	0,84	0,66	0,57	0,43	0,36	0,20	0,58
Har. Cross+	11.712	0,20	0,25	0,40	0,58	0,74	0,84	1,04	0,58

GRÁFICOS CANDLESTICK DESVENDADOS

Nº de Ações	2.277				Negrito denota valores positivos				
Nº de Dias	5.490.000		7,8272		Frequências do Padrão				
Nº de Padrões	701.402								

Padrões	Número	1	2	3	4	5	6	7	Média
Har. Cross-	14.215	-0,06	-0,14	-0,20	-0,27	-0,30	-0,38	-0,48	-0,26
Harami+	101.531	**0,16**	**0,22**	**0,37**	**0,54**	**0,63**	**0,69**	**0,80**	**0,49**
Harami-	120.366	-0,01	-0,13	-0,21	-0,25	-0,27	-0,31	-0,41	-0,23
3 Inside Up+	15.190	**0,14**	**0,20**	**0,37**	**0,43**	**0,44**	**0,51**	**0,51**	**0,37**
3 Inside Down-	16.893	-0,10	-0,25	-0,27	-0,32	-0,43	-0,55	-0,60	-0,36
Hom. Pidgeon+	6.080	**0,22**	**0,40**	**0,53**	**0,79**	**1,04**	**1,26**	**1,49**	**0,82**
In Neck Line+	22	-0,48	**0,08**	**0,36**	**1,00**	**1,19**	**2,13**	**1,53**	**0,83**
In Neck Line-	22	-0,22	-2,07	-1,59	-2,72	-2,82	-3,72	-4,16	-2,47
Inv. Hammer+	2.754	**1,26**	**1,25**	**1,25**	**1,38**	**1,43**	**1,65**	**1,74**	**1,42**
Kicking+	143	-0,42	-0,51	-0,47	-0,88	-0,80	-0,83	-0,91	-0,69
Kicking-	92	-0,15	-0,73	-1,75	-1,13	-1,21	-0,90	-1,24	-1,02
Ladder Bot.+	383	-0,10	**0,10**	**1,10**	**0,98**	**0,87**	**1,19**	**1,22**	**0,77**
Ladder Top-	363	**0,28**	**0,56**	**0,38**	**0,49**	**0,20**	**0,31**	**0,10**	**0,33**
Mat Hold+	164	**0,05**	**0,21**	**0,56**	**0,11**	**0,69**	**0,82**	**0,71**	**0,45**
Mat Hold-	96	**0,39**	-0,22	-0,46	**0,05**	-0,48	-0,06	-0,62	-0,20
Match. High-	4.668	**0,81**	**0,65**	**0,59**	**0,37**	**0,39**	**0,26**	**0,30**	**0,48**
Match. Low+	4.190	**1,28**	**1,24**	**1,34**	**1,46**	**1,53**	**1,78**	**2,03**	**1,52**
Meeting Lines+	1101	-0,03	**0,09**	**0,09**	**0,34**	**0,58**	**0,76**	**0,92**	**0,39**
Meeting Lines-	1.336	-0,05	-0,12	-0,10	-0,10	-0,20	-0,31	-0,35	-0,18
Morn. Doji Star+	1.105	-0,16	-0,22	-0,16	**0,12**	**0,25**	**0,42**	**0,52**	**0,11**
Morning Star+	1.601	-0,02	-0,04	**0,11**	**0,32**	**0,44**	**0,50**	**0,75**	**0,29**
On Neck Line+	388	**0,16**	**0,38**	**0,44**	**0,42**	**0,21**	**0,48**	**0,54**	**0,38**
On Neck Line-	375	**0,04**	-0,26	-0,34	-0,27	-0,14	-0,47	-0,23	-0,24
Piercing Line+	5.751	**0,11**	-0,09	**0,13**	**0,25**	**0,37**	**0,57**	**0,48**	**0,26**
Rising 3 Methods+	1.650	**0,44**	**0,71**	**0,66**	**0,57**	**0,64**	**0,76**	**0,71**	**0,64**
Sep. Lines+	317	**0,42**	**0,66**	**0,99**	**1,16**	**1,61**	**1,62**	**2,07**	**1,22**
Sep. Lines-	349	-0,49	-0,59	-0,32	**0,01**	-0,06	-0,60	-1,02	-0,44
Shooting Star-	1.595	-0,19	-0,30	-0,13	-0,13	-0,10	-0,38	-0,46	-0,24
Squeeze Alert+	6.531	**0,00**	**0,13**	**0,30**	**0,50**	**0,70**	**0,85**	**1,09**	**0,51**
Squeeze Alert-	7.568	-0,07	-0,11	-0,20	-0,28	-0,40	-0,55	-0,71	-0,33
Stick Sand.+	301	**0,10**	-0,10	**0,44**	**0,93**	**1,19**	**1,18**	**1,29**	**0,72**
Stick Sand.-	321	-0,08	-0,16	-0,43	-0,40	-0,39	-0,32	-0,37	-0,31

■■■ CONFIABILIDADE DE RECONHECIMENTO DO PADRÃO

Nº de Ações	2.277					Negrito denota valores positivos			
Nº de Dias	5.490.000			7,8272		Frequências do Padrão			
Nº de Padrões	701.402								

Padrões	Número	1	2	3	4	5	6	7	Média
Side-by-Side Black Lines+	228	-0,40	-0,31	-0,11	-0,19	-0,18	-0,21	**0,11**	-0,18
Side-by-Side Black Lines-	263	-0,39	-0,87	-1,22	-1,34	-1,72	-1,77	-1,82	-1,30
Side-by-Side White Lines+	369	-0,14	-0,42	-0,35	-0,41	-0,35	-0,01	-0,07	-0,25
Side-by-Side White Lines-	98	**0,02**	-0,30	-0,31	-0,03	-0,56	-0,74	-0,76	-0,38
Thrusting+	760	**0,25**	**0,54**	**0,75**	**0,69**	**0,70**	**0,75**	**1,14**	**0,69**
Thrusting-	771	-0,05	**0,04**	**0,01**	**0,02**	-0,09	-0,32	-0,28	-0,10
Tri Star+	869	-0,19	-0,20	**0,13**	**0,49**	**0,77**	**1,13**	**1,20**	**0,48**
Tri Star-	867	-0,26	-0,33	-0,53	-0,69	-0,85	-0,84	-0,76	-0,61
Two Crows-	205	-0,10	-0,29	-0,24	-0,10	-0,24	-0,27	-0,06	-0,19
Two Rabbits+	125	-0,54	-0,83	-0,76	-0,79	-0,50	-0,49	-0,67	-0,65
Uniq. 3 River+	11	**0,68**	-0,43	-2,36	-2,38	-2,44	-3,45	-3,11	-1,93
Unique 3 Mountain-	7	-2,46	-2,71	-1,39	-2,43	-4,66	-7,44	-9,90	-4,43
Upside Tasuki Gap+	415	0,19	0,34	0,15	0,02	-0,02	-0,11	0,23	0,11

Pela Tabela 7-9 é possível ver, de pronto, os padrões candle que têm uma fileira completa de retornos positivos (negrito) ao extrair o lucro líquido por trade e dividi-lo pela perda líquida por trade. Saber disso é bom, mas você deve também observar os dados na Tabela 7-8, em conjunto com esta, de forma a garantir que um único padrão candle não exibe perdas excessivas. Os dados na Tabela 7-8 mostram apenas a porcentagem de trades vencedoras (%Sucesso), mas a recíproca desta porcentagem (100 - %Sucesso = %Perdas) produziria a porcentagem de trades perdedoras.

CAPÍTULO OITO
PERFORMANCE DO PADRÃO CANDLE

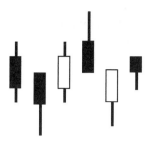

O Capítulo 7 diz respeito à questão de confiabilidade dos padrões candle e sua performance em uma base relativa de sete intervalos de predições diferentes. Este capítulo focará a performance verdadeira dos padrões candle em relação a outros indicativos técnicos. Quantas vezes você se perguntou se os padrões candle realmente funcionam? Esta é uma tentativa de lhe dar uma resposta.

As tabelas de dados a seguir refletem a performance de 14 indicadores técnicos usando os parâmetros populares distintivos para cada um. No entanto, cada tabela usa uma configuração diferente de análise de padrões candle. O sucesso ou fracasso de cada padrão candle é determinado pelo preço relativo ao último dia do padrão candle. Por exemplo, na Tabela 8-1, o sucesso de um padrão candle é medido pelo preço do dia seguinte ao padrão. Se o preço for menor e for um padrão de reversão de baixa ou um padrão de continuação de baixa, então o padrão está fadado ao sucesso. Da mesma forma, se o preço for mais alto para um padrão de reversão ou continuação de baixa, então o padrão foi um fracasso. Dizendo de outra forma, se o padrão candle foi corrigido após seu período de uso, é considerado bem-sucedido.

Abreviação do Indicador (Valor Paramétrico)	Indicador
Candles (2)	Candle Patterns [Padrões Candle]
NSI (0/11/89)	North Systems' Insync Indicator [Sistemas Insync Indicador de North]
DM (14/TF)	Wilder's Directional Movement [Movimento Direcional de Wilder]

Abreviação do Indicador (Valor Paramétrico)	Indicador
EMV (10/9/9)	Arm's Ease of Movement [Indicador de Facilidade de Movimento de Arms]
MFI (20/40/60)	Money Flow Index [Índice de Fluxo de Recursos]
%D (14/20/80)	Lane's Slow Stochastics [Estocástica Lenta de Lane]
%K (14/20/80)	Lane's Fast Stochastics [Estocástica Rápida de Lane]
PDO (18/10/11)	Price Detrend Oscilator [Oscilador Eliminador de Tendência de Preço]
MACD (12/26/9/9)	Appel's Moving Average Convergence Divergence [Média Móvel Convergente e Divergente de Appel]
ROC (10/9/9)	Rate of Change [Taxa de Variação]
RSI (14/35/65)	Wilder's Relative Strength Index [Índice de Força Relativa de Wilder]
CCI (14/-100/100)	Lambert's Commodity Channel Index [Índice de Canal de Commodities de Lambert]
BRK (50/TF)	Price Breakout [Rompimento de Padrão de Preço]
%B (20/5/95)	Bollinger's Volatility Indicator [Bandas de Bollinger]

Deve-se ter em mente certos pontos ao visualizar essas tabelas. Todas as ações comuns a todas as três bolsas de valores (NYSE, Nasdaq e Amex) foram usadas na análise, sendo 7.275 emissões no total, durante 13 anos cada, o que resultou em mais de 14,6 milhões de dias de dados e gerou quase 1,7 milhão de padrões candle.

Importante: tenha em mente que cada ação individual é analisada primeiro com o indicador de melhor performance, e, então, a média dos totais de cada indicador de melhor performance e sua respectiva performance, quando foi a melhor, é mostrada abaixo. Da mesma forma, a média de todas as performances "Buy and Hold" [estratégia de comprar e manter ações em longo prazo] é mostrada quando teve sua melhor performance. O parágrafo anterior é muito importante para entender ao analisar essas tabelas.

As tabelas 8-1 a 8-7 mostram as classificações, com apenas algumas mudanças no modo como o sucesso ou fracasso de um padrão candle é medido. Essas tabelas mostram a medida, começando com um dia na Tabela 8-1 até sete dias na Tabela 8-7; já as Tabelas 8-8 e 8-9 oferecem duas medidas diferentes para padrões candle e serão discutidas mais à frente.

PERFORMANCE DO PADRÃO CANDLE

A Tabela 8-1 mostra os resultados com padrões candle organizados para refletir a performance após apenas um dia (Candles (1)). É possível ver que a performance de todos os padrões candle após um dia foi classificada em 5° lugar e não mudou de posição acima da média do buy and hold.

Tabela 8-1
INDICADOR DE MELHOR PERFORMANCE — 1

7.275 Ações   29 de novembro de 1991 – 31 de dezembro de 2004
3.300 Dias por Ação   14,6 Milhões de Dias de Dados

Melhor Indicador	Número	Performance Média	Média Buy & Hold	Diferença de Média
NSI (0/11/89)	82	1.390%	214,20%	1.176%
DM (14/TF)	279	894,90%	605,20%	289,70%
EMV (10/9/9)	173	740,90%	366%	374,90%
MFI (20/40/60)	154	580,60%	380,90%	199,70%
Candles (1)	**603**	**531%**	**597,60%**	**-66,62%**
%D (14/20/80)	46	518,20%	482,40%	35,78%
%K (14/20/80)	65	478,00%	373%	105%
MACD (12/26/9/9)	84	464,10%	242,80%	221,30%
ROC (10/9/9)	48	446,10%	358,40%	87,73%
PDO (18/10/11)	38	443,70%	519,90%	−76,16%
MFI (14/35/65)	115	417,70%	149,90%	267,80%
CCI (14/−100/100)	77	382,80%	364,30%	18,50%
BRK (50/TF)	201	325,90%	724%	-99%
%B (20/5/95)	73	250,60%	316,10%	-65,52%

A Tabela 8-2 mostra a mesma metodologia de classificação, mas desta vez a performance do padrão candle foi verificada depois de dois dias (**Candles (2)**). Aqui, o desempenho dos padrões candle foi médio em todos os milhões de pontos de dados, o melhor dentre os 14 indicadores técnicos.

Tabela 8-2
INDICADOR DE MELHOR PERFORMANCE – 2

| 7.275 | Ações |
| 3.300 | Dias por Ação |

Melhor Indicador	Número	Performance Média	Média Buy & Hold	Diferença de Média
Candles (2)	**536**	**1.723%**	**633,40%**	**1.089%**
NSI (0/11/89)	90	1.264%	204,20%	1.060%
DM (14/TF)	302	823,10%	611,90%	211,20%
EMV (10/9/9)	170	749,60%	354,20%	395,40%
MFI (20/40/60)	164	544,50%	369,90%	174,50%
%D (14/20/80)	46	513,80%	460%	53,83%
%K (14/20/80)	63	457,20%	331,20%	126,00%
PDO (18/10/11)	38	443,70%	519,90%	-76,16%
MACD (12/26/9/9)	89	435,50%	240,50%	195,10%
ROC (10/9/9)	49	430,80%	364,50%	66,25%
MFI (14/35/65)	115	414,30%	146,80%	267,50%
CCI (14/−100/100)	75	388,80%	336,20%	52,59%
BRK (50/TF)	224	289,60%	703,70%	-99%
%B (20/5/95)	77	236,20%	286,60%	-50,44%

Tabela 8-3
INDICADOR DE MELHOR PERFORMANCE – 3

| 7.275 | Ações |
| 3.300 | Dias por Ação |

Melhor Indicador	Número	Performance Média	Média Buy & Hold	Diferença de Média
NSI (0/11/89)	86	1.319%	188,90%	1.130%
DM (14/TF)	316	783,50%	599,90%	183,60%

PERFORMANCE DO PADRÃO CANDLE

7.275   Ações
3.300   Dias por Ação

Melhor Indicador	Número	Performance Média	Média Buy & Hold	Diferença de Média
EMV (10/9/9)	175	724,30%	359,70%	364,60%
Candles (3)	**528**	**693,70%**	**649%**	**44,68%**
MFI (20/40/60)	164	543,40%	347,50%	195,90%
%D (14/20/80)	45	525,60%	496%	29,67%
%K (14/20/80)	56	490,60%	364,30%	126,30%
PDO (18/10/11)	35	475,50%	410,30%	65,26%
ROC (10/9/9)	47	445,10%	340,50%	104,60%
MACD (12/26/9/9)	91	424,50%	255,40%	169%
MFI (14/35/65)	112	414,30%	135,30%	279%
CCI (14/−100/100)	75	384,80%	349,90%	34,96%
BRK (50/TF)	236	268,90%	673,80%	-99%
%B (20/5/95)	72	247,60%	294,80%	-47,15%

Tabela 8-4
INDICADOR DE MELHOR PERFORMANCE – 4

7.275   Ações
3.300   Dias por Ação

Melhor Indicador	Número	Performance Média	Média Buy & Hold	Diferença de Média
NSI (0/11/89)	89	1.279%	196,30%	1.083%
Candles (4)	**512**	**902,40%**	**651,50%**	**251,00%**
DM (14/TF)	321	770,70%	584%	186,70%
EMV (10/9/9)	170	733,80%	353,70%	380,10%
MFI (20/40/60)	158	557,50%	364,80%	192,70%
%D (14/20/80)	48	489,40%	473,60%	15,79%
%K (14/20/80)	57	485,10%	336,10%	149%
ROC (10/9/9)	45	456,40%	333%	123,30%
PDO (18/10/11)	36	447%	450,20%	-3,23%
MFI (14/35/65)	111	421,40%	143,00%	278,40%

GRÁFICOS CANDLESTICK DESVENDADOS ■■■

7.275	Ações
3.300	Dias por Ação

Melhor Indicador	Número	Performance Média	Média Buy & Hold	Diferença de Média
MACD (12/26/9/9)	95	404,80%	249,40%	155,50%
CCI (14/−100/100)	75	370,70%	356,50%	14,20%
BRK (50/TF)	246	258,50%	686,10%	-99%
%B (20/5/95)	75	234,80%	293,20%	-58,43%

Tabela 8-5
INDICADOR DE MELHOR PERFORMANCE – 5

7.275	Ações
3.300	Dias por Ação

Melhor Indicador	Número	Performance Média	Média Buy & Hold	Diferença de Média
Candles (5)	**507**	**3.314%**	**622,20%**	**2.691%**
NSI (0/11/89)	84	1.326%	193,60%	1.132%
DM (14/TF)	321	769,30%	589,10%	180,20%
EMV (10/9/9)	169	730,20%	338,30%	391,80%
%D (14/20/80)	43	531,40%	550,50%	-19,05%
MFI (20/40/60)	166	527,30%	381,30%	146%
%K (14/20/80)	57	497,30%	363,20%	134%
PDO (18/10/11)	33	475,40%	403,60%	71,80%
ROC (10/9/9)	44	451,60%	328,30%	123,20%
MACD (12/26/9/9)	93	413,80%	261,30%	152,50%
MFI (14/35/65)	114	411,50%	131,40%	280,10%
CCI (14/−100/100)	72	380,30%	325,20%	55,04%
%B (20/5/95)	71	244,90%	307,40%	-62,53%
BRK (50/TF)	264	237,90%	713,70%	-99%

■■■ PERFORMANCE DO PADRÃO CANDLE

Tabela 8-6
INDICADOR DE MELHOR PERFORMANCE – 6

7.275 Ações
3.300 Dias por Ação

Melhor Indicador	Número	Performance Média	Média Buy & Hold	Diferença de Média
NSI (0/11/89)	84	1.328%	218,60%	1.110%
EMV (10/9/9)	179	688,20%	361,30%	327%
MFI (14/35/65)	114	410,60%	138,00%	272,60%
Candles (6)	**465**	**839,90%**	**604,10%**	**235,80%**
MACD (12/26/9/9)	92	418,70%	263,40%	155,20%
MFI (20/40/60)	169	517,40%	386,10%	131,30%
DM (14/TF)	335	741,10%	611,80%	129,30%
ROC (10/9/9)	43	458,60%	337,30%	121,30%
%K (14/20/80)	58	480%	358,90%	121,10%
CCI (14/–100/100)	73	376,60%	318,50%	58,14%
PDO (18/10/11)	37	440,40%	407,20%	33,27%
%D (14/20/80)	45	503,10%	509,40%	-6,37%
%B (20/5/95)	72	239,50%	274,40%	-34,91%
BRK (50/TF)	272	228,90%	720,60%	-99%

Tabela 8-7
INDICADOR DE MELHOR PERFORMANCE – 7

7.275 Ações
3.300 Dias por Ação

Melhor Indicador	Número	Performance Média	Média Buy & Hold	Diferença de Média
NSI (0/11/89)	85	1.316%	220,30%	1.095%
EMV (10/9/9)	181	684,20%	370,80%	313,40%
Candles (7)	**433**	**835,50%**	**528,40%**	**307,10%**

MFI (14/35/65)	109	389,60%	139,40%	250,20%
MACD (12/26/9/9)	98	395,00%	252,90%	142%
MFI (20/40/60)	172	511,50%	381,70%	129,80%
%K (14/20/80)	63	448,80%	342%	106,80%
ROC (10/9/9)	47	424,50%	343,90%	80,61%
DM (14/TF)	341	729,70%	655,10%	74,51%
CCI (14/−100/100)	71	369,50%	382,50%	-12,93%
PDO (18/10/11)	38	429,90%	448,20%	-18,32%
%D (14/20/80)	46	495,30%	524%	-28,69%
%B (20/5/95)	76	232,90%	288,20%	-55,31%
BRK (50/TF)	278	224,30%	772,90%	-99%

A Tabela 8-8 exibe o mesmo processo de classificação, mas desta vez medir o sucesso ou fracasso do padrão candle sempre requer um padrão de reversão antes de a posição ser encerrada. Em vez de apenas medir a mudança de preço após um certo número de dias, a mudança de preço é medida até que um padrão candle novo e opositor apareça. Tenha em mente que nesta análise existia a média de um padrão candle a cada 8,7 dias.

Tabela 8-8
INDICADOR DE MELHOR PERFORMANCE (OPP) – 8

7.275   **Ações**
3.300   **Dias por Ação**

Melhor Indicador	Número	Performance Média	Média Buy & Hold	Diferença de Média
NSI (0/11/89)	88	1.266%	210%	1.056%
DM (14/TF)	383	646,60%	652,40%	−5,71%
EMV (10/9/9)	206	599,00%	429,90%	169,10%
Candles (opp.)	**269**	**479,50%**	**441,30%**	**38,20%**
MFI (20/40/60)	191	463,10%	371,60%	91,51%
%K (14/20/80)	61	456,50%	442,80%	13,74%
PDO (18/10/11)	36	438,50%	434,90%	3,66%
ROC (10/9/9)	46	424%	348,90%	75,06%
%D (14/20/80)	53	409,40%	462,90%	-53,54%

PERFORMANCE DO PADRÃO CANDLE

7.275 Ações
3.300 Dias por Ação

Melhor Indicador	Número	Performance Média	Média Buy & Hold	Diferença de Média
MACD (12/26/9/9)	99	384,90%	284,20%	100,70%
RSI (14/35/65)	122	361,70%	139,50%	222,20%
CCI (14/–100/100)	86	327,80%	429,70%	-99%
%B (20/5/95)	77	231,30%	281,10%	-49,89%
BRK (50/TF)	321	187,70%	787,60%	-99%

A Tabela 8-9 mostra a mesma metodologia de classificação, exceto que desta vez o sucesso ou fracasso do padrão candle é medido pela espera de ao menos dois dias e, então, o encerramento da trade apenas quando a posição falha em continuar melhorando. Uma posição falha em melhorar quando, no terceiro período ou mais após entrar em trade, o preço de fechamento para aquele período é de (1) não mais do que o preço de fechamento para o período anterior de sinais candle de alta, ou de (2) não menos do que o preço de fechamento para o período anterior de sinais candle de baixa.

Tabela 8-9
INDICADOR DE MELHOR PERFORMANCE – + 2

7.275 Ações
3.300 Dias por Ação

Melhor Indicador	Número	Performance Média	Média Buy & Hold	Diferença de Média
NSI (0/11/89)	84	1.328%	218,60%	1.110%
NSI (0/11/89)	95	1.192%	170,10%	1.022%
DM (14/TF)	337	729,80%	598,30%	131,50%
EMV (10/9/9)	198	632,50%	372%	260,50%
%D (14/20/80)	47	492,40%	478,50%	13,93%
MFI (20/40/60)	188	470,80%	365,80%	105%
%K (14/20/80)	61	457,90%	349,10%	108,90%
ROC (10/9/9)	45	451,10%	340,70%	110,40%
PDO (18/10/11)	33	418,40%	314,30%	104,10%

Candles (2+)	388	401,40%	718,40%	-99%
MACD (12/26/9/9)	97	396,40%	265,90%	130,50%
MFI (14/35/65)	128	371,30%	132,10%	239,10%
CCI (14/–100/100)	77	358,70%	340,90%	17,80%
BRK (50/TF)	261	234,80%	712,80%	-99%
%B (20/5/95)	83	219,60%	277,10%	-57,51%

CONCLUSÕES SOBRE A PERFORMANCE DOS PADRÕES CANDLE

Primeiro, um Resumo de Performance do Padrão Candle.

Parâmetro do padrão	Classificação	Porcentagem de Classificação
Dia 1	5	64,3%
Dia 2	1	100%
Dia 3	4	71,4%
Dia 4	2	85,7%
Dia 5	1	100%
Dia 6	4	71,4%
Dia 7	3	78,6%
Padrão Opositor	4	71,4%
+2 dias, então queda	9	35,7%

Deveria ser óbvio que os padrões candle como um todo funcionam melhor do que a maioria dos indicadores técnicos baseados em preços. Há apenas uma instância na qual a classificação deles foi inferior ao 5º melhor indicador dentre os 14 testados. É uma classificação superior a 64% em 92% do tempo.

CAPÍTULO NOVE
FILTRAGEM DE PADRÃO CANDLE

A filtragem de padrão candle oferece um método de negociação com candlestick que é complementado por outras ferramentas de análise técnica populares. Filtragem é um conceito que vem sendo usado em outras formas de análise técnica, e agora é um método comprovado com padrões candle.

Se há falhas no uso de um único método para cronometragem e análise de mercado, isso certamente também ocorrerá em padrões candle. Assim como qualquer indicador técnico com foco no preço e baseado em um único conceito, os padrões candle não funcionarão todas as vezes. Mais uma vez, os padrões candle não são diferentes: quando usados com qualquer outro indicador, seus resultados são excelentes.

Nota de 2005: exceto por algumas edições menores, este capítulo continua a oferecer os detalhes necessários para a compreensão e o uso do conceito de filtragem de padrões candle. No final do capítulo estão as tabelas atualizadas que utilizam um universo mais amplo de dados de ações.

Aqui está uma lista de indicadores técnicos referenciados neste capítulo, junto a uma breve explicação. Os números entre parênteses são o valor do parâmetro do indicador utilizado.

Abreviação (Valor do Parâmetro)	Indicador
NSINC	North Systems' Insync Indicator
RSI (14)	Wilder's Relative Strength Index
%B (20)	Bollinger's Volatility Indicator

Abreviação (Valor do Parâmetro)	Indicador
MFI (20)	Money Flow Index
%D (14)	Lane's Slow Stochastics
CCI (14)	Lambert's Commodity Channel Index
EMV (10)	Arm's Ease of Movement
%K (14)	Lane's Fast Stochastics
ROC (10)	Rate of Change
MACD (12)	Appel's Moving Average Convergence Divergence
PDO (18)	Price Detrend Oscillator

O CONCEITO DE FILTRAGEM

O conceito de filtragem foi desenvolvido para auxiliar o analista a remover padrões candle prematuros, ou, neste caso, eliminar a maioria dos padrões candle prematuros. Devido aos padrões candle serem intensamente dependentes da tendência subjacente do mercado, as tendências de preços prolongadas geralmente causarão sinais de padrões prematuros, algo que não é incomum em indicadores técnicos. A maioria dos analistas técnicos usa mais de um indicador para confirmar seus sinais, então por que não fazer o mesmo com padrões candle? A resposta é o uso de indicadores técnicos. Ainda que pareça óbvio, indicadores técnicos não oferecem um "como" em resposta ao problema, apenas um "o quê".

A discussão adiante tentará explicar a resposta à pergunta "o quê". A maioria dos indicadores tem uma definição de compra e venda para auxiliar em sua interpretação e uso. Há um ponto, anterior à compra e venda, que é o melhor para acender um sinal, mas que é difícil de se definir. A maior parte, se não todos os indicadores, de certa forma defasa o mercado. Isso ocorre porque os componentes de construção de indicador

■■■ FILTRAGEM DE PADRÃO CANDLE

são os próprios dados subjacentes. Se um parâmetro de indicador estiver muito restrito, o resultado será o excesso de sinais ruins, ou "whipsaws", os quais descrevem a mudança brusca da direção de movimento. Portanto, uma área de sinal prévio é determinada com base em limiares e/ou valores indicativos, sejam estes positivos ou negativos.

Uma vez que um indicador alcance sua área de sinal prévio, está preparado para esperar seu sinal de disparo. Não é possível determinar o tempo pelo qual um indicador ficará na área de sinal prévio. A única certeza é a de que, uma vez que o indicador alcance sua área de sinal prévio, por fim produzirá um sinal de negociação (compra ou venda). Estatisticamente, se descobriu que, quanto mais longo for um indicador em sua área de sinal prévio, melhor será o sinal de compra e venda.

Há uma área de sinal prévio para cada indicador individual; é sua impressão digital: todo indicador tem uma diferente. Se o indicador está em uma área de sinal prévio de compra, apenas a de alta deste e padrões candle de alta serão filtrados. Ou, se um indicador estiver em uma área de sinal prévio de venda, apenas padrões candle de baixa serão filtrados.

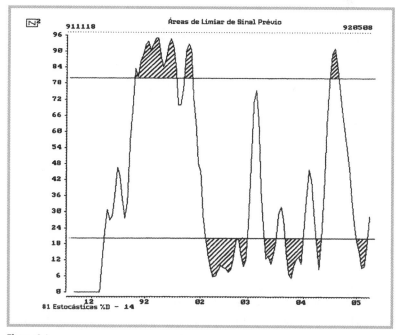

Figura 9-1

ÁREAS DE SINAL PRÉVIO

Para indicadores baseados no limiar, a área de sinal prévio é aquela entre os indicadores e limiares, ambos acima e abaixo (Figura 9-1).

Para os osciladores, a área de sinal prévio é definida como a área após o indicador cruzar a linha zero, até que cruze a média móvel ou a suavização usada para definir o sinal de negociação (Figura 9-2).

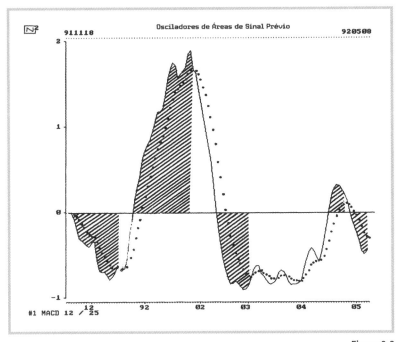

Figura 9-2

INDICADORES

Os indicadores usados para filtrar padrões candle deveriam ser facilmente disponibilizados e simples de definir. Seu desempenho deve permitir a determinação de áreas de compra e áreas de venda; geralmente se referenciam a estas como áreas de overbought e oversold. Indicadores como o RSI (Relative Strength Index) de Welles Wilder, e o %K e %D (Stochastics) de George Lane são excepcionalmente bons para a filtragem candlestick, porque ambos permanecem entre 0 e 100. No fim do capítulo, muitos outros indicadores serão apresentados para demonstrar o conceito de filtragem. Por serem amplamente conhecidos e usados, o RSI e as Stochatiscs serão trabalhados em detalhes, de acordo com sua construção e uso em filtragem.

RSI DE WILDER

J. Welles Wilder desenvolveu o Relative Strength Index (RSI) no final dos anos 1970. Desde então, tem sido um indicador popular, com muitas interpretações diferentes. É uma medida simples que expressa a força relativa do movimento de preço corrente como uma crescente de 0 a 100. Dias de alta e baixa são determinados pelo fechamento relativo ao do dia anterior. Não confunda o Relative Strength Index de Wilder (RSI) com uma medida de força relativa que compara dois títulos.

Wilder recomendava o uso de uma medida de 14 períodos por representar metade do ciclo natural no mercado. Também designa os níveis significativos do indicador em 30 por 70. O nível mais baixo indica uma ascensão iminente, e um nível mais alto, uma queda.

Delinear um RSI pode significar o uso de muitas das formações de gráficos em barra clássicos, tal como cabeça e ombros. Divergências de preço dentro do período utilizado para calcular o RSI funcionam bem se as divergências ocorrerem próximas às regiões superiores ou inferiores do indicador.

Muitos serviços de gráficos de ações mostram o cálculo RSI baseado nos 14 períodos. Alguns serviços de gráficos de commodities preferem usar 9 períodos. Se for possível determinar o ciclo dominante de dados, esse valor será um bom período para usar o RSI. Os níveis (thresholds) para determinar os pontos de virada do mercado também podem ser movidos. Usar níveis de 35 e 65 parece funcionar melhor para ações, enquanto os níveis originais de 30 e 70 são melhores para futuros.

No gráfico de Philip Morris (MO), apresentado na Figura 9-3, a divergência entre o 14° dia de RSI com as tendências de preço geral é bastante óbvia. Sempre que o RSI chega no, ou próximo do, threshold, a mudança na tendência de preços vem logo em seguida.

Figura 9-3

STOCHASTIC OSCILLATOR DE LANE: %D

George Lane desenvolveu as Stochastics há muitos anos. Trata-se, neste sentido, de um oscilador que mede a posição relativa ao preço de fechamento dentro do intervalo diário. Em termos simples, onde está o fechamento em relação ao intervalo de preços durante o último período x? Assim como o RSI, 14 períodos parecem ser a escolha popular.

As Stochastics são baseadas na observação comumente aceita de que os preços de fechamento tendem a se aglomerar próximo aos preços de alta do dia como um movimento de ascensão ganhando força e próximo às baixas do dia durante um declínio. Por exemplo, quando um mercado está perto de ir do alto para baixo, as altas são, com frequência, maiores, mas o preço de fechamento se assenta próximo à baixa. Isso torna as Stochastics diferentes da maioria dos osciladores, que são representações normalizadas da força relativa, a diferença entre o fechamento e uma tendência selecionada.

O cálculo de %D é apenas a média móvel simples de três períodos de %K, e por hábito está exibida diretamente acima de %K, tornando a visualização de ambos quase impossível. Interpretar Stochastics requer familiaridade com a maneira como elas reagem em mercados particulares. O sinal habitual de início de trade ocorre quando %D cruza o alcance extremo (75 a 85 no lado de cima e 15 a 25 no lado de baixo). O sinal de negociação, de fato, não acontece até que %K cruze %D. Ainda que as zonas extremas ajudem a garantir as reações adversas de tamanho mínimo, o cruzamento das duas linhas age de forma similar à média móvel dupla.

Na Figura 9-4, no mesmo gráfico de Philip Morris (MO) utilizado no exemplo RSI, podemos ver quão bom é %D de Lane na oscilação com os preços para áreas de overbought e oversold.

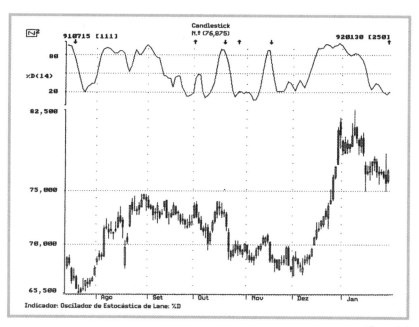

Figura 9-4

FILTRANDO PARÂMETROS

Muitos softwares poderosos de negociações e backtesting [testes de previsão baseados em dados históricos] estão disponíveis hoje. Alguns otimizam indicadores para ajuste de curva de dados, e outros utilizam técnicas de gestão de orçamento. Poucos têm métodos avançados direcionados a todas as possibilidades. O propósito aqui não é amplificar defeitos ou louvar inovações desse tipo de análises. O método usado terá conceito simples e direto.

Três métodos de negociação serão utilizados nestes testes: padrões candles, indicadores e candlesticks filtradas. Cada um usará a mesma metodologia de venda, venda a descoberto e, então, cobertura, de forma que o sistema esteja no mercado integralmente. Embora não seja sempre uma boa maneira de fazer trade, é utilizado aqui para mostrar como candlesticks filtradas geralmente superarão os outros dois sistemas. Além disso, os resultados da negociação são exibidos como se houvesse uma trade de fechamento no último dia dos dados, para oferecer uma reconstituição do histórico completo da negociação.

Ademais, o sinal é gerado sempre que o indicador de referências apropriadas alcança os parâmetros prescritos. Isto é, o indicador deve ter estado acima (ou abaixo) do threshold e, então, tê-lo cruzado novamente na direção oposta. Por exemplo, quando o %D vai acima de 80, é porque entrou na área de sinal prévio e o filtro de venda está aceso para os padrões candle. O threshold de 20 e o de 80 foram usados aqui apenas para ilustração.

Todos os indicadores necessitam de uma configuração para o número de dias (períodos) para usar em seus cálculos. Como informado, esse valor deveria refletir o ciclo básico do mercado sendo analisado. Dois valores adicionais precisam ser definidos: o threshold superior e o inferior, já mencionado. Há aquelas configurações que determinam os valores que o indicador deve alcançar ou ultrapassar antes de filtrar o padrão candle.

Inicialmente, serão utilizados os valores comuns aceitos: um %D de 14 dias, primeiro em thresholds de 20 e 80 e, então, com thresholds de 65 e 35 em um dado diferente. Os dados usados serão as ações do índice S&P 100 e 30 ações do Dow Industrial Average. O banco de dados da S&P 100 corresponde a um período entre o início de 1989 e 31 de março de 1992, O banco de dados Dow Industrials começou em 24 de abril de 1990 e terminou em 30 de março de 1992.

FILTRAGEM DE PADRÃO CANDLE

FILTRANDO EXEMPLOS

Na Tabela 9-1 é possível ver que a negociação de cada ação usando padrões candle como suporte resultou em 67 ações com porcentagem positiva de ganho e 33 de perda. Esses números surgem de meramente contar os resultados positivos e negativos na primeira coluna. A negociação estritamente nos sinais de padrão candle resultaram em uma média de 37,1 trades, com um ganho médio por trade de 0,40%.

Negociar as mesmas 100 ações usando apenas %D para os sinais de negociações resultou em 53 ações vencedoras e 47 perdedoras. O número médio de trades foi reduzido para 30,01, com uma média de ganho de 0,02% por trade.

Utilizar o conceito de filtragem para os sinais de negociação resulta em 62 ações vencedoras e 39 perdedoras, o que não foi tão bom quanto usar os padrões candle sozinhos, mas muito melhor do que usar sinais gerados exclusivamente do indicador %D. O número médio de trades foi de 13,7, o que é melhor do que padrões candle ou %D abaixo de 50%. O ganho médio por trade foi de 0,60%, que é, novamente, significativamente melhor que o ganho médio dos outros dois métodos de negociação.

O que isso realmente nos diz? Primeiro, ao filtrar os padrões candle com um indicador, tal como %D, o número de trades é reduzido significativamente. Comparado aos padrões candle sozinhos, a redução foi de mais de 63%, e comparado às trades usando o indicador %D sozinho, a redução superou 54%. Segundo, a filtragem aumenta o ganho médio por trade. O acréscimo apenas com os padrões candle foi de 50%, e o acréscimo com o %D também foi grande, em mais de 30 vezes.

Não se deve ignorar ou esquecer o que é conhecido sobre o uso de estatísticas só para ter razão; estas podem ser manipuladas para mostrar quaisquer resultados que o autor esteja tentando fabricar. Todos nós sabemos que um ganho médio de 0,6% desapareceria rapidamente quando incluídos em comissões, slippage [diferença de preço na execução de uma ordem de compra ou venda] e semelhantes. A simplicidade desses cálculos, no entanto, mostra um ponto muito importante: é o relacionamento dos números uns com os outros que é importante, não os números em si. Essa relação, interpretada como uma média de valores derivada de cem ações diferentes, é a prova necessária para apoiar o conceito de filtragem.

A Tabela 9-1 mostra os resultados do conceito de filtragem ao calcular a média de dados de cem ações do Índice S&P 100. Para manter o número de tabelas e a quantidade de informação em número moderado, o próximo exemplo usará 30 ações que participam do Dow Industrials.

Os resultados da negociação dessas 30 ações de primeira linha do Dow Industrials Average serão mostrados na Tabela 9-2. Os valores de threshold foram alterados ligeiramente para abrir a área de sinal para que ocorresse a filtragem. Resultados semelhantes a esses, usando as ações S&P 100, aparecem usando apenas 30 ações. Negociações feitas estritamente usando padrões candle de sinais de compra e venda resultaram em uma média de 21,1 trades durante o período de 2 anos, com um ganho médio por trade de 0,02%. Utilizar o indicador %D nos deu um número médio de trades de 23,7, com um ganho (perda) médio por trade de 0,46% negativo. Finalmente, usar o padrão candle filtrado como instrumento rendeu um número de trades de apenas 10,6, com um ganho médio por trade de 0,23%. Novamente, ressalte-se que a relação entre esses números é o que importa, não seus valores de fato.

Tabela 9-1
ESTATÍSTICAS DE FILTRAGEM

100 Tickers	1.340	Períodos	Indicador:	% D(14)	Linha de Compra: 20	Linha de venda: 80
Ticker	% Ganhos/CS	% GnMd-CS	% Ganho/Ind	% GnMd-Ind	% Ganho/Fil	% GnMd-Fil
AA	47,690/40 =	1,1923	82,100/38 =	2,1605	89,040/19 =	4,6863
AEP	19,840/34 =	0,5835	-35,800/34 =	-1,0529	8,9700/14 =	0,6407
AGC	-9,690/40 =	-0,2423	9,7800/30 =	0,3260	8,0500/17 =	0,4735
AIG	6,8700/41 =	0,1676	12,320/30 =	0,4107	-59,940/14 =	-4,2814
AIT	9,3800/33 =	0,2842	42,320/27 =	1,5674	21,980/10 =	2,1980
AMP	-34,440/48 =	-0,7175	27,650/33 =	0,8379	19,660/15 =	1,3107
AN	47,330/38 =	1,2455	-32,510/35 =	-0,9289	10,760/7 =	1,5371
ARC	48,740/42 =	1,1605	57,680/36 =	1,6022	4,0900/12 =	0,3408
AVP	-105,26/35 =	-3,0074	92,000/34 =	2,7059	-17,930/12 =	-1,4942
AXP	81,570/43 =	1,8970	38,510/29 =	1,3279	113,36/16 =	7,0850

FILTRAGEM DE PADRÃO CANDLE

100 Tickers	1.340	Períodos	Indicador:	% D(14)	Linha de Compra: 20	Linha de venda: 80
Ticker	% Ganhos/CS	% GnMd–CS	% Ganho/Ind	% GnMd–Ind	% Ganho/Fil	% GnMd–Fil
BA	-16,960/29 =	-0,5848	26,750/31 =	0,8629	108,53/20 =	5,4265
BAC	-21,860/33 =	-0,6624	-82,550/21 =	-3,9310	-44,550/11 =	-4,0500
BAX	44,410/43 =	1,0328	-23,130/27 =	-0,8567	52,120/15 =	3,4747
BC	24,620/39 =	0,6313	-14,760/30 =	-0,4920	190,74/18 =	10,597
BCC	83,770/46 =	1,8211	40,060/26 =	1,5408	25,070/14 =	1,7907
BDK	-77,760/44 =	-1,7673	131,07/36 =	3,6408	-31,490/16 =	-1,9681
BEL	52,780/48 =	1,0996	-22,200/28 =	-0,7929	29,140/16 =	1,8213
BHI	114,57/38 =	3,0150	9,1300/36 =	0,2536	30,540/14 =	2,1814
BMY	41,450/36 =	1,1514	54,950/33 =	1,6652	-31,740/5 =	-6,3480
BNI	9,0000/36 =	0,2500	-44,460/27 =	-1,6467	-49,100/9 =	-5,4556
BS	58,150/45 =	1,2922	-58,090/32 =	-1,8153	-8,7100/12 =	-0,7258
CCB	18,560/35 =	0,5303	3,8700/29 =	0,1334	-35,480/14 =	-2,5343
CCI	39,360/40 =	0,9840	-40,970/38 =	-1,0782	42,240/21 =	2,0114
CDA	38,770/37 =	1,0478	233,73/33 =	7,0827	67,140/14 =	4,7957
CGP	53,650/48 =	1,1177	55,500/36 =	1,5417	43,730/19 =	2,3016
CHA	54,160/41 =	1,3210	65,230/28 =	2,3296	70,600/19 =	3,7158
CI	16,320/44 =	0,3709	13,080/28 =	0,4671	-4,3100/16 =	-0,2694
CL	20,010/51 =	0,3924	-49,560/25 =	-1,9824	-8,2400/19 =	-0,4337
CSC	-42,050/43 =	-0,9779	12,360/33 =	0,3745	38,810/19 =	2,0426
CWE	-10,930/33 =	-0,3312	-68,300/23 =	-2,9696	11,540/12 =	0,9617
DAL	-15,960/42 =	-0,3800	86,830/36 =	2,4119	-2,3100/14 =	-0,1650
DD	-25,940/45 =	-0,5764	-46,350/29 =	-1,5983	14,070/12 =	1,1725
DEC	30,880/37 =	0,8346	41,410/29 =	1,4279	75,850/14 =	5,4179
DIS	-36,790/28 =	-1,3139	-55,110/21 =	-2,6243	-45,950/13 =	-3,5346
DOW	-146,10/29 =	-5,0379	-15,670/32 =	-0,4897	-16,120/9 =	-1,7911
EK	-3,4000/30 =	-0,1133	26,600/31 =	0,8581	32,730/10 =	3,2730
ETR	-12,940/32 =	-0,4044	-25,660/25 =	-1,0264	-62,480/6 =	-10,413
F	-58,800/32 =	-1,8375	16,150/28 =	0,5768	-85,530/9 =	-9,503

GRÁFICOS CANDLESTICK DESVENDADOS

100 Tickers	1.340	Períodos	Indicador:	% D(14)	Linha de Compra: 20	Linha de venda: 80
Ticker	% Ganhos/CS	% GnMd–CS	% Ganho/Ind	% GnMd–Ind	% Ganho/Fil	% GnMd–Fil
FDX	29,690/40 =	0,7423	64,750/32 =	2,0234	-4,0700/15 =	-0,2713
FLR	44,220/36 =	1,2283	45,310/35 =	1,2946	132,12/18 =	7,3400
FNB	91,740/41 =	2,2376	23,440/27 =	0,8681	84,600/21 =	4,0286
GD	67,350/39 =	1,7269	-23,430/25 =	-0,9372	-32,300/14 =	-2,3071
GE	8,8000/23 =	0,3826	-14,610/29 =	-0,5038	-43/7 =	-6,1429
GM	-25,110/27 =	-0,9300	21,580/31 =	0,6961	24,930/11 =	2,2664
GWF	83,550/44 =	1,8989	-80,230/30 =	-2,6743	-107,71/12 =	-8,9758
HAL	39,060/38 =	1,0279	88,670/32 =	2,7709	16,060/14 =	1,1471
HM	-9,810/38 =	-0,2582	-35,270/32 =	-1,1022	97,200/17 =	5,7176
HNZ	-27,660/42 =	-0,6586	-29,680/23 =	-1,2904	11,810/16 =	0,7381
HON	-21,150/31 =	-0,6823	-3,5600/28 =	-0,1271	-10,480/10 =	-1,0480
HRS	41,300/41 =	1,0073	61,480/31 =	1,9832	9,1300/14 =	0,6521
HUM	62,090/39 =	1,5921	48,970/31 =	1,5797	161,86/20 =	8,0930
HWP	-18/22 =	-0,8182	-106,32/26 =	-4,0892	9,2400/10 =	0,9240
I	-74,760/38 =	-1,9674	-35,580/28 =	-1,2707	-45,430/20 =	-2,2715
IBM	11,380/31 =	0,3671	12,030/31 =	0,3881	14,910/11 =	1,3555
IFF	-25,540/43 =	-0,5940	32,710/33 =	0,9912	4/15 =	0,2667
IMA	19,640/33 =	0,5952	-23,540/28 =	-0,8407	-14,590/13 =	-1,1223
IP	46,850/31 =	1,5113	34,280/26 =	1,3185	35,360/13 =	2,7200
ITT	74,590/33 =	2,2603	25,560/36 =	0,7100	49,630/15 =	3,3087
JNJ	16,830/35 =	0,4809	-37,890/28 =	-1,3532	-13,870/13 =	-1,0669
KM	69,950/41 =	1,7061	31,310/31 =	1,0100	-16,390/16 =	-1,0244
KO	-34,090/34 =	-1,0026	-61,820/24 =	-2,5758	-102,14/11 =	-9,285
LIT	64,830/39 =	1,6623	40,910/42 =	0,9740	56,080/18 =	3,1156
LTD	131,97/40 =	3,2993	-93,690/25 =	-3,7476	-6,4000/16 =	-0,4000
MCD	35,690/40 =	0,8922	-33,790/30 =	-1,1263	-7,3300/17 =	-0,4312
MCIC	147,67/37 =	3,9911	-10,350/32 =	-0,3234	142,83/17 =	8,4018
MER	65,940/36 =	1,8317	26,110/28 =	0,9325	37,920/20 =	1,8960

100 Tickers	1.340	Períodos	Indicador:	% D(14)	Linha de Compra: 20	Linha de venda: 80
Ticker	% Ganhos/CS	% GnMd-CS	% Ganho/Ind	% GnMd-Ind	% Ganho/Fil	% GnMd-Fil
MMM	46,860/35 =	13389	15,470/31 =	0,4990	51,840/13 =	3,9877
MOB	43,720/47 =	0,9302	60,820/35 =	1,7377	25,260/17 =	1,4859
MRK	-42,780/31 =	-1,3800	-44,460/22 =	-2,0209	-26,960/7 =	-3,8514
MTC	-25,090/27 =	-0,9293	-24,230/25 =	-0,9692	-49,560/9 =	-5,5067
NSC	35,660/31 =	1,1503	16,720/30 =	0,5573	58,970/17 =	3,4688
NSM	-166,31/29 =	-5,7348	-54,080/22 =	-2,4582	-69,310/6 =	-11,552
NT	-37,080/37 =	-1,0022	52,680/35 =	1,5051	42,920/13 =	3,3015
OXY	-5,2100/34 =	-0,1532	-95,790/22 =	-4,3541	35,700/12 =	2,9750
PCI	59,350/27 =	2,1981	-39,070/30 =	-1,3023	10,510/11 =	0,9555
PEP	48,670/40 =	1,2168	-64,410/29 =	-2,2210	-8,0600/19 =	-0,4242
PRD	94,990/43 =	2,2091	35,510/32 =	1,1097	6,8300/11 =	0,6209
PRI	88,500/31 =	2,8548	61,500/17 =	3,6176	-18,870/10 =	-1,8870
RAL	20,980/42 =	0,4995	-14,600/33 =	-0,4424	41,410/17 =	2,4359
ROK	67,470/43 =	1,5691	-54,640/36 =	-1,5178	47,540/12 =	3,9617
RTN	20,710/41 =	0,5051	-17,510/30 =	-0,5837	36,190/15 =	2,4127
S	-9,540/39 =	-0,2446	-65,700/24 =	-2,7375	-26,360/13 =	-2,0277
SKY	8,6600/38 =	0,2279	65,150/36 =	1,8097	-5,6200/17 =	-0,3306
SLB	-11,320/33 =	-0,3430	126,96/39 =	3,2554	39,730/9 =	4,4144
SO	-3,4300/35 =	-0,0980	2,8500/25 =	0,1140	0,9200/12 =	0,0767
T	-78/23 =	-3,3913	58,960/29 =	2,0331	-32,240/9 =	-3,5822
TAN	31,440/34 =	0,9247	170,86/41 =	4,1673	72,490/19 =	3,8153
TDY	147,34/36 =	4,0928	151,03/30 =	5,0343	112,80/7 =	16,114
TEK	-18,000/35 =	-0,5143	-29,300/26 =	-1,1269	15,590/15 =	1,0393
TOY	5,4200/33 =	0,1642	-45,240/35 =	-1,2926	35,420/9 =	3,9356
TXN	115,95/35 =	3,3129 -	26,990/29 =	-0,9307	118,08/17 =	6,9459
UAL	60,960/32 =	1,9050	71,950/36 =	1,9986	-84,110/14 =	-6,0079
UIS	-30,310/30 =	-1,0103	-253,25/22 =	-11,511	-71,730/14 =	-5,1236
UPJ	29,830/38 =	0,7850	-36,960/26 =	-1,4215	14,430/10 =	1,4430

GRÁFICOS CANDLESTICK DESVENDADOS

100 Tickers	1.340	Períodos	Indicador:	% D(14)	Linha de Compra: 20	Linha de venda: 80
Ticker	% Ganhos/CS	% GnMd-CS	% Ganho/Ind	% GnMd-Ind	% Ganho/Fil	% GnMd-Fil
UTX	63,830/35 =	1,8237	92,380/37 =	2,4968	50,080/13 =	3,8523
WMB	-0,8200/52 =	-0,0158	41,210/36 =	1,1447	73,800/17 =	4,3412
WMT	12,000/34 =	0,3529	-78,470/28 =	-2,8025	-24,860/8 =	-3,1075
WY	4,5100/43 =	0,1049	-25,080/28 =	-0,8957	-58,990/11 =	-5,3627
XON	-8,5400/40 =	-0,2135	-35,710/27 =	-1,3226	27,000/10 =	2,7000
XRX	-73,810/32 =	-2,3066	63,880/33 =	1,9358	8,9600/17 =	0,5271
TRADES/ GANHOS: (MÉDIAS)	37,1	0,40	30,1	0,02	13,7	0,60
TICKERS—C:\N2\SP100\		890103 TO 920331			REPORTE: 04-05-1992 @ 17:50:54	

Tabela 9-2
ESTATÍSTICAS DE FILTRAGEM

100 Tickers	1,340	Períodos	Indicador:	% D(14)	/ Linha de Compra: 20	Linha de venda: 80
Ticker	% Ganhos/CS	% GnMd-CS	% Ganho/Ind	% GnMd-Ind	% Ganho/Fil	% GnMd-Fil
AA	30,880/27 =	1,1437	62,420/26 =	2,4008	29,450/16 =	1,8406
ALD -	29,060/21 =	-1,3838	-11,820/27 =	-0,4378	-45,670/10 =	-4,5670
AXP	86,480/27 =	3,2030	-53,460/21 =	-2,5457	62,140/13 =	4,7800
BA	-30,040/15 =	-2,0027	-33,640/28 =	-1,2014	1,1800/10 =	0,1180
BS	55,940/25 =	2,2376	1,4100/25	= 0,0564	-33,110/9 =	-3,6789
CAT	-36,410/19 =	-1,9163	5,0700/24 =	0,2113 -	26,550/8 =	-3,3188
CHV	6,8900/29 =	0,2376	-2,2900/24 =	-0,0954	25,320/16 =	1,5825
DD	-20,660/27 =	-0,7652	-51/17 =	-3	-2,1900/15 =	-0,1460
DIS	-20,810/13 =	-1,6008	-33,760/20 =	-1,6880	-12,650/10 =	-1,2650
EK	-21,500/15 =	-1,4333	22,630/27 =	0,8381	-11,380/9 =	-1,2644
GE	9,3900/12 =	0,7825	23,900/26 =	0,9192	-8,8700/5 =	-1,7740
GM	3,2600/18 =	0,1811	-8,4400/25 =	-0,3376	50,980/11 =	4,6345

■■■ FILTRAGEM DE PADRÃO CANDLE

100 Tickers	1,340	Períodos	Indicador:	% D(14)	/ Linha de Compra: 20	Linha de venda: 80
Ticker	% Ganhos/CS	% GnMd-CS	% Ganho/Ind	% GnMd-Ind	% Ganho/Fil	% GnMd-Fil
GT	-42,200/19 =	-2,2211	-40,190/22 =	-1,8268	-15,560/11 =	-1,4145
IBM	2,9300/22 =	0,1332	33,430/21 =	1,5919	19,250/10 =	1,9250
IP	39,790/18 =	2,2106	-18,600/19 =	-0,9789	49,110/13 =	3,7777
JPM	36,270/24 =	1,5113	-23,820/21 =	-1,1343	51,770/10 =	5,1770
KO	-4,2100/21 =	-0,2005	-45,480/22 =	-2,0673	-35,450/7 =	-5,0643
MCD	16,580/25 =	0,6632	-2,8300/21 =	-0,1348	-0,2900/15 =	-0,0193
MMM	35,220/25 =	1,4088	-25,220/24 =	-1,0508	10,860/10 =	1,0860
MO	9,2600/20 =	0,4630	-27,940/21 =	-1,3305	-25,820/5 =	-5,1640
MRK	-52,900/16 =	-3,3063	-22,080/19 =	-1,1621	-30,250/8 =	-3,7813
PG	-14,220/15 =	-0,9480	-15,740/29 =	-0,5428	-49/7 =	-7
S	-10,910/26 =	-0,4196	-62,430/18 =	-3,4683	-7,8700/12 =	-0,6558
T	-40,380/12 =	-3,3650	-50,950/23 =	-2,2152	10,050/7 =	1,4357
TX	10,840/21 =	0,5162	-9,600/27 =	-0,3556	20,510/14 =	1,4650
UK	-25,700/27 =	-0,9519	95,040/29 =	3,2772	30,390/10 =	3,0390
UTX	58,920/21 =	2,8057	13,280/27 =	0,4919	43,640/12 =	3,6367
WX	89,440/27 =	3,3126	61,730/32 =	1,9291	57,200/14 =	4,0857
XON	-18,250/24 =	-0,7604	-39,700/22 =	-1,8045	7,8100/10 =	0,7810
Z	20,390/21 =	0,9710	42,430/23 =	1,8448	71,520/11 =	6,5018
TRADES/ GANHOS: (MÉDIAS)	21,1	0,02	32,7	-0,46	10,6	0,23
TICKERS—C:\N2\DOW\		900424 TO 920331			REPORTE: 04-06-1992 @ 06:44:09	

ANÁLISE DE AÇÃO INDIVIDUAL

Selecionar uma ação para usar em todos os exemplos de indicadores diferentes foi um problema. Não que tenha sido difícil encontrar uma adequada; a maioria funcionou bastante bem com o conceito de filtragem. O problema foi manter a credibilidade de forma que não se pensasse que o universo foi revirado em busca do exemplo perfeito. Logo, decidiu-se usar a primeira ação em ambas as listas da S&P 100 e Dow Industrial, Alcoa (AA). A Figura 9-5 mostra um gráfico de barra high-low da Alcoa, junto com um histograma de seu volume durante o período de análise usado nos exemplos que seguem.

Nas Figuras de 9-6 a 9-18 são exibidos diferentes indicadores acima dos gráficos candlestick de AA. O gráfico exibe apenas os últimos 140 dias, mas a análise da negociação ainda cobre os dados começando em 1º de janeiro de 1989 e terminando em 31 de março de 1992 (3 anos e três meses). As setas para cima e para baixo no topo do gráfico (acima do indicador) mostram os sinais determinados de identificação das setas de padrão candle, mostrando cada padrão e sua orientação de alta (seta para cima) ou baixa (seta para baixo), Se a seta do padrão candle é mostrada com uma ponta dupla, esta representa o padrão candle filtrado. A caixa no canto inferior esquerdo do gráfico exibe a informação de negociação para os três métodos de trade, A informação na caixa mostra as datas efetivas, a porcentagem total de ganhos e perdas, o número de sinais de negociação e a porcentagem média de ganho ou perda por trade. Você notará que os resultados da negociação dos padrões candle por eles mesmos serão os mesmos para todos os exemplos. Os dados não mudam, portanto, os padrões candle também não. Apenas o indicador e, logo, os padrões candle filtrados mudarão em cada exemplo. Para todos os exemplos de indicadores, o total ganho usando apenas os padrões candle para trade de Alcoa (AA) foi de 45,8% durante o período de 3 de janeiro de 1989 a 31 de março de 1992. Houve quarenta trades, o que torna o ganho médio por trade igual a 1,14%.

■ ■ ■ FILTRAGEM DE PADRÃO CANDLE

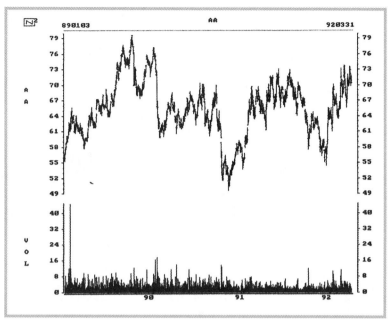

Figura 9-5

O preço de Alcoa no primeiro dia, 3 de janeiro de 1989, foi de 55,875 e no último dia, 31 de março de 1992, foi de 70,5. Para que se possa ter um julgamento embasado, uma estratégia de compra e venda renderia ligeiramente mais do que 26%. Novamente, nenhum cálculo para comissões ou slippage na execução foi contabilizado, nem os cálculos foram tornados anuais. Pela estratégia de negociação ter sido mantida tão simples, deve-se considerar apenas os valores relativos quando se veem esses conceitos,

Outra coisa que pode não ser óbvia: todas as negociações são calculadas até o valor do preço de fechamento do último dia dos dados. Isso não significa necessariamente que um sinal de negociação ocorreu naquele dia, apenas que a porcentagem de ganho e perda foi calculada como se um sinal válido tivesse sido dado.

A Figura 9-6 mostra o indicador %D por 14 dias, usando os valores threshold de 20 e 80 para sinais de negociação, O ganho total da candlestick filtrada não foi significativamente diferente daquele do indicador sozinho. No entanto, o número de trades teve uma considerável redução, trazendo o ganho médio por trade para as candles filtradas para 4,79%; em outras palavras, mais de 100% melhor que o indicador.

GRÁFICOS CANDLESTICK DESVENDADOS

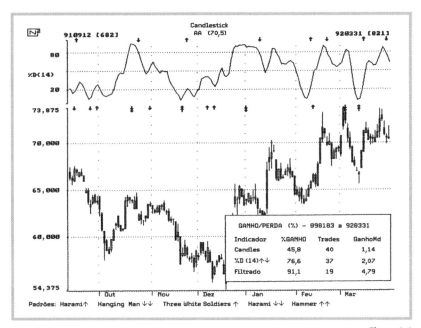

Figura 9-6

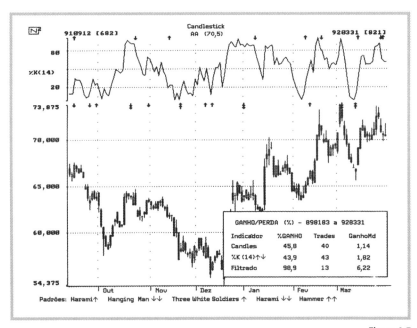

Figura 9-7

FILTRAGEM DE PADRÃO CANDLE

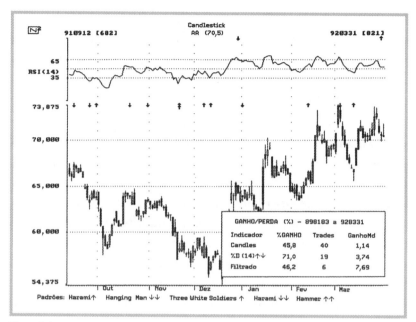

Figura 9-8

O Gráfico 9-7 mostra o indicador %K mais rápido para os 14 dias usando os velhos valores threshold de 20 e 80. A diferença entre %K e %D é apenas que %D reage ligeiramente mais devagar que %K. Neste exemplo, os candles filtrados foram 3 vezes melhores do que %K quando observado o ganho médio por trade.

Por %K reagir mais rápido que %D, pode-se diminuir o threshold superior e aumentar o threshold inferior, para resultar em uma área de filtragem maior. Isso normalmente geraria mais trades. Por exemplo, ao mudar o threshold de 25 e 75, as candles filtradas ganharam 71,6% com 21 trades para um ganho médio por trade de 3,41%, Usar uma área de filtragem maior não foi tão bom quanto o exemplo original; no entanto, apesar de não ter sido tão bom quanto, aumentar o número de trades não aumenta o ganho geral. Os resultados do indicador %K foram ligeiramente melhorados para 51,9%. Abrir o threshold para 30 e 70 aumentou as trades candle filtradas para 27, com um ganho de apenas 31,5%. O indicador, na verdade, diminuiu sua performance em 45,6%. Isso mostra que as thresholds mais altas, de 20 e 80, tendem a produzir melhores resultados para filtragem sem mudar o resultado substancial do indicador,

A Figura 9-8 mostra a RSI de Wilder por 14 dias, com valores threshold de 35 e 65. O ganho médio para as candles filtradas foi duas vezes melhor do que o ganho médio do RSI. Quando se considera que também aconteceram menos trades, o ganho médio por trade para candles filtrados foi excepcionalmente melhor do que RSI.

A Figura 9-9 mostra o índice de fluxo de recursos, que é calculado de maneira semelhante ao RSI, mas os dias em que o preço fecha mais alto são separados em uma média divergente dos dias em que o preço fecha mais baixo. Neste caso, um período de 21 dias foi usado para suavização tanto de fechamentos de alta quanto de fechamentos de baixa. Antes da suavização, a mudança no preço de cada dia é multiplicada pelo volume daquele dia. Dessa maneira, um dia de alta com grande volume causa um movimento maior no indicador do que faria um dia de alta semelhante, mas com pouco volume. Uma vez que as duas médias são calculadas, elas vêm a ser operadas de forma a produzir um indicador que se move de 0 a 100.

Como é possível ver na caixa da Figura 9-9, o conceito de filtragem mais uma vez tem desempenho muito melhor do que o indicador em si, ainda que os indicadores tenham funcionado bastante bem.

A Figura 9-10 mostra um indicador conhecido como Rate of Change [Taxa de Variação], que é um conceito bastante simples e amplamente utilizado por muitos analistas. Aqui, uma taxa de variação de dez dias é usada, tirando a porcentagem de diferença entre o preço de fechamento de hoje e o de dez dias atrás. Por exemplo, se o valor do indicador da taxa de variação for de 7,5%, pode-se deduzir que o preço naquele dia será 7,5% maior do que o preço de dez dias antes.

Os sinais de negociação para o indicador não podem ser dados por thresholds porque os valores de alta e baixa são, em teoria, ilimitados. Portanto, os sinais de trading são gerados ao cruzar o indicador com sua própria suavização de dez períodos. Dez períodos de valor da suavização são usados na maioria dos indicadores que funcionam assim. Existem valores melhores para certas ações ou commodities, mas dez parece ser consistentemente bom.

FILTRAGEM DE PADRÃO CANDLE

O indicador Rate of Change teve melhor desempenho do que os padrões candle e muito melhor que os padrões filtrados no que diz respeito ao ganho total. As candles filtradas quase sempre resultam em menos trades, e, por conta disso, o ganho médio seria melhor com indicadores, mas não de forma significativa. A área de filtragem ocorre após o indicador cruzar a linha zero e antes de ele cruzar sua própria suavização.

A Figura 9-11 mostra o Easy of Movement de Arms por 13 períodos. O sinal é gerado quando cruza sua própria suavização de dez períodos. O Easy of Movement é um método numérico usado para quantificar a forma da caixa usada no gráfico Equivolume. Arms toma a proporção da largura com a extensão da caixa. Dias de volume pesado com os mesmos resultados de intervalo de preço em uma proporção maior da caixa, portanto, dificultam o movimento.

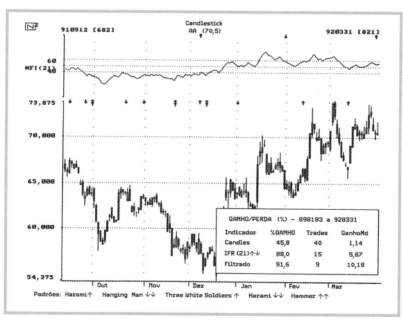

Figura 9-9

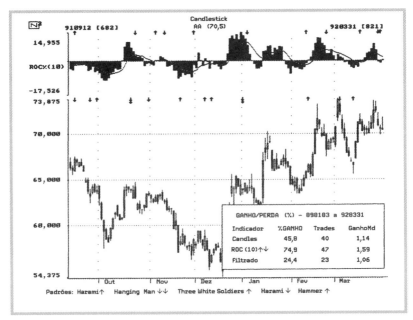

Figura 9-10

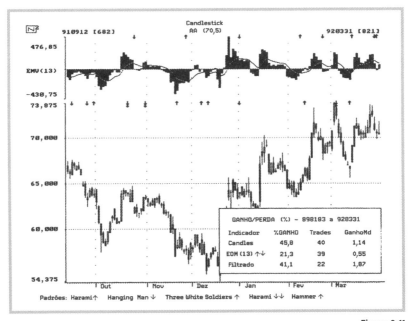

Figura 9-11

FILTRAGEM DE PADRÃO CANDLE

Baseado em ganho total, esse indicador não teve desempenho muito melhor que as candles sozinhas ou filtradas. Da mesma forma, quando o número de trades é considerado, candles filtradas se saíram muito melhor.

A Figura 9-12 mostra o oscillator de ímpeto duplo para 18 períodos. Como a maioria dos oscillators, um sinal é gerado quando ele cruza sua própria suavização de 10 dias. O oscillator de ímpeto duplo é uma combinação de dois cálculos do Rate of Change, os quais estão 20% acima ou abaixo do valor determinado para o indicador. Neste exemplo, o valor do indicador está determinado em 18, então os dois cálculos do Rate of Change são 14 e 22.

Neste exemplo, as candles filtradas superam em muito o indicador.

A Figura 9-13 mostra o Linear Trend Indicator [Indicador de Tendência Linear] por 15 períodos. Este é baseado em um declive de um último quadrado encaixado no período escolhido, neste caso, 15 dias. Devido ao LTI ser uma linha de certa forma suave, uma suavização crossover mais curta de 5 dias foi usada.

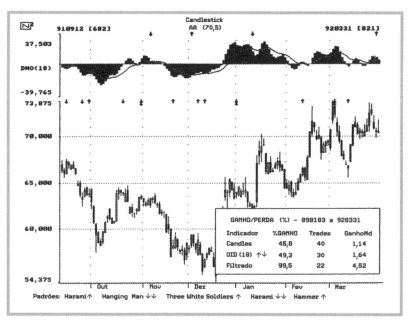

Figura 9-12

GRÁFICOS CANDLESTICK DESVENDADOS

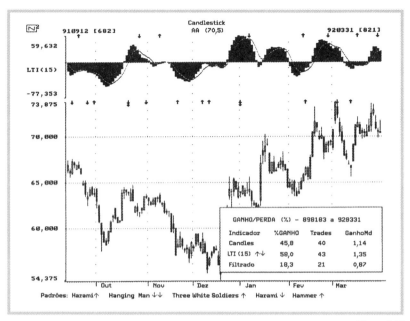

Figura 9-13

Da caixa de trading na Figura 9-13, o indicador gerou bons resultados, mas o conceito de filtragem falhou em ser melhor do que o indicador ou as candles. Candlesticks filtradas obviamente não funcionam todas as vezes.

A Figura 9-14 mostra o Index Directional de Wilder em 14 períodos. Reforçando, os sinais são gerados quando atravessam sua própria suavização de dez dias. Wilder desenvolveu o Index Directional junto com o RSI em 1978 (vide bibliografia). Utilizar sinais de um crossover suavizado não é o método que Wilder sugeriu para seu uso. Entretanto, foi o único que gerou uma área de filtragem.

O conceito de filtragem mais uma vez teve bom desempenhou nesse aspecto. Perceba que, ainda que o indicador não tenha tido bom desempenho, as candles filtradas foram quase três vezes melhores.

FILTRAGEM DE PADRÃO CANDLE

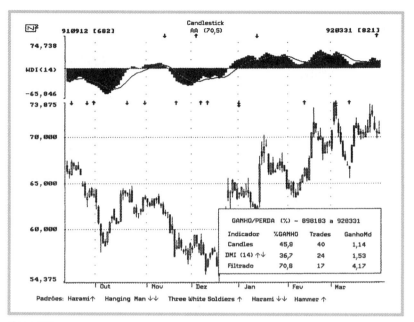

Figura 9-14

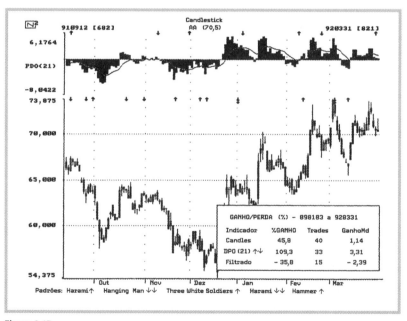

Figura 9-15

GRÁFICOS CANDLESTICK DESVENDADOS

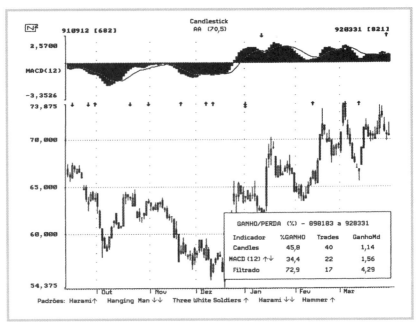

Figura 9-16

A Figura 9-15 mostra o Price Detrend Oscillator por 21 períodos. Esse indicador é a diferença entre o preço de fechamento e uma suavização desse preço, neste caso, de 21 dias. Sinais são gerados quando o PDO cruza sua própria suavização de 10 períodos.

Eis aqui um exemplo de quando o indicador foi excepcional e as candles filtradas foram um fracasso. O problema aparente é a área de definição e filtragem utilizada no indicador.

A Figura 9-16 mostra o Moving Average Convergence Divergence de Appel (MACD), uma extensão do PDO, pois outro valor suavizado é usado, em vez do preço de fechamento. O MACD usa a diferença entre as suavizações de 12 dias e 25 dias. Sinais são gerados quando essa diferença cruza sua própria suavização de 9 dias. Nove dias foram base aqui porque é uma configuração popular utilizada na maioria das análises. Observe que manter o uso prévio de 10 dias para o valor de suavização na realidade melhorou os resultados de negociação do indicador em mais de 7%.

O MACD não se saiu bem nesse exemplo. Contudo, os padrões candle filtrados renderam uma média de 4,29% por trade.

FILTRAGEM DE PADRÃO CANDLE

A Figura 9-17 mostra o Commodity Channel Index de Lambert por 14 períodos. Sinais são dados a cada vez que o CCI cruza o treshold de 100 e -100. Esse padrão foi designado para uso com commodities de maneira que exibisse características cíclicas e/ou sazonais. Ele consiste do desvio absoluto sobre o número de períodos selecionados, neste caso, 14.

As candles filtradas novamente foram excepcionalmente bem, se comparadas com o indicador ou padrões candle.

A Figura 9-18 mostra o Bollinger's Oscillator por 20 períodos. O %B é outro método de exibir Bollinger's Oscillator desenvolvido por John Bollinger; estas usam dois desvios durante um período de 20 dias para o encaixe de cerca de 95% do price action. É uma maneira excelente de mostrar a volatilidade do mercado. O %B simplesmente observa o preço de fechamento relativo aos Bollinger's Oscillator superiores e inferiores, da mesma forma que as Stochastics são calculadas. O %B é a medida em que o preço de fechamento é relativo ao Bollinger's Oscillator. Sinais são gerados sempre que %B excede 100% e 0%.

Na caixa de negociações na Figura 9-18, pode-se ver que %B sozinho gera excelentes resultados de negociação, mas quando usado como um filtro para padrões candle, os resultados de ganho médio são ainda melhores.

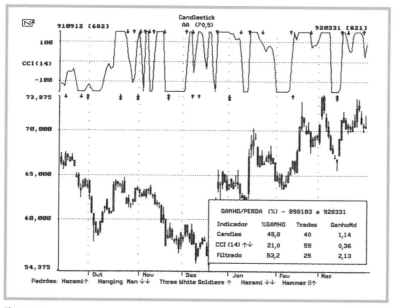

Figura 9-17

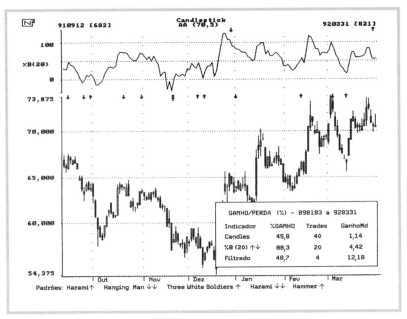

Figura 9-18

PERFORMANCE DE PADRÕES CANDLE FILTRADOS

A Tabela 9-3 mostra os resultados mais recentes de padrões candle e onze indicadores técnicos que foram usados para filtrá-los. Os resultados são autoexplicativos. A filtragem de padrões candle melhorou a performance em um todo e, com quaisquer indicadores, rendeu resultados que foram melhores do que usar padrões candle sozinhos.

A tabela mostra o número de trades, usando cada indicador como um filtro, junto aos thresholds e valores cruzados do indicador usado como filtro. Isso mostra a melhor e pior performance de trade. Na parte inferior da tabela, os resultados são resumidos e exibidos em ordem de Porcentagem de Ganho Líquido (%GanhoLíquido).

FILTRAGEM DE PADRÃO CANDLE

CONCLUSÃO

Ao casar os fatos apresentados no capítulo anterior, que mostra o desempenho dos padrões candle em relação a outros indicadores técnicos, e então considerar as óbvias melhorias do conceito de filtragem, encontra-se um vencedor. Deveria ser óbvio que a filtragem de padrões candles com indicadores populares é um método quase certo de aprimorar seus resultados de negociação, uma vez que não apenas fornece melhores ganhos em geral, como quase sempre reduz o número de trades. Reduzir uma metodologia de negociação também diminuirá custos de transação e produzirá um ganho médio por trade muito maior. A filtragem funciona!

Tabela 9-3
PERFORMANCE DE PADRÃO CANDLE FILTRADO – % GANHO LÍQUIDO

7.275 Ações
4.467.335 Dias de Análise
30 de abril de 2002 a 31 de dezembro de 2004 (675 dias de trading)

TMET = Tempo Médio entre Trades em Dias

Indicador	NSINC	CCI	%B	RSI	%K	%D
Total	26.089	12.019	18.986	19.201	11.335	15.344
MTBT	138	48	98	143	46	64
Melhor Ganho:	611	119	572	424	131	137
Pior perda:	-92	-49	-98	-92	-62	-68

Indicador	MFI	ROC	EMV	PDO	MACD	CANDLES
Total	15.765	10.668	11.696	8.697	9.285	7.030
MTBT	74	45	45	50	82	22
Melhor ganho:	160	161	125	161	171	65,4
Pior perda:	-68	-45	-54	-54	-80	-51

GRÁFICOS CANDLESTICK DESVENDADOS

7.275 Ações
4.467.335 Dias de Análise
30 de abril de 2002 a 31 de dezembro de 2004 (675 dias de trading)

TMET = Tempo Médio entre Trades em Dias

Filtros	Thresholds		Ganhadores		Perdedores		Ambos	
Nome (Dias)	Compra	Venda	Total	%GanhoMd	Total	%PerdaMd	Total	%Ganho Líquido
NSINC	11	89	4.198	13,6	2.588	-12	6.786	3,8
RSI (14)	35	65	4.237	12,6	2.594	-13	6.831	2,8
%B (20)	5	95	4.178	10,2	2.775	-8,5	6.953	2,7
MFI (20)	40	60	4.363	7,4	2.683	-6,2	7.046	2,2
%D (14)	20	80	4.304	7,1	2.747	-5,5	7.051	2,2
CCI (14)	-100	100	4.316	5,3	2.798	-3,9	7.114	1,7
EMV (10)	9	9	4.353	5,1	2.765	-3,8	7.118	1,6
%K (14)	20	80	4.351	5,1	2.766	-4	7.117	1,6
ROC (10)	9	9	4.302	4,9	2.839	-3,7	7.141	1,5
MACD (12)	9	9	4.216	7,1	2.795	-7,3	7.011	1,3
PDO (18)	10	11	4.280	4,8	2.839	-4,2	7.119	1,2
CANDLES	10	10	4.473	2,7	2.754	-1,8	7.227	1

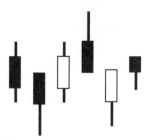

CAPÍTULO DEZ
CANDLESTICKS PARA TRADERS

Este capítulo recebeu a contribuição de Ryan Litchfield.

Uma nota de Greg Morris: "Candlesticks para Traders" é um capítulo totalmente novo nesta terceira edição de *Gráficos Candlestick Desvendados*. Ryan Litchfield telefonou um dia, no final de 1990, e me convidou para um almoço em um hotel no centro da cidade de Dallas. Ele participava de um seminário sobre negociação de ações e tinha apenas uma hora, que passou tão rápido a ponto de não podermos acreditar. Claro, é fácil sentar e ouvir alguém elogiar seu livro, mas Ryan teve uma visão totalmente nova de candlesticks, uma que era realmente empolgante. Ele me convidou para participar de seu seminário. Os estudantes estavam encantados com candlesticks, não por conta de algo que eu dissera, mas pelo que Ryan esteve ensinando a eles. Nós nos comunicamos durante os últimos anos e nos encontramos uma vez. Assim que decidi fazer uma terceira edição deste livro, pensei que uma seção feita por Ryan seria um ótimo acréscimo, que resultou sendo muito mais e muito melhor do que pensei que seria. Espero que concordem.

INTRODUÇÃO

No mundo neurótico das negociações com ações, uma vantagem de qualquer tipo será rapidamente captada. Gráficos Candlestick ganharam com constância a aceitação dentre traders e investidores nas últimas duas décadas. A sedução atrativa das candlestick provém da importação estrangeira e passado exótico e renomado. Estão, agora, protagonizados em quase todos os serviços de gráficos e são o tema de muitos sites e livros. Se fossem apenas outra maneira de exibir abertura, máxima, mínima e fechamento, não teriam captado a atenção de tantas pessoas.

Candles trazem consigo um pouco de duzentos anos de aplicação e interpretação e isso faz com que sejam válidos em estudos sérios e integração com ferramentas ocidentais, que por vinte anos espalharam-se para os meios convencionais de análise técnica ocidental, com pouco mais do que traduções de textos antigos e entusiasmo.

Greg Morris, um dos dois proponentes originais dos candlesticks no Ocidente, foi o primeiro a trabalhar com estatísticas da frequência e acurácia dos padrões candle, mas o poder da computação era muito limitado, se comparado com a atualidade, e o interesse do público estava em aprender esse novo sistema, não em alguns gráficos de dados no fim de um livro. Agora, finalmente, um trabalho minucioso foi realizado para se aprofundar no que os candles realmente são ou não — para colocá-los em contexto e misturá-los às habilidades e valores atuais com a tendência e as verdadeiras ferramentas de gráficos ocidentais.

Os candlesticks tiveram aval para proliferar sem perspectiva adequada. Ganharam quase uma proporção mítica como uma ferramenta antiga e secreta de negociação, e abundavam especialistas autoproclamados. Mas o que são eles na realidade? Como podem estar completa e adequadamente integrados às análises ocidentais? Eles contribuem apenas com sua acurácia? Quais são os "melhores sinais"?' Todos os padrões devem ser memorizados? Este livro combina a análise estatística exaustiva e minuciosa de padrões candlestick com um detalhado estudo de sua acurácia e aplicação adequada em trades. Grande crédito é devido para os pioneiros da leitura de gráficos candlestick no ocidente, mas já é uma época passada, de antes desta edição.

Greg Morris reconheceu a necessidade de melhorar e ampliar seu trabalho histórico e fez a análise estatística mais compreensível de todas sobre candlesticks. Com a análise de aplicação de negociação, por Ryan

Litchfield, este livro marca o epítome para aqueles que querem saber como integrar os candlesticks adequadamente a seu método de negociação. O que se segue, da parte de Ryan, é a aplicação e perspectiva prática de que os traders precisam para colocar candles em um contexto. Candlesticks não são mágicos; eles fazem sentido, podem ser aprendidos facilmente e são misteriosos apenas para os desinformados. Os padrões de gráficos ocidentais são bem superiores às candlestick para reconhecimento de tendência e padrão, mas não existe uma competição entre dois estilos. Os candlesticks apontam os sentimentos de muito curto prazo (alguns dias), enquanto padrões de trade ocidentais podem projetar o alvo e o comportamento de preços por semanas, meses e anos. A delicada dança de suporte e resistência em pontos de preço cruciais é tremendamente aumentada quando banhada em luz de velas.

Vinte anos atrás, sem o poder dos computadores modernos, a análise candlestick adequada não era possível e os traders ocidentais criaram um mercado que a tornou desnecessária. Todas as tentativas anteriores de realizar estudos de acurácia pecaram em contexto e profundidade. Este trabalho abrangente brilha como uma luz, longamente tardia, de candelabros, e traders agora podem integrar o oriente e ocidente de forma adequada.

SINERGIA ORIENTE-OCIDENTE

Quando os gráficos candlestick foram apresentados aos mercados ocidentais, tudo era uma novidade, mas agora se aproveita da aceitação difundida. Isso pode ser explicado, em parte, pela tendência humana natural de buscar uma vantagem competitiva. A proliferação de publicações financeiras, novos aparatos eletrônicos, novos indicadores técnicos e novos softwares de negociação são evidência do gosto por estar à frente. Alguns traders parecem ter uma obsessão quase de um culto e a mente fechada sobre suas armas ou ferramentas favoritas e secretas, e apesar de os gráficos candlestick serem tão bons quanto ou melhores do que quaisquer ferramentas de gráficos, não são um segredo mágico ou misterioso para adivinhar os mercados.

Com cerca de duzentos anos de aplicação, os candlestick são a metodologia de gráficos mais praticada e testada e podem ser de fato bons em interpretar e prever comportamento e movimento de gráfico de curto período. Durante o último século, o ocidente também desenvolveu ótimas ferramentas para leitura e análise técnica de gráficos de padrões. A boa notícia é que, quando adequadamente integrados, gráficos candlestick e ocidentais podem se combinar para formar uma soma que é maior do que suas partes.

O interesse central deste capítulo é apresentar uma base para traders que apreciam o valor e contribuição reais que os gráficos candlestick podem trazer aos traders ocidentais. Detalhes da construção de padrão, reconhecimento e aplicação serão explorados adiante.

Os candlesticks, unidos com outros aparatos e ferramentas técnicas, são de pouco valor para um trader, a menos que este seja adequadamente treinado para utilizá-los. Infelizmente, a maioria dos traders que tentam incorporar candles em sua trade interpreta mal o que os candlesticks fazem e geralmente esperam mais deles do que são capazes de desempenhar. Os traders não deveriam esperar que sinais candlestick adivinhem o mercado e determinem as trades.

A integração completa de gráficos candlestick foi obstruída por uma tendência entre muitos defensores que os veem como uma alternativa. São superiores aos gráficos de barra, mas não são substitutos para os padrões de gráficos ocidentais. A combinação adequada de ocidente e oriente requer uma compreensão:

- Do valor único dos candlesticks.
- Da aplicação em trades e investimentos.
- Do processo que gera o price action e motiva padrões.
- Do jeito que as notícias afetam o preço.
- Da correlação dos indicadores técnicos ocidentais que levam à integração apropriada com o estilo de padrões de negociação ocidentais.

Então, Quem Precisa de Candlesticks?

Há uma premissa básica a se colocar aqui. Em termos simples, não é necessário que gráficos candlestick façam trade bem. Como é que é?! Em um livro sobre o valor dos candlesticks, isso parece ser uma premissa peculiar, e com razão. Mas essa é a chave para compreender e apreciar o caráter exclusivo de sua contribuição.

Padrões consistentes com suporte e resistência definem os pontos de entrada para trades de alta e de baixa (vide Figuras 10-1 e 10-2). Enquanto o padrão estiver intacto, não há necessidade de algo além de uma figura para fazer trade com o padrão.

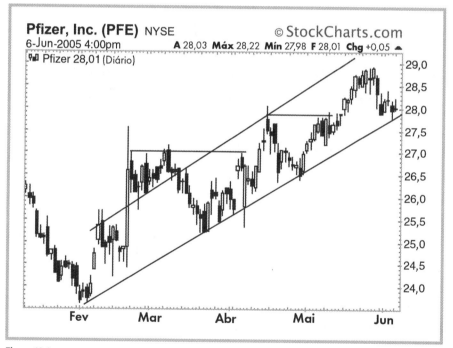

Figura 10-1

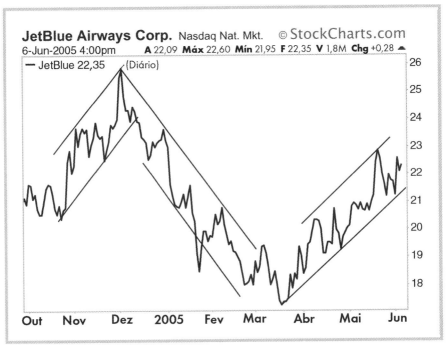

Figura 10-2

O que as candles oferecem é uma dinâmica visual que revela a atitude ou o comportamento dos traders conforme se aproximam dos pontos de pivô de suporte e resistência. A negociação é, portanto, acentuada pelos padrões, que descrevem o sentimento e comportamento. Tendo em consideração que os padrões vêm sendo estudados por duzentos anos, sua compreensão deve ser considerada uma adição valiosa.

Investimento versus Negociação

Investimento

Candlesticks têm pouco ou nenhum valor para investidores, uma vez que investimentos são motivados por fundamentos, comprar mais baixo e capturar um movimento de alta por alguns meses ou anos tendo uma abordagem buy and hope no mercado. Posições de alta de longo período podem ser iniciadas por uma grande retirada, ou apenas a expectativa de que as empresas historicamente boas tendem a subir, ou a sempre popular "dica quente". Triste é saber que, na maioria dos casos, compras institucionais e públicas vêm bem depois do ponto de entrada ideal, e vender é quase o fundo do poço após a dor de uma reversão intolerável.

Candlesticks são uma ferramenta de curto prazo para decisões certeiras de entrada e saída, então não ajudam muito em investimentos de longo prazo.

Negociação

Negociar, em contraste, é motivada por padrões, e geralmente de curto prazo. Nesta questão, os candlesticks podem ser muito valiosos, pois as entradas e saídas são muito mais cruciais. Pontos de pivô são pontos de preço reconhecíveis e previsíveis, onde podem ocorrer movimentações significativas. Negociar é antecipar um price action potencial, posicionando-se para entrar na fase inicial da trade, aumentando conforme for passando o tempo, e então saindo quando amadurecer, causando uma reversão. A negociação é oportunista e segue o crescimento de tendências ou ondas de um padrão oscilante; também envolve muitas reversões, que acontecem quando os candles brilham intensamente (vide Figura 10-3). Padrões candlestick são sinais de reversão; e ainda que se escreva muito a respeito de padrões de continuação, eles, na verdade, representam reversões que não funcionaram.

Gráficos candlestick são, portanto, mais valiosos para traders do que para investidores porque a força de curto prazo dos candlesticks se mescla bem com a natureza cíclica do padrão da negociação.

Preços e Manipulação de Padrão

Candles podem acrescentar muita compreensão sobre negociação, mas é preciso saber como o price action e os padrões se desenvolvem para integrar os candlesticks japoneses aos padrões ocidentais.

Figura 10-3

A tendência para padrões de negociação se formarem é bem documentada, mas muito pouco se oferece para explicar o porquê e como se formam. Explorar a razão por trás do desenvolvimento de padrões preparará o terreno para a contribuição potente que os candles podem dar ao trade de mercados ocidentais. O fato é que um padrão existe como evidência da manipulação de preço, a qual, por sua vez, cria uma previsibilidade que produz rentabilidade para aqueles que podem ver os padrões.

"Padrões = manipulação = previsibilidade = rentabilidade"

A probabilidade de os padrões de preço não serem manipulados é similar a uma pilha de troncos sendo despejada de um penhasco e aterrissando em formato de uma casa. É bastante seguro apostar que alguém manipulava os troncos (vide Figura 10-4).

Figura 10-4

Padrões de gráficos em ações, commodities e mesmo em índices são evidência de que um grupo de diversos jogadores pode interagir em um livre mercado e criar, de certa forma, uma obra-prima. É fascinante que um livre mercado, onde se supõe que os jogadores não cooperem deliberadamente, despeje, com consistência, pilhas de troncos de um penhasco, e estas aterrissam no formato de casinhas bonitas com fumaça saindo da chaminé. A questão não é como isso acontece, mas de que maneira os candlesticks podem ajudar na trade desses padrões.

Os Jogadores

Entre os traders, há diferentes forças e poderes, e há um ou dois protagonistas em cada trade bem conduzida. Seja em um escritório corporativo, seja em um iate de luxo, eles são o E.F. Huttons ou Warren Buffetts de uma ação em particular. Quando eles se movimentam, todos os que estão "por dentro" prestam atenção. Há entre os traders reações em vários níveis, cuja ação conjunta se espalha pelo mercado, como ondas que se formam ao jogar um seixo em uma lagoa.

O seixo representa o trader que é peça-chave ou pequeno grupo de traders importantes para uma ação ou commodity particular. O "Ax" ["machado"] (um nome para traders impactantes) faz um movimento significativo, e o segundo escalão de traders promove uma action. Se ondulações sucessivas de traders institucionais e o público os seguem, um "momentum swing" [estratégia de negociação baseada no impulso] está em andamento (vide Figura 10-5). As ondulações que, vindas do centro, se movem para longe são como entradas graduais do resto do "elenco" no movimento direcional de preço de uma ação.

Figura 10-5

Ou seja: o Ax se move primeiro, e outros profissionais escolhem a action, o que explicita o interesse dos gestores de instituições e fundos, e o público vem na retaguarda. Tudo funciona bastante bem, considerando que parte do elenco (o público) nem ao menos sabe que é parte de uma produção. É como em um reality show extremo no qual parte do elenco está alheio a seu papel e ao de outros jogadores ou mesmo sobre qual seria o jogo.

Os traders líderes (o Ax e outros traders profissionais) são muito influentes, mas é necessário um volume contínuo do restante do elenco para realmente conduzir um movimento direcional por um longo tempo. Pode-se levar dias ou semanas para sair do suporte e ir para a resistência (ou vice-versa), e será necessária a participação de todos os jogadores.

Os traders líderes apenas iniciam o movimento direcional. Esses traders fazem o movimento quanto sentem que o público está pronto para dar o suporte, uma vez que não podem iniciar o movimento sozinhos. Se os traders líderes estiverem certos, as ondulações continuam em suas posições de lucro em direção ao próximo ponto de pivô. Enquanto a trade segue em frente, eles ficam atentos a um enfraquecimento do ímpeto e testarão cada ponto de pivô para compra ou venda com o intuito de determinar se é hora de trocar posicionamentos.

Essa sequência de participação, que começa pelos traders líderes e continua até o último comprador ou vendedor entre o público, é o que faz os padrões se desenvolverem. Os traders líderes esperam para ver se haverá o início de um sell-off. No fundo da baixa, eles esperam até a pressão de venda minguar e, então, compram. Uma expressão popular diz que os traders líderes querem ter todos no topo e estar sozinhos em suas negociações no fundo (vide Figura 10-6).

O suporte, por vezes, não se materializa, e os traders líderes são experientes a ponto de não ir contra a corrente. Eles rapidamente trocarão de posições até encontrar um lugar adequado no mercado. Isso pode explicar as muitas whipsaws [dupla perda ao tentar recuperar uma perda de mercado] que se desenvolvem como uma nova direção de movimento e, de repente, entram em reversão. Aqueles que se adiantam e não estão alertas ficarão no meio do fogo cruzado. Os candles podem ter dado um sinal sólido de reversão, mas então o preço aponta bruscamente na outra direção. A razão pode ser desconhecida, mas existe. Há muito risco nisso. Os traders líderes guiarão, mas não permanecerão em um mau lugar por muito tempo.

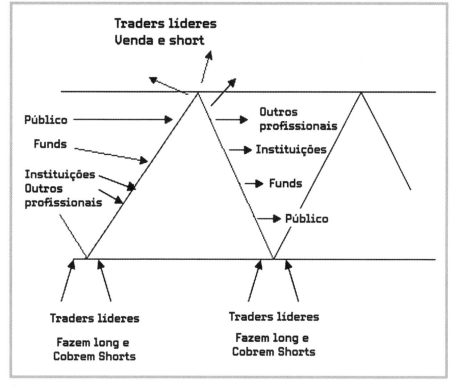

Figura 10-6

Traders não gostam de padrões variáveis ou indecisos porque podem vir a se tornar instáveis ou simplesmente aborrecidos. Subir em uma secadora de roupas não é divertido. A verdadeira direção de um movimento de preço não é de fato a questão, que é mais de continuar o caminho. Na realidade, uma tendência de baixa é preferível, pois aviva o medo, que pode levar a movimentos rápidos e lucrativos.

Então, o público desavisado cumpre um papel crucial no desenvolvimento de padrões, em especial porque sofre de amnésia de curto prazo. Ele faz o trabalho pesado de aumentar a trade a nível de resistência e, depois, se retira em um crescendo, sinalizando um fundo. Devido à natureza humana, a próxima melhoria atrairá todos os eternos otimistas, dessangrados e surrados, de volta para a pista de dança, inconscientes do próprio papel no processo. Ele certamente ajuda a manter os padrões repetitivos quando um grupo principal, inadvertidamente, mas de modo recorrente, marcha para ser bucha de canhão. O fato de o "público menos informado e menos esperto" incluir gestores de fundos que não conseguem ler um gráfico com um mínimo de capacidade, também ajuda.

Candlestick são valiosos quando usados para ler o comportamento do elenco de jogadores cujas ações conjuntas produzem os padrões. Seu comportamento nos níveis de suporte e resistência pode dizer muitas coisas importantes. Os candlestick refletem a interação de jogadores: suas emoções, sentimentos e ímpetos enquanto revisitam lugares conhecidos.

Variações de Padrão

A ideia de que há traders líderes na maioria das ações bem negociadas pode ser novidade para muitos, mas é a verdade. A grande maioria dos traders e/ou investidores nunca encontrará ou saberá quem são os traders líderes em uma ação específica, mas inevitavelmente sentirá a influência (grande ou pequena) exercida por eles no mercado. Alguns padrões de gráficos sugerem interações bastante coesas, quase cooperativas entre o elenco de jogadores (traders líderes em uma última festa privativa), enquanto outros são tudo menos isso.

Viradas boas e precisas de suporte e resistência contam uma história, enquanto dias desorganizados e coincidentes contam outra (vide Figuras 10-7 e 10-8). Os traders deveriam encontrar, em primeiro lugar, ações com padrões de trade bem definidos e, então, usar candlesticks para fazer uma sintonia fina em seus pontos de entrada e saída. Mas, tenha em mente, todo o conhecimento do mundo sobre candlestick não prevenirá um whipsaw em algumas ações. Os jogadores podem não ter muita coesão. Algumas ações devem ser executadas com certa distância, ou não ser executadas.

É fácil achar bons padrões de trade entre mais de 30 mil ações, mais futuros, commodities, moedas etc. A grande notícia é que ações bem padronizadas (o que implica traders com coesão) tendem a produzir os sinais candle mais confiáveis. O comportamento de um grupo de traders pode variar dramaticamente de outro, o que nos traz outra correlação interessante: certas ações tendem a exibir certos padrões candlestick com mais frequência que outras (vide Figuras 10-9 e 10-10). Isso faz sentido dado que candles simplesmente refletem a atividade dos traders. A IBM tem pouca influência sobre caudas (pavios) ou sombras. Os fechamentos tendem a ser próximos às máximas e mínimas do dia. A tendência da ação do Citigroup (C) é ter longas caudas ou sombras e mostrar muito mais volatilidade.

Figura 10-7

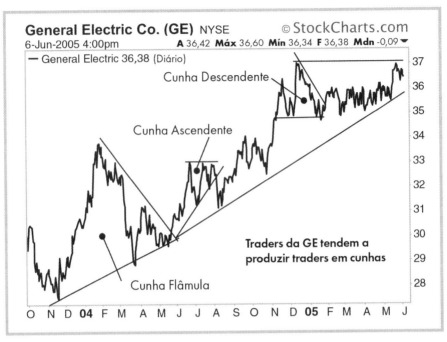

Figura 10-8

Uma ação tende a ter o mesmo grupo de traders conforme se passam os meses, então, padrões repetidos devem ser examinados para observar a consistência de sua continuidade. Devido às reversões que tendem a acontecer em níveis de suporte e resistências previsíveis, o estudo do comportamento dos traders nesses níveis pode auxiliar no reconhecimento comportamental na próxima vez que esses níveis forem alcançados. Padrões de trading historicamente consistentes podem acrescentar confiança às trades, e aqui, novamente, os candlestick se distinguem, pois são a ferramenta mais estudada para leitura de comportamento de negociações em pontos de reversão.

Figura 10-9

Figura 10-10

Notícias de Jogo

As notícias são um fator a ser considerado nas negociações; sejam agendadas ou uma surpresa, podem interromper e distorcer o price action existente. A reação às notícias pode ser gradual, violenta ou inexistente, mas o sentimento do mercado estará exposto pelos padrões candle subsequentes. Se as notícias apoiam a direção do movimento atual, há uma aceleração na direção em que já se encaminhava, algumas vezes acontecendo do dia para a noite. Grandes corpos candle indicam sentimentos fortes entre os traders, e corpos pequenos indicam fraqueza na continuidade. Caudas longas expressam volatilidade, até mesmo disputa violenta, enquanto caudas pequenas revelam consenso ou falta de interesse.

Dias grandes são, com frequência, produzidos em dias grandes (dias de reação ou de statement). Se um grande dia (ou dois) se mover na direção da tendência atual, um padrão candle muito significativo pode estar se formando. Os padrões de continuação Rising e Falling Three Methods começam com um dia grande (ou dois) na direção da tendência e são seguidos por dois a quatro dias de testes enquanto traders sondam com o intuito de descobrir quão forte a notícia realmente foi (vide Figura 10-11). Se a direção da tendência (alta ou baixa) continuar, o sentimento foi verificado.

As notícias também podem ser bem instáveis. O sentimento de mercado pode causar uma notícia de US$5, com intenção de receber uma reação de US$2 em um dia e de US$9 no próximo. Grandes notícias podem ser neutralizadas por uma tendência de mercado oposta, e notícias menores podem receber uma grande resposta de um mercado entediado. As notícias acontecendo em pontos de suporte e resistência podem influenciar a reversão potencial, então traders deveriam prestar certa atenção, uma vez que as notícias podem desencadear ou exagerar uma reversão ou continuação. Sinais candle também podem revelar os sentimentos de traders conforme uma ação decola ou se refreia em prol da liberação de uma notícia pendente.

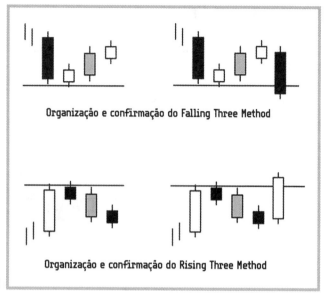

Figura 10-11

Indicadores Técnicos

Existem incontáveis indicadores técnicos disponíveis para traders, e independentemente de qual for usado, misturá-los com candlesticks e boas habilidades de gráficos pode produzir uma imagem mais aprofundada do price action. Por exemplo, uma ação poderia estar se aproximando do nível de suporte, definido por uma linha de tendência ou média móvel. Os candlestick sinalizam uma perda do ímpeto e da reversão. Os indicadores técnicos mostram uma condição de oversold. Considerados como um todo, a confirmação completa de vários "consultores" (cada um com sua própria perspectiva especial) auxilia na trade com maior confiança.

Um *aviso de cuidado*: candles são descartados pelo price action, e bons traders se lembram de que estão fazendo trade da ação, não dos indicadores. Eles escolhem seus indicadores ("consultores") com muito cuidado e não os levam como lei. Os indicadores monitoram e refletem o comportamento, não o ditam. Indicadores são a mira, não o gatilho.

Então, de volta à premissa, candlesticks são necessários para fazer trade bem? Não, então a questão é: por que aprender a fazer trade com candlesticks? A resposta é que a trade pode ser muito melhor com eles.

Integração – Ocidente e Oriente

Os Gráficos de Linha Ocidentais podem chamar a atenção para um grandioso padrão com suporte e resistência claros, mas não mostram o que acontece nos bastidores; mostram o movimento intraday da ação, mas é dificultoso interpretar de relance (Figura 10-12). Os candlesticks dão um feedback mais rápido e intuitivo ao trader, e duzentos anos de experiência coletiva e estudos simples os tornam melhores ferramentas.

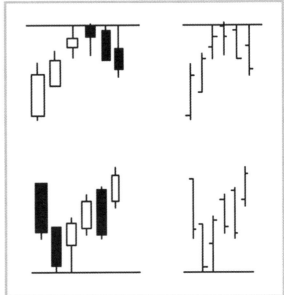

Figura 10-12

Gráficos de Linhas vs. Gráficos Candlestick

Figura 10-13

Os candlesticks japoneses nunca substituem padrões de gráficos ocidentais, mas a força e vantagem em ambos faz com que a combinação deles seja superior a usar um deles separadamente. Os candles japoneses nunca se sobressairão e destacarão um fundo duplo que reflete suporte, mas podem refletir a atitude de alta ou de baixa dos traders (Figura 10-13).

O melhor das habilidades de gráficos ocidentais e orientais é acentuar, no trader, a habilidade de ler o sentimento, a emoção e o ímpeto nos maiores pontos de pivô e reagir apropriadamente em relação a eles. Explicando de outra forma, os gráficos ocidentais mostram os clientes entrando em um restaurante, e os candlestick japoneses mostram a sensação de fome deles.

Figura 10-14

RESUMO – SINERGIA ORIENTE/OCIDENTE

- Candles são a forma de análise técnica mais estudada e testada.
- Padrões de gráficos ocidentais acrescentam uma dimensão viável e valiosa que aprimora os gráficos candlestick.
- Candles são aplicados de forma diferente para investimento e negociação.
- Os motivos e as dinâmicas do preço e do desenvolvimento de padrão ajudam a interpretar mensagens de candles.

- O nível de coesão entre os traders cria padrões de gráficos que variam enormemente, de previsíveis e consistentes para revoltos e perigosos. Seja seletivo ao escolher padrões para fazer trade.
- Certas ações lançam padrões distintivos que refletem o comportamento daquele grupo de traders.
- Notícias são uma realidade de mercado, e candles podem revelar a avaliação dos traders com base nelas.
- Indicadores técnicos são esclarecedores e deveriam ser considerados como um conselho. Eles não rejeitam o price action. Isso inclui candlesticks, que preveem, mas não são garantia.
- Gráficos ocidentais destacam localizações cruciais, e candlesticks japoneses revelam atitudes e sentimentos.

LOCALIZAÇÃO, LOCALIZAÇÃO, LOCALIZAÇÃO

O mantra clássico do mercado imobiliário "location, location, location" tem uma aplicação perfeitamente legítima na análise de gráficos candlestick. A localização de um único candle ou padrão está intimamente relacionada a sua relevância e, portanto, sua acurácia. Algumas analogias ilustrarão bem esse princípio.

Folhas Caídas

Nos climas sulistas [do hemisfério norte], as folhas periodicamente mudam de cor e caem durante o ano, devido ao clima e ao vento, mas isso praticamente passará despercebido. No fim de setembro, os primeiros sinais de mudança de cor e folhas caindo recebem atenção considerável. Há uma expectativa que associa o final do mês ao inverno vindouro, e o sinal mais claro se observa nas folhas. Ora, o sinal não é garantia de que é chegada a época de tempo ruim, mas existe o reconhecimento de que é setembro, e agora as condições são adequadas para que aconteça uma mudança de clima.

Os sinais e padrões candlestick são definidos pelo tamanho do corpo, comprimento da cauda e proximidade de candles vizinhos. Alguns requerem certas condições, como estar em tendências, mas há maiores refinamentos que ajudarão na interpretação dos traders sobre a importância de seus sinais.

Os padrões ocidentais dão relevância à localização de uma ação ou índice. O padrão de suporte e resistência porta uma expectativa natural de um movimento significativo em certos pontos de preço, devido ao comportamento histórico daquela ação ou índice. Um sinal de reversão ou continuação para candlesticks é, portanto, mais valioso em uma localização já designada para o debate do destino desse padrão. Padrões podem sofrer trade com sucesso, sem necessidade de candlesticks, mas a habilidade destes de iluminar o comportamento desses pontos chaves pode ser extremamente valiosa para um trader com olhos experientes.

Luz de Freio

Quando o assunto são luzes de freio, existe uma resposta condicional baseada em experiências passadas. Ao serem questionadas pelo que significam luzes de freio, muitas pessoas respondem que alguém está parando; essa declaração ilustra o perigo de suposições. O fato é que existem diversas respostas apropriadas.

No geral, luzes de freio indicam parada; porém, se as luzes de freio forem observadas a 120km/h em uma rodovia, é mais provável que signifique que o motorista está simplesmente ajustando a velocidade em relação aos veículos ao redor, não que está parando. As luzes de freio em uma rodovia poderiam significar "parar"? Claro, mas seria incomum, considerando local e circunstância.

Luzes de freio a 60km/h próximo de um cruzamento muito provavelmente significam parada, mas, novamente, existem muitas coisas que realmente possam acontecer (vide Figura 10-15). O motorista pode diminuir e depois acelerar e seguir em frente. Ele pode parar e ficar ali por um tempo tentando decidir o que fará a seguir. Ele pode virar para a direita ou fazer o retorno e ir por outro caminho. Aproximando-se de um cruzamento, a inferência de que o carro irá parar é muito forte, mas o que irá acontecer ainda é um mistério.

Uma lei fundamental da física declara que um objeto em movimento tende a permanecer em movimento, mas é também um fato que, para ir em direção reversa, um objeto deve obrigatoriamente parar. Se uma ação permanecerá em movimento ou parará depende muito da possibilidade de estar em uma estrada ou se aproximando de um cruzamento. Se permanecerá ali, entrar em reversão ou continuar será revelado em breve, mas estar em uma interseção indica que uma decisão maior será feita, o que é também a mensagem mais básica e importante sobre candlesticks. A mensagem se encaixa na localização?

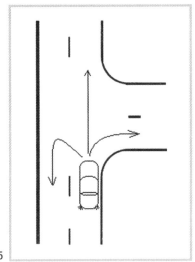

Figura 10-15

Uma advertência familiar se segue: "Pouco conhecimento é uma coisa perigosa." Muitos traders experimentam frustração quando um comportamento esperado de um candle não se concretiza. Um erro comum é ignorar os qualificadores, como a direção para a qual uma ação está se encaminhando, na hora de identificar o padrão apropriadamente. Um padrão Engulfing de Alta de aparência perfeita pode estar em uma localização que anula o sinal (vide Figura 10-16). Pode ser um padrão Outside Day, mas se for uma tendência de alta, não se tornará um sinal de reversão de alta.

CANDLESTICKS PARA TRADERS

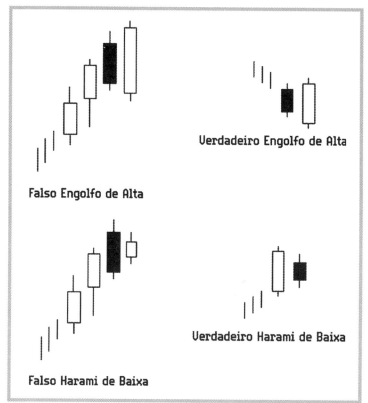

Figura 10-16

Greg Morris coloca desta forma: "Não é possível ter uma reversão de alta em uma tendência de alta." Uma tendência de alta, para o propósito de uma interpretação candlestick, é definida por uma média móvel exponencial de dez dias. Uma reversão de alta deve começar abaixo da média móvel de dez dias, e uma virada para cima será acima da média, então uma reversão de alta não é possível.

Em uma tendência de alta ou baixa com ciclos, as reversões podem ocorrer em retrocessos que parecem contradizer o dito anterior (vide Figura 10-17). Essa é uma exceção técnica, e outros conceitos importantes serão discutidos adiante neste capítulo. A mensagem é o que importa; se não for tecnicamente um sinal de reversão de alta, a localização enquadra o contexto para interpretar a mensagem, que continua sendo de alta.

Muitos candles de um dia são mal denominados e mal interpretados, mas o que realmente conta é a mensagem e a localização. Os padrões

Hammer e Hanging Man com frequência são confundidos um com o outro. Além da localização, têm regras idênticas; mesmo as variações aceitáveis são as mesmas. A mensagem básica é indecisão, e a única diferença é a localização (vide Figura 10-18). Os padrões Hammer e Hanging Man ditam que a pressão direcional e o ímpeto chegaram a um fim, e a cauda longa indica que não é um consenso. O Hammer indica uma tentativa de manter o ímpeto, mas uma mudança no sentimento causa uma reversão abrupta no ímpeto ao fim do dia. O Hanging Man sugere um assalto. Não há movimento de tendência adiante; apenas uma reversão que foi rejeitada, mas levou o esforço de um dia inteiro para ficar próximo ao começo do dia. Ambos sugerem uma reversão porque a oposição fez uma demonstração de força no ponto de pivô conhecido, mas o resultado líquido é que aquele ímpeto foi parado.

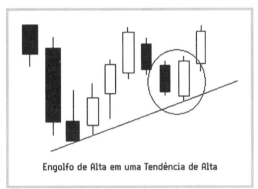

Figura 10-17 — Engolfo de Alta em uma Tendência de Alta

Os padrões Hammer e Hanging Man com frequência acontecem longe dos níveis de suporte e resistência, sem acompanhar reversões. A hesitação ou retrocesso é normal em um movimento de alta ou de baixa, e longe do suporte e resistência, o Hammer e Hanging Man ainda significam hesitação e indecisão, mas são muito semelhantes às luzes de freio na rodovia, diminuindo a velocidade, mas não parando.

Acertar o nome pode parecer menos importante do que acertar a mensagem, mas acertar a mensagem no local certo supera tudo. Leituras equivocadas de luzes de freio podem ser confusas, frustrantes e completamente perigosas. Leituras equivocadas de candle podem ser confusas, frustrantes e completamente caras.

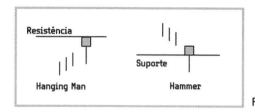

Figura 10-18

De uma perspectiva puramente estatística, a maioria dos candles se encontram entre 40% e 60% de acurácia, um alcance de certo modo ambíguo. Mas esse intervalo inclui todas as ocorrências, seja a da rodovia ou do cruzamento. Tirada do contexto (ou seja, localização), a interpretação muda e, em quaisquer sinais, tira a grande significância se está acontecendo em um nível óbvio de suporte e resistência.

Reversão ou Retrocesso

Um retrocesso é uma pausa ou descanso em um movimento direcional, enquanto uma reversão significa o fim de um movimento direcional. A interpretação de candlesticks variará de acordo com a intenção do trader, seja ela a tentativa de seguir a tendência ou de participar dos ciclos da tendência. Participar dos ciclos da tendência significa mudar de posições nos pontos de oscilação do padrão (vide Figura 10-19).

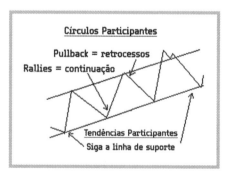

Figura 10-19

Sinais de reversão devem acompanhar as oscilações de uma tendência, então usar candles corretamente para confirmar o fim de uma tendência é de vital importância para o trader seguidor de tendências. Em uma tendência de alta (e isso se aplica com reciprocidade em tendências de baixa), os sinais de reversão de baixa virão no topo de um ciclo, quando a tendência parecer bem saudável, mas o que esse sinal significa? É o fim da tendência ou o começo de um retrocesso? O fim da tendência é, na verdade, sinalizado quando o fundo de um ciclo falha no rali para cima, então os padrões de reversão no topo de um ciclo devem ser vistos como retrocessos ou recuos, não reversões. A tendência ainda está intacta até o nível de o suporte se partir (vide Figura 10-20).

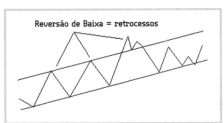

Figura 10-20

Tendências de Alta Dependem de Reversões de Alta

A tendência de alta continuará apenas se sobreviver aos desafios dos níveis de suporte, que podem ser sinalizados por padrões de reversão de alta. A ironia para o trader participante de tendência é que os sinais que determinam que a tendência de alta acabou não serão sinais de reversão de baixa em resistência. O fim de uma tendência de alta irá, muito provavelmente, ser um sinal de continuação (um rali de alta que falhou) que empurra para baixo através do suporte (vide Figura 10-21).

É obrigatório, então, saber onde um sinal está acontecendo, porque sua relevância depende em peso de sua localização. Seguir uma tendência de alta requer que se saiba onde ler sinais de continuação de baixa e reversões de alta. Os compradores sustentarão outra corrida para cima ou o sentimento de alta enfraquece o suficiente para justificar empurrar o preço para baixo para testar os compradores? Essa é a parte de pivotagem de seguir a tendência, e a ironia é que, em suporte, sinais de reversão preservam a tendência de alta e sinais de continuação acabam com ela.

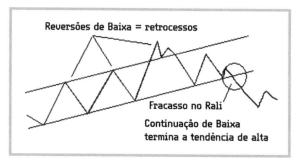

Figura 10-21

Participando do Ciclo de uma Tendência

Participar dos ciclos de uma tendência com candlesticks requer conhecimento sobre o padrão de suporte ou resistência ou padrões de reversão e continuação que possam acontecer em certo ponto. Na resistência, os sinais de reversão de baixa fecharão trades de alta e abrirão posições de baixa para o retrocesso. Quando em resistência, padrões de continuação podem sinalizar sucesso. Em suporte, padrões de reversão sinalizam retomada de tendência e sinais de continuação podem significar quebra de tendência (vide Figura 10-22).

Diferentemente dos indicadores técnicos, que podem ser ajustados para se encaixar em diferentes estruturas, sinais candle se estendem de um a cinco dias e preveem apenas alguns dias à frente. Como resultado, a largura do ciclo do padrão é importante. Alguns padrões candlestick requerem que a ação esteja em uma tendência de alta, e ainda que seja dito corretamente que "Não se pode ter um padrão de reversão de alta em uma tendência de alta", isso é uma exceção técnica. Uma tendência para cima de alta que toma muitos dias do ciclo para suporte e resistência é essencialmente composta de minitendências para cima e retrocessos que preservam o padrão de alta. Cada perna da tendência pode ser longa o suficiente para legitimar as reversões de alta e de baixa (vide Figura 10-23).

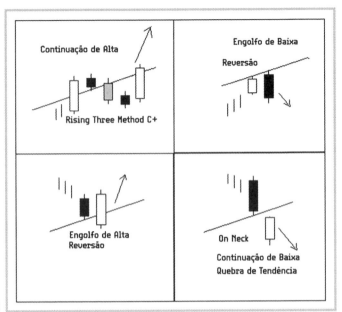

Figura 10-22

Resumo de "Localização, Localização, Localização"

- Os candlesticks têm as habilidades interpretativas mais estudadas e praticadas de quaisquer metodologias de gráficos. Mais de duzentos anos de estudo e uso superam gráficos de barra ocidentais de uma grande maneira, mas padrões candle são míopes.
- Padrões ocidentais de gráficos dão relevância à localização de padrões candlestick. Luzes de freio em uma rodovia não significam a mesma coisa que estas em um cruzamento.
- Porcentagens precisas de acurácia agregam a todas as ocorrências, mas a localização pode reduzir ou aumentá-las.
- Tendências são feitas de retrocessos. No suporte, padrões de reversão mantêm a tendência, enquanto padrões de continuação podem acabar com ela.
- Tendência de participação é diferente de participação de ciclos de uma tendência. Participar do ciclo de uma tendência requer

procurar reversões em suporte e resistência com o intuito de dar segmento a tendência.

- O comprimento de um ciclo determina se é ou não apropriado usar um padrão de reversão.

- Os Gráficos de Padrão Ocidentais fazem um bom trabalho em expor compradores de imóvel potenciais chegando em uma casa aberta para visitação, e os candlesticks japoneses podem sinalizar quão ansiosos estão para comprar.

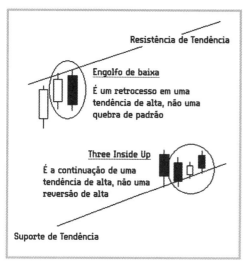

Figura 10-23

A MENSAGEM

O que Há em um Nome?

Existem cinco espécies diferentes de gambás na América do Norte. Todos fazem a mesma coisa quando surpreendidos ou ameaçados. Então, se um alpinista passar por um mamífero preto, pequeno e com listras brancas que vira sua extremidade de fazer necessidades para ele, não é hora de pausar e se perguntar de que espécie ele é. Não importa qual a espécie, a mensagem é a mesma vinda de todos os gambás: *corra!*

Assim, também existem muitos padrões candlestick com muitas variantes de uma mesma mensagem. Sinais de hesitação têm vários nomes, mas é mais importante reconhecer a mensagem do que lembrar seu nome. Quando se fala da questão prática, há muita ênfase em reconhecer o nome apropriado, e não o suficiente em realmente saber o que implica a mensagem dos candlesticks.

Tarefas desanimadoras tendem a desencorajar as pessoas, e memorizar nomes, variações e regras para mais de oitenta padrões e sinais candlesticks é uma tarefa exaustiva. Felizmente, algum nível de memorização não é necessário para ganhar habilidades funcionais no uso de candlesticks. Esta seção apresentará algumas regras e ferramentas para ajudar a simplificar e acelerar a busca por proficiência. Essa base irá, também, expandir gradualmente o conhecimento e as habilidades com candlesticks.

Qual É o Bom?

Leia um livro, visite um site, apareça em uma sala de chat sobre candlesticks e alguém perguntará o seguinte: "O que é um padrão de reversão realmente bom?" Um bom? Considere a ambiguidade dessa pergunta. O que significa "bom"? Seria justificável se a intenção fosse ganhar mais ao listar os melhores três ou quatro padrões, mas essa é uma pergunta ruim. O que querem saber com os melhores padrões de reversão e continuação? E o que eles querem dizer com bom? E quão bom é bom o suficiente?

O dito "bom" pode ser significativamente melhorado ou diminuído dependendo de sua localização, porque os sinais de reversão preveem melhor em níveis de suporte e resistência. Cada padrão ou sinal tem uma mensagem, uma vez que descrevem comportamentos variados.

"Os bons" podem ser também pouco apreciados se tirados do contexto; redefinir o que é "um bom padrão" melhorará a habilidade de leitura e colocará em perspectiva a mensagem, e ter dados de acurácia seguros pode mudar muitas visões tradicionais sobre quais padrões são "bons".

O primeiro passo é reconhecer a mensagem dos candlesticks e depois ponderar sua relevância e significado em sua localização.

Dias Curtos

Um dia pequeno, diminuto ou sem corpo, tal como um Hammer ou Doji, passa uma mensagem bastante específica. Em testes, usando milhões de dias de dados, o Doji, bem como padrões de corpos pequenos e diminutos, mostraram taxas de acurácia de 50% (+/–); esse número não é muito impressionante, mas aqueles dias pequenos têm 100% de acurácia na hora de prever indecisão. Uma falta de ímpeto ou notícias podem causar consolidação e confusão, e corpos pequenos mostram tanto a volatilidade como uma falta apática de ímpeto (vide Figura 10-24). Cada padrão de reversão perde tração e é interrompido antes de mudar de direção, e devido a isso, turnos são decisivos ou deliberados. Essa deliberação é com frequência pontuada por um dia ou dois de indecisão.

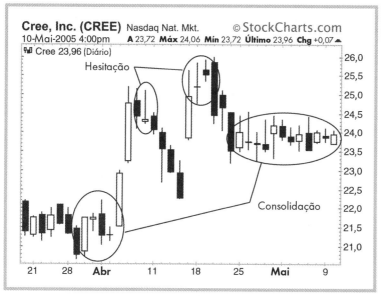

Figura 10-24

Se a ação perde tração no ponto de pivô, o movimento da ação para cima ou para baixo é menos importante que o fato de que o trade perdeu tração em um preço significativo. Os traders sabem onde estão e tentam determinar o sentimento do mercado. O sinal onipresente de indecisão 50/50 está fazendo exatamente o que deveria, e seja no suporte ou resistência, pode ser um farol de 1 milhão de watts (vide Figura 10-25).

Se a indecisão em um ponto de pivô é seguida por um rompimento de continuação, o corpo pequeno falha em prever uma reversão, mas tem sucesso com honras em prever onde definir para uma trade (vide Figura 10-26). A mensagem de indecisão é clara e relevante. Qualquer direção tomada após a hesitação é significativa e ressalta a necessidade do trader de ser neutro e flexível.

Figura 10-25

Figura 10-26

Dias Longos

Dias longos são padrões de um dia com corpos longos, como contrários a uma cauda ou sombras longas. Muitas esperanças para uma boa trade foram frustradas ao mal interpretar a mensagem desses dias longos. Pode parecer óbvio que um Dia Longo deveria dar um sinal muito de alta ou muito de baixa, mas o que se segue com frequência surpreende traders desavisados.

A mensagem é forte, mas os Dias Longos aceitam desafiantes, tal como uma criança nova em um parquinho. É muito comum ver dois a quatro dias de teste e desafio após um Dia Longo. Os padrões de continuação Rising e Falling Three Methods são formados quando a direção é retomada após um desafio que falha em um Dia Longo (vide Figuras 10-27 e 10-28). Um Dia Longo na direção de uma tendência é um bom sinal, mas a mensagem inclui um aviso sobre chegar muito perto em paradas.

Dica de Negociação

Se um trader seguirá a tendência, pode ser necessário deixar os ganhos de um Dia Longo expostos até que se retome a tendência. Novos traders com frequência se mobilizam para proteger lucros e pulam fora, e pouco tempo depois a tendência continua. A maioria dos traders não tem experiência ou coragem para pular de volta para dentro e, com frequência, assistem do banco, se sentindo traídos, enquanto a tendência continua sem eles. A mensagem não os traiu; de fato, a mensagem era clara e correta, mas a falta de conhecimento de candlestick e o comportamento natural do mercado os atraíram para a chama como uma mariposa.

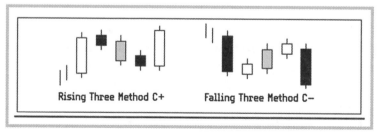

Figura 10-27

GRÁFICOS CANDLESTICK DESVENDADOS ■ ■ ■

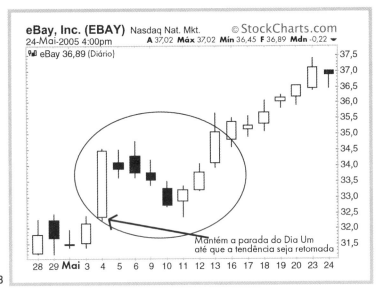

Figura 10-28

Note que os padrões Rising e Falling Three Method têm 50% de acurácia, o que significa que a localização pode ter grande participação na estratégia. Se o dia um se move em direção a um ponto de pivô ou price target, o trader faz bem em forçar a parada brusca, porque esperar uns poucos dias com apenas 50% de chance de continuação é uma ameaça a um alvo já alcançado. Se um candle de corpo longo se move a favor do trade, mas não está próximo do target, faz sentido hesitar na abertura do dia um, para ver se o ímpeto continua.

Mais Padrões Complexos

Com frequência, leva-se mais de um dia para formar um consenso entre os traders e o mercado. Um padrão de quatro a seis dias indica que os traders demoraram um pouco para alcançar um consenso de sentimento de mercado. Cada dia é uma mensagem separada, e na hora em que o padrão estiver completo, uma reversão pode estar a caminho. O trader tentando ler cada dia enquanto espera a confirmação do padrão pode descobrir que a entrada ideal aconteceu há muitos dias (vide Figura 10-29). A entrada correta é assinalada conforme a ação se move para longe do nível de suporte e resistência. Com um padrão complexo completo, é dada uma boa confirmação de uma tendência que já deveria ter sido adentrada. Confirmação é algo ótimo, mas não é necessário aguardar um padrão complexo antes de entrar na trade.

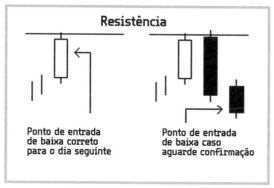

Figura 10-29

Dica de Negociação

Um ponto de entrada que é claro, mas não confirmado, pode ser efetuado ao tomar uma position pequena e ir acrescentando a ela quando e se a confirmação ocorrer. Se um movimento é um "Head Fake" [jogo de corpo], serão poucas as consequências, e o trade correto pode então ser feito.

Acurácia versus Frequência (Surpresas)

Os padrões mais complexos geralmente foram associados aos de maior acurácia e algumas pesquisas apoiam essa premissa quando observados em certas áreas de suporte e resistência, mas os dados abordados por Greg Morris, em quaisquer lugares neste livro, trazem consigo algumas revelações profundas. Alguns dos padrões mais simples têm certas classificações com maior acurácia. Certos padrões complexos podem ter maior acurácia, mas são também muito menos frequentes, então a maioria das reversões será associada com padrões mais simples de um a três dias. Portanto, quanto mais simples, mais padrões candle frequentes serão os sinais de reversão dominantes na maioria das trades (vide Figura 10-30).

Figura 10-30

# Dias	Maior Frequência		# Dias	Maior Acurácia	
2	Harami-	R-	3	Gap 2 Rabbits+	R+
2	Harami+	R+	1	Hanging Man-	R-
2	Engulfing-	R-	2	Match. High-	R-
2	Engulfing+	R+	2	Match. Low+	R+
1	Hanging Man-	R-	1	Inv. Hammer+	R+
1	Hammer+	R+	3	Stick Sand.+	R+
1	Harami Cross-	R-	3	Gap 3 Meth.+	C+
2	1 Wht Soldier+	R+	3	3 Line Strike+	C+
2	Harami Cross+	R+	2	Hom. Pidgeon+	R+
1	Doji Star-	R-	3	Deliberation-	R-

Achar uma ação em ponto de pivô e ler corretamente a mensagem dos candlesticks é o que conta de fato. A classificação de acurácia e as características do padrão são valiosas, mas o xis da questão é estabelecido na localização. Alguns podem estar desapontados, mas a acurácia não é tão importante quanto possa ter parecido, o que diminui a urgência de achar "os bons".

Direção das Caudas

Uma correlação muito fascinante que emergiu dos dados trabalhados neste livro envolve quatro candles muito familiares e semelhantes. Hammer, Hanging Man, Shooting Star, Hammer Invertido e seus primos (Umbrellas e Long Legged Doji) tradicionalmente compartilham valores iguais em previsão de reversões. O Hammer e o Hanging Man são particularmente populares em muitos livros, e sites os tratam como "os bons". No entanto, como muitos estereótipos, suposições sobre esses candles se arrefecem sob escrutínio recente, e quando analisados e comparados adequadamente, uma relação intrigante aparece.

Padrões de longas caudas em cada ponto em direção à, ou na reversão da, tendência e milhões de dias que foram escaneados para este banco de dados revelam que a direção das caudas tem forte correlação com a acurácia dos sinais de reversão que preveem (vide Figura 10-31).

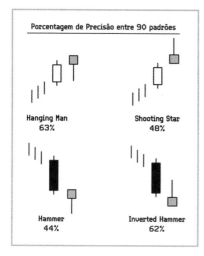

Figura 10-31

O Hanging Man e o Hammer Invertido têm porcentagens de acurácia substancialmente mais altas (63% e 62%) do que o Hammer e o Shooting Star (44% e 48%). A intenção não é supor que candles de corpo pequeno e caudas longas sejam muito comparáveis; o Hanging Man e Hammer Invertido têm uma vantagem de 19- e 14- pontos, respectivamente. É uma conclusão justa que, em padrões de corpo pequeno, o tamanho do corpo tem menos relação com a acurácia da reversão do que a cauda. Corpos pequenos, corpos diminutos e Dojis deveriam gerar resultados semelhantes aos da Figura 10-32, se tiverem caudas longas e estiverem em posições similares.

Note que as porcentagens usadas são a média de acurácia de cada padrão durante a sequência do primeiro ao sétimo dia, portanto, as porcentagens de comparação de padrões não deveriam se somar ao 100%.

A mensagem é profunda. Dos "bons", o padrão venerável, Hammer, se encontra a apenas quatro posições ao final dos noventa padrões testados, enquanto a posição do Hanging Man é a segunda em classificação de acurácia. O direcionamento da cauda longa influencia substancialmente a probabilidade de uma reversão.

A relação de frequência também oferece uma observação interessante. O Hanging Man de reversão de baixa (vencedor em acurácia) ocorreu trinta vezes mais do que seu companheiro de reversão de baixa, o Shooting Star. O Hammer de reversão de alta (perdedor em acurácia) ocorreu cinco vezes mais do que o Hammer Invertido de reversão de alta. Assim, é mais provável ter mais padrões Hammers em suporte e mais Hanging Man em resistência, mas a relação de pesos iguais não é óbvia (vide Figura 10-32). Então, na resistência, o Hanging Man mais frequente tem muito mais acurácia que um Shooting Star em suporte, e o Hammer mais frequente é tem bem menos acurácia do que um Hammer Invertido. Dito isso, lembre-se da influência da localização. Há muitos Hammers, e a observação superficial sugere acurácia muito mais alta em pontos de pivô.

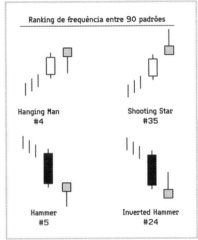

Figura 10-32

Recíprocos

Um recíproco tem construção e mensagem opostas, e a grande maioria de padrões candle tem padrões recíprocos com mensagens opostas (vide Figura 10-33). A maioria dos padrões recíprocos tem porcentagens de acurácia bastante similares, mas existem diversas exceções às quais os traders precisam estar atentos.

Em uma discussão anterior, o Hanging Man de reversão de baixa mostrou uma substancial vantagem de 19- pontos (63% para 44%) em relação ao Hammer de reversão de alta, mas a recíproca do Hanging Man é o Hammer Invertido, não o Hammer. O Hanging Man e o Hammer foram comparados porque são amplamente associados com reversões e correm tanto no suporte como na resistência. Eles são clones, não recíprocos, e a grande discrepância na acurácia é surpreendente, mas o Hanging Man se compara favoravelmente com seu recíproco Hammer Invertido, e o Hammer se compara bem com seu recíproco, Shooting Star (vide Figura 10-34).

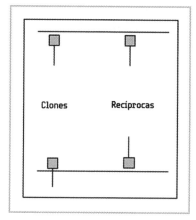

Figura 10-33

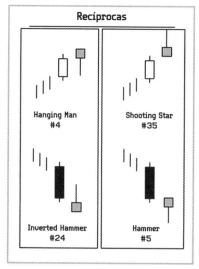

Figura 10-34

Figura 10-35

Maior do que 5%		1 a 4%			
7 padrões recíprocos		34 padrões recíprocos			
3 Dn Gap Up+	52%	1 Black Crow-	46%	Har. Cross+	52%
3 Up Gap Dn-	41%	1 Wht Soldier+	49%	Har. Cross-	50%
3 Stars North-	45%	3 Black Crows-	48%	Harami+	51%
3 Stars South+	53%	3 Wh Soldiers+	52%	Harami-	49%
Advance Block-	47%	3 Gap Downs+	51%	3 Inside Up+	50%
Desc. Block+	52%	3 Gap Ups-	52%	3 Inside Dn-	47%
Gap 2 Crows-	45%	3 Line Strike+	55%	In Neck Line+	44%
Gap 2 Rabbits+	64%	3 Line Strike-	52%	In Neck Line-	46%
Gap 3 Meth.+	55%	Aban. Baby+	52%	Hammer+	44%
Gap 3 Meth.-	49%	Aban. Baby-	50%	Shooting Star-	48%
Two Crows-	46%	Belt Hold+	51%	Kicking+	44%
Two Rabbits+	52%	Belt Hold-	47%	Kicking-	41%
Uniq. 3 River+	49%	Breakaway+	53%	Ladder Bot.+	53%
Unique 3 Mtn-	43%	Breakaway-	52%	Ladder Top-	50%
		Deliberation+	54%	Mat Hold+	51%
		Deliberation-	52%	Mat Hold-	48%
		Desc. Hawk-	53%	Match. High-	63%
		Hom. Pidgeon+	54%	Match. Low+	62%
Exatamente os mesmos		Dk Cld Cover-	47%	Evening Star-	45%
3 padrões recíprocos		Piercing Line+	49%	Morning Star+	46%
		Doji Star+	54%	On Neck Line+	49%
Falling 3 M-	50%	Doji Star-	52%	On Neck Line-	51%
Rising 3 M+	50%	Downside TG-	51%	Sep. Lines+	46%
Meeting Lines+	49%	Upside TG+	50%	Sep. Lines-	43%
Meeting Lines-	49%	3 Outside Up+	49%	Stick Sand.+	58%
Squeeze Alert+	52%	3 Outside Dn-	46%	Stick Sand.-	54%
Squeeze Alert-	52%	Engulfing+	46%	Side by Side Black Lines+	50%
		Engulfing-	45%	Side by Side Black Lines-	46%
		Even. D Star-	49%	Side by Side White Lines+	48%
		Morn. D Star+	48%	Side by Side White Lines-	46%
		Inv. Hammer+	62%	Thrusting+	53%
		Hanging Man-	63%	Thrusting-	52%
				Tri Star+	47%
				Tri Star-	46%

CANDLESTICKS PARA TRADERS

Noventa padrões foram testados, dos quais 88 foram gerados de 44 pares recíprocos. Apenas 7 padrões recíprocos tiveram 5 ou mais pontos de discrepância na porcentagem de acurácia. Trinta e quatro tiveram variação de 4 ou menos pontos, e 3 foram exatamente iguais (vide Figura 10-35).

Sete dentre sete padrões com grande discrepância (mais de 5%) tiveram porcentagem de alta muito superior em relação aos de baixa (vide Figura 10-36). Essa foi uma vantagem surpresa para os padrões de alta.

Figura 10-36
Discrepância maior que 5%

7 padrões recíprocos

3 Dn Gap Up+	52%
3 Up Gap Dn-	41%
3 Stars North-	45%
3 Stars South+	53%
Advance Block-	47%
Desc. Block+	52%
Gap 2 Crows-	45%
Gap 2 Rabbits+	64%
Gap 3 Methods+	55%
Gap 3 Methods-	49%
Two Crows-	46%
Two Rabbits+	52%
Unique 3 River+	49%
Unique 3 Mountain-	43%

No passado, havia uma sutil presunção de que os padrões de reversão de baixa tinham uma vantagem, com base na percepção geral de que é mais difícil impulsionar um preço do que derrubá-lo. Os dados mostram que 33 de 44 pares favoreceram os sinais de alta, enquanto 8 favoreceram os sinais de baixa e 3 tiveram a mesma porcentagem (Figura 10-37). Dados concretos sugerem que padrões de alta superam, em performance, seus recíprocos de baixa em grande escala, e 100% dos pares de grande discrepância favorecem as reversões de alta.

Figura 10-37

Preferência de Alta				Preferência de Baixa	
1 Black Crow-	46%	Gap 3 Meth.+	55%	3 Gap Downs+	51%
1 Wht Soldier+	49%	Gap 3 Meth.-	49%	3 Gap Ups-	52%
3 Black Crows-	48%	Har. Cross+	52%	Downside TG-	51%
3 Wh Soldiers+	52%	Har. Cross-	50%	Upside TG+	50%
3 Dn Gap Up+	52%	Harami+	51%	Even. Doji Star-	49%
3 Up Gap Dn-	41%	Harami-	49%	Morn. Doji Star+	48%
3 Line Strike+	55%	3 Inside Up+	50%	Inv. Hammer+	62%
3 Line Strike-	52%	3 Inside Dn-	47%	Hanging Man-	63%
3 Stars North-	45%	Kicking+	44%	In Neck Line+	44%
3 Stars South+	53%	Kicking-	41%	In Neck Line-	46%
Aban. Baby+	52%	Ladder Bot.+	53%	Hammer+	44%
Aban. Baby-	50%	Ladder Top-	50%	Shooting Star-	48%
Advance Block-	47%	Mat Hold+	51%	Match. High-	63%
Desc. Block+	52%	Mat Hold-	48%	Match. Low+	62%
Belt Hold+	51%	Evening Star-	45%	On Neck Line+	49%
Belt Hold-	47%	Morning Star+	46%	On Neck Line-	51%
Breakaway+	53%	Sep. Lines+	46%		
Breakaway-	52%	Sep. Lines-	43%		
Deliberation+	54%	Stick Sand.+	58%		
Deliberation-	52%	Stick Sand.-	54%		
Desc. Hawk-	53%	Side by Side Blk L+	50%		
Hom. Pidgeon+	54%	Side by Side Blk L-	46%		
Dk Cld Cover-	47%	Side by Side Wht L+	48%	**Sem Preferência**	
Piercing Line +	49%	Side by Side Wht L-	46%	Falling 3 M-	50%
Doji Star+	54%	Thrusting+	53%	Rising 3 M+	50%
Doji Star-	52%	Thrusting-	52%	Meeting Lines+	49%
3 Outside Up+	49%	Tri Star+	47%	Meeting Lines-	49%
3 Outside Dn-	46%	Tri Star-	46%	Squeeze Alert+	52%
Engulfing+	46%	Two Crows-	46%	Squeeze Alert-	52%
Engulfing-	45%	Two Rabbits+	52%		
Falling 3 Methods-	50%	Uniq. 3 River+	49%		
Rising 3 Methods+	50%	Unique 3 Mtn-	43%		
Gap 2 Crows-	45%				
Gap 2 Rabbits+	64%				

50% Não É Igual a 50/50

A acurácia de +/- 50% de padrões candle é aumentada por 100% da indecisão que sugerem, mas 50% não se equipara a uma chance de reversão de 50/50. Pode parecer que os números de acurácia estão agrupados em um intervalo médio insignificante e, se houver apenas duas direções para as quais a ação possa ir, seria uma observação adequada. É tentador igualar 50% a 50/50, mas existem, na verdade, três direções para as quais o gráfico pode ir: para cima, para baixo ou para o lado. Isso muda enormemente a perspectiva (vide Figura 10-38). Se o sinal tiver cerca de 50% de acurácia em prever uma reversão, os 50% de chance de não fazer reversão são divididos entre continuar e andar lateralmente. Portanto, as chances de reversão são maiores do que tanto seguir lateralmente quanto continuar.

Um trader de options considerando um spread (como uma Bear Call Spread espera [estratégia de negociação de opções])que uma ação permanecerá em, ou abaixo de, um certo preço para ganhar lucro máximo. A configuração da trade seria uma ação paralisada no nível de resistência ou ameaçando cair para o suporte. Se a ação gerar um Doji, Hanging Man, Shooting Star, Spinning Top ou outros candles de indecisão, a mensagem é indecisão e perda de tração em ponto de pivô. Agora, a taxa de acurácia para um sinal de reversão simples é de cerca de 50% (40% a 63%), mas as chances de o spread trade funcionar são maiores que isso. Ir lateralmente também funciona para o spread, então os 50% + reversão mais a chance de ir pela lateral (quaisquer que sejam as porcentagens) resultam em uma chance muito maior do que 50/50 para o sucesso favorável da Bear Call Spread.

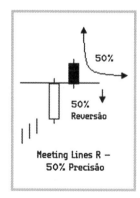

Figura 10-38

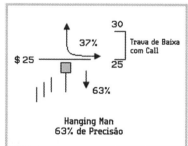

Figura 10-39

Dica de Negociação

A presença de sinais de indecisão em pontos de pivô aumenta as chances para alguns traders. O trader tem um critério claro de saída definido pela resistência e pela presença de sinais de reversão de corpos pequenos. O trade tem uma chance muito maior do que 50% de fazer um spread trade apropriado funcionar.

Corpos e Caudas/ Prioridade e Mensagem, Sentimento versus Volatilidade

A mensagem de cada padrão se baseia na mensagem de cada dia, a qual é formada por um corpo (diferença entre abertura e fechamento) e uma cauda/pavio/sombra (a máxima e mínima). Os corpos têm prioridade em relação às caudas para a primeira leitura quando se trata de avaliar e interpretar a mensagem candle.

O sinal do corpo representa o sentimento do dia, a disposição geral após a poeira baixar. O corpo era pequeno, normal ou grande? Era de alta ou de baixa? A pontuação final de um jogo determina o vencedor ou perdedor, mas a pontuação nem sempre conta a história do jogo (vide Composição, mais adiante neste capítulo).

As caudas representam a volatilidade do dia e confirmam quão difícil foi chegar a um consenso. Caudas longas podem ser relacionadas a notícias, ou apenas à falta de coesão entre os traders, mas sugerem ampla divergência de opinião e emoção. Caudas mais curtas confirmam e sustentam a mensagem do corpo. De qualquer forma, caudas aumentam ou diminuem a volatilidade da atitude do dia e revelam muito sobre como o sentimento do dia foi alcançado (vide Figuras 10-40 e 10-41).

Gaps

Gaps são fenômenos de precificação que precisam de breve menção. Um verdadeiro gap é um evento raro e significativo (vide Figura 10-42), com frequência acompanhado por movimentos de preço intensos. Um gap pode pontuar uma reversão, uma vez que sinaliza um forte sentimento em ponto de pivô. Ainda que esta seção não seja a de uma discussão aprofundada sobre Teoria de Gap, os candles podem, comprovadamente, ajudar bastante em uma leitura da importância de um gap.

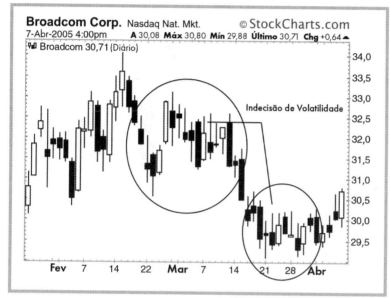

Figura 10-40

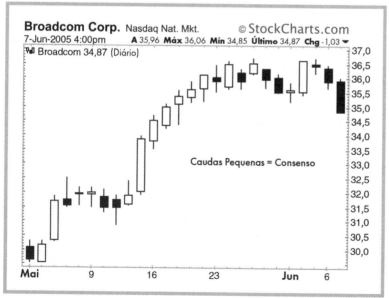

Figura 10-41

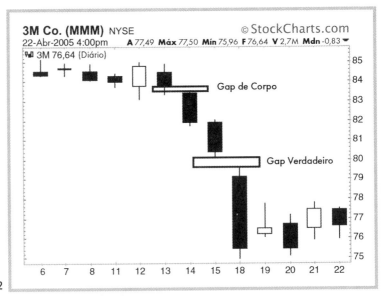

Figura 10-42

Existem inúmeros padrões de gap, mas a mensagem subtendida dos gaps é a de que:

1. Um gap é uma mudança de opinião sobre o preço enquanto o mercado esteve fechado. O preço de abertura é maior ou menor do que o do fechamento do dia anterior.
2. Quanto mais longo o gap permanece aberto, mais significativo é.
3. Gaps acontecem bastante e apenas raramente eles permanecem abertos no fim do dia.
4. A maneira como um gap é preenchido pode ajudar a ler o sentimento do mercado.

Dica de Negociação

Mais de 90% dos gaps são preenchidos no fim do dia de negociação. Portanto, um gap de abertura irá quase sempre ser preenchido, e o modo como é feito esse preenchimento é importante. Se o candle retorna ao preenchimento do gap e, então, continua na direção do gap, a mensagem é de grande confirmação da direção do gap. Se um gap faz trade para trás com intenção de preencher e fecha próximo ou dentro do dia anterior, é um frequente sinal de reversão (vide Figura 10-43). O gap é uma mudança de avaliação, e como os traders reagem é a chave para entender quão significativo o gap é.

O gap verdadeiro é raro, e com frequência diversos dias passam sem preencher o gap. O gap mais significativo pode levar semanas, meses ou mesmo anos para ser preenchido. Como um gap é preenchido é importante para traders de candlesticks; o trade retorna ao intraday com uma longa cauda e, então, se reverte como uma criança brincando de "tocar a campainha e correr", ou estaciona precisamente no gap e dispara para fora no próximo dia? Eles chegam desajeitados ou se arrastam? (vide Figura 10-44).

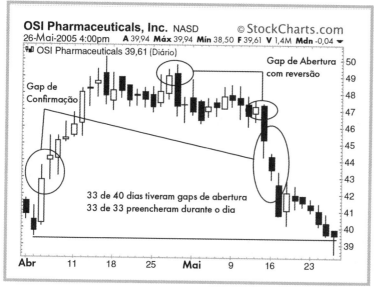

Figura 10-43

Esse comportamento envia mensagens de vital importância, e a maioria dos gaps é tratado como aparagem de arestas. Saber como os traders se sentem sobre um gap em particular e como ler a mensagem dos candles é a chave para aquela vantagem.

GRÁFICOS CANDLESTICK DESVENDADOS

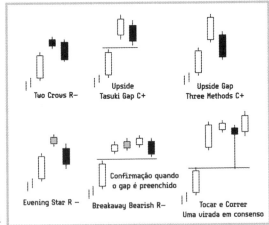

Figura 10-44

Perspectiva

Antes de tudo, a mensagem de cada dia deve ser compreendida, ou não será possível colocar sinais misturados juntos. Sim, padrões podem ser memorizados, mas eles não têm taxas de acurácia altas o suficiente para fazer trade sozinhos. O aprimoramento da acurácia foi demonstrado através da localização, mas continua necessário ser flexível e neutro em pontos de pivô. Os sinais candle acrescentarão peso e compromisso à trade, mas não comporão a trade.

Um movimento de ação ou mercado reflete a natureza humana, o que, na melhor das hipóteses, é previsivelmente instável. Assim como é possível ler a linguagem corporal quando se pede para fazer um discurso: a pessoa pode parecer nervosa ou confiante, mas isso não determina o sucesso do discurso.

A aproximação de um nível de suporte ou resistência deve ser reconhecida pelo que é. Traders líderes impelem a ação em direção a um nível de preço significativo, e uma analogia genérica pode ajudar a pôr "a mensagem" em perspectiva.

Um time competitivo se classifica durante uma temporada, indo aos playoffs de basquete e, com sorte, às finais e ao campeonato. O time passa por uma onda de vitórias, e a margem de vitória é garantida em cada jogo. O treinador está feliz e confiante. Os corpos candle mostram uma vitória (corpos abertos) ou perda (corpo fechado). Caudas para baixo mostram quão atrás o time esteve durante o jogo, e as caudas para cima mostram em que ponto da liderança eles perderam. Veja as poucas abordagens diferentes nos playoffs e tente entender como o treinador se sente (vide Figura 10-45).

Apesar de uma vitória ser uma vitória, o treinador não vê as abordagens da mesma forma. O time pode chegar tendo perdido o ímpeto ou pode chegar em sua melhor performance, e isso de fato reflete como eles podem se sair nos playoffs cruciais. Nos playoffs, poucos são os jogos que se pode perder e continuar avançando. O time pode ter ficado baqueado no primeiro round ou se mantido firme até o último jogo. Pode ter vencido cada jogo, na liderança, ou batalhado para sair da última posição. Rápido e decisivo ou lento e brutal, o sentimento será alcançado, e o time avançará para as rodadas do campeonato ou empacotará as coisas e irá embora (vide Figura 10-46).

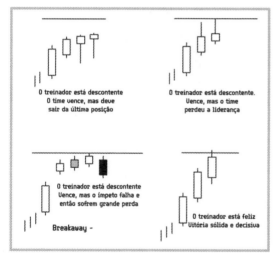

Figura 10-45

Composição

Duzentos anos de observação e estudo produziram padrões candlestick que descrevem tendências e características de movimento de preço. Essa pesquisa deve ser respeitada e valorizada, mas a importância da localização e a compreensão das mensagens oferecem maior perspectiva e utilidade. Um exame adicional refinará mais o uso e a interpretação de sinais candlestick.

Assim como a aproximação de um ponto de pivô pode nos dizer muito sobre o sentimento e as atitudes dos traders, a maneira como um candle individual é formado pode indicar a conclusão do dia seguinte. Dois corredores terminam a primeira milha de uma corrida de duas milhas; um está exausto, e o outro aparenta estar bem. O resultado líquido é que ambos terminaram, mas há uma pista de como se sairão na segunda metade. Um único padrão pode ter um nome e uma expectativa, mas a possibilidade de como se comportará no dia seguinte pode depender de como foi formado.

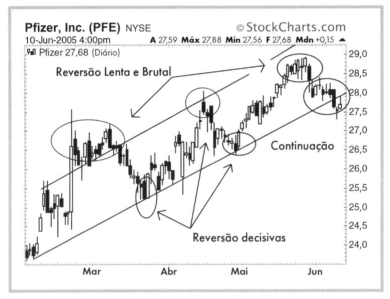

Figura 10-46

Um padrão Hammer mostra a recuperação de um sell-off significativo no suporte. O sell-off indica que vendedores impulsionaram com intensidade os preços em suporte, mas os compradores os obtiveram em uma barganha. A indecisão é clara, mas o fato de os vendedores voltarem ao suporte dá credibilidade à ideia de que o suporte deve se manter. Sim, a acurácia histórica de um padrão Hammer é de 42% (melhor em suporte), mas nova ênfase pode ser dada à mensagem de indecisão.

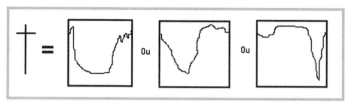

Figura 10-47

A composição do Hammer intraday pode enviar, significativamente, diferentes sinais. O rali dos compradores pode ser forte ou fraco e poderia ter acontecido ao final ou no começo do dia. A ação pode ter sido comprada ou vendida ou ter falhado bem no fechamento. Day traders sabem muito bem que o sentimento ao final do dia com frequência se estende até a manhã seguinte.

Dicas de Negociação

Em pontos de pivô cruciais, um trader deseja ter quaisquer indicativos de como a ação pode se estender até a manhã. Note que as composições candle podem oferecer algumas dicas muito úteis do que virá a seguir. Gráficos intraday são necessários para avaliar a composição diária, mas não têm que ser em tempo real. Gráficos intraday livres e postergados estão disponíveis na internet. Por vezes, uma espiada na composição intraday pode ajustar o plano de negociação do próximo dia de maneira crucial.

Resumo para a Mensagem

Um sinal candlestick é interpretado em uma combinação de todas as ocorrências observadas durante o dia. Isso produz generalizações que são boas, mas uma sintonia fina do sinal ao olhar para sua mensagem, localização e composição pode fortalecer e clarificar a possível conclusão.

- Cada dia tem uma mensagem, mas é bem mais significativo se for em um ponto de pivô.
- Saber o nome é menos importante do que ler a mensagem.
- Não perca seu tempo buscando "os bons".
- Indecisos, os padrões de um dia podem ter 100% de acurácia.

- Reversões de um dia estão entre as mais confiáveis no ranking.
- Padrões complexos são menos frequentes.
- O ranking de acurácia leva em consideração todas as ocorrências, mas os sinais em pontos de pivô são mais significativos.
- 50% de acurácia não significa uma chance de 50/50.
- Corpos revelam sentimento e caudas revelam volatilidade.
- Gaps são iguais a mudanças repentinas no sentimento; o preenchimento diz quão importantes são.
- A aproximação em pontos de pivô pode revelar os sentimentos dos traders.
- A composição candle intraday pode influenciar a conclusão esperada.

LAÇOS FAMILIARES

Uma vez que um trader reconheça a mensagem de um único dia, compreender os padrões se torna mais fácil, porque deixará de ser um meio abstrato e repetitivo de memorizar. Quando a mensagem de um padrão faz sentido, padrões semelhantes vem à mente com mais facilidade.

Esta seção pode ser de grande ajuda em aprender e recordar os padrões candle. A definição completa dos padrões candle foi dada anteriormente neste livro, então as ilustrações e referências a padrões têm o propósito único de reconhecimento e comparação. A maioria dos padrões tem certa flexibilidade, de forma que muitas ilustrações poderiam precisar mostrar todas as variações possíveis. Novamente, onde parecer que regras e detalhes são indispensáveis, por favor, consulte as amplas explicações em capítulos sobre regras de padrões candle.

Aprender os padrões candle em grupos é semelhante a reconhecer membros de uma mesma família. Se uma grande quantidade de parentes se dispersar em uma multidão de estranhos, será fácil esquecê-los. No entanto, se parentes fossem apresentados e organizados por unidades familiares, seria bastante fácil encontrá-los, ainda que estivessem novamente dispersos entre a multidão.

Candlesticks, como parentes, podem ser agrupados e compreendidos em um núcleo familiar. Podem ser diretamente relacionados ou primos. Como em qualquer família, alguns dos primos podem ser um pouco estranhos, mas, como um todo, eles ainda se encaixam e são bem mais fáceis de memorizar se estiverem alocados em uma família.

Padrões candlestick podem tem definições muito inflexíveis, mas existem muitas variações aos padrões nomeados, e os japoneses não davam nomes aos padrões que eram "realmente próximos". A experiência e o senso comum permitem que os traders leiam a mensagem, ainda que não se encaixe exatamente no contexto ou definição do livro.

Sinais de hesitação já foram discutidos anteriormente, e suas características são corpos pequenos com caudas de tamanhos variados que representam volatilidade. Alguns têm nomes, e outros não, mas a mensagem é óbvia.

A maioria de padrões de um dia não se qualifica precisamente para ter um nome, mas isso não muda sua mensagem. Tentar decidir se um candle é um Hammer verdadeiro ou apenas algum primo sem nome não faz sentido (vide Figura 10-48). Padrões de indecisão clássicos, como Hammer e Doji Star, têm nomes e definições inflexíveis por um motivo, e eles podem ser um pouco mais significativos do que seus primos sem nome, mas, quer saber? "… Hmm, vamos ver, que tipo de gambá é esse?"

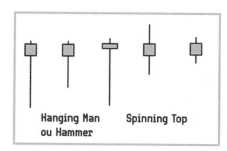

Figura 10-48

A Família de Um Dia

Os exemplos mais óbvios de relação familiar podem ser sutis a ponto de não serem reconhecidos a princípio. É a transição entre o Marubozu de Alta e de Baixa. Em cada extremidade desse grupo familiar existe um candlestick que se destaca. O termo japonês "Marubozu" se refere a um monge sentado em posição de lótus (vide Figura 10-49). Visto por trás, ele se senta no chão firme, e sua cabeça raspada é suave no topo.

Figura 10-49

O padrão Marubozu é considerado o mais forte dos padrões de um dia, e é ou muito de alta ou muito de baixa. A falta de quaisquer sombras indica que o sentimento foi muito forte e que os traders alcançaram um consenso de venda.

A mensagem das caudas pode ser confusa, mas faz sentido quando colocada em uma sequência adequada. Por exemplo, o Marubozu de Alta não tem cauda estendida. Adicionar uma cauda ao topo cria um Marubozu de Abertura, e no fundo, um sinal de Marubozu de Fechamento. A extremidade na qual existe a cauda pode fazer toda a diferença, especialmente em pontos de pivô (vide Figura 10-50). Uma cauda no fundo sugere uma tentativa de sell-off na abertura que foi superada e seguida de forte compra, e fechou na alta do dia. A cauda no topo sugere um início forte e inequívoco, mas uma volta atrás depois das altas do dia. O sinal mais forte vem do final, não do começo do dia, uma vez que o final de um dia grande pesa mais do que o início.

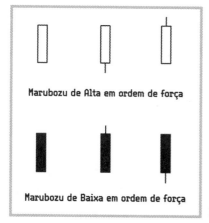

Figura 10-50

Sinais Marubozu são encontrados em diversos padrões. Alguns exemplos são Belt Hold, On Neck, In Neck, Separating Lines, Kicking, assim como em diversos padrões Tweezer (vide Figura 10-51).

A transição entre o Marubozu de alta ou de baixa é como escalar entre dois picos. Existem muitas rotas para cima e para baixo no outro lado, e no meio há um vale. O padrão mais neutro e indeciso (o Four Point Doji) jaz no chão do vale. O Four Point Doji é teórico porque implica que a ação abriu e, depois, fechou em sua alta e baixa do dia, o que implica que não sofreu trade. O Doji Star é provavelmente o padrão de maior indecisão que será visto.

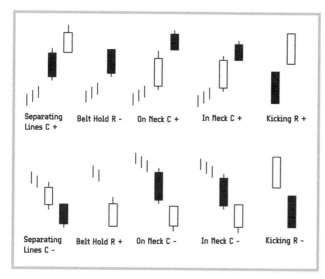

Figura 10-51

Cada um dos candlesticks cai nesta família estendida, e isso ajuda a vê-los como um todo. Começando com um Marubozu de Alta, no qual um consenso completo é óbvio, ao adicionar caudas e/ou reduzir o tamanho do corpo este começa a enfraquecer o sentimento e adicionar volatilidade, terminando em uma estrela Doji (vide Figura 10-52)

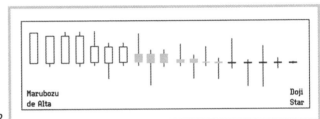

Figura 10-52

Movendo-se pelo meio, os corpos são fechados e, conforme ficam maiores, o sentimento se firma e as caudas gradualmente perdem sua significância. Os sinais se afirmam, e finalmente o Marubozu de baixa é alcançado (vide Figura 10-53).

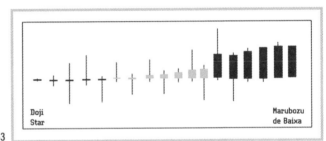

Figura 10-53

Tamanho do Corpo: Quão Grande É Grande?

Os japoneses se referem a dias Longos, Normais e Curtos, e existem definições para essas distinções, mas o senso comum será o suficiente para a maioria dos traders. Um olhar para as últimas semanas deve tornar óbvio o que constitui um dia grande, normal ou pequeno. Pequeno significa apenas isso, pequeno, e diminuto seria entre pequeno e nenhum corpo, também chamado Doji.

Cor do Corpo

Corpos grandes são muito significativos e, portanto, sua cor tem importância. Conforme o corpo fica menor, o sentimento enfraquece e a cor se torna muito menos importante. Corpos muito pequenos não carregam nenhum significado de predisposição de cor.

Caudas adicionam volatilidade, e uma grande quantidade de padrões de um dia se mistura em um borrão de indecisão. Alguns têm nomes, muitos não, mas estão todos gritando o mesmo aviso (vide Figura 10-54). Há muito mais variações que podem ocorrer, mas na desordem do meio, cor e/ou nome não significam muito.

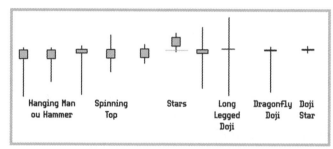

Figura 10-54

Discutindo os Mínimos Detalhes

Para muitos estudantes nota "10", alguns décimos não fariam muita diferença entre o 10 e 9. Existem padrões candle que podem levantar o mesmo argumento. Certos padrões de reversão e continuação são muito semelhantes, e apenas ligeiras variações ditam que um é de reversão e outro é de continuação. Os padrões Thrusting+ e Piercing Line são bons exemplos. Assim como seus padrões recíprocos respectivos, o Thrusting- e Dark Cloud Cover (vide Figura 10-55). Os padrões Thrusting (continuação) e Piercing Lines (reversão) podem ser separados apenas se a ascensão do segundo dia fechar acima do ponto médio do dia, mas duzentos anos de experiência determinaram que é significativo. As porcentagens médias de acurácia mostram como a significância de sinais pode ficar confusa.

GRÁFICOS CANDLESTICK DESVENDADOS

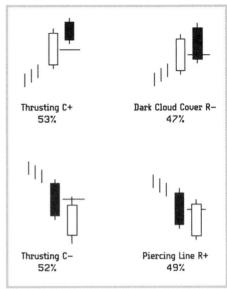

Figura 10-55

A maioria dos textos não coloca esses quatro padrões lado a lado, mas eles deveriam ser associados e identificados como a transição entre continuação e reversão em um núcleo familiar.

O Thrusting- e Thrusting+ são recíprocos, mas ambos são padrões de reversão. É geralmente mais fácil empurrar uma rocha morro abaixo do que empurrá-la morro acima, então, enquanto os padrões Thrusting são exatamente recíprocos, na resistência o padrão Thrusting- não tem a probabilidade de continuar.

Confirmação

Um elemento comum à definição de padrões é a confirmação. A confirmação pode ser sugerida, necessária ou não necessária e reflete o nível de confiança ou probabilidade implicada de que um padrão seguirá até o fim de seu resultado previsto. Um sinal de indecisão não precisa de confirmação, então são os padrões de reversão e continuação que se referirão ao nível de confirmação necessária para sustentar suas respectivas previsões.

Está tudo bem aplicar o nível sugerido de confirmação de um padrão, mas é muito interessante ver por que um padrão precisa mais de confirmação que outros. Para ver o porquê disso, é necessário entender a divisão ou redução dos padrões.

Divisão e Redução de Padrões de Múltiplas Linhas

Há muitos anos, Greg Morris demonstrou como padrões de dois e três dias se reduziram a mensagens simples de um dia. Essa informação foi incluída nos capítulos anteriores, mas será revelador revisar um exemplo comparativo mostrando a resolução de um padrão de Outside e Inside Day.

Outside Day

O padrão muito comum Engulfing de Alta é um padrão Outside Day formado de um Long Closed Day em uma tendência de baixa, seguido de um Open Day ainda maior. O dia dois abre abaixo do fechamento do dia um e fecha acima da abertura do dia um. A redução é feita ao construir um único candle da abertura do dia um, a máxima e mínima de cada dia, e o fechamento do dia dois. O Engulfing de Alta entrega uma demonstração de força impressionante, mas o padrão se reduz em qualquer lugar, de um Hammer indeciso a um Dragonfly Doji de pernas longas, dependendo de onde o dia dois fechou.(ver Figura 10-56.)

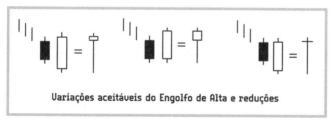

Figura 10-56

O sinal é bem claro, porque existe muito pouca flexibilidade no padrão. A pressão de queda da venda se exauriu de forma dramática. Uma forte onda de compra parou o movimento de baixa, e se acontecesse no conhecido suporte, seria ainda mais significativo. Se um terceiro dia seguir o caminho para cima e fechar acima do fechamento do dia dois, a indecisão é resolvida e uma forte reversão de alta foi apontada (vide Figura 10-57). Esse padrão é chamado de

Three Outside Up, e olhando para sua composição, faz sentido: Três (dias), Outside (o dia dois é um outside day), Up (ele resolve ir pelo lado de cima).

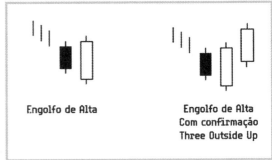

Figura 10-57

A confirmação pode agora ser usada como uma ferramenta poderosa e comparativa. Os padrões de reversão de dois dias mais comuns são o Harami e o Engulfing. Os padrões Harami necessitam de confirmação, mas os padrões de Engulfing, não. O formato dos dois padrões sugere uma razão óbvia pela qual o Engolfo parece muito mais decisivo do que o Harami. A observação está certa, mas a razão não é tão óbvia quanto parece. Existe uma razão mais profunda e complexa que só se revela com reduções comparativas dos padrões.

Inside Days

O padrão Harami é o clássico padrão Inside Day. Começa com um Dia Longo na direção da tendência corrente de preço, seguido por um corpo pequeno dentro do dia [inside day]. O corpo do dia dois pode tocar a abertura ou fechamento do dia anterior, mas não ambos. Ele pode tanto abrir ou fechar, mas o oposto do dia sustenta muito mais o padrão. Os Harami de Alta e de Baixa se reduzem a uma ampla gama de sinais, de um Long Legged Doji a um dia de alta ou de baixa com um corpo grande. Diferente do padrão Engulfing, existem muitas variantes para o Harami, o que dificilmente produz uma mensagem coesa e consistente.

Examinando ambos os padrões juntos, é claro o porquê de o Harami precisar de confirmação; sem ela, o Harami pode enviar uma grande variedade de sinais. Aqui está um olhar para o Harami de Baixa e as reduções de Engulfing (vide Figura 10-58). O Harami leva três dias, no mínimo, para criar o mesmo sinal que o Engulfing cria no segundo dia.

O corpo pequeno no dia dois interrompe o progresso, mas a mensagem da reversão pode ser muito menos provável que em um padrão Engulfing.

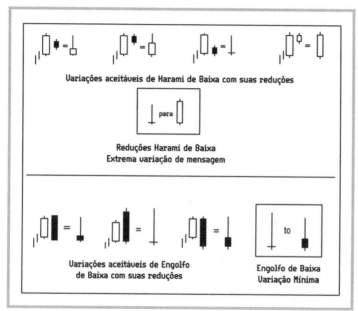

Figura 10-58

Adicionar um terceiro dia de confirmação tem um efeito interessante no Harami de Baixa. O dia de confirmação é um dia de abertura que abre dentro do dia um e fecha acima do fechamento do dia um. Isso reduz o Harami ao mesmo sinal que o padrão Engulfing tinha no dia dois. O fato de que levou três dias pode enfraquecer, de certa forma, o sinal (Figura 10-59). O Harami com confirmação tem um novo nome, Three Inside Up, um nome incomum que deveria fazer perfeito sentido agora: Three (três dias), Inside (um inside day), Up (ele resolve ir para cima).

O movimento intraday que forma um candle foi discutido na seção anterior. Variações na forma como o dia se desenvolve podem colorir a mensagem. É muito semelhante aos padrões de reversão e demonstra por que alguns padrões necessitam de mais confirmações para fortalecer seu sinal.

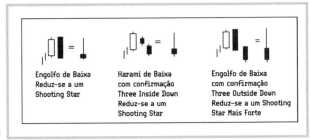

Figura 10-59

Aproximação e Finalização

Existem muitos padrões candle que descrevem a forma pela qual uma tendência de preço se aproxima do suporte e resistência. Anteriormente, comparou-se essa relação a um treinador de basquete assistindo a um time em sua jornada pelos playoffs. Os padrões podem sugerir uma reversão ou continuação ou indecisão, e a maioria dos padrões tem um recíproco com a mensagem oposta. Aqui, os padrões abordados serão divididos em cinco grupos. Os grupos um e cinco refletem sentimento muito forte de reversão e continuação, enquanto os grupos dois e três são reversões, e o grupo quatro contém a maioria dos padrões de continuação. A distribuição e o número de padrões em cada grupo comprovam a generalização de que, em sua maioria, os padrões são de reversão. Devido à maioria das reversões acontecer em níveis de suporte e resistência (quer os traders saibam ou não vê-la), saber o provável ponto de pivô (ser capaz de ler um gráfico) permite ao trader assistir a aproximação e avaliá-la conforme acontecer.

Os nomes dos cinco grupos foram empréstimos do basquete e serão explicados: "steal" [roubada de bola], "*turnover*" [alternância da posse de bola], "*over and back*" [cruzar a linha do meio da quadra e voltar], "head fake" [jogo de corpo] e "fast break" [contra-ataque]. Eles refletem a maneira como os padrões se comportam conforme encontram suporte e resistência (vide Figura 10-60). O foco deve estar em se tornar ciente da localização e interpretação de mensagem em um contexto. Os candles podem não ser perfeitos, mas estão tentando contar uma história, então é bem importante aprender a ler a mensagem e compreender as possíveis implicações dela. Aquela batida na porta pode ser o Lobo Mau ou Ed McMahon [um apresentador norte-americano] com um cheque da revista *Publisher's Clearinghouse*. O fato permanece — alguém está a sua porta.

CANDLESTICKS PARA TRADERS

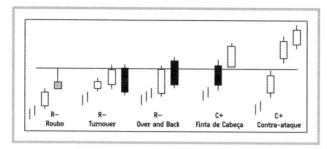

Figura 10-60

Steal

Uma roubada de bola repentina dá ímpeto ao time. Esse padrão de aproximação sugere uma mudança volátil no sentimento quando o preço alcança seu ponto de pivô. Um gráfico de linha mostraria essa aproximação como um erro, uma vez que a linha pararia curta no ponto de pivô e faria reversão na outra direção (vide Figura 10-61). Esses sinais são geralmente candles de cauda longa que se esticam para cima ou para baixo em direção ao ponto de pivô e terminam se afastando na direção oposta. Essa aproximação pode frustrar traders que esperam que a ação chegue e permaneça em seu ponto de pivô.

Essa oportunidade "de raspão" só está disponível para aqueles que podem ver o nível de suporte e resistência e têm um Trailing Stop ou algum alerta configurado para ativar quando a ação alcançar o ponto. Se é um evento intraday, muitos traders a deixarão passar despercebida. Contudo, fará completo sentido após o fato, e a cauda longa contará a história "Ei, fomo aí, mas não tinha ninguém em casa. Foi mal."

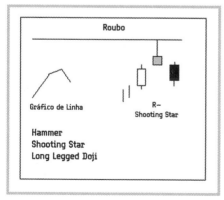

Figura 10-61

443

Um grande gap em nível de suporte e resistência pode também fazer reversão para longe quando os market makers ["formadores de mercado", agentes que fornecem liquidez ao mercado] calcularem errado o lugar de abertura de uma ação (vide Figura 10-62). Esse é um dia muito volátil, e, após a poeira abaixar, existe a grande questão sobre o jeito que as notícias são tratadas, e, com frequência, a venda continua.

Turnover

Um *turnover* dá a bola ao outro time. A maioria dos *turnovers* é administrada pelo árbitro e ocorre após uma cesta ou uma falta. Esses padrões chegam até o ponto de pivô e então sofrem reversão sem nenhum equívoco (vide Figuras 10-63 e 10-64). Este é o maior dos cinco grupos de padrão e tende a parar e fazer uma virada sólida. O grupo de "*turnover*" inclui padrões de um a cinco dias e é um grupo simples de padrões para jogar, pois tende a marchar ao ponto de pivô, dar um alô e, então, entrar em reversão.

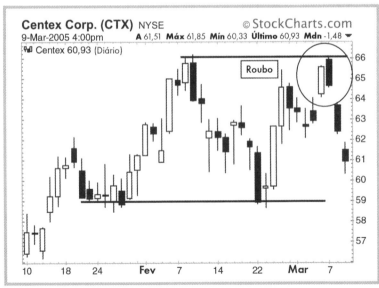

Figura 10-62

CANDLESTICKS PARA TRADERS

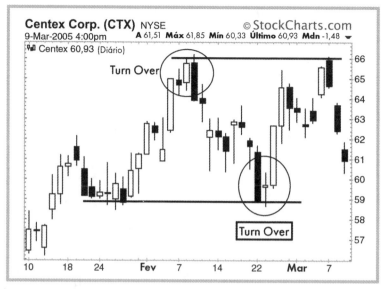

Figura 10-63

Figura 10-64
Padrões Turnover

R+	Doji Star+	R+	Harami+	R+	Stick Sand.+
R-	Doji Star-	R-	Harami-	R-	Stick Sand.-
R-	1 Black Crow-	R+	3 Inside Up+	R+	Concealing+
R+	1 Wht Soldier+	R-	3 Inside Dn-	R+	Uniq. 3 River+
R-	Desc. Hawk-	R+	Match. High-	R-	Unique 3 Mtn-
R+	Hom. Pidgeon+	R-	Match. Low+	R-	3 Stars North-
R+	Deliberation+	R+	Ladder Bot.+	R+	3 Stars South+
R-	Deliberation-	R-	Ladder Top-		

Over and Back

Over and Back sugere cruzar a linha e depois pular de volta para trás. Não é a analogia perfeita, mas esse grupo faz gap, sonda o ponto de pivô e, então, volta. Quase insinua ser um padrão que diria "opa" ou "brincadeirinha". Alguns padrões de continuação aparecem nesse grupo, mas a maioria sofre reversão após a investida errática da linha.

GRÁFICOS CANDLESTICK DESVENDADOS

Gaps São Comuns no Grupo Quatro e Cinco

Os padrões over and back também podem ter caudas longas (padrões Shooting Stars e Hammer), que agem como grupos de exploradores. Em intraday podem disparar através da linha de suporte e resistência e, então, voltar. O sinal com frequência atua como se voltasse dizendo "Opa, não acho que você queira ir por aí" (vide Figuras 10-65 e 10-66). Diversos padrões podem se encaixar tanto nos padrões turnovers como over and back.

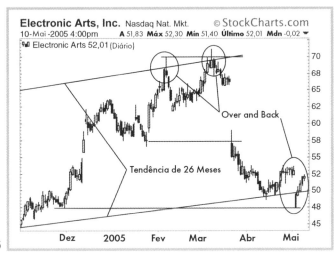

Figura 10-65

Figura 10-66
Padrões Over and Back

R+	Tri Star+	R-	Gap 2 Crows-	R-	Gap 2 Crows-
R-	Tri Star-	R+	Gap 2 Rabbits+	R+	Gap 2 Rabbits+
R-	Two Crows-	R-	Dark Cloud Cover-	R+	Engulfing+
R+	Two Rabbits+	R+	Piercing Line+	R-	Engulfing-
R-	Evening Star-	R+	Doji Star+	C+	Breakaway+
R+	Morning Star+	R-	Doji Star-	C-	Breakaway-
R+	Meeting Lines+	R+	3 Outside Up+		
R-	Meeting Lines-	R-	3 Outside Dn-		

446

Head Fake

Um bom arremessador pode diminuir a velocidade e parecer que irá parar e, então, acelera ultrapassando o oponente que "comprou a farsa". Esse grupo é feito de padrões de continuação que começaram como uma explosão de movimento seguida por uma reversão convincente. Traders podem sofrer whipsawed ali, ao parar na reversão (o que eles deveriam ter feito) e, então, assistir com frustração como a trade continua na direção original. O problema não foi ter parado; o problema para os traders é se sentarem ali sentindo pena de si mesmos enquanto um movimento de mercado perfeitamente normal está ocorrendo (vide Figura 10-67). Saber que isso pode acontecer e como se parece permite aos traders trocar no ponto certo e continuar com a trade certa.

As head fakes pode ser realmente convincentes, e um bom trader sabe que a reversão inicial pode ou não continuar seguindo e fazer a trade com isso em mente. Se continuar, estará na trade certa, e se houver reversão novamente, irá reconhecer e parar e trocar, em vez de desistir e se sentir maltratado. No basquete de rua, o termo usado é estar "mexido", e muitos traders se sentem "mexidos" e saem de uma trade em que deveriam ter permanecido.

Figura 10-67

É importante aprender bem esse grupo porque eles são padrões de dias múltiplos que podem exibir sinais confusos. Aprender esses padrões ajudará a evitar whipsaws e frustração porque padrões de continuação são reversões que falharam. Esses padrões tendem a parecer com a letra N, uma vez que se movem além da linha (suporte e resistência), voltam como o grupo over and back e, então, seguem em frente, na direção original. Este grupo também destaca os gaps que são fortes o suficiente para continuar (vide Figura 10-68).

Figura 10-68
Padrões Head Fake

C-	Downside TG-		C+	Sep. Lines+
C+	Upside TG+		C-	Sep. Lines-
C+	Mat Hold+		C+	3 Line Strike+
C-	Mat Hold-		C-	3 Line Strike-
C-	Falling 3 M-		C-	Gap 3 Meth.+
C+	Rising 3 M+		C+	Gap 3 Meth.-

Fast Break

O último grupo é o fast break, que tende a aproveitar o ímpeto até passar suporte e/ou resistência (vide Figura 10-69).

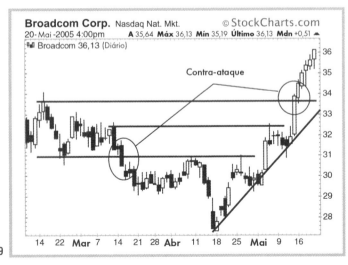

Figura 10-69

CANDLESTICKS PARA TRADERS

Este é um grupo pequeno porque um candle forte (como um dia de grande alta ou baixa) que irrompe além do ponto de pivô é muito óbvio para nomear, e os gaps que não têm um pé atrás são raros e óbvios. Apenas os gaps que hesitam, e então continuam, têm nomes (vide Figura 10-70).

Figura 10-70
Fast Break

C+	Side-by-Side Black Lines+	Dias de Grandes Irrupções
C-	Side-by-Side Black Lines-	Gaps não preenchidos
C+	Side-by-Side White Lines+	Linhas de Suporte e Resistência
C-	Side-by-Side White Lines-	Linhas

Os nomes são poucos, tanto no começo como no fim da lista de grupos (um e cinco), o que enfatiza a ideia de que os traders tendem a saber onde os níveis de suporte e resistência estão. Existe, normalmente, algum nível de disputa antes de se alcançar um consenso, e essa disputa pode, em suporte e resistência, ser longa e difícil, ou acabar rápido. Os grupos de um a cinco poderiam ser exceções e, por vezes, representam desistência. Para o grupo um, os outros caras estavam "muito assustados", então desistiram e se afastaram. No grupo cinco, o outro time desistiu e ofereceu pouca ou nenhuma resistência, mas na maior parte do tempo (grupos dois, três e quatro), conseguir um consenso em pontos de pivô requer colocar a bola na quadra e jogar.

Parentes

Existem muitas subcategorias de parentes: primos, tias, netos etc. E a analogia pode ser aplicada bastante bem aos candlesticks. Por questão de espaço e tempo, nem todos os relacionamentos familiares serão abordados aqui; no entanto, o leitor pode desejar saber usar o formato a seguir para explorar relacionamentos familiares adicionais.

449

GRÁFICOS CANDLESTICK DESVENDADOS

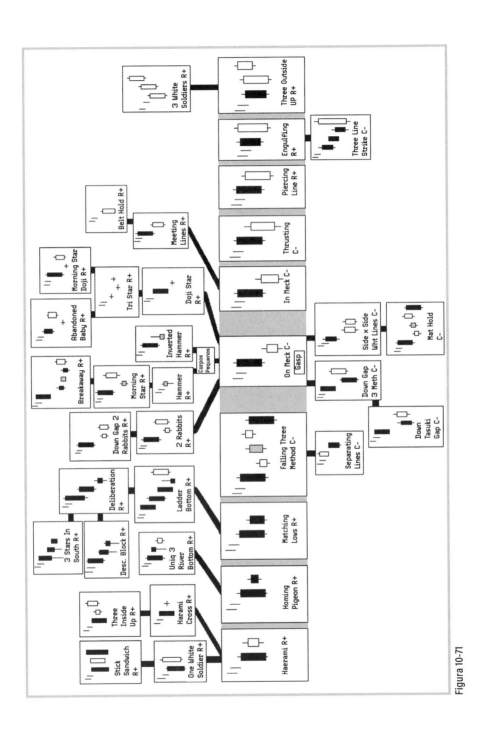

Figura 10-71

CANDLESTICKS PARA TRADERS

O exemplo aqui é em nível de suporte e lida com a maior quantidade de candles possível em uma árvore familiar modificada. Supõe-se uma tendência de baixa, e o nível de suporte foi alcançado. Ainda que não seja possível ter a acurácia de um flow chart de gênero que um antropologista possa usar, é um bom panorama, e o leitor tem a liberdade de acrescentar correlações adicionais (vide Figura 10-71). O layout é construído em uma sequência que vai da direita à esquerda. Começa com um Harami R+ (Harami de Reversão de Alta) e termina com um Three Outside Up R+. Existem pontos semelhantes em relação à descrição das Cinco Abordagens, mas aqui os padrões relacionados incluem padrões de reversão e continuação. Cada padrão na sequência de linha central é uma ligeira variação daquela que está à esquerda. Padrões relacionados (se houver) se ramificam para cima ou para baixo e são rotulados de R+ (Reversão de Alta) ou C- (Continuação de Baixa). A restrição de espaço acarretou o ocultamento de dados adicionais (como porcentagem de acurácia). Dados individuais são esmiuçados na análise de padrões individuais e na síntese de gráficos de Greg Morris.

O valor desse gráfico é a proximidade visual dos padrões relacionados. Parece um pouco bagunçado a princípio, mas é também isso que lhe dá força. A grande maioria das pessoas consegue visualizar melhor com uma imagem, e geralmente uma boa imagem continua revelando gemas ocultas conforme é revisitada. Após certo tempo se acostumando a nomes e formas de padrões, o relacionamento familiar deveria começar a fazer sentido. Cada seção ou grupo com a qual nos familiarizamos se torna um bloco de construção. As variações são bem leves em muitos casos, e às vezes apenas uma ligeira variação faz diferença entre padrões de reversão e continuação.

Muitos candles de linha única estão faltando, mas padrões relacionados estão lá, e deveria ser fácil identificar onde poderiam estar alocados. Por exemplo, um Long-Legged Doji é uma variação do Hammer e Hammer Invertido no gráfico. O Long-Legged Doji seria uma variante mais volátil e de indecisão.

Primos

É útil continuar a procurar por correlações, características e semelhanças que tornam mais fácil a memorização de padrões. O conceito de primos foi apresentado anteriormente na discussão de padrões Haramis e Engulfing, com suas respectivas confirmações, parcialmente porque são padrões mais comuns de serem encontrados por traders, mas é um conceito que agora pode ser ampliado um pouco. A intenção disso é instigar o leitor a procurar e reconhecer relacionamentos e correlações em padrões familiares. Em outras palavras, este é o começo, não o fim.

Gaps

Um lembrete rápido aqui é o de que gaps não são todos uma mesma coisa. Gaps verdadeiros deixam um buraco na negociação ao fim do dia, e nem o corpo nem as caudas dos dias anteriores e atuais irão se sobrepor. Gaps de Corpo têm apenas caudas sobrepostas, e Gaps de Abertura fecharão durante o dia, o que significa que os corpos se encontrarão ou sobreporão ao fim do dia (vide Figura 10-72). Certamente, nem todos os padrões de gap acontecem em pontos de pivô, mas muitos o fazem e, com frequência, são parte de padrões mais complexos.

O fato é que mais de 90% dos gaps se preenchem no mesmo dia em que ocorrem, então gaps verdadeiros são muito raros. O fato de que o preço sofreu gap carrega uma mensagem maior na abertura, mas o modo como ele se comporta (permanece aberto, sobrepõe as caudas ou se preenche) diz respeito ao valor real do gap. Gaps verdadeiros tendem a ser sinais de continuação e, se pulam a linha de suporte e resistência, sinalizam uma forte possibilidade de continuação. Gaps de corpo e abertura não são tão fortes quanto gaps verdadeiros e geralmente são parte de padrões de reversão (vide Figura 10-73). Gaps de padrões candle podem tanto ser preenchidos como deixados em aberto. O gap verdadeiro em aberto é praticamente todo em padrões de continuação, enquanto gaps preenchidos tendem a ser reversões.

CANDLESTICKS PARA TRADERS

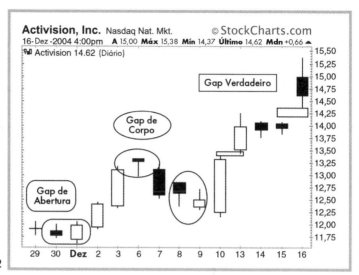

Figura 10-72

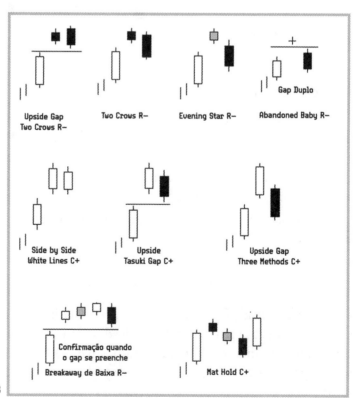

Figura 10-73

453

Tweezers (Pinça ou Alicate)

Um par de tweezers se junta em um ponto comum (vide Figura 10-74), e poucos padrões candle envolvem configurações Tweezer. Tweezer é mais um conceito do que um conjunto de padrões. Em geral, quando uma ação reconhece um nível de preço do dia anterior, implica que os traders estão cientes do ponto de reversão. É senso comum saber que, quanto mais atenção um preço tiver, mais significativo será.

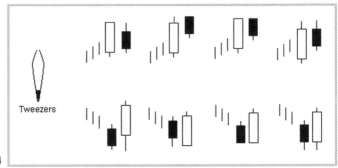

Figura 10-74

Dica de Negociação

É muito comum que tweezers façam parte de padrões de reversão, mas cabe uma ressalva. Muitas ações abrem rotineiramente no mesmo preço que fecharam no dia anterior. Ler tweezers requer colocá-los em contexto, e assim como os gaps que acontecem com frequência demais para ter alguma relevância, uma alta frequência de tweezers é de igual irrelevância.

Aqui estão alguns padrões que incluem um tweezer como parte de sua configuração (vide Figura 10-75).

Famílias de Inside e Outside Day

Os Inside e Outside Days são sinais de reversão diferenciados, que podem se reduzir a certas mensagens diversificadas, de uma forte reversão a uma indecisão, e quando confirmados, ambos passam a mesma ideia. Novamente, por questão de espaço, apenas os padrões de reversão de Alta serão mostrados. As recíprocas terão mensagem oposta.

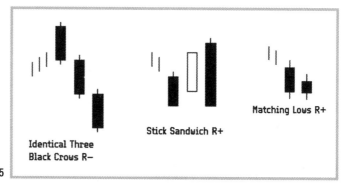

Figura 10-75

O padrão Harami mostra hesitação ao lançar um dia interno menor. O primeiro dia grande é um de sinal, e a hesitação do Harami necessita de confirmação ou capitulação. Aquela vem com o Three Inside Up, e esta vem com o Falling Three Method. O One White Soldier é uma das muitas variações que remetem ao Harami (vide Figura 10-77).

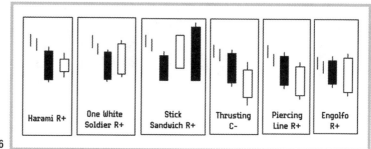

Figura 10-76

O Three Outside Up é a confirmação do Engulfing de Alta e, enquanto há acurácia sobre alguns pontos, a redução se torna mais de alta do que já é. Os últimos dois dias deste padrão se reduziriam a um candle muito grande, mas a rede ainda é de hesitação. Um terceiro dia de alta pode produzir um padrão Three White Soldiers, o qual se reduz a um dia muito grande de alta, e a acurácia dispara novamente. O Three Line Strike reduz quatro dias ao mesmo sinal que o Engulfing. Este engolfa tudo em um dia. De alguma forma, isso reflete a anomalia, e as chances são de que o Dia de Engulfing será seguido por uma continuação de baixa, em vez de uma reversão de alta (vide Figura 10-78).

GRÁFICOS CANDLESTICK DESVENDADOS

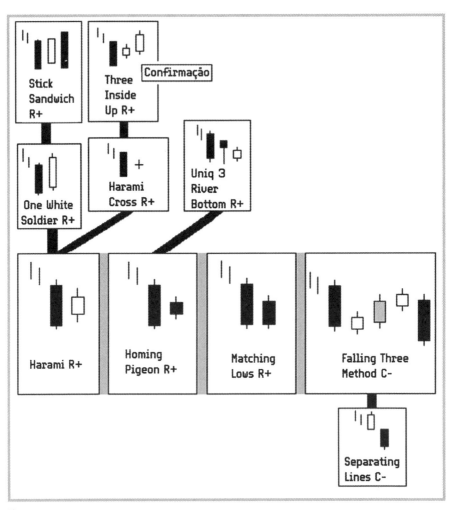

Figura 10-77

CANDLESTICKS PARA TRADERS

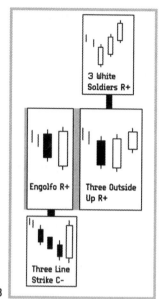

Figura 10-78

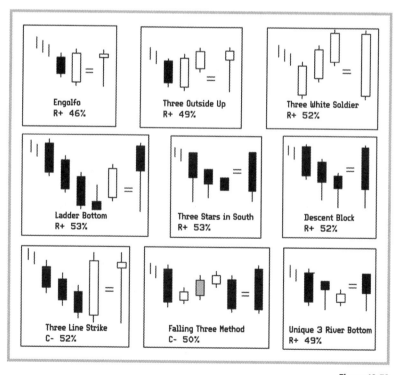

Figura 10-79

Por fim, aqui estão alguns dos padrões complexos (de três a quatro dias) e sua porcentagem de acurácia. O número desproporcional de padrões de reversão é típico. É interessante que quase todos se reduzem a alguma variação da linha Hammer (vide Figura 10-79).

Dica de Negociação

Traders não devem "morder" um dia de reversões muito fortes, é o que lembra o Three Line Strike, mas se uma ação estiver em suporte, fechar a trade de baixa e/ou prosseguir para uma de alta em sequência é totalmente apropriado, sabendo que o padrão iria, então, ditar a espera para ver se se afastou para o teste de suporte novamente. Na pior das hipóteses, o trader consegue adicionar ao trade se este saltar e trocar para uma continuação de baixa se o padrão falhar.

Resumo de Laços Familiares

Assim como a iluminação que os gráficos trouxeram para os cabine de revelação de fotos de leitura de fita tricker, candlesticks ampliaram a visão do trader sobre o temperamento do mercado e reconhecimento de padrão. No entanto, assim como estabelecido no início, entender e utilizar efetivamente os candlesticks tem uma diferença gritante entre saber alguns nomes e pesquisar em busca "do candle bom". Novos faixas-pretas de quaisquer artes marciais sabem que trabalharam muito e progrediram até um marco importante. De fato, é o ponto no qual seus instrutores os informam que a jornada está perto de começar. Seus esforços os prepararam adequadamente para agora aprender a arte.

CAPÍTULO ONZE
CONCLUSÕES

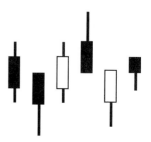

Analisar com sucesso os mercados de ação e futuros não é uma tarefa fácil. A maioria dos participantes se prepara para isso como se prepararia para um jogo de cartas. Deve-se aprender como os mercados funcionam e, então, a respeito dos diferentes tipos de análise que estão disponíveis, tais como a análise fundamental e técnica. Em menor escala, o campo de análise técnica oferece uma miríade de técnicas distintas: a análise de candlestick japonesa é uma delas.

Este livro enfatiza que a análise de candlesticks deveria ser usada com outros métodos. Sob risco de soar contraditório, gostaria de alertar que métodos demais apenas confundirão e atrapalharão. Isso me lembra de dizer que a pessoa com um relógio sempre saberá as horas, mas a pessoa com dois relógios nunca terá certeza.

Deixe-me dizer de forma sucinta e clara! A análise de padrões candle deveria sempre ser usada com outras técnicas de confirmação, tal como técnicas de filtragem, descritas no Capítulo 9 e/ou as técnicas resumidas por Ryan Litchfield no Capítulo 10, que envolvem áreas de suporte e resistência em gráficos.

Foi demonstrado que a análise de padrões candle pode melhorar o uso e a sincronização de indicadores técnicos populares. Candlesticks filtrados superam consistentemente uma miríade de indicadores técnicos e com frequência os padrões candle sozinhos. A combinação de indicadores técnicos e técnicas não é novo; na verdade, é o método de análise que a maioria dos traders bem-sucedidos usa. Adicionar padrões candle ao arsenal com certeza melhorará mais os resultados de trade.

Mais de 7 milhões de dados são uma forte evidência de apoio às estatísticas das Caixas de Informação de Padrões Detalhados. A média de %Vitórias variou de 64% a 41%, com apenas cinco padrões acima de 59%. Uma %Vitória de 58% é boa o suficiente para não necessitar de uma confirmação? Acho que não. É por isso que digo várias vezes que os padrões candle devem ser usados com outras técnicas. A bibliografia japonesa estava desprovida de detalhes e manteve os padrões candle fora da área de definição específica — um pouco vago em detalhes e com muitas generalizações. Não se prenda ao frenesi e à adulação de candlesticks japoneses; use-os para melhorar outros métodos técnicos. Sua natureza de curto período quase sempre melhorará outras técnicas.

O uso de gráficos candlestick é claramente um método de melhoria mais visível dos dados de preço observados. Qualquer um que prefira gráficos de barra está apenas assustado por mudar, e a única justificativa para isso é a tenacidade.

Tenho certeza de que, conforme passar o tempo, técnicas de análise novas e diferentes surgirão. Algumas ganharão popularidade, outras serão descartadas. Qualquer análise técnica que tenha uma base substancial para seu método provavelmente sobreviverá. Estou convencido de que a análise de gráficos candlestick e padrões candle será uma delas.

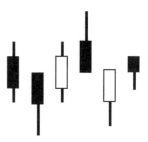

APÊNDICE A
ENTREVISTA COM O TRADER JAPONÊS SR. TAKEHIRO HIKITA

O senhor Takehiro Hikita me agraciou com uma grande contribuição de percepções da filosofia de padrões candle. Nunca encontrei alguém como ele, tão devotado ao estudo detalhado de um conceito. Ele começou a utilizar a análise candlestick muitos anos atrás. De fato, todos seus gráficos eram feitos à mão, até que os computadores se tornaram disponíveis.

Durante uma viagem ao Japão, em janeiro de 1992, estudei a filosofia e interpretação candle do Sr. Hikita. Também mantive um diário de bordo sobre nossas conversas, do qual selecionei as perguntas apropriadas para esta entrevista.

Edições ocasionais foram feitas para auxiliar a esmiuçar suas respostas; evidentemente, sem mudar o significado. Tornou-se bastante óbvio para mim que usar o inglês como segunda língua resultou em respostas honestas e diretas, sem esforço para soar inteligente ou ser engraçado. Senti que isso foi bastante original e decidi que vocês também poderiam achar.

1. Como e quando, a princípio, o senhor se interessou em investimentos e negociação?

   Creio que foi quando eu tinha cerca de 31 anos de idade, o que foi há 25 anos. Isso, no entanto, certa vez passou, e permaneci longe do mercado por cerca de dois anos, perdendo dinheiro, mais do que o suficiente naquela época.

2. **Quando o senhor percebeu que uma forma de análise técnica era melhor do que a análise fundamentalista?**

Foi quando comecei a fazer negociações de novo, com cerca de 41 anos de idade, após me demitir da empresa por alguma razão. Começando com análise de padrões candle, estudei e pesquisei todos os diferentes tipos de técnicas de análise com negociações reais, pesquisa essa que se estendeu para métodos disponíveis nos EUA. Minha volta às negociações foi sob a regra de fazê-las me baseando na análise técnica, e não mais em adivinhar e fazer análise técnica para sobreviver. Eu, felizmente, ainda estou nesse negócio.

Aprofundando-me um pouco mais nessa história, comecei a assinar o **Commodities** *(agora chamado de* **Futures***) e adquiri muitas publicações, tais como o* **Commodity Trading Systems and Methods***, escrito por Kaufman e Wilder. Minha primeira vez usando uma calculadora foi o produto programável da Texas Instruments sobre o método Wilder. A calculadora programável da Casio era para que eu construísse meu próprio método, então levei a sério. Então, para tornar a análise muito mais fácil, eu adquiri o IBM-5100 com 32K de memória; isso ocorreu em 1977.*

Em 1979, soube que o Apple II fora lançado no mercado e com capacidade gráfica. Então o adquiri, importado diretamente dos Estados Unidos. Em 1980, me inscrevi no CompuTrack e assisti sua primeira TAG Conference em Nova Orleans. Minha assinatura da revista **My Stock & Commodities** *se iniciou naquela oportunidade.*

3. **O senhor sempre usou gráficos de candle em suas análises? Se não, quando começou a usar esses gráficos?**

Utilizei-os desde o começo, tanto para olhar para o mercado de modo geral como para saber como o mercado está agindo. O método de gráficos candlestick é o único disponível no Japão para gravar o histórico de atividade de preço em forma de gráfico. É como o gráfico de barras nos Estados Unidos. Independentemente de gostar ou não, era o que havia naquele momento.

Mas a análise de padrão candlestick é outro assunto, diferente dos gráficos em si. Meu interesse em como ler o padrão melhor aconteceu, provavelmente, alguns anos depois. Eu comecei a fazer negociações após ler a primeira edição do livro de Shimuzu em 1965, o original de **The Japanese Chart of Charts***, traduzido por Nicholson.*

ENTREVISTA COM O TRADER JAPONÊS SR. TAKEHIRO HIKITA

4. Os candles são usados no Japão atual e tão amplamente difundidos como os gráficos de barra nos Estados Unidos?

Como já mencionado, não existe nenhum outro método além do gráfico candlestick para mostrar os registros e as atividades do mercado no Japão. Sim, ele é utilizado como o gráfico de barras nos Estados Unidos. O reconhecimento de padrões é outro assunto dentro da análise de gráficos.

5. A palavra "candlestick" é um termo ocidental? Se sim, como se chamam os gráficos e análise candle no Japão?

Geralmente não existe nada além de gráficos candlestick para mostrar a tendência e atividade do mercado, e quaisquer outros são classificados como análise, uma vez que são mais claros na hora de saber o detalhe ao fazer uma ação, como o gráfico Point and Figure. Tratando-se de gráficos, geralmente os chamamos de Hi Ashi/ Gráficos Diários, Shu Ashi/Gráficos Semanais e Tsuki Ashi/Gráficos Mensais. A palavra japonesa para candle é "roshoku".

Para que saiba, Ashi significa Perna ou, melhor dizendo, Pé, e esse pé tem um significado interno na história, que é provavelmente pela marca de pegada que mostra o movimento e as atividades passadas, não apenas como um termo de mercado, mas em geral. Então eu sinto que Candlefoots seria melhor nomeado em inglês. No entanto, é um termo satisfatório, único e compreensível, e soa suave aos ouvidos das pessoas.

6. O senhor faz trade de ações, futuros ou ambos?

Sim, faço trade de ambos, ativamente de futuros, mas não de ações. Minha forma de negociação de ações baseia-se na longa duração, nunca vender. Essa é uma maneira de se proteger da inflação, enquanto trade de futuros é para fazer dinheiro em curto prazo.

Há outras razões. É mais fácil achar pivô em futuros, especialmente encontrar um ponto para fazer short, e eu gosto de vender, em vez de tomar a posição long, que com frequência tem um começo falso, se comparado à posição short. Não apenas isso, mas será necessário apenas um terço de tempo para o movimento ganhar a mesma diferença de preço no caso de short, se comparado com long.

7. O senhor descobriu que candles funcionam melhor com ações, futuros, ou isso não importa?

Novamente, gráficos candle e análise de padrões candle deveriam ser separados. O candlestick é apenas o gráfico em si, mas os padrões

463

candlestick são a análise em geral baseadas na Quinta Lei Sakata ou, de alguma forma, derivados desta. Existem duas aplicações das leis, uma para o gráfico diário e outra para o semanal, o que tem uma definição diferente. Padrões candlestick diários funcionam melhor em futuros, de novo por conta da velocidade. Os futuros têm um ciclo de tendência curta, enquanto as ações são mais longas.

8. Que padrões candle parecem funcionar melhor para o senhor? Pode listar seus dez padrões favoritos?

Sua pergunta é muito direta, embora haja uma abordagem de pesquisa científica, então é absurdamente difícil responder. Você deve entender que a análise de padrão candle é derivada da experiência de negociação do homem, e que é um misto de tendência de mercado com psicologia humana expressado em padrão. Não existe lógica científica no todo.

Ao abordar de um ponto de vista estatístico e supondo que existem padrões 100% perfeitos, se estes aparecem uma vez ao ano, ou cerca de uma vez a cada três anos, ninguém pode continuar esperando para ver e encontrá-los. Deve ser baseado na leitura diária, repetindo negócios tediosos. Também não existem garantias de que um padrão que exibiu 100% de sucesso no passado funcionará bem se repetido no futuro. Falando em estatísticas, o número de amostras é um fato importante, então, não pode ser comparado com outros em um número diferente de amostras.

Gostaria de ver um resultado de pesquisa que seu software será capaz de fazer, ou que será feito por outra pessoa. Novamente, haverá diferentes resultados em cada software, mesmo usando exatamente os mesmos dados, devido à definição usada por cada programa de software. Cada um terá um pouco de diferença ao definir padrões, além da definição de filtragem para fazer isso. Então, tal resultado de pesquisa deve vir com uma nota dentro deste e daquele programa, não como um padrão candle em si. É mais uma questão de qualidade de padrão dentro do software do que qualidade do sistema.

Concluindo, eu deveria dizer que sempre depende de como é usado, em conjunto com outros, e as condições de mercado, tais como quantas novas máximas e mínimas são incluídas, mas não o padrão candlestick em si. Novamente, o padrão candle é uma das ferramentas de análise.

9. Qual padrão candle o senhor acha que não é muito bom? Que tal fazer uma lista?

Novamente, minha resposta será a mesma explicada antes. Depende da condição de mercado e do nível de preço, e daí por diante.

ENTREVISTA COM O TRADER JAPONÊS SR. TAKEHIRO HIKITA

10. O senhor faz trade ou toma decisões de sincronização baseado apenas em padrões candle ou os usa em conjunto com outros indicadores técnicos?

É claro que uso padrões candle em conjunto com outros indicadores técnicos. Como você sabe, não existe apenas um método de análise técnica perfeito, e, novamente, o padrão candlestick é também um desses que protege uma parte dos 360 graus que devem ser defendidos. A análise de padrões candlestick diários é, no entanto, boa para futuros como uma das ferramentas de sincronização. Mais uma vez, não existe nada que cubra todos os graus de análise técnica.

A minha intenção é deixar minha marca em negociações por número de contratos em posições de abertura. Dependendo da condição do mercado, isso requer coragem também, o que é um outro fator necessário. Um contrato, por diversas vezes sem destaque, nunca permitirá que você ganhe dinheiro. Essa é uma das razões pelas quais não estou interessado em nenhum dos fatores valiosos de otimizar sistemas automatizados de negociação. Eles parecem jogar por diversão, e eu não gosto disso. Todos que querem ganhar dinheiro deveriam ter ciência de que não há dinheiro fácil em nenhum lugar do mundo, a menos que você seja sortudo ou que tenha nascido filho de um rei.

Nota do autor: Sr. Hikita está se referindo aos múltiplos contratos de negociação quando os sinais candle são sustentados. Além disso, ele enfatiza a importância de usar os sinais de padrão candle para prestar assistência à abertura e fechamento de posição, não necessariamente apenas para posições de reversão.

11. Quais indicadores o senhor descobriu que funcionam bem com padrões candle?

Eu tenho que enfatizar, desta vez, que a determinação de indicador bom para padrões candle depende da condição do mercado e do nível de preço. Sinto, no entanto, que o stochastic %D funciona bastante bem no geral, se você puder contar corretamente os ciclos e confluência/convergência em diferentes ciclos, gerada pelo %D. E detalhar topos e fundos utilizando uma combinação de stochastic oscillator parece bom.

465

12. A análise candlestick está crescendo rapidamente nos Estados Unidos. O senhor acha que isso é apenas uma moda ou que a análise candle chegou para ficar?

Suponho que não seja uma moda e que irá permanecer por muito tempo nos Estados Unidos, devido sua forma de expressar o mercado ter muita vantagem se comparado com gráficos de barra, de maneira que é mais fácil entender as mudanças de preço diárias. Existe também outro bom ponto. Há, por exemplo, uma marca de preço de abertura, a qual compreendemos que seja um fato importante na leitura de mercado. Além disso, é fácil saber em um olhar rápido para os candles, para qual direção o mercado se moveu durante o dia. Uma vez que os padrões têm um significado profundo, similar à análise Gann, irão durar um longo tempo para traders que estão interessados na filosofia por trás dos padrões.

13. Que conselhos o senhor tem a oferecer aos traders ocidentais sobre análise candlestick?

Para entender os padrões candle, deve-se compreender a filosofia interna por trás de cada padrão. Uma vez que não é uma técnica perfeita, assim como com as outras também não são, é muito importante não depender somente do padrão em si, mas usá-lo em conjunto com outros, baseados no método logicamente estabelecido. A análise de padrão candle é um dos métodos de análise que foram construídos a partir de sentimentos humanos e expressaram, em forma de imagem, a combinação dos padrões baseados na história. Além de uma análise técnica do máximo possível, existe um mundo de disciplina do poder mental que existe para estabelecer sua filosofia.

Deve-se crer nos padrões candle. Se receber um sinal, deve-se executá-lo ou seguir o mercado com muita atenção. Mantenha contato com cada sinal candle. Se você se tornar desconectado, a psicologia por trás de cada padrão não irá funcionar bem.

Uma vez que você estabeleça sua política de negociação, independentemente das crenças que possa ter baseadas na explicação anterior, não cometerá nenhum grande erro. Estará ciente dos erros com antecedência, dentro do nível aceitável de danos, enquanto você estiver empregando uma análise de tendência adequada. Se você tem essa política, não irá, então, se desapontar com nenhum acidente e será capaz de entender de que maneira o mercado está errado, em vez de você e sua política, no caso de o mercado estar contra você.

NOTA FINAL

Como você pode ver nessa entrevista, o Sr. Hikita pensa que a separação de gráficos candlestick e análise de padrões candle é importante. Além disso, pode-se esquecer a psicologia subjacente de cada padrão candle. Essas são percepções das mentes dos traders e especuladores que movem o mercado todos os dias.

Sr. Hikita sempre se refere a essa análise de negociação como dançar com a tendência. Esse conceito não é novo para a análise técnica. No entanto, muitos traders devem aprender na escola da amarga experiência antes de perceber sua importância.

APÊNDICE B
MÉTODOS DE GRÁFICOS DERIVATIVOS

Os gráficos candlestick produziram numerosos gráficos derivativos e métodos de análise. O apelo dos gráficos candlestick como método de assinalar dados de mercado é que eles ajudam visualmente a interpretar a informação, uma vez que são exibidos de maneira bem consistente. Um novo método de gráficos, chamado gráficos CandlePower, acrescenta uma nova dimensão aos gráficos candlestick: volume. Candle-Power é uma marca registrada de N-Squared Computing, agora North Systems, Inc., que originou esse conceito.

GRÁFICO CANDLEPOWER

O Gráfico CandlePower é outra técnica de gráficos visualmente agradáveis que combinam o poder de candlesticks japoneses e volume. A maioria dos pacotes de software de gráficos escolheu usar o termo Candle Volume, em vez de CandlePower, para este método de mapeamento.

Gráficos padrão (sejam de barra ou candlestick) mostram o price action em uma escala vertical e o tempo em uma escala horizontal (vide Capítulo 1). O volume geralmente é representado por uma marca de histograma sob os preços. Duas partes significativas de informação são geradas cada vez que uma transação ocorre entre comprador e vendedor. Tendemos a reagir emocionalmente a um desses, a alteração de preço, enquanto ignoramos em grande parte o outro, o volume. Este é, certamente, uma das mais valiosas e usualmente reconhecidas ferramentas de análise do mercado. Richard Arms argumenta que o preço nos diz o que está acontecendo, ao passo que o volume nos diz como está acontecendo.

O volume, durante a maioria das fases do mercado, precede o preço. Trata-se de uma observação calorosamente contestada, mas observar ambos, preço e volume, só pode melhorar seu timing e tomada de decisão. Da mesma forma, quando preços e volumes estão diminuindo, são considerados de baixa.

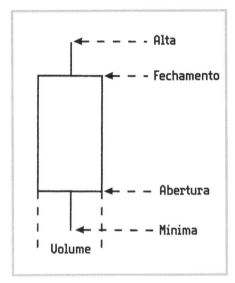

Figura B-1

Como exibido na Figura B-1, o corpo de um dia CandlePower, assim como um candlestick, é feito da diferença entre abertura e fechamento. A cor do corpo e da sombra também segue a mesma convenção usada para os gráficos candlestick japoneses. A diferença é que a largura do corpo é um reflexo do volume daquele dia. Um dia com grande volume dará origem a um corpo candlestick mais largo do que o de um dia de pouco volume. Em um gráfico, é fácil encontrar o maior volume, que ocorre ao encontrar o corpo mais largo. Da mesma maneira, o dia com o menor volume terá o corpo mais fino.

Muitos padrões candle adicionam importância quando o volume é introduzido. Por exemplo, um Dia de Engulfing de Alta será mais de

MÉTODOS DE GRÁFICOS DERIVATIVOS

alta se o segundo dia também conseguir um volume maior. Um padrão Morning Star pode ser julgado mais bem-sucedido se houver um volume excessivo no último dia.

Exemplos

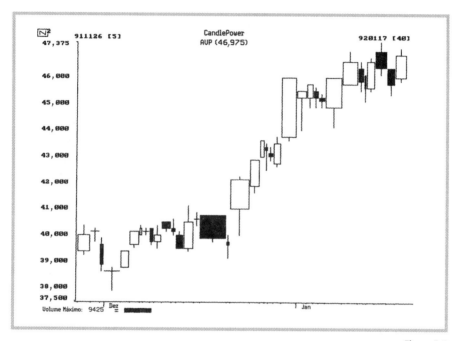

Figura B-2

Na Figura B-2 do gráfico CandlePower dos produtos Avon (AVP), note que um movimento para cima contém grandes linhas candle brancas. Essas linhas mais amplas mostram que o movimento para cima é completamente sustentado por seu volume. Uma vez que os dias grandes brancos diminuem, o movimento provavelmente chegou a seu fim.

Um grande dia preto no gráfico de Bell South (BEL) mostra um volume clássico de um dia de escape (Figura B-3). Após um bom movimento para cima, o volume começa a diminuir. Então, em um dia, os preços explodem para cima, mas fecham próximos de sua mínima em um volume muito grande. Alguns dias em declínio, e o rali de três dias é finalizado com um gap para baixo. Então o declínio continua.

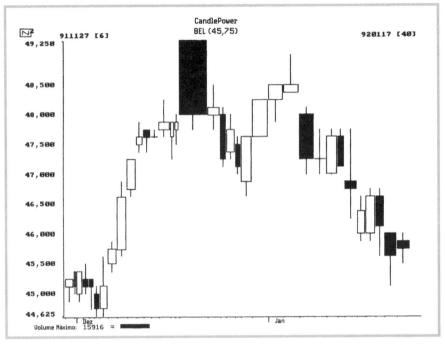

Figura B-3

Na Figura B-4 do gráfico da Citicorp (CCI), perceba que cada virada do mercado é conquistada pelo grande volume. O mercado esteve no fundo com um grande dia preto e, então, fez rali; este parou com um grande dia branco e, então, continuou de lado até o próximo grande dia branco. Daí em diante, fez gap duas vezes, seguidos de dois dias de indecisão (Spinning Tops), cada um destes seguido de um grande volume. Aqui também os Spinning Tops de grande volume sustentam a indecisão do mercado. Grandes quantidades de ações mudaram de mãos, mas nenhum lado assumiu a liderança.

A reversão de fundo próxima do fim de dezembro no gráfico da Litton (LIT) mostra dias contínuos de grande volume (Figura B-5). De fato, se não fosse pelo dia Spinning Top pequeno, um padrão de reversão Morning Star de alta teria representado o fundo. Aqui está outro exemplo no qual o aumento de volume durante o padrão acrescentará à sua significância.

■■■ MÉTODOS DE GRÁFICOS DERIVATIVOS

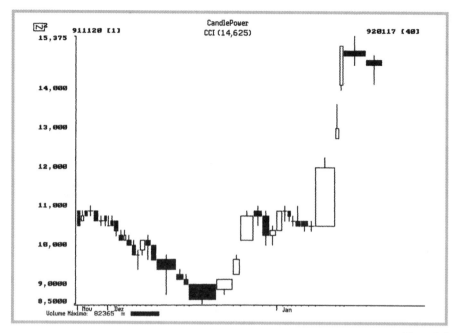

Figura B-4

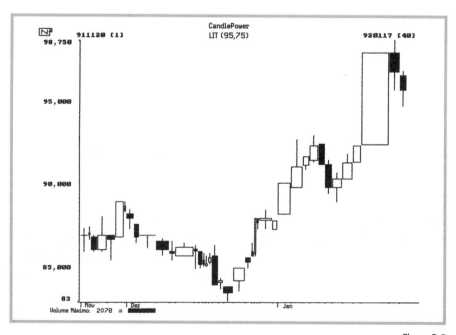

Figura B-5

GRÁFICOS CANDLESTICK DESVENDADOS

A Figura B-6, último exemplo dos gráficos CandlePower, mostra mais dados (o volume máximo foi reduzido), então a riqueza do método de mapeamento pode ser totalmente apreciada.

Figura B-6

GRÁFICOS CANDLEPOWER CONDENSADOS

Um toque diferente é acrescentado ao CandlePower com o gráfico Candle-Power condensado. Nessa abordagem, o elemento de tempo retorna para o eixo horizontal. A largura variável dos corpos de candlestick é precisamente exibida, mas se sobrepõe. Cada novo dia se inicia a uma distância uniforme de intervalo (tempo). Esse método de gráficos exibe mais de um dado por vez, enquanto ainda fornece visibilidade de dias de grande volume. No entanto, padrões candle individuais são mais difíceis de ver.

██■ MÉTODOS DE GRÁFICOS DERIVATIVOS

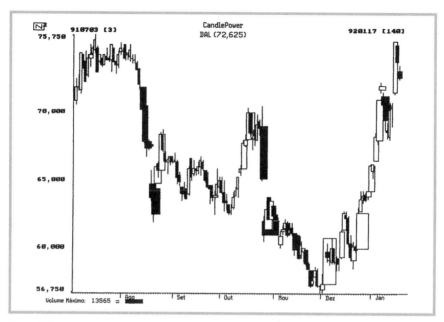

Figura B-7

Áreas de congestão de volume podem ser facilmente localizadas usando-se os gráficos CandlePower condensados. Linhas de tendência usadas nesse tipo de gráfico também refletem o componente de volume.

Os dados usados para os gráficos CandlePower condensados na Figura B-7 são os mesmos do último exemplo dos gráficos CandlePower comuns. Isso foi feito intencionalmente, de forma que se pudesse visualizar a diferença nos métodos de mapeamento.

BIBLIOGRAFIA

Analysis of Stock Price in Japan. Tokyo: Nippon Technical Analysis Association, 1988.

Hikita, Takehiro. *Shin Shuu-Ashi Tohshi Hoh — Tohkei to Kakuritus de Toraeru* (New weekly chart method — based on statistics and probability). IOM Research Publications, 1977.

Hikita, Takehiro. *Daizu no Sekai — Yunyu Daizu no Semekata Moh-hekata* (The world of soybeans — attacking methods on imported soybeans and how to profit from it). IOM Research Publications, 1978.

Kaburagi, Shigeru. *Sakimono Keisen — Sohba Okuno Hosomichi* (*Futures Charts — explained in a detailed way to be an expert in trading*). Tokyo: Tohshi Nipoh Sha, 1991.

Kisamori, Kichitaro. *Kabushiki Keisen no Mikata Tsukaikata—Tohshika no Tameno Senryakuzu* (*How to read and apply charts on stocks—Strategies for the investor*). Tokyo: Toyo Keizai Shinpoh Sha, 1978.

Lane, George C. *Using Stochastics, Cycles, and RSI.* Des Plaines, IL, 1986.

North Systems. *CandlePower 6 Pro Software.* Salem, OR, 2005.

Nison, Steve. *Japanese Candlesticks Charting Techniques.* Nova York: New York Institute of Finance, 1991.

Obunsha's Essential Japanese-English Dictionary. Japão, 1990.

Ohyama, Kenji. *Inn-Yoh Rohsoku-Ashi no Mikata — Jissenfu ni Yoru* (*How to read black and white/negative and positive candlefoot — In view of the actual record*). Tokyo: Japan Chart Co., Ltd., 1986.

Sakata Goho wa Fuurin Kazan — Sohba Keisen no Gokui (*The Sakata rules are wind, forest, fire, and mountain*], 2nd and updated 3rd editions. Tokyo: Nihon Shohken Shimbun Sha, 1991.

Nota do Autor. A referência anterior foi uma excelente fonte de muitos dos padrões candle. O nome "Fuurin Kazan" pode ser traduzido como Fu — a velocidade como vento; Rin — a quietude como floresta; Ku — a batalha como fogo; e Zan — a posição imóvel como montanhas. A expressão originou-se da estratégia chinesa de batalha que Honma disse ter lido.

Shimizu, Seiki. *The Japanese Chart of Charts.* Tokyo: Tokyo Futures Trading Publishing Co., 1986.

Wilder, J. Welles, JR. *New Concepts in Technical Trading Systems.* Greensboro, NC: Trend research, 1978.

Yasui, Taichi. *Kabushiki Keisen no Shinzui — Nichi Bei Keisen Bunseki no Subete* (*A picture of the stock chart*). Tokyo: Toyo Keizai Shinpoh Sha, 1981.

Yatsu, Toshikazu. *Tensai Shohbashi "Honma Shohkyu Hiden" — Kabu Hisshoh Jyutsu* (*A genius trader Sohkyu Honma into his secret — To be confident of victory on stock investments*). Tokyo: Diamon Sha, 1990.

Yoshimi, Toshihihko. *Toshihiko Yoshimi no Chato Kyoshitsu* (*A classroom on charting*). Tokyo: Japan Chart Co., Ltd., 1991.

SOBRE O AUTOR

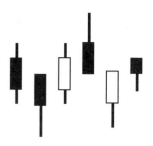

Desde junho de 2005, Gregory L. Morris é gestor de portfólio para a PMFM, Inc. e administra um fundo mútuo da PMFM, Core Advantage Portfolio Trust. De dezembro de 2003 a maio de 2005, Greg serviu como administrador e conselheiro da MurphyMorris ETF Fund. Ele também foi tesoureiro e diretor-executivo (CEO) na Murphy-Morris Money Management Co, e conselheiro do Fund. Greg escreveu seu segundo livro pela editora McGraw-Hill: *The Complete Guide to Market Breadth Indicators*, um livro introduzindo a abrangência de mercado para investidores. Desde outubro de 2002, Greg (também presidente do G. Morris Advisors, Inc.) trabalha com StockCharts.com, o serviço de gráficos online web-based. Ele oferece serviços de consultoria em marketing, desenvolvimento financeiro e alianças de negócios ao StockCharts.com. De 1996 a 2002, Greg foi CEO da MurphyMorris.Inc., a provedora líder de ferramentas de análise de mercado web-based e comentários, com seu parceiro, John Murphy, ex-analista da CNBC. A MurphyMorris, Inc. foi adquirida pela StockCharts.com, Inc. em outubro de 2002. Em 1999, Greg e três sócios deram início ao MurphyMorris Money Management Co. para gerir ativos para indivíduos. Esse foco mais tarde mudou para abranger a transformação da firma em conselheira da MurphyMorris ETF Fund, em janeiro de 2004, e mais tarde fundiu-se à família de fundos PMFM. De 1994 a 1996, foi presidente da G. Morris Corporation, uma base de operações de negócios em Dallas, Texas, que fornecia produtos e serviços para investidores e traders. Seu produto mais vendido era uma série de mais de 450 Indicadores & Sistemas de Trader que rodavam na maioria dos pacotes de software de análise técnica para Windows. De 1993 a 1994, Greg fez parte do MarketArts, Inc., pelo qual lançou o primeiro programa de software de análise técnica para Windows, "Windows on

Wall Street". Em 1992, publicou um livro sobre análise de candlestick japonês chamado *CandlePower*, agora disponível em capa flexível, assim como *Gráficos Candlestick Desvendados*. Amplamente reconhecido como um especialista em candlesticks e desenvolvedor da filtragem candlestick, ele fez palestras sobre o assunto ao redor do mundo. Em maio de 1989, foi premiado como "Ex-Aluno Destaque de 1989" na Pratt County College. De 1982 até 1993, trabalhou em associação com N-Squared Computing, produzindo mais de 15 títulos de análise técnica e software de gráficos, muitos dos quais estão em pleno uso hoje. Greg se aposentou em 2004, após 26 anos como comandante em uma grande companhia aérea. Ele se formou na University of Texas, em Austin, em 1971 e é graduado em Engenharia Aeroespacial; é autor de diversos artigos relacionados a investimentos e se apresentou muitas vezes no Financial News Network (FNN) [canal norte-a-mericano de notícias sobre finanças]. De 1971 a 1977, foi piloto de batalha de F-4 da Marinha Norte-americana a bordo do USS Independence, e foi selecionado para a, e formado na, Escola de Armas de Caças da Marinha, conhecida como Top Gun. Casado e com dois filhos (ambos engenheiros) e dois enteados, Greg e sua esposa Laura vivem e trabalham nas montanhas da Georgia do Norte.

SOBRE RYAN LITCHFIELD

Ryan Robert Litchfield treina traders para controlar emoções e lidar com riscos de negociação há mais de sete anos. Ele desenvolveu o software X Factor Option Graphing (a mais avançada ferramenta de gráficos de options), bem como estratégias de contra-ataque e de como rebater a volatilidade na negociação de options. Ele criou o Market Mind Fields™, que expande grandemente a compreensão de como controlar a influência de mercado na mentalidade dos traders. Fundou a escola de traders, Traders Forge™, na qual treina os traders com verdadeiras condições de ganhar e aperfeiçoar as habilidades de negociação. Seu sistema Bracket Trading™ é praticado ao redor do mundo no controle de risco e para maximização de lucro. Ele escreve artigos para revistas nacionais de negociação e produziu diversos DVDs e CDs de treinamento de habilidades de mercado, tais como leitura de gráficos, reconhecimento de padrões e compra simultânea [spread trading]. O Sr. Litchfield atualmente ensina estudantes sobre a internet em salas interativas, bem como em workshops mensais de dois dias, chamados Forja de Traders, por todos os Estados Unidos e Europa. Ele é um dedicado estudante de artes marciais defensivas, o Aikido, de onde tira muitas analogias e paralelos para negociação. Seu interesse e sua especialização em candlestick japonesas vieram de sua propensão a estudar, aprender, e de seu impulso de ir contra o status quo e passar essas percepções a seus alunos.

ÍNDICE

A

Abandoned Baby 24, 95, 102, 295, 310, 312
Advance Block 24, 130, 133, 138
After
  Bottom Gap Up 25, 189–193
  Top Gap Down 25, 193–195
Amex Exchanges 304
análise candlestick XVIII, XIX, 3, 383, 461
Analysis of Stock Price XXIV
Arm's Ease of Movement 342, 352
Ax 389–390

B

backtesting 358
Batalha de Bunker Hill 1
Bear Call Spread 423
bearish 55, 77, 113–117, 134
Belt Hold 23, 31, 32, 188
Black Monday XIV
Bollinger's Volatility Indicator 342, 351
Bolsa de Valores
  Americana 293
  de Nova York 293
Bracket Trading 481
Breakaway 25, 173–177, 234, 295
bullish 28, 36, 42, 120, 187
bull market XI, XIII
Buy and Hold 342

C

Caixas de Informação de Padrões Detalhados XXIV, 460
CandlePower 469–471
Candlestick 381, 392, 433
Candle Volume 469
Charles Dow X
Chip Anderson XXIV
CNBC 479
commodities XVII, 370
Concealing Baby Swallow 25, 179–181
Core Advantage Portfolio Trust 479
Corpo
  do Umbrella 291

483

Grande 290–291

Médio 290

Pequeno 290

D

Dark Cloud Cover 23, 38, 54, 67, 142–144

Deliberation 24, 123, 132–140

Descending
Block 295
Hawk 24

Descending Hawk 73–75

dias
curtos 290
longos 289

Doji 13, 411, 423, 436

Dow Industrials IX, 358, 360

Downside Gap Two Rabbits 24, 112–114, 146

Dragonfly Doji 15, 29, 52, 99

Dumpling Top 280

E

Easy of Movement de Arms 371

Engulfing 35–38, 56–61, 87

Evening
Doji Star 95
Star 93–100, 111, 137

F

Falling Three Methods 47, 250–252

fast break 442, 448

filtragem candlestick 3, 355

Financial News Network 480

Forja de Traders 481

Four
Point Doji 435
Price Doji 15

G

gap 50–52, 270–282, 472

George Lane 355–356

George Washington 1

G. Morris
Advisors 479
Corporation 479

Gráfico
CandlePower 469–488
de barra 4–8

Gráficos
candlestick XIX, 4, 6, 55, 266
Candlestick Japoneses XIV–XV
de Padrão Ocidentais 409

Grande
Yang 11
Yin 11

Gravestone Doji 15, 277

Greg Morris XI–XV, 381

Greg Nicholson XXIV

Gregory L. Morris 479

H

Hammer 17, 27–29, 404

Hanging Man 27–29, 289–294, 404

Harami 23, 40–47, 71–72

Head Fake 415, 447–448

INDICE

High Waves 277

Homing Pidgeon 23, 294, 309–328

I

Identical Three Crows 24, 272

Index Directional de Wilder 374

indicadores XVII–XIX, 5, 94, 343, 354–358, 365–366

In Neck Line 56–57, 285

Inside Day 439–440

intraday X–XIX

Inverted Hammer 50–202

Ivan Boesky IX

J

Japanese Candlestick Charting Techniques XXIII

Jason Holcombe XXIV

J.M. Hurst 287

Joe Granville X

John Bollinger 377

J. Welles Wilder 355

K

Kicking 24, 82–84

L

Ladder
Bottom 25, 181–186, 295, 320–329
Top 25, 185–188, 295, 309–329

Lambert's Commodity Channel Index 342, 352

Lane's
Fast Stochastics 342, 352
Slow Stochastics 342, 352

Lei de Moore XXI

Linear Trend Indicator 373

Long
Black Body 311
White Body 329–339

Low Price Gapping Play 281

M

Mars IX–XXIV

Marubozu
Branco 11–12, 83, 160
Preto 11–12, 83, 156, 179–180

Mary Morris XXIII

Matching
High 24, 79–81
Low 21–24, 76–80

Mat Hold 296, 420–422, 448

Meeting Lines 23, 66–69, 66–202, 206–219

Métodos Sakata XVII–XXIV, 266

Money Flow Index 342, 352

Morning
Doji Star 24, 64, 96–102, 139
Star 24, 51, 91–101

N

Nasdaq 293, 304, 342

New York Institute of Finance XXIII

Nippon Technical Analysis Association XXIV

485

North Systems, Inc. 469
N-Squared Computing 469, 480
NYSE XI, 304, 342

O

One
Black Crow 24, 89–90
White Soldier 24, 85–87
On Neck Line 55–56, 67, 210–213, 215–226
Open Day 439
open interest 5
Outside Day 439, 454

P

padrão
candle XIX–XXIII, 285–286, 292–298, 341–344
de alta 19, 206, 407
padrões de reversão 9–17, 20–23
Paper Umbrella 29, 38, 94
Philip Morris 356–357
Piercing Line 210–230, 285, 294
Pratt County College 480
Price
action 20, 28, 122–125, 176
Breakout 342
Detrend Oscillator 352, 376
Primeira Lei de Newton 300–340

R

rali 406, 431
Rate of Change 342, 352, 371–373

Raymond Fowkes XXIV
Rest After Battle 204, 246–247
retrocesso 405
reversão 405
Richard Arms 470
Rising Three Methods 250–260, 273
Robert Rhea X
Romanji 9
Ron Salter XXIII
RSI 355–357, 370, 374
Ryan Robert Litchfield 481

S

Salter Asset Management XXIII
Seike Shimizu XXIV
Separating Lines 69, 83–84
Shooting Star 15, 38, 49–52, 60–62, 416–422
Side-by-Side 230–241, 285, 296–297, 449
Simon & Schuster XXIV
sinais
de negociação 359, 370
de trading 370
slippage 359, 367
sombra
inferior 15, 80, 116–117
superior 6–8, 51–52
Spinning Tops 12, 107, 290, 472
spread trading 481
Squeeze Alert 25, 168–171
Star 16
steal 442–443

Steve Nison XXIII, 28–33, 275

Steve North XXI–XXIII

Stick Sandwich 25, 76, 162, 277, 295

StockCharts.com XXI, 479

T

Takehiro Hikita XVIII, XXIII

Takuri 15, 27–29

Tasuki Gap 228–229, 243–244

Tendência Corrente
de Continuação 302–340
de Reversão 302–340

The Japanese Chart of Charts XXIV, 462

Three Inside
Down 24
Up 24

Three-Line Strike
de Alta 262
de Baixa 262–263

Three Outside
Down 24, 38, 152–154
Up 24, 38, 151–153

Three Stars in the
North 24, 158–159
South 24, 155–159, 181

Thrusting
de alta 221–224
de baixa 221–226
Line 56–57, 204, 213

Tim Chapman XIII–XV

timing de mercado 3

Top Gun 480

Tower
Bottom 278
Top 278

Traders Forge 481

Três
Montanhas 266–268
Rios 266–268

Tri Star 24, 105–108, 295, 420–422

turnover 442–444

Turret Top 278

U

Unique Three
Mountain Top 24–26, 118
River Bottom 24, 115–119, 285

Upside Gap
Three Methods 244, 273
Two Crows 24, 108–110, 143

USS Independence 480

V

volume candle 3

W

Wilder's
Directional Movement 341
Relative Strength Index 342

X

X Factor Option Graphing 481

Impressão e Acabamento | Gráfica Viena

www.graficaviena.com.br